Introduction to Hotel Management

호텔경영학

최정길 CHOI, JEONG-GIL

백산출판사

머리말

세계 각국에 수많은 체인점을 가지고 있는 미국의 유명한 호텔 '홀리데이인(Holiday Inn)'의 회장인 윌리엄 월터(William Walter)는 성공하는 사람에게 필요한 네 가지 사랑에 대해 말했다.

첫째, 사람을 사랑해야 하고
둘째, 가정을 사랑해야 하고
셋째, 나라와 이웃을 사랑해야 하며
마지막으로 일을 사랑해야 한다고 하였다.

이 책은 호텔경영을 학문으로 전공하거나 직업 현장에서 몸소 실현하려는 분이 주 독자층이다. 전문 호텔리어(Hotelier) 말이다. 그런데 호텔경영은 적어도 위의 네 가지 사랑을 바탕으로 하여 우리의 삶 속에 필요한 모든 요소들을 종합적으로 제공하는 비즈니스이므로 본서를 접한 독자 역시 위의 네 가지 사랑을 실천하고 계신 분이라고 해도 과언이 아닐 것이다.

호텔경영은 사람에 의한 사람을 위한 사람의 사업(People Business)이다. 호텔은 고객에게 호텔 서비스 상품(Service Product), 호텔 서비스의 환경설정(Service Environmental Setting), 호텔 서비스 전달시스템(Service Delivery System)을 제공하고 고객은 이를 경험(Experience)하게 된다. 고객은 이 경험가치의 대가로 호텔에 현금을 지불함으로써 거래가 완성된다. 이러한 내용의 거래를 반복함으로써 호텔과 고객은 끊임없이 서로의 가치창조(Value Creative)에 나서는 것이다. 이때 우리는 고객과 거래를 하는 핵심이 경험의 품질이라는 것을 알 수 있다. 모두 다른 배경에서 자라고 모두 다른 동기와 가치로 살아가며, 모두 다른 기대치로 거래하고자 하는 각각의 고객을 만족시켜야 하는 호텔리어가 위에서 열거한 네 가지 사랑을 바탕에 두지 않을 수는 없는 것이다.

이 책은 이러한 철학 아래 현재의 프로페셔널 호텔리어(Professional Hoteliers)와 전도양양한 호텔리어(Prominent Junior Hoteliers)를 위해 준비되었다. 본서는 호텔경영에 뜻을 둔 모든 젊은이, 특히 대학과 대학원에서 이를 전공하고 있는 젊은 후배들과 산업현장에서 가치창조를 위해 애쓰는 선후배들과 함께할 것이다. 호텔경영과 관광경영, 외식경영 관련학과의 호텔경영학의 필수교과목으로 사용될 수 있으며, 현업에 종사하는 경영자와 실무자에게는 체계적인 실무 가이드북으로 사용될 수 있을 것이다.

필자는 지난 20여 년 동안 해외의 많은 산업현장을 몸으로 익히고 학교에서 호텔경영의 영업부문(Operation)과 재무투자부문(Finance, Investment)을 전공하여 얻은 체험과 지식을 이 책에 체계적으로 구현하고자 노력하였다. 본서는 다음과 같은 특성(Character)과 장점(Core Competency)이 있다.

첫째, 쉽다

이 책은 입문서로써 이해하기 쉽게 준비되었다. 전문성 있는 어려운 내용을 최대한 읽어 가기만 하면 익힐 수 있도록 다양한 정보와 전문내용을 글 속에 녹여내려 노력하였다.

둘째, 간결하다

진부한 내용의 반복이 아닌 꼭 필요한 부분만을 간결하게 처리함으로써 진리의 실체에 바로 다다를 수 있도록 명료하게 준비하였다. 각 페이지의 표제(Heading)만 읽어도 이해되도록 하였고, 체크포인트 상자(Check Point Box)를 많이 두어 핵심을 놓치지 않도록 하였다. 내용이해를 위해 도움이 필요하다고 생각되는 어휘와 문장에는 영문을 넣어 처리하였다. 특히 책에 실은 모든 사진은 선진국에서 직접 찍은 것 중에서 엄선하여 실었다.

셋째, 체계적이다

이 책은 7개의 Part, 그리고 각 Chapter 안에 여러 개의 Lesson이 들어 있는 11개의 Chapter로 짜여 있다. 11개의 Chapter는 각 Part를 뛰어넘어(Override) 순서가 정렬되어 있다. 각 Part는 1. 출발, 2. 호텔사업, 3. 호텔사업 전개, 4. 호텔 외 · 내부 경영환경의 이해, 5. 고객과의 거래 : 경험 그리고 가치, 6. 호텔경영 성과분석과 새로운 경쟁방법의 도출, 7. 호텔관련 주변사업 그리고 새로운 기회와 도전으로 구성되어 실제 호텔리어가 사업을 구상해서 전개하고, 성과를 분석하고, 새로운 가치를 찾는 과정을 순서를 밟아 저술함으로써 호텔경영의 전반을 물 흐르듯이 익힐 수 있게 준비하였다.

맨 처음 경영에 관한 기본지식과 호텔경영학의 이해로 출발하여 호텔사업이 무엇인지 정확히 익힐 수 있게 하였으며, 호텔개발관련 내용 안에 호텔분류와 경영형태 등을 담고, 호텔 외 · 내부 경영환경을 이해시키기 위해 다양한 형태의 표와 그림을 준비하였다. 이렇게 해서 탄생한 호텔이 살아 움직이면서 주요 수익센터 안에서 발생하는 고객과의 거래 내용을 쉽고 간결하게 정리하였다. 이어 경영전략을 도출하기 위한 여러 가지 재무 · 회계 관련 내용을 준비하여 위에 전개한 모든 내용이 수익을 극대화하기 위한, 다시 말해 '가치'를 극대화하기 위한 것이었음을 명확히 하였다. 마지막으로 호텔경영을 둘러싼 주변사업을 익히고, 새로운 기회를 찾기 위한 장을 마련하여 학습자로 하여금 미래지향적 사고를 할 수 있도록 했다.

넷째, 16주에 끝낼 수 있다

전체 내용을 대학 한 학기 기간인 15~16주에 마스터할 수 있도록 각 주에 학습할 분량을 적어 놓았다. 제8주에는 대학에서 중간고사를 보는 시기이므로 중간점검 주를 두었고 제16주는 기말고사를 치르는 시기로 마지막 점검을 하도록 하였다. 특히 Chapter 5에서는 실제 비즈니스 거래현장에 관한 학습으로 Lesson 뒤에 교수님과 학생이 토론을 통해 학습점검을 할 수 있도록 하였다.

다섯째, 창의적이고 미래지향적이다

이 책의 내용 전체는 창의적인 사고와 미래지향적 정신에 바탕을 둔 학생들의 시각에서 준비되었다. 오랫동안 쌓여온 많은 학자들의 학문적 바탕 위에 새로운 혼을 넣어 학문적 신 교재를 준비하고자 한 것이다. 본서는 기존 교재를 창의적이고 건설적으로 극복하고자 하였다. 예를 들어 호텔경영 교재 대부분이 단순히 영업부문만을 다룬 것과 달리 일반 경영학에 철저히 바탕을 두고 열려 있는 구조(Open System)하에서 살아가야 하는 호텔기업이 꼭 알아야 할 경영환경에 관한 유기적 관계를 집중적으로 책 전반에 깔아놓아 독자로 하여금 이 살아 있는 생명체를 환경에 적응시키고 극복하며 성장시켜 가기 위해 무엇을 해야 하는지 스스로 고민하도록 하였다. 명작을 그리기 위해 전체적인 구도를 잡을 수 있게 만든 것이다. 수익을 창출코자 하는 호텔 탄생 전 구상단계에서 개발단계, 사업전개단계, 그리고 경영분석과 새로운 전략도출단계 전 부문을 간결·정확하게 제시하여 재무와 투자, 그리고 영업 전 부문을 이해할 수 있도록 하였다. 전체 숲을 보고 나무를 보게 하듯 큰 그림을 그리고 세부내용을 익히도록 한 것이다. 호텔시장의 탐구 안에 시장의 변화와 호텔의 적응/호텔 종류를 둔 것이나 고객을 외부고객과 내부고객으로 나누어 고객이라는 큰 틀에서 기존 교재의 인사관리부분을 이해시킴으로써 학습자가 저절로 내용을 숙지하게끔 준비하였다. 특히 Chapter 3에서 제공한 정보는 전 세계 호텔산업을 한눈에 이해할 수 있게 하고 우리나라 호텔산업의 흐름을 정확한 자료를 통하여 간파할 수 있도록 준비하였다. Chapter 6에서 Lesson 2의 "II. 호텔 고객서비스 사이클과 타 산업 핵심경쟁방법의 도입"은 기존 어느 교재에서도 찾아볼 수 없는 미래지향적인 새로운 내용이다. 또한 [표 4-1~2]에 122년 동안의 한국호텔산업역사와 환경의 변화관계를 보임으로써 미래지향적인 젊은 호텔리어에게 시대상황의 변화에 따라 무엇을 준비해야 하는지 제시하고 있다.

윌리엄 월터(William Walter)가 제시한 네 가지 사랑을 바탕으로 호텔경영과 학문의 문을 두드리는 그대, 호텔리어(Hotelier)에게 첫 페이지부터 마지막 페이지까지 부족하지만 정성을 다한 이 책을 바친다. 많은 부족함이 보이는 작품이다. 저 드넓고 깊은 태평양 바다, 그 지식의 바다에서 떠올린 한 컵밖에 안되는 지식을 가진 저자의 정성이다. 저자에게 가르침을 주신 경희대학교, 미시간주립대학교(Michigan State University), 버지니아 폴리테크닉주립대학교(Virginia Polytechnic & State University)의 수많은 교수님, 특히 학문적 성을 쌓게 해주시고 세상을 보여주신 Michael D. Olsen 교수님, 그리고 많은 호텔산업현장의 사랑하는 선후배님들의 사랑과 격려에 힘입어 탈고하려 한다. 본서 많은 부분의 내용은 기존 저서와 논문 그리고 나의 미국과 한국에서의 수업시간에 학생들과 함께했던 리포트 등이 정리된 것임을 밝혀둔다. 미처 일일이 양해를 구하지 못한 점이 있다면 이해를 구하며 좋은 글과 의견에 대하여 지면을 통해 감사드린다.

이 책의 완성을 위해 음으로 양으로 수고해 준 많은 분들께 지면을 통해 감사의 마음을 전한다. 부족한 사람에게 출판을 허락해 주신 백산출판사 진욱상 사장님, 진성원 실장님과 편집부 직원 여러분 그리고 교정을 도와준 경희대학교 대학원 제자인 리홍빈, 책산산, 황순애와 HATIS 기획평가 & 디자인연구소와 YDI 연구원들 모두에게 감사한다.

묵묵히 지원을 아끼지 않고 응원해 주는 사랑하는 가족과 여러 친구들, 학문적 동기와 힘이 되어주시는 이 땅의 많은 대학 호텔관광관련 전공 교수님과 산업체 지인들께 감사드린다.

마지막으로 이 책으로 공부하는 모든 이들이 학문적 유연성과 자신감을 얻을 수 있기를 바란다.

저자

CONTENTS

Part 1 출발

Part 2 호텔사업

Chapter 5. 호텔 내부경영환경 : 고객

Part 5 고객과의 거래 : 경험 그리고 가치

Chapter 6. 경험 1 : 객실서비스 상품, 환경, 전달 시스템

Chapter 7. 경험 2 : 식음료서비스 상품, 환경, 전달 시스템

Chapter 8. 경험가치와의 거래 : 가격

Part 6 호텔경영 성과분석과 새로운 경쟁방법의 도출

Chapter 9. 거래의 확인 및 정산, 그리고 정보의 도출 : 회계 및 재무관리

Part 7 호텔관련 주변사업 그리고 새로운 기회와 도전

Chapter 10. 호텔부속상품 서비스

A New Start

Part 1

출발

Chapter 1. 호텔경영학을 시작하며

여유

큰 나무는 가느다란 가지에서 시작된다. 높은 탑도 작은 벽돌을 하나씩 쌓아올리는 데서 시작된다. 마지막에 이르기까지 처음과 마찬가지로 주의를 기울이면 어떠한 일도 해낼 수 있다.

- 노자 -

Chapter 1

호텔경영학을 시작하며

Lesson 1. 호텔산업의 이해(Understanding Hotel Industry)

Lesson 2. 호텔경영인(Hotelier)

Lesson 3. 호텔경영학의 이해(Understanding Hotel Management)

호텔은 고객에게 호텔서비스상품(Service Product), 호텔서비스의 분위기적 환경설정(Service Environmental Setting), 호텔서비스의 전달시스템(Service Delivery System)을 제공하고 고객은 이를 경험(Experience)한다. 고객은 이 경험가치의 대가로 호텔에 대금을 지불함으로써 거래를 완성한다. 이러한 내용의 교환을 반복함으로써 호텔과 고객은 끊임없이 서로의 가치창조(Value Creation)에 나서는 것이다.

– Choi, Jeong-Gil –

Ocean View from the Mckinac Island

시간처럼 정직하고 시간처럼 큰 힘을 가진 것은 없다. 시간은 모든 것을 평가한다. 또 시간의 힘에 의해서만 모든 것이 명백하게 드러난다. 시간은 진리의 아버지다. 아무도 시간을 속일 수는 없다.

– 라블레 –

Lesson 1

제1주

호텔산업의 이해

Understanding Hotel Industry

I 호텔경영의 핵심은 가치창조 과정이다

가치창조 경영이란 기업의 궁극적 목표를 기업가치 극대화에 두고 기업의 각종 의사결정이나 부문의 목표와 성과를 가치로 측정하며, 이러한 가치를 기준으로 기업의 각종 의사결정이나 경영계획, 경영관리를 행함으로써 기업 전체의 가치를 제고하고자 하는 경영을 의미한다. 다시 말해, 가치를 기본으로 기업의 목표를 설정하고, 이에 근거한 분석적 기술을 적용하며, 기업의 의사결정의 초점을 가치창출에 집중함으로써 기업의 전체 가치를 극대화시킬 수 있도록 하는 경영을 의미한다.

체크포인트(Check Point)

기업가치란 기업이 소유한 유형의 자산뿐만 아니라 영업권, 기술력과 같이 그 형태는 없으나 기업의 수익력에 공헌하는 무형의 자산이 포함된다. 기업가치란 이러한 자산들을 시가로 환산한 총자산가치를 의미한다. 총자산가치는 채권자와 주주에게 귀속되는데. 이 중 채권자의 지분은 대체적으로 사전에 확정되는 것이 보통이고 현실적으로 변동이 그리 심하지 않으므로 기업가치의 변동은 주로 자기자본가치에 반영된다고 할 수 있다. (자기자본가치는 자본시장에서 주가로서 평가된다). 따라서 가치창조 경영이란 자기자본가치 혹은 주가를 극대화하는 경영이라고도 말할 수 있다.

호텔경영의 주된 목적은 가치창조에 있다. 어떤 가치를 창조한다는 것은 끊임없는 연구에서 시작될 것이다. 생각과 가치는 시간이 지나면서 변한다. 고객을 만족시킬 수 있는 편안함을 제공하고, 맛있고 특징 있는 음식을 제공하는 등 그 가치를 한 단계 더 발전할 수 있도록 하기 위해서는 끊임없는 연구가 계속 되어야 한다.

가치창조 호텔경영인이 되려면 높은 수준의 인지와 통찰이 필요하고 끊임없는 동기부여와 자신 및 다른 사람의 걱정을 해결하는 정서적인 힘이 필요하다.

항상 공부하고 연구해야 하며 변화를 직시하고 환경과의 조화를 살피면서 창조적인 것을 만들어내야 한다. 끊임없이 진화하는 호텔만이 가치창조를 이루고 기업의 가치를 극대화할 수 있기 때문이다.

Ⅱ 호텔산업은 서비스 비즈니스이다

1 호텔 서비스란 무엇인가?

호텔에서의 상품이라는 개념은 여러 가지 서비스를 의미하며, 별도의 상품으로 존재할 수 없고, 상호 복합적으로 연결성 있게 운영되어야 비로소 상품의 가치를 지닌다. 즉, 제반시설과 식음료, 도구, 소모품 등 원천적 효용가치가 물적인 것, 체계화된 업무조정과 조직적인 협동 등 시스템적인 것, 종사자의 고객과의 대인관계적 효용가치가 인적인 것으로 나눌 수 있다. 다시 말해서 단순히 유형재와 무형재의 상호결합에 의한 상품형태가 호텔의 상품적 가치를 발휘하는 것이아니라 물적 요소와 인적 요소에 시스템적 서비스가 첨부되어야 완전한 호텔상품으로 판매될 수 있다.

호텔 서비스는 서비스의 일반적 속성 이외에 다음과 같은 특성을 지닌다.

첫째, 서비스 구매시간의 단기화로 서비스 평가시간이 짧다.

둘째, 서비스 구매 시 감정적 유대가 빈번히 일어나기 때문에 구매의 합리성이 결여되기 쉽다. 호텔사업이 사람을 상대하는 인간 중심의 사업이기 때문이다.

체크포인트(Check Point)

■ **호텔서비스의 3요소**

1. 물적 서비스
2. 시스템적 서비스
3. 인적 서비스

셋째, 호텔 서비스를 구입할 때, 유형적 단서나 증거에 크게 의존하게 된다.

넷째, 호텔 서비스는 무형적이므로 고객들이 서비스를 구매할 때 내면적으로 감정적인 이유가 크게 작용한다.

다섯째, 호텔 서비스를 운영할 때 독립적이면서 상호보완적인 많은 조직들이 필요하다.

여섯째, 호텔 서비스 특허성이 없어서 모방이 쉽다.

따라서 호텔 서비스란 고객의 요구에 맞는 **물적, 인적, 시스템적인 조건**이 실현과정에 있어서 유용한 기능을 수행하는 것이라고 정리할 수 있다.

Ⅲ 호텔사업은 사회적 책임이 지대한 사업이다

1 기업의 사회적 책임

호텔기업은 다양한 목적으로 집을 떠나 투숙 및 방문하는 고객을 위해 그들이 필요로 하는 제품이나 서비스를 제공함으로써 이윤을 얻는다. 호텔기업은 이윤을 극대화하기 위한 노력을 아끼지 않으며, 보다 효율적인 경영으로 최대의 효과를 얻고자 한다. 그러나 이러한 경제적 기능수행만으로 호텔기업이 인정받을 수는 없다. 사회가 추구하는 공동의 목적을 수용하지 않고서는 호텔기업의 존속과 성장이 제한될 수밖에 없다. 사회가 요구하는 역할과 책임을 수용함으로써 호텔기업은 비로소 사회적 제도로서의 정당성을 인정받게 되는 것이다. 호텔기업의 사회적 책임 수용은 호텔기업을 둘러싸고 있는 각종 이해관계자들의 기대와 요구에 대한 수용을 의미하며, 기업 본연의 경제적 목적과 사회적 목적과의 조화를 의미한다. 하지만 이러한 노력은 그렇게 쉬운 일이 아니며, 기업이념과 철학에서 시작하여 일상적인 관리와 운영에 이르기까지 전반적이고 체계적인 전략을 필요로 한다. 그 일차적인 작업으로써 사회적 책임에 대한 논의는 매우 큰 의의를 지닌다고 할 수 있다. 그것은 변화하는 호텔기업환경에 대한 새로운 이해인 동시에 환경대응이라는 새로운 목표로의 출발을 의미한다.

이러한 사회체계론적인 관점에 입각하여 기업의 사회적 책임을 기업과 사회와의 상호의존성에 대한 인식과 그러한 인식에 바탕을 둔 기업의 의무로서 정의할 수 있다.

기업의 사회적 책임에 대해 살펴보면 다음과 같다.

1. **기업의 유지 · 발전에 대한 책임** : 오늘날 기업은 사적 소유물뿐만 아니라 사회적이고 공익적인 면에서도 유지 · 성장되어야 한다. 만약 기업이 파산될 시 국민경제 전체에 큰 손실을 자아내며 경제성장에 장애가 되기 때문에 기업은 적정이윤을 확보하고 이를 공정하게 배분하여 적극적으로 성장시킴으로써 경제성장의 핵으로써 기능을 수행하는 것이 기업가의 사회적 책임이라 할 수 있다.

2. **이해관계자 집단에 대한 이해조정책임** : 이해관계는 하나를 극대화하면 다른 것을 희생해야 한다는 이율배반적인 경우가 있으므로 이들의 이해가 충돌될 경우 이는 경영의사결정이나 집행과정에서 커다란 문제를 야기시킨다. 따라서 이들 이해관계자 집단의 이해 조정은 기업가의 주요한 사회적 책임이다.

3. **종업원의 인간적 만족에 대한 책임** : 기업의 최대자산인 인적자원, 즉, 종업원의 협력태세를 확보하지 못하면 경영성과의 달성을 기대할 수 없다. 특히 호텔기업의 경우 대부분 인적서비스에 의존하는 상품을 판매하고 있으므로 경영자는 그들에게 동기를 부여하여 그들의 협동적 노력을 증대시켜야 한다. 종업원들에게 사회적 · 심리적 · 경제적 만족감을 주고 사기를 높여 자주적 협력을 끌어냄으로써 경영사회의 안정화를 추구할 수 있다.

4. **고객에 대한 최대만족의 실현** : 기업이 고객의 욕구를 충족시킬 수 있는 최상품질의 제품과 서비스를 생산 · 제공함으로써 고객의 최대만족을 실현시켜 주고 이를 통해 그들의 삶의 질을 향상시켜 줄 때 기업은 소비자집단에 대한 책임을 이행하게 된다.

5. **정부에 대한 책임이행** : 경영은 국가의 법규나 규범의 영역에서 벗어나지 않도록 경영활동을 전개해야 한다. 기업활동의 대전제란 정부에 대한 인식은 곧 국민에 대한 의식을 의미하는 것이므로 거래관계와 연계된 일체의 법규를 준수해야 한다. 또한 정부가 행하는 일에 적극적으로 협력할 때 기업시민으로서 역할을 다하는 것이다.

6. **지역사회에 대한 책임** : 경영자는 지역사회에서 종업원을 고용한다거나 그들의 복지향상을 통해 지역사회의 발전에 기여함은 물론, 지역사회에 미치는 각종 위해에 대해 적절한 보상과 더불어 이를 방지하기 위한 적극적인 대책을 강구해야 한다. 그리고 지역사회에 대한 책임은 지역경제의 공동개발에 적극적으로 참여하고 또한 이익을 재투자함으로써 지역발전을 도모해야 한다. 그리고 지역의 문화시설에 대한 적극적인 투자를 통해 기업이 소속해 있는 지역사회의 문화적 수준을 향상시킬 수 있어야 한다. 그 외 교통장애의 방지, 도로 손상의 방지, 경관파괴의 방지, 대규모 신규노동이입의 방지, 노동자 해고의 억제 등 지역사회에 대한 책임을 성실히 이행하여야 한다.

7. **채권자 · 원료공급자, 유통업자에 대한 책임** : 기업에게 자금을 지원해 주는 채권자에 대해서는 채무를 이행하고 계약을 준수해야 한다. 그리고 원료공급자 및 유통업자와의 협력관계를 조성하도록 신뢰성을 구축해야 한다.

8. **산업공해발생 방지에 대한 책임** : 기업 활동으로 인해 발생하는 환경오염의 피해자는 작게는 지역사회의 주민, 크게는 국가 전체이므로 경영자는 피해가 생길 경우 이에 대한 보상과 더불어 이를 방지하는 데 적극적으로 노력해야 한다. 따라서 충분한 사회비용을 투입하고 또한 공해발생의 요인인 노후시설을 대체하기 위해 노력하는 환경친화적인 기업이 되도록 해야 한다.

기업의 사회적 책임수행은 단기적으로는 비용을 증대시키나 장기적으로 볼 때는 기업에 이익을 가져온다고 볼 수 있다. 왜냐하면 기업을 둘러싸고 있는 사회는 기업을 더 이상 사회문제와는 무관한 폐쇄적 개체로 간주하지 않기 때문이다. 이 점에서 사회적 대응으로서의 기업 행동은 오늘의 기업이 반드시 갖추어야 할 전략이요, 과제인 것이다.

Ⅳ 호텔산업의 경제학적 특수성

1 호텔산업의 수요 · 공급곡선

호텔산업은 일반적인 수요공급곡선과 다른 독특한 수요공급곡선을 나타낸다.

[그림 1-1]의 (1)은 일반적 수요공급곡선을 나타내며 수요의 변화에 따라 공급의 변화가 함께 이루어지는 양상을 보이고 있다.

[그림 1-1]의 (2)는 호텔산업의 수요공급곡선을 보여준다. 이때 (A)는 단기 수요공급선이고 (B)는 장기 수요공급선이다. (A)의 경우 호텔업체가 시장수요가 변한다 해서 이에 따라 공급을 조정하기 어렵고, 일정기간 공급곡선이 곡선이 아니라 일정수준으로 고정된 수평선임을 보여주고 있다. 만약 총공급량을 초과하는 수요가 존재할 경우 총수입을 증가시키려면 사업체로서는 가격을 높여야만 할 것이다. 만약 가격을 올렸음에도 수요가 줄지 않고 증가된다면 추가 또는 잠재고객수요를 맞추기 위해 호텔신축으로 대응할 것이다. 이에 따라 (B)와 같이 일정기간(건축기간 등) 이후에는 공급이 증가하게 될 것이다. 하지만 이와 같은 현상이 계속해서 반복되지는 않는다. 이는 지속적인 가격증대가 어느 시점에서 고객들의 저항심리에 부딪치게 되고 수요의 감소로 이어져 다시 일정기간을 두고 조정되게 될 것이다.

이러한 특수한 수요와 공급체계에서 최대의 가치를 창출하기 위해서는 적어도 일정 공급하에서 수요곡선을 D_1에서 D_2, D_3로 이동시킬 수 있는 요소들(새로운 상품과 서비스, 경쟁력 있는 품질 등)을 끊임없이 시장에 내놓아야만 한다.

[그림 1-1] 호텔산업의 수요 · 공급곡선

Supply & Demand Curve of the Hotel Industry

(1) Demand & Supply Curve(In general)

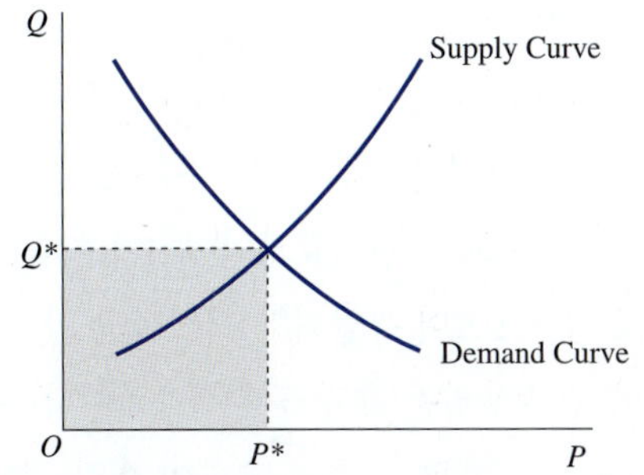

P* : Equilibrium Price
Q* : Equilibrium Quantity
P* × Q* = Total Revenue

(2) Demand & Supply Curve(Hotel Industry)

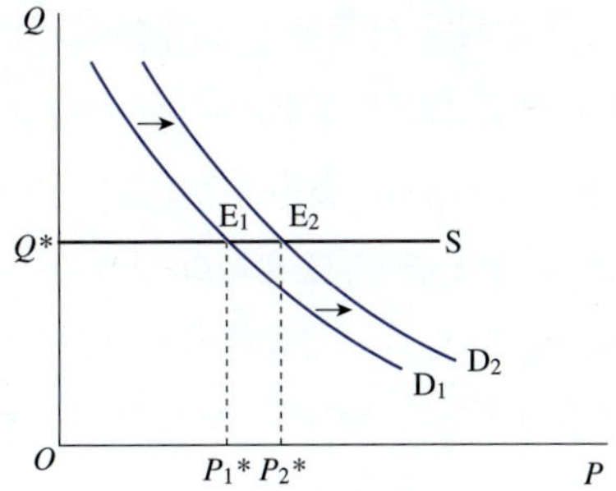

(A) Short Period

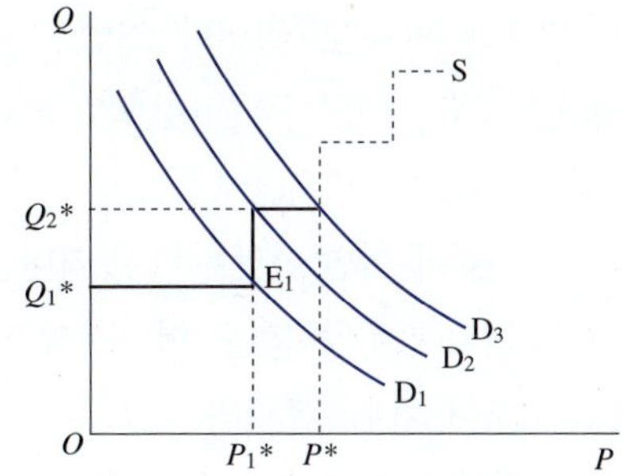

(B) Long Period

D : Demand Curve
S : Supply Curve

Note:
1. Supply is fixed, but Demand fluctuates overtime.
2. Controlling price is the only way to increase total revenue.
3. Supply may be increased in the long-run according to increasing demand.
4. At some point supply and demand will meet together because customere will resist to continuous price increase.

2 호텔산업에서 호텔이용자 지출의 직 · 간접 효과

호텔이용자 지출의 효과는 크게 직접효과(direct effect), 간접효과(indirect effect), 그리고 유발효과(induced effect)로 나누어 볼 수 있다. 직접효과란 호텔이용자가 최초로 그 지역에서 지출한 경비가 직접적으로 발생시키는 경제적 효과로서, 호텔이용자가 직접 대면하는 관광업자들(호텔 등의 숙박업자, 기념품상, 서비스업자 등)에게 발생되는 효과이다. 이 직접효과를 일컬어 1차 효과(primary effect)라고도 부른다. 또 다른 효과는 간접효과인데, 1차 지출이 그 지역경제에 주입되면 이에 영향을 받는 집단(호텔관광업체와 직접적인 관계가 있는 집단)이 생기게 되는데, 이들 집단에게 발생하는 효과가 간접효과이다. 예컨대, 호텔이용자를 숙박시켜 일정 숙식비를 받는 호텔 업주는 다시 이 수입 중 일부를 자신에게 쌀이나 부식재료를 공급해 주는 농민 또는 중간상에게, 그리고 통신서비스를 제공해 준 전기통신공사에게, 청소를 해준 청소부에게 각각 지출한다. 이때 농민, 전기통신공사, 청소부는 관광자로부터 각각 간접적 영향을 받게 되는 것이다.

마지막 효과는 유발효과이다. 호텔수입으로 인해 해당 지역경제 내의 외식업 업주, 농민, 전기통신공사 직원, 청소부 등 가계부문의 임금이 향상되면 이들에 의해 지역경제에 대한 소비지출수준은 증가하게 된다. 지역사회 내에서 주민들의 소비지출이 증가하게 되면 이것은 다시 역내산업의 매출액 증가, 고용기회 창출 등 해당지역의 지역경제 활성화로 이어지게 되는데, 이것이 곧 유발효과이다. 다시 말해 유발효과란 외부로부터의 수요(투자, 호텔수입 등)가 기업의 생산을 증대시킬 때, 이로 인한 가계 부문의 소득 증가(따라서 소비지출 증대)가 다시 기업의 생산(투자)을 자극하는 효과를 말한다. 이 간접효과와 유발효과를 합하여 일반적으로, 2차효과(secondary effect)라고 부른다.[1)]

[그림 1-2] 호텔경영의 지역경제효과

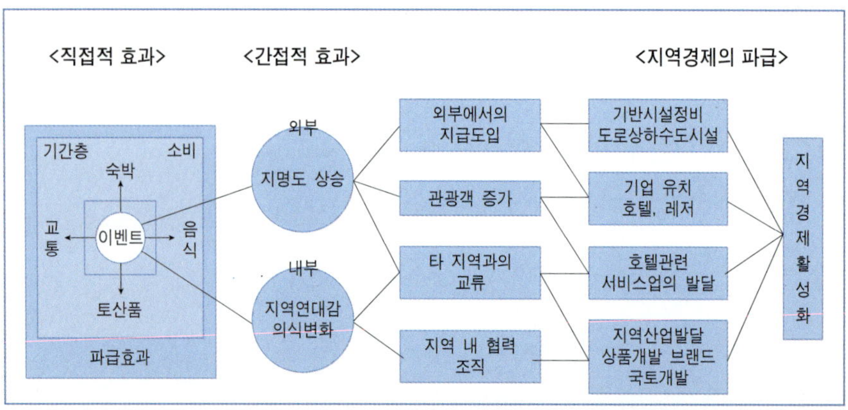

3 호텔사업에서의 승수효과[2)]

호텔수입의 경제적 효과는 승수효과에 의해 증폭한다. 다음에 그 메커니즘을 서술한다. 호텔이용자의 각종 지출은 여객운송기업, 레스토랑, 여행사 등으로 이루어지는 호텔산업에게만 수입을 가져다주지는 않는다. 호텔산업은 각종 생산재나 소비재를 구입하기 때문에 호텔에 관련한 산업에 파생적인 수입이 초래된다. 호텔 관련 산업도 각종 생산재와 소비재를 그 관련 산업에서 구입하므로, 파생적 수입의 고리가 점점 넓어지게 된다. 이러한 산업연관에 의한 수입의 분배 · 재분배의 연쇄고리는 지역이나 국가 수준으로까지 확대된다.

이러한 경제적 파급효과를 거시경제의 관점에서 정리하면, (1) 호텔에 의한 생산재의 생산이 직접적으로 자극받아, 1차적 효과로서 투자와 같은 크기로 지역민 및 국민소득이 증대한다. 그리고 (2) 그 증대에서 소비와 저축이 증대하고, 나아가 (3) 그 소비의 증대로 소비재의 생산이 자극받아, 소비의 증대와 같은 크기로 지역민 및 국민소득이 증대하게 된다.

그것을 간단한 계산식으로 나타내보자. 지금 호텔수입의 증가분을 ΔI, 추가적 수입 중 소비로 회수되는 비율 즉 한계소비성향(Marginal Propensity to Consume)을 MPC, 지역민 및 국민소득의 최종적 증가액을 ΔY로 하면,

제1차 지역민 및 국민소득 증가액 ΔI,

제2차는 $\Delta I \times MPC$,

제3차는 $\Delta I \times (MPC)^2$,

$\vdots$

제n차는 $\Delta I \times (MPC)^n$

가 되며, 이를 다음과 같이 나타낼 수 있다. 초항을 1, 공비를 MPC로 하는 무한등비급수의 합이며,

1) 김사헌 저, 관광경제학이론, 일신사, pp. 326-327 내용 저자 재구성.

2) 카와무라 세이지 지음, 서정교 역, 관광경제학 입문, 한올출판사, pp. 212-213 저자 재구성.

$$\triangle Y = [1 + MPC + (MPC)^2 + \cdots +, (MPC)^n] \times \triangle I$$

$$\triangle Y = [1 + MPC + (MPC)^2 + \cdots +, (MPC)^n] \times \triangle I$$

이 ΔI의 계수인 1/(1-MPC)는 지역민 및 국민소득증가의 배수를 의미하며 케인스 경제학에서 말하는 투자승수(multiplier)이다. 또한 ΔI 중 저축으로 회수된 비율을 한계저축성향 MPS(Marginal Propensity to Save)라고 한다.

MPC와 MPS의 합은 1이며,

$$\frac{1}{1\text{-}MPC} = \frac{1}{MPS}$$ 로 나타낸다.

여기에 구체적 수치를 넣어보자. 가령 호텔에서 연간 100억 원의 호텔수입이 있고, 그중 80억 원이 소비에, 20억 원이 저축으로 회수된다고 하자. MPC는 80/100=0.8, MPS는 20/100=0.2이며, 승수는 1/(1-0.8)=1/0.2=5가 된다. 여기서는 당초 100억 원의 호텔수입이 수입의 재분배과정에서 5배인 500억 원이 되어 해당 지역 혹은 국가에 각종 경제적 효과를 야기시킨다.

승수값은 소비성향이 크면 클수록, 반대로 저축성향이 작으면 작을수록, 크게 된다는 관계가 있다. 다만, 승수값을 좌우하는 것은 소비성향과 저축성향의 값만은 아니다. 누출(leakage)이라고 불리는 관광수입의 역외유출작용을 무시할 수 없다. 예컨대 재화 · 서비스를 역외로부터 구입함으로써 발생하는 대금 지불과 자금 · 노동력 · 기술 등을 역외에서 동원하는 것에서 발생하는 이자 · 임금 · 로열티의 송금, 국가 배상 등 이전지출에 해당하는 징세 등은 호텔수입의 승수값을 감소시킨다. 반대로 그들이 역외로부터 유입된다면, 해당지역 혹은 국가의 경제파급효과는 크게 팽창한다. 즉 상술한 1/(1-MPC)=1/MPS라는 공식은 어디까지나 폐쇄경제모델이다. 호텔수입 중 일부를 역외로부터 중간재 구입에 쓸 경우, 즉 한계수입성향 MPT를 고려한 개방경제모델에서의 승수는 1/(1-MPC+MPT)로 변형된다. 더욱이 MPT=0일 때가 폐쇄모델이다.

이상과 같은 호텔사업에서 승수이론은 호텔정책이나 호텔개발계획을 작성할 때, 호텔수입 및 그 증대가 지역경제에 가져오는 파급효과를 측정하기 위한 수단으로 이용될 수 있다.

Lesson 2

제2주

호텔경영인

Hotelier

이 장은 이 책으로 호텔경영학을 공부하는 학생들에게 진정한 호텔리어란 무엇이며 어떠한 준비와 비전을 가져야 하는가에 대한 내용이다. 이 책을 공부하는 많은 후학들에게 길라잡이가 될 것이다.

앞장에서 이미 언급되었듯이 호텔경영은 가치창조 경영이며, 서비스를 주로 하여 무한정한 사회기여를 하는 매우 의미있는 경제, 사회, 문화 활동인 것이다. 이러한 활동무대 위에 주연배우로서 하고 싶은 일을 할 수 있는 진정한 호텔리어로 거듭나기 위해 다음에 정리한 진정한 호텔리어와 미래를 열어가는 호텔경영인의 정체를 미리 만나보자.

I 진정한 호텔리어

○ 호텔경영인, 진정한 호텔리어 1

먼저 진정한 호텔리어가 되기 위해서는 질적 수준을향상시켜야 한다. 우수한 수준의 호텔리어란, 우선 가장 중요한 외국어 실력을 갖추고 있어야 한다. 실무능력에 앞서 세계 어느 호텔에 내놓아도 뒤지지 않을 정도의 이론적인 교육을 받아야 하고, 주중 어느 요일이든 상관없이 필요한 경우 시간 외

근무를 불평 없이 받아들여 일할 수 있는 사람이어야 하며 오랫동안 친구와 가족들을 만나보지 못하는 어려운 조건하에서도 맡은 일을 완료할 때까지 참고 견뎌낼 수 있는 자여야 한다. 어떤 일에 대하여 비록 다른 사람들보다 일찍 알고 있는 사항임에도 교만하지 않고 다른 동료 직원들과 보조를 맞추어 협동하는 겸손한 태도를 지닌 사람이 진정한 호텔리어라고 할 수 있겠고 이는 호텔만이 아니라 일반 사회 내에서 인정받는 사람의 자격조건이 될 수 있을 것이다.

호텔에서 일하는 일이 주로 고객을 상대로 하기 때문에 사람을 상대하는 것이 매우 중요하다. 고객이 언제 어떠한 이유에서든지 불만을 나타낼 경우 항상 밝은 미소로 친절하게 또 한편으로 고객의 심기를 불편하게 한 것에 대해 바로 사과의 뜻을 표현할 수 있는 유연함을 보여야 할 것이다. 또한 자신의 기분이나 감정을 항상 고객의 입장에서 고객의 기분에 맞춰 대하는 태도를 갖추어야 한다. 그러기 위해서는 무엇보다도 강한 훈련을 통해 인내심을 길러야 한다. 아무리 개인의 능력과 자질이 뛰어나다 하더라도 고객에게 자신을 낮출 수 있는 마음이 없으면 호텔리어로서 자격이 없다고도 할 수 있겠다.

○ 호텔경영인, 진정한 호텔리어 2

호텔의 각 업장에서 고객을 맞이하는 종사원, 아니면 그 호텔의 총지배인이거나 CEO(Chief Executive Officer)건 모든 호텔리어에게 요구되는 가장 필수적인 조건은 바로 "서비스 정신"이라고 생각한다. 호텔은 일반적으로 '일정한 지불능력이 있는 불특정다수의 고객에게 숙식을 제공할 수 있는 시설을 갖추고 잘 훈련되고 예절바른 종사원들이 조직적으로 봉사하여 대가를 받는 가시적 기업'이라고 정의할 수 있다. 이렇듯 호텔이 수행해야 할 가장 중요한 임무는 바로 서비스 제공이다. 호텔리어들은 단순히 숙박시설 제공이 아닌 최고의 고객감동 서비스를 제공하여야 한다.

'다른 사람에게 대접받고 싶은 것처럼 다른 사람을 대접하라(Do to others as you wish to be done by others)'는 말을 명심할 필요가 있다.

○ 호텔경영인, 진정한 호텔리어 3

'행복을 주는 것', 일단은 프로 정신을 가져야 한다. 고객을 손님으로 보기보다는 가족으로 여기고 진심으로 다가가는 것이 우선일 것이다.

그리고 호텔을 경영할 수 있는 사람은 그 호텔에서 종사하는 모든 이들을 책임질 만큼 리더십이 있어야 하고 투숙하는 고객을 위해 봉사할 수 있는 헌신적인 서비스 마인드도 있어야 하며 자신감을 가지고 가치창조를 이끌어낼 수 있도록 항상 노력하는 자세를 가져야 한다.

○ 호텔경영인, 진정한 호텔리어 4

호텔리어의 자질에는 다양한 분야의 지식, 미래를 바라볼 수 있는 능력, 어학실력 등 여러 가지가 있겠지만, 진정한 호텔리어는 첫째, 호텔을 단순한 생계수단으로서가 아닌 아끼고 발전시켜야 할 대상으로 여기고 호텔을 진정으로 사랑하는 마음을 가져야 한다.

둘째, 끊임없이 자기노력을 해야 한다. 호텔이란 직종은 정체되어 있는 산업이 아닌 다변화되는 산업이다. 그 변화에 발맞추기 위해서는 끊임없는 자기계발이 필요하다. 그렇기에 진정한 호텔리어는 끊임없이 익히고 배우며 노력해야 한다.

셋째, 호텔에서의 능력이 뛰어난 사람이어야 한다. 이 말은 꼭 총지배인이나 간부급 인사가 진정한 호텔리어라는 뜻이 아니다. 자기가 맡은 부서에서 꼭 필요한 인재가 되어야 한다는 것이다. 아무리 갖추고 있는 지식이 많더라도 그를 사용하는 능력이 뒷받침되지 않으면 그 지식은 없는 것과 다름없다. 그러므로 여러 상황에서의 대응력, 외국어 실력 등 실무에서 필요한 여러 능력을 갖춰야만 진정한 호텔리어라고 할 수 있다.

○ 호텔경영인, 진정한 호텔리어 5

다양한 직종의 사람들이 모여 '고객 만족'이라는 하나의 목표로 일하는 호텔리어. 외부에서 보는 호텔리어의 모습은 아주 일부에 지나지 않는다. 겉으로는 화려하지만, 까다로운 고객을 만족시켜야 하는 서비스맨이 바로 호텔리어이다. 흔히 호텔리어를 '백조'로 표현하는 이유는 바깥에서 볼 때는 화려하고 우아하지만, 그 뒤에는 이들의 치열한 서비스 정신이 있기 때문이다.

호텔리어는 먼저, 사람 만나는 것을 좋아해야 한다. 그리고 다른 사람들에게 봉사할 수 있는 마음가짐이 중요하다. 또한 긍정적 태도와 리더십, 깔끔한 외모를 갖추고 있어야 한다. 마지막으로 여러 나라의 사람을 만나는 직업으로 외국어 실력도 갖추고 있어야 한다. 이것은 선택이 아닌 필수이다.

Ⅱ 미래의 현실감 넘치는 비전을 열어가는 호텔경영인 / Visionary Hotelier

○ 미래의 호텔 경영인상 1

앞으로 또 어떤 특성을 가진 호텔로서의 변화가 일어날지 모르는 상황에서 호텔 경영인은 세상 흐름을 잘 파악하고 시시각각 변화하는 고객의 욕구를 파악하여 그에 적절히 대응할 수 있는 능력이 필요하다. 그러기 위해서는 흐름의 파악을 위한 냉철한 분석이 필수적이고 동시에 빠른 시간 안에 변화에 능동적으로 대처할 수 있어야 한다. 그때그때 현실에 맞춰 변화하고 안주하기보다는 좀더 미래를 내다보고 미래를 읽을 수 있는 것도 중요하다. 미래를 제대로 읽지 못한다면 결국엔 뒤처질 수밖에 없는 것이다. 시간이 지나면서 고객들은 유행에 좀 더 민감해지고, 감각적으로 변화한다. 단순히 고급스럽기만 하면 되는 것이 아니라 고객 각각의 취향에 맞게끔 다양한 객실의 분위기를 만들고, 서비스의 종류도 다양해져야 한다. 종업원은 고객에 따라 변할 수 있도록 교육되어야 한다.

어떤 것을 경영한다는 것은 가장 적은 돈으로 많은 이윤을 창출해 낼 수 있을 때, 가장 효과적인 경영을 했다고 할 수 있다. 경영인은 효과적으로 이윤을 창출해 낼 수 있어야 하고, 서비스의 양과 질에는 전혀 흔들림 없이 이윤을 많이 낼 수 있어야 한다.

○ 미래의 호텔 경영인상 2

호텔들이 갖고 있는 고유한 특징을 활용해야 한다. 호텔이 아무 목적도 없고 아무 특징도 없다면 그 호텔은 시장에서 살아남을 수 없다. 그 호텔만이 가질 수 있는 특징적이고 중심적인 '고유의 것'을 만들어야 한다. 그래야만 그 호텔이 어려울 때라도 살아남을 수 있다. 호텔경영인은 고객의 만족을 도우면서 호텔의 이윤을 최대로 늘리기 위해 노력해야 하므로 호텔이 비수기 때라도 패키지 상품을 개발하거나 혹은 그 호텔에서만 느낄 수 있는 특색을 살려서 그 이미지를 고객에게 심어

주어야 한다. 또한 마켓을 선도할 수 있을 정도로 막강한 상품을 특색있게 상품화해 고객들에게 가시적으로 내놓을 수 있는 능력이 뒷받침되어야 할 것이다.

○ 미래의 호텔 경영인상 3

미래를 내다볼 수 있는 안목이 있어야 한다. 질적 정보와 양적 정보를 이용하여 미래 업계의 동태를 파악할 수 있어야 하며 그 변화에 재빠르게 대응할 수 있어야 한다. 미래를 바라보지 않고 현재에만 안주해 있는 자는 결국 도태되어 결코 선도적인 경영을 할 수 없을 것이다. 또한 현재 우리가 살고 있는 사회는 정보사회라고 일컬을 만큼 수많은 정보가 난립하고 있다. 이 수많은 정보 중에 가치 있는 정보를 바탕으로 미래를 읽어내는 능력이 그만큼 중시되고 있는 것이다.

리더십을 갖추어야 한다. 경영자에게 필수적으로 갖추어야 할 것이 바로 리더십이다. 경영자란 결국 작은 사회집단을 이끌어가는 것이기 때문에 선두주자로서의 리더십은 필수적이다. 급변하는 사회에서 그 조류에 이리저리 휩쓸리면 결코 선도적인 자리에 있을 수 없다. 리더는 기다리지 않고 주도해야 한다. 그리고 호텔이라는 거대한 공동체를 이끌어 나가려면 리더십은 반드시 갖추어야 할 부분이다.

항상 노력해야 한다. 미래는 앞에서도 언급했듯이 다변하는 사회이다. 소품종다량생산의 사회에서 다품종소량생산으로 변화한 산업구조에서도 볼 수 있듯이 사회는 다양한 모습과 그 자신만의 독특한 개성을 요구한다. 이러한 모습을 구현해 내려면 우선 자기노력이 밑받침되어야만 한다. 노력 없이 현재의 자리에 안주해 있는 자는 결코 변화할 수 없다. 다양한 모습과 긍정적인 변화는 바로 그에 상응하는 지식과 자기 능력이 기본으로 갖춰져 있어야만 실현할 수 있기 때문이다.

○ 미래의 호텔 경영인상 4

미래의 호텔 경영인상은 뛰어난 리더십과 유창한 외국어를 겸비하고 철저한 서비스 마인드를 가지고 있는 사람이다. 이 세 가지를 모두 겸비하고 있어야만 미래의 호텔 지배인으로서의 역량을 갖추었다고 할 수 있겠다. 화재가 발생하여 소화작업에 유능한 지배인보다는 화재가 발생하지 않도록 사전에 예방하는 사람이 유능한 지배인인 것이다.

첫 번째로 리더십은 경영인으로서 갖추어야 할 첫 번째 조건이다. 회사 조직이 지향하는 방향을 분명히 제시할 뿐만 아니라 뚜렷한 목표의식을 가지고 설정된 목표달성을 위해 통솔해야 하며, 종사원들의 욕구가 무엇인가를 알아내어 보살펴 주며, 조직문화의 가치와 윤리 도덕의 중요성을 강조하며 업무수행의 기준을 높이 설정하는 등 타인의 모범이 되는 근무자세를 몸소 실천하는 지도자가 되어야 한다. 또한 부하직원을 믿고 권한을 이양할 수 있도록 하는 임파워먼트(Empowerment) 리더십은 매우 중요할 것이다.

두 번째로 유창한 외국어 실력은 호텔업계에서 근무할 호텔리어라면 기본적으로 갖추고 있어야 할 자질이라고 생각한다. 아무리 뛰어난 서비스 마인드를 가지고 있다고 하더라도 언어의 장벽이 앞을 가로막으면 어떠한 서비스도 제대로 제공하지 못할 것이다. 그러므로 어느 정도의 문장실력과 그들의 문화를 이해할 수 있는 언어적 · 문화적 포용능력이 있어야 한다.

세 번째로 자신만의 철저한 서비스 마인드를 가지고 있어야 한다. 내가 생각하는 서비스 마인드는 모든 고객에게 똑같은 서비스를 제공하는 것보다는 고객마다 다른 서비스를 제공해야 한다는 생각이다. 고객마다 원하는 서비스가 다름에도 불구하고 우리는 이제껏 모두 같은 서비스를 제공하며 그들이 만족할 것이라 생각해 왔다. 하지만 이제는 그들이 무엇을 원하고, 어떠한 서비스를 원하는지를 파악해서 고객마다 다른 서비스, 즉 맞춤 서비스를 제공해야 한다. 예를 들어 한 호텔을 자주 방문하는 고객은 자신을 알아보는 직원들을 부담스러워할 수도 있다. 그런 고객에게 정형화된 호텔 서비스로 그들의 이름을 얘기하고, 지난번 투숙했을 때의 이야기를 꺼내거나 아는 척하는 것은 그 고객에게는 불쾌감을 조성할 수 있는 것이다. 그렇기 때문에 고객마다 서로 다른 서비스를 제공해 그들을 만족시켜야 한다.

○ 미래의 호텔 경영인상 5

최근 호텔산업의 동향을 살펴보면 상품의 다양화, 체인호텔의 증가, 호텔 인적 자원의 중시, 호텔상품의 품질관리, 기술도입 등을 들 수 있다. 하지만 아직도 호텔경영에 있어서 족벌경영의 타성에서 벗어나지 못하고 있는 것이 문제이다. 전문 경영인의 참여폭을 넓히고 과학기술 도입의 과감성이 요구되는 때인 것이다. 이러한 현실에서 미래의 호텔리어는 과감한 경영기술 도입과 소비자 지향적인 마케팅 시스템에서 그 시설과 경영기법을 개발하는 데 더욱 박차를 가해야 할 것이다.

Lesson 3

제2~3주

호텔경영학의 이해

Understanding Hotel Management

I 호텔경영에 대한 이해는 일반경영에 대한 이해가 시작이다

경영인은 예상하고 계획하고 조직하고 결정하고 의견을 나누고 동기를 부여하고 예정된 목표를 성취하는 조직의 노력을 전반적으로 통제한다. 회사 전체에 책임이 있는 정상의 경영인은 전략적 계획과 조직의 임무에 그들 대부분의 시간을 집중하는 경향이 있다. 그들은 또한 조직화와 회사의 활동을 조절하는 데 대부분의 시간을 보낸다.

아래의 [그림 1-3]처럼 경영자는 기술, 방법, 설비 그리고 수단을 사용하는 기술적인 능력이 필요하다. 이 능력은 낮은 수준의 경영에 더 중요하다. 높은 수준의 경영단계에서 매니저는 기술적인 능력보다 개념적인 능력을 더욱 중요시하고 필요하게 된다.

이러한 경영기술 영역 전반에서 절실히 요구되는 9가지 중요 경영기능을 아래에 이론과 함께 정리하였다. 호텔경영의 전반적인 흐름에 비추어 유추해 가면서 이해하면 이 책에서 배울 내용을 보다 빠르고 정확하게 익힐 수 있을 것이다.

[그림 1-3] 요구되는 경영기술영역 비교(Management Skill Areas)

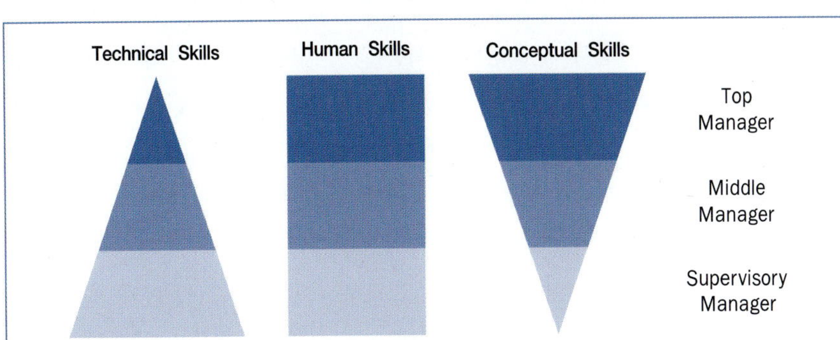

Ⅱ 호텔경영에 필요한 중요경영기능 핵심요약

경영의 9가지 중요기능은 예측, 계획, 조직, 의사결정, 의사소통, 동기부여, 조정과 통제, 윤리, 리더십 등이다. 이러한 경영의 기능은 서로 독립되어 존재하지 않는다. 오히려 서로 의존하고 일반적으로 동시에 요구되며 적어도 중복된다.

1 예측/Forecasting

예측은 경영기능의 첫 번째로 호텔경영에서의 예측은 주로 수익률 등 수요와 공급에 대한 분석에서 출발한다.

예측은 경영의 요소 중 첫 번째이며, 정확하게 하는 것이 중요하다. 상품과 서비스의 대부분은 호텔에서 당일에 팔지 않으면 소멸되기 때문에 레스토랑 매니저들은 얼마나 많은 손님이 다음주에 올 것인지를 예상하고 음식의 주문과 종업원들의 스케줄을 정해야 한다. 이러한 예측의 기초자료는 모든 경영기능에 적용되고 궁극적으로 가치창조의 원천이 되는 것이다.

2 계획/Planning

계획은 장기적이고 넓은 범위의 전략과 단기적이고 작은 범위의 전술의 두 가지 타입이 있다.

전략상 계획은 정책과 전술을 적용하고 사용하며, 목표를 달성하기 위해 자원의 배치를 결정하는 과정이다([그림 1-4] 참조). 전략상의 계획은 5년이나 그보다 더 먼 미래를 위해 만들어진다. 전술상의 계획은 일 년이나 그보다 더 짧은 기간을 위해 만들어진다. 호텔사업에서는 인적자원의 활용부터 재정적 계획까지 서비스의 혁신에서 프랜차이즈 경영까지 장기적 계획이 만들어진다.

전술상의 계획은 전략상 계획보다 짧은 기간을 계획한다. 전술상 계획은 낮은 수준의 경영이나 종업원의 전략적 목표 달성을 위해 필요하다. 집행상의 계획은 그들의 목적을 달성하기 위해 단계적으로 접근하는 현장 지배인들에게 제공된다. 대부분 계획의 실행은 목표 쪽으로 전체적인 조직이 조화롭게 움직이는 것이다.

[그림 1-4] 목표와 전략달성을 위한 계획의 틀과 과정(How Plans Follow Goals and Strategies)

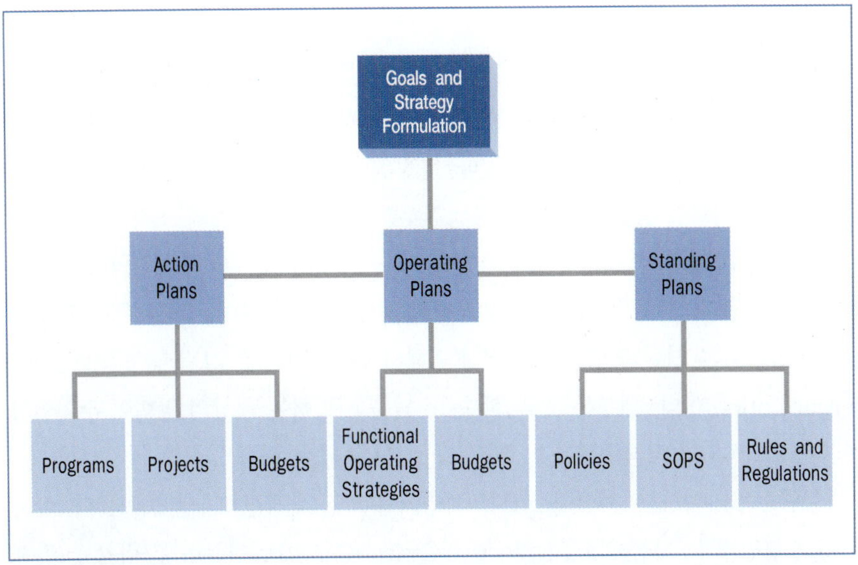

Step 1 목표설정(Define Project Goals)

⬇

Step 2 필요한 자원과 활동의 명시화
(Identify Resources and Activities Needed)

⬇

Step 3 목표달성과정에 관한 최종결정
(Decide on Completion Sequence)

⬇

Step 4 필요활동에 관한 수행계획 확정
(Schedule Project Completion Activities)

⬇

Step 5 임무할당과 예산배정
(Assign Task and Budgetary Responsibilities)
➡ Steps in the Project Planning Process

학습도우미 SOPS: Standard Operating Procedures(표준운영체계)

3 조직/Organizing

회사가 일치되기 위해서 발전성, 임무, 목표, 목적, 계획 등 직무를 완성하기 위해 필요한 일들이 조직화되어야 한다. 조직은 자원이 정돈되고 사업체의 목표가 달성되는 시스템적인 활동의 과정이다. 조직의 목적은 각자 개인마다 특별한 업무를 주고 이 업무를 동등하게 수행한다. 대부분 사업체는 두 개의 조직으로 구성된다. 형식적인 것과 비형식적인 것이 그것이다. 형식적 조직은 사업체의 조직차트에 잘 묘사된다. 그것은 명령의 흐름과 책임과 권위를 잘 보여준다. 비형식적 조직은 직업상 다른 사람과 연결된 관계에 의해서 나타내어지는 그림자 조직(shadow organization)이다. 대부분 호텔업무는 손님을 서빙하는 최상의 방법이 무엇인가에 따라 조정되고 조직화된다.

[그림 1-5]는 호텔에서 일반적으로 시행되는 조직의 명령체계를 보여준다. 이는 최고경영인 또는 사장(Chief Executive Officer(CEO)/President) 그리고 최고 재무 관리자인 Chief Financial Officer(CFO) 또는 부사장이 사업장 단위의 수장인 총지배인(General Manager)에게 지휘를 일임하면 부총지배인 또는 객실, 식음료 부서 등의 부장들에게 명령을 하게 되고 각 영업장의 지배인 그리고 고객과 접하는 직원들에게 내용이 전달되게 된다.

[그림 1-5] 호텔조직의 명령체계(An Example of Hotel's Chain of Command)

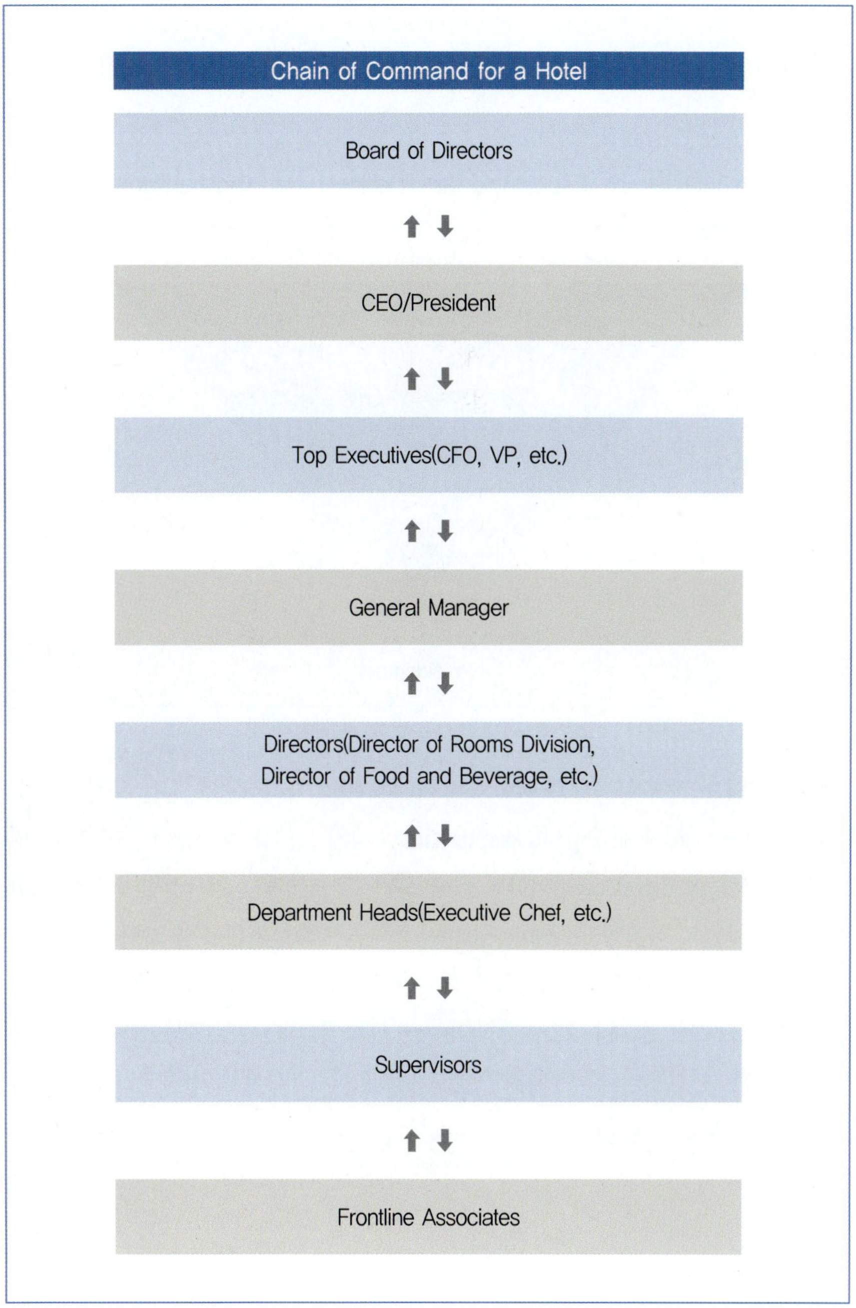

[그림 1-6]은 조직구조에서 호텔경영의 특성상 고객과 접하면서 수익을 창출해 가는 직원들이 가장 중요하다는 인지하에 고객과 직원을 중심으로 기존의 피라미드형 조직구조를 뒤집은 형태의 조직으로 운영되는 모델을 보여주고 있다.

[그림 1-6] 역피라미드방식의 조직모델(The New "Upside-Down" Organizational Chart)

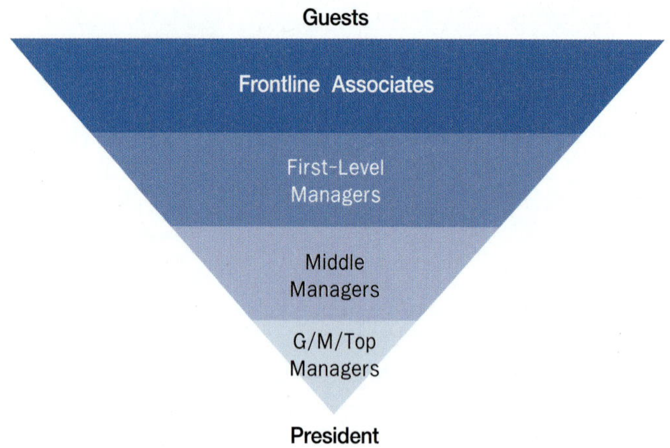

이는 [그림 1-7]에서도 같은 맥락으로 이해될 수 있다. [그림 1-7]은 조직의 중심화(Centralization)와 비중심화(Decentralization)의 모델을 보여준다. 중심화는 명령체계가 상하형(Top-Down)이라면 비중심화는 명령체계나 의사결정이 서로 상향형(Top-Down)과 하향형(Bottoms -Up)이 조화롭게 소통되는 것을 보여준다.

[그림 1-8]은 4개의 임시조직형태를 보여준다 한 팀이 한 개의 프로젝트를 수행하는 팀제형, 각각의 팀들이 연합하여 운영하는 매트릭스형, 팀이 아닌 각각의 관리자나 전문가가 각각의 프로젝트에 참여하는 독립형, 그리고 고객, 지역주민 등을 포함한 프로젝트에 관련된 모든 팀과 전문가 등을 포함시키는 포괄형의 모델을 보여주고 있다.

[그림 1-7] 중심화조직과 비중심화조직

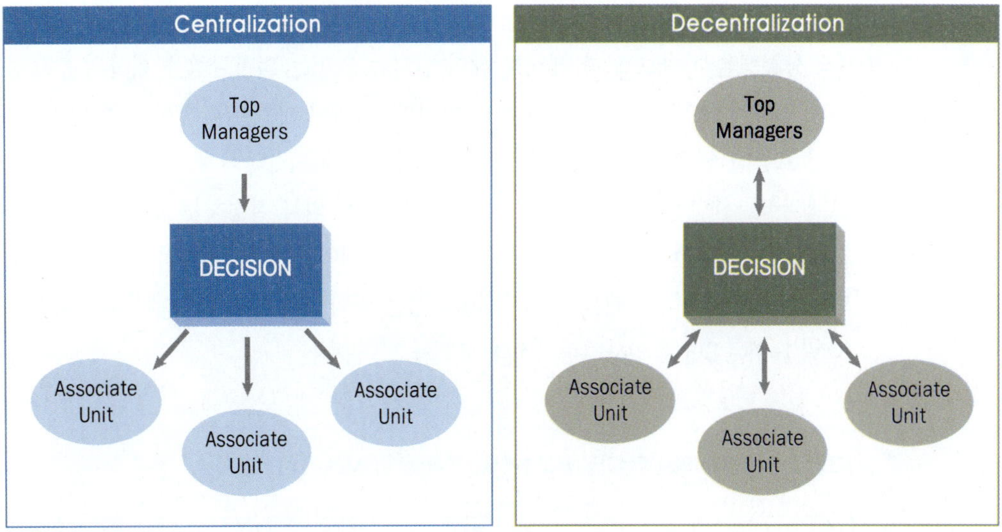

[그림 1-8] 프로젝트별 임시조직모델(The Four Types of Contemporary Organizational Designs)

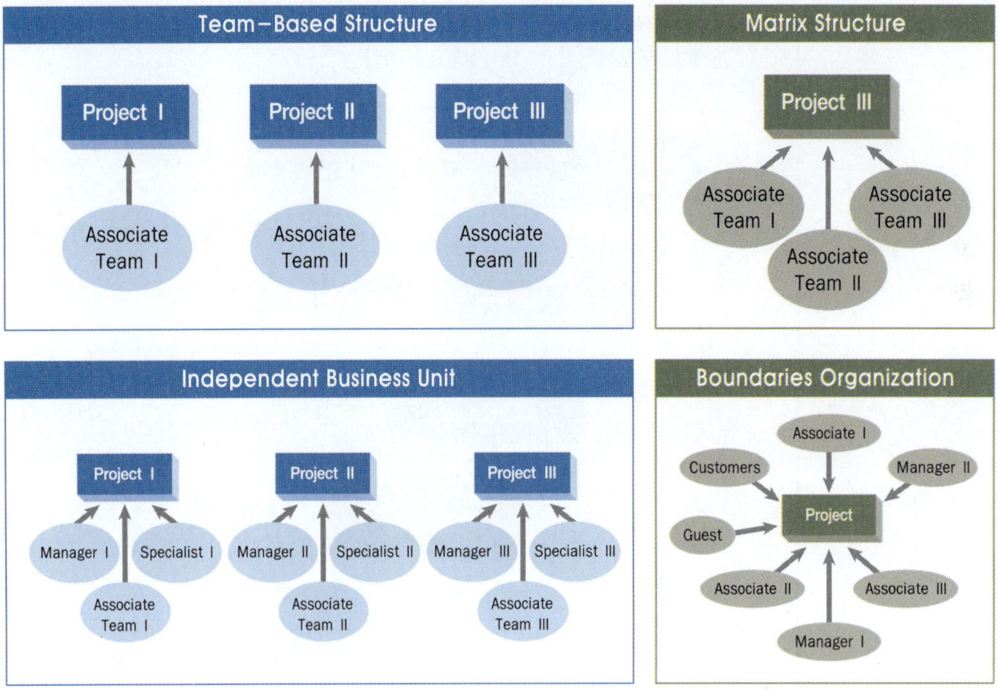

4 의사결정/Decision Making

의사결정을 하나로 모아 제대로 해야 한다는 의미는 의사결정을 회사의 주요정책과 방향에 맞춰 만들어야 한다는 의미이다. 호텔의 대부분의 결정은 총지배인의 명령 흐름과 연결되어 있다. 낮은 레벨의 종사원들은 간단하게 정책과 절차를 따르게 된다. 산별결정한다는 것은 하부조직을 통해 의사 결정하는 것이다. 이는 조직이 비중심화된다고 말할 수 있다. 조직의 형태와 규모는 효과적이고 효율적인 의사결정에 의존하기 때문에 의사결정과정은 과학적 방식이 되어야 하는 것이다. [그림 1-9]는 8단계 의사결정과정의 모델을 보여준다.

[그림 1-9] 8단계 의사결정과정(Eight-Step Decision-Making Process)

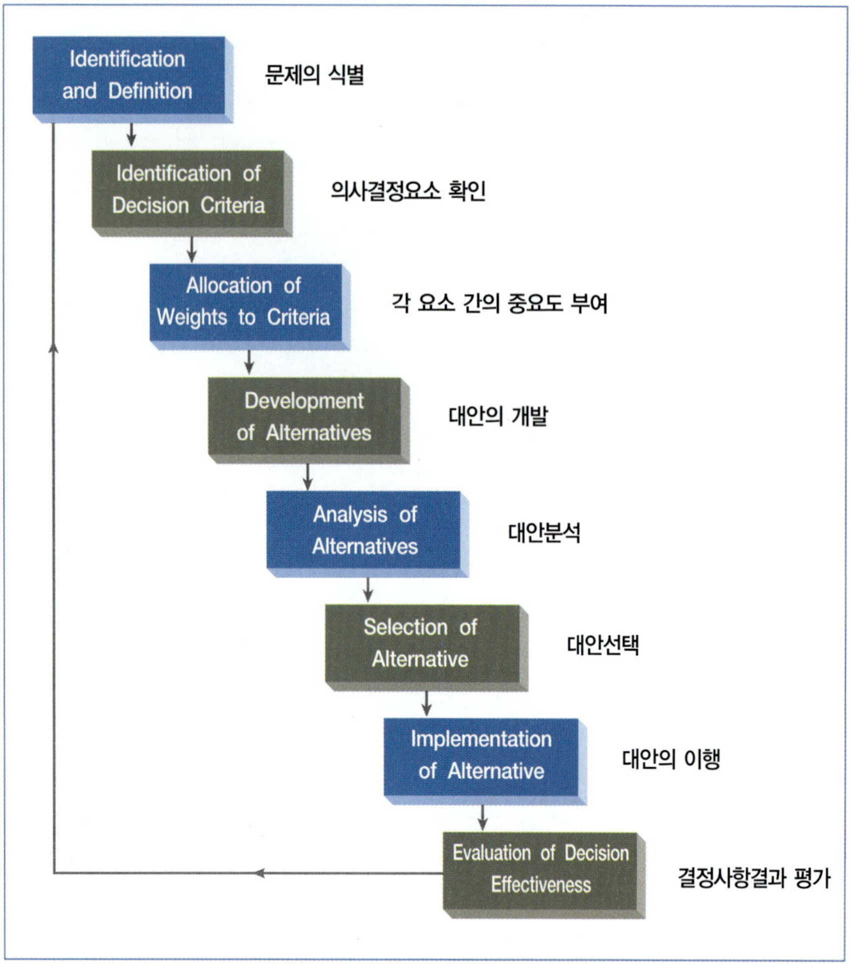

5 의사소통/Communication

커뮤니케이션은 예측, 계획, 조직, 동기부여, 통제의 모든 경영기능에 윤활유와 같은 역할을 한다. 따라서 경영자는 그들의 의사소통에 많은 시간을 할애하기 때문에 의사소통기능은 매우 중요하다. 커뮤니케이션의 방법은 발송인, 메시지, 받는 사람을 포함한다. 그러나 보내진 메시지가 잘 도착하였는지 정확히 이해되었는지 보증할 수 없다. 몇몇 사실들은 의사소통과정에서 왜곡될 수도 있고 듣는 기술의 미흡으로 방해받을 수도 있고 부적절하게 전달될 수도 있다.

[그림 1-10]은 커뮤니케이션 과정모델을 보여주고 있다. 의사가 형태를 갖추어(Encoding) 메시지의 시그널(signal)이 가면 이를 받은 사람은 이에 따른 해석 후 형태를 갖추어 반응(Decoding)하게 된다. 이때 많은 방해요인들(Noise)이 존재하므로 정확한 때와 장소에서 정확한 사람에게 정확한 메시지를 말하는 것이 매우 중요하다 하겠다. (Saying the right thing to the right people or person at the right time and place!) 바쁜 점심 때 주방장에게 회사의 정책에 대해 질문하고 이야기한다는 것은 커뮤니케이션의 기술을 모르는 일이라 할 수 있다.

체크포인트(Check point)

Saying the right thing to the right people or person at the right time and place!

[그림 1-10] 커뮤니케이션 과정모델(Interpersonal Communications Process)

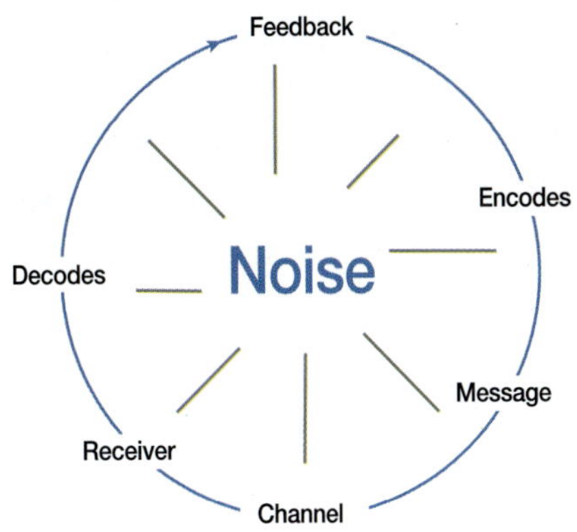

Source : Derived from Stephen P. Robbins and Mary Coulter, Management, 7th ed., Upper Saddle River, NJ: Prentice Hall, 2002, p. 283.

6 동기부여/Motivating

동기부여는 어떤 목표를 향한 활력소이다. 동기부여는 사람을 고무시켜 어떤 일을 하게 한다. 그것은 그들이 그것을 원하기 때문이지 누군가가 지시해서 하는 것은 아니다. 호텔관광산업은 동기부여의 필요성이 매우 중요하다. 이는 이 책에서 강조할 고객접촉 순간의 품질관리를 위해 MOT 순간을 고품질로 만들기 위해서는 종사원의 동기부여가 그 어느 것보다 중요하기 때문이다. 아래에 자주 등장하는 동기부여 이론을 정리했다.

1. 내외부적 동기부여(Intrinsic & Extrinsic Motivation)

내부적 그리고 외부적 동기부여는 사람의 동기부여의 원천이 된다. 내부적인 동기부여는 내부적인 자극제에 관련이 있다. 예를 들면 자신에게 주어진 과업이 잘 되었을 때 기분이 좋아진다. 외부적인 동기부여는 외부적인 동기에 의해 발생한다. 동료에 의해 받은 칭찬은 외부적 동기부여의 한 예이다.

2. 전염성 동기이론(Vicarious Motivation)

나의 일같이 느껴지는 동기는 우리가 보는 다른 사람의 상과 벌에 관련이 있다. 우리는 같은 상황에서 비슷한 대응을 할 것이다. 우리는 다른 사람이 그들의 행동으로 인해 칭찬을 받는 것을 봤을 때 우리도 그렇게 되길 원한다. 긍정적 동기부여효과는 우리에게 전염병과 같은 것이다.

3. 내용동기이론(Content Motivation)

1) Maslow's 욕구 5단계

중요한 동기부여 내용(Content) 중의 하나는 Maslow의 욕구단계이론(hierarchy of needs)이다. Masolw는 사람들에게 공통된 5가지 기본 욕구가 있다고 하였다.

(1) **생리적 욕구** : 삶에 필요한 것. 음식, 공기, 그 외에 우리의 생존에 필요한 필수적인 모든 것

(2) **안전욕구** : 생리적인 욕구가 실현된 이후 나타나는 욕구

(3) **소속과 애정의 욕구** : 사회적 욕구(집단소속)

(4) 자존욕구 : 자존의 욕구 & 다른 사람으로부터의 인정, 존경
(5) 자기실현욕구 : 잠재능력에 도달하고자 함

[그림 1-11] Maslow's 욕구 5단계
(Maslow's Hierarchy of Needs in an Organizational setting)

Source: From Donald D. White and David A. Bender, Organizational Behavior: Understanding and Managing People at Work, 2nd ed., Boston: Allyn and Bacon, 1991, p. 149.

[그림 1-11]은 구조화된 환경(setting)에서 개개인이 어떻게 만족되어질 수 있는지를 Maslow의 5가지 욕구를 예를 통하여 보여주고 있다. 비록 Maslow의 이론이 1943년 처음 고안된 것이지만, 그것(이론)은 여전히 현장에서 폭넓고 높은 수준의 동기부여 경영에 중요한 영향을 미치는 이론으로 간주되고 있다.

2) 동기부여이론

또다른 동기부여이론으로써 폭넓게 받아들여지는 것으로는 Frederic Herzberg의 동기부여와 Hygiene요인(위생상의 요인)이 있다. 전통적인 견해에 의하면 만족의 반대는 불만족으로 불만족의 원인을 제거하면 만족도가 높아진다고 생각하였다. 그러나 Herzberg는 만족의 반대는 만족이 없는 상태

(nonsatisfaction, 무만족)이며 불만족을 제거하는 것이 만족상태가 된다는 것이 아니라 단지 불만을 감소시킬 뿐이라는 것이다. 즉, 만족과 불만족에 이르게 하는 요인은 서로 다를 것이라는 가설을 설정한 것이다. Herzberg는 종사원들이 직무만족을 표시할 때는 주로 일 그 자체와 연관되며 불만족을 표시할 때는 그들이 일하는 환경과 연관된다고 설명하면서 이를 동기요인과 위생요인으로 구분하였다. 즉, 동기요인(motivation factor)은 조직구성원이 우수한 업무수행을 하도록 동기부여하는 데 유효한 것으로 만족요인이라고 부른다. 성취감, 승진, 인정, 직무자체, 책임감, 성장가능성 등이 이에 속한다. 위생요인(hygiene factor)은 작업외적인 환경으로 불만족요인이라고 한다. 회사정책과 방침, 감독기술, 근무조건, 보수, 동료와의 관계, 상사와의 관계, 개인생활요인, 부하와의 관계, 신분, 직무안정성 등이 이에 속한다. 동기요인은 주로 직무를 수행하는 것과 관련된 것으로 직무의 내재적 측면을 반영하며, 위생요인은 직무의 환경적 특성과 관련된 것으로 직무상황에 대한 요인인 것이다. 즉, 직무만족을 가져오는 요인과 직무 불만족을 가져오는 요인이 각각 다르다는 것이다.

요약하면, Herzberg 이론의 주요전제는 만일 hygiene 요인이 성립되지 않는다면 아무리 많은 자극원이 있다 해도 동기부여가 일어날 가망성은 거의 없다는 것이다. 그러나 일단 hygiene 요인이 성립되면 주요 동기부여는 자극원의 존재 안에 발생될 것이다. 다시 말하면 Herzberg의 동기-위생이론은 동기요인이 증가하면 직무만족이 증가되지만, 위생요인이 증가되어도 직무만족을 일으키지 못한다는 것이고, 반면 동기요인은 감소되어도 직무 불만족은 일정수준 이하로 내려가지 않는 대신에 위생요인이 감소되면 직무 불만족이 일어나게 된다는 것이다. 결국 조직 내에서 종사원을 동기부여시키기 위해서는 위생요인을 어느 정도 충족시켜 준 이후에 동기부여하는 것이 효과적임을 의미한다. [표 1-1]은 이를 정리한 표이다.

[표 1-1] Herzberg의 동기-위생이론의 정리

	직무 만족	직무 불만족
동기요인 증가	증가	
동기요인 감소		증가 후 일정수준 유지
위생요인 증가	무변화	
위생요인 감소		증가

3) 과정이론/Process Theories

주요 과정이론에는 기대이론과 공정이론이 있다. 기대(치)이론은 사람들이 인지된(미리 인식된) 보상과 동등한 노력을 할 것이라는 전제를 근거로 한다. 만일 사람들이 주어지는 (받는) 보상이 명확하게 진행되고 있다고 생각한다면, 그들은 더 동기화(자극화)되고 목표를 성취하기 위해 필요로 하는 노력을 더 특별히 기울일 것이다.

공정(공평)이론은 구조화된 보상을 위한 개인 노력 간의 교환을 말하는 것이다. 공정이론은 개인의 동기가 세 가지 중요한 변수들에 의존함을 말한다.

1. 현재 그(그녀)가 기여하고 있는 개인 노력량의 이해
2. 현재 그(그녀)가 받고 있는 개인 보상량의 이해
3. 개인의 노력량과 보상량이 다른 사람의 노력량이나 보상량과 비교되는 방법

많은 사람들은 자신의 노력량을 보상량으로 산출하여 유사한 일(행동)을 하는 다른 사람의 보상과 비교하려는 경향이 있고, 동기가 이 비교에 (근거하여) 만족에 영향을 미칠 가능성이 있다는 이론이다([그림 1-12] 참조).

[그림 1-12] 기대이론 모델(Expectancy Model)

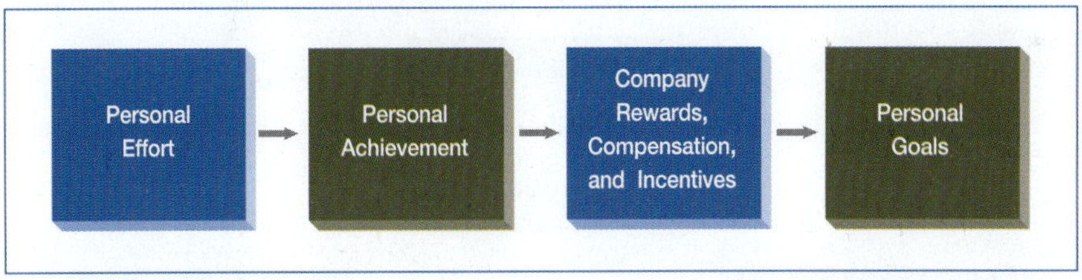

Source : Modified from Walker, Introduction to Hospitality 3/e, Upper Saddle River, NJ: Prentice Hall, 2002, p. 569.

4) 목표설정이론/Goal-Setting Theories

회사나 개인 모두 그들의 목표를 세웠을 때 좀 더 향상될 가능성이 있다. '비록 그들이 그 목표에 도달하지 못할지라도, 그 결과는 목표를 세우지 않았을 때보다 나을 것이다.'라는 이론이다([그림 1-13] 참조).

[그림 1-13] Goal-Setting Theory

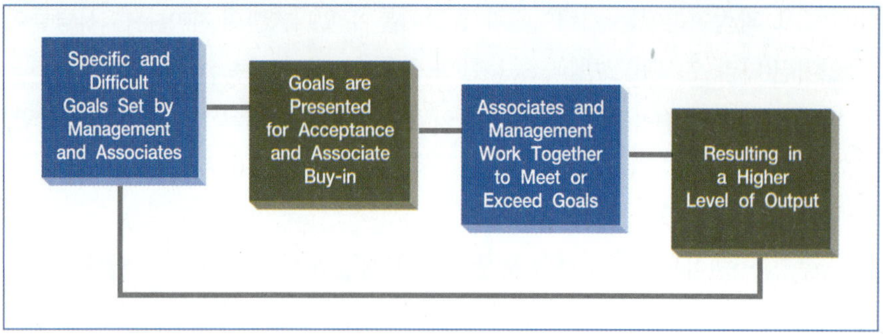

7 조정(통제)/Controlling

조정과 통제의 목적은 의견수립과정에 있어 경영에 정보를 제공함에 있다.

회사가 목표에 이르게 하기 위한 경영기능의 메커니즘(사이클)으로써 구성원으로 하여금 판단의 기준을 세우게 하고 질적 수준을 설정케 하는 정보제공시스템이다([그림 1-14~15] 참조).

[그림 1-14] Relationship between Controlling and the Other Management Functions

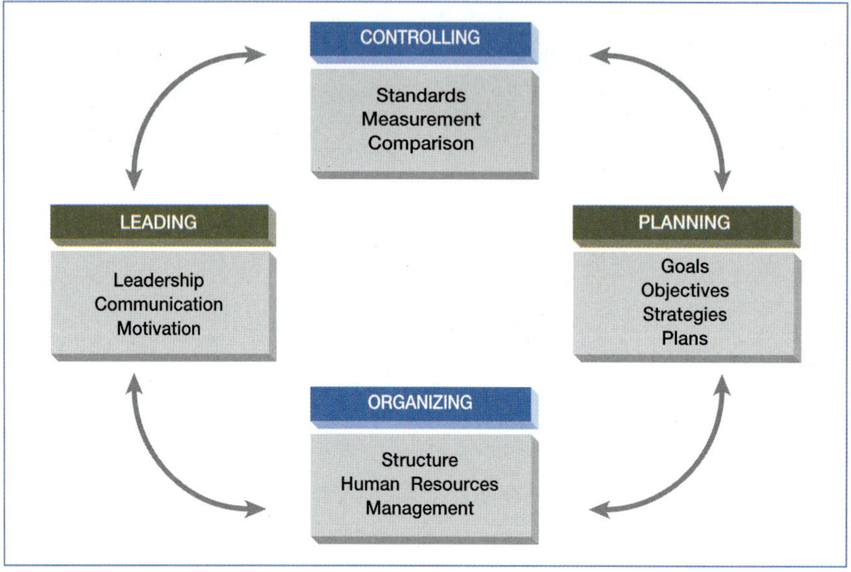

Source : Modified form Stephen P. Robbins and Mary Coulter, Management, 7th ed., Upper Saddle River, NJ: Prentice Hall, 2002, p. 498.

[그림 1-15] The Control Process

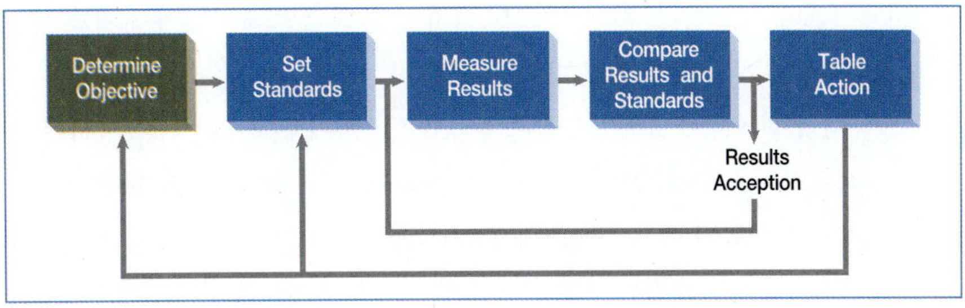

8 윤리/Ethics

도덕은 옳고 그름의 문제에 대답하기 위해 사람들이 사용하는 윤리적인 원리와 가치의 일종이다. 도덕은 일반적으로 윤리의 본성이라는 학문으로서 정의되어질 수 있으며 개개의 사람들이 다른 사람과의 인간관계에서 만들어질 수 있는 구체적인 윤리적 선택이라고 정의할 수 있다. 기업을 경영하는 데 있어 윤리적인 이슈는 상시적으로 다가온다. 똑같은 상품과 서비스를 제공하면서 고객에 따라 가격을 차별해야 하는가? 같은 가격에 다른 질의 서비스를 제공해도 되는 걸까? 호텔객실이 비어 있지만 거의 만실(Full house)이라고 하여 가격협상을 해야 하는가? 우리는 항시 이러한 윤리적인 이슈의 딜레마에 빠지는 것이다. 경영자는 이러한 경우에 대한 확실한 기준과 논리를 구성원들과 공유해야 하는 것이다.

9 리더십/Leadership

기업조직에 있어서 리더십은 조직의 목표를 달성하는 데 매우 중요한 변수가 되고 있다. 같은 인적 · 물적 자원과 정보가 투입되어도 리더십이 개입되면 고품질과 서비스 향상 그리고 고객만족이 이루어진다. 리더십은 시설투자나 비용이 아니면서도 조직에 엄청난 결과를 가져오는 요소이다.

리더십과 관리의 차이를 파악하기 위해 길이 없는 정글을 큰 칼로 잡목이나 잡초를 베면서 길을 만들어 나아가는 한 집단의 사람들을 상상해 보자. 그들은 문제를 해결하는 일꾼들, 즉 생산자에 해당된다. 그들은 정글 속의 잡목을 제거하며 앞으로 나아가고 있다. 그 뒤를 관리자가 따르면서 칼날을 갈아주고 방침과 절차를 개발하고, 능률개선 프로그램을 수립하며, 새로운 기술을 도입하고, 작업계획과 보상프로그램을 짜고 있다. 한편, 리더는 가장 높은 나무 위에 올라가서 전체 상황을 살핀 후 "길을 잘못 들었네"라고 외친다.

새로운 사업 환경에서 효율적으로 경쟁하고 생존하기 위해서는 기존 방식에 대한 커다란 변화가 필수적이며, 변화가 심할수록 리더의 역할이 중요해진다. 예컨대, 관리기능은 변화에 대처하여 조직 또는 집단의 나아갈 길을 찾아내는 것이라고 할 수 있다. 관리에 의해서 기업의 여러 가지 복잡한 기능들을 체계적으로 다룰 수 있다면, 리더십 기능은 조직 또는 집단의 나아갈 길을 제시함으로써 기업에 건설적인 변화를 도입하게 된다. 미래를 위한 비전을 개발함과 동시에, 그 비전을 실현하는 데 필요한 변화, 즉 개혁을 이룰 수 있는 전략을 개발하는 것이다.

Part 2

호텔사업

Chapter 2. 호텔사업에 대한 이해

A setting

인생을 엄숙히 살아가면서 삶을 즐길 줄 아는 마음과 자신을 너무 드러내지 않는 겸손한 마음을 가져야 한다. 그리고 참으로 위대한 것은 소박한 데 있다는 것과 참된 힘은 너그러움에 있다는 것을 항상 명심해야 한다.

– 맥아더 –

Chapter 2

호텔사업에 대한 이해

Lesson 1. 호텔사업의 내용에 대한 이해(Hotel Business Contents)
Lesson 2. 호텔사업의 성격에 대한 이해(Hotel Business Characteristics)

호텔은 고객에게 호텔 서비스상품(Service Product), 호텔 서비스의 분위기적 환경설정(Service Environmental Setting), 호텔 서비스의 전달시스템(Service Delivery System)을 제공하고 고객은 이를 경험(Experience)한다. 고객은 이 경험가치의 대가로 호텔에 현금을 지불함으로써 거래를 완성한다. 이러한 내용의 교환을 반복함으로써 호텔과 고객은 끊임없이 서로의 가치창조(Value Creation)에 나서는 것이다.

\- Choi, Jeong-Gil -

Front desk

인생의 길에는 언덕이 있고, 진흙길도 있다. 걷기 좋은 길만 있는 것이 아니다. 먼 곳으로 항해하는 배가 풍랑을 만나지 않고 갈 수는 없다. 풍랑은 언제나 전진하는 자의 벗이다. 고난 속에 인생의 기쁨이 있는 법이다. 풍파 없는 항해는 얼마나 단조로운 것인가.

– 니체 –

Lesson 1

제4주

호텔사업의 내용에 대한 이해

Hotel Business Contents

Ⅰ. 호텔은 고객에게…

Ⅱ. 호텔 서비스상품(Service Product), 호텔 서비스의 분위기적 환경설정(Service Environmental Setting), 호텔 서비스의 전달시스템(Service Delivery System)을 제공하고

Ⅲ. 고객은 이를 경험(Experience)한다.

Ⅳ. 고객은 이 경험가치의 대가로 호텔에 대금을 지불함으로써 거래를 완성한다.

Ⅰ 호텔은 고객에게…

1 고객/고객은 다 안다

고객을 접대하는 것과 제품을 생산하는 것은 다른 원리와 개념이 적용되는 활동이다. 예를 들어 차의 타이어 결함이나, 페인트의 흠을 찾아내는 것은 마지막 공정 과정에서 행해지는 하나의 일이다. 이것은 불만족한 손님들이, 숙박업소나 식당 또는 항공사에게 그들이 원하는 서비스를 제공하지 못한 것을 지적하는 경우와는 매우 다르다고 볼 수 있다. 첫 번째 예로 제품 생산에서는 품질 관리자나 고객이 원하는 부분을 만족시키기 위해 다시 제품을 생산할 수도 있고, 제품의 결점을 수정 · 보완할 수 있는 기회가 주어진다. 그러나 두 번째 서비스 분야의 예에서는 불만족스러운 서비스를 제공한 사람과 고객 사이에서 불만족스러운 부분을 수정 · 보완하여 바라는 바의 서비스를 가능케 할 기회가 주어지질 않는다. 어떻게 하면 고객이 원하고 기대하는 것들을 매 순간 완벽하게 알 수 있을까?

호텔리어가 추구하는 궁극적인 것은 고객이 원하는 높은 수준의 서비스를 어떻게 확실히 제공하느냐는 것이다. 그것은 서비스의 질과 서비스의 가치가 매니저나

감사자 또는 평가기관들에 의해 결정되는 것이 아니라 고객의 마음속에서 고객이 평가하는 것이기 때문이다. 따라서 성공과 실패는 서비스 시스템 속에서 고객이 어떻게 경험하느냐에 달려 있으며, 이것은 매 순간 고객과 직원과의 접점을 어떻게 다루느냐에 그 성패가 달려 있다고 할 수 있다. 고객은 다 알고 있으며 단지 호텔리어인 우리가 헤아리지 못할 뿐이다.

2 고객중심경영/Guestology

고객중심경영이란 본질적으로 고객의 입장에서 고객을 접대하고 고객의 관점에서 조직을 경영하는 것이다. 여기서 고객들은 가능한 한 과학적으로 연구되며 이런 연구는 양질의 서비스를 제공하는 데 매우 실천적인 방법을 제시할 수 있다. 서비스 조직은 조직구성원이 서비스 상품, 환경 그리고 서비스 전달시스템이라는 고객경험의 세 가지 측면에서 고객의 기대치를 만족시키거나 그것보다 조금 더 제공될 수 있도록 구축되어야 한다. 따라서 전통적인 방식인 조직설계에 초점을 맞추기보다는 조직의 효율성이 우선시되어야 한다. 각각의 고객 욕구와 기대치 그리고 필요가 다르므로 조직의 효율성을 극대화하기 위해서는 고객의 입장에서 그들이 무엇을 원하는지 연구할 필요가 있다. 고객과 같이 시작하고 고객의 요구에 부응하여 고객 중심으로 조직을 운영, 유지해 나갈 때 최대 이윤을 창출하는 것이다.

3 고객 기대와의 만남/Meeting Customer Expectations

고객은 호텔을 방문하게 될 때 서비스 제공자에게, 그들과 가족들을 위한 특별한 기대를 가지고 간다. 처음엔 고객이 일반적인 기대를 갖는다. 예를 들어 좋은 잠자리, 좋은 매트리스, 깨끗한 환경, 만족할 만한 음식, 그리고 적절한 가격, 다시 말하면 고객은 과거의 경험에 기초한 특정한 기대를 갖고 있을 것이다. 또한 고객의 기대는 다양한 방법으로 나타난다. 예를 들어 음식점의 단골고객이 생기는 것은 단지 음식의 질뿐만 아니라 그 외 다양한 이유가 있다. 그만큼 전반적인 운영이 중요하다는 것이다. 고객론은 어떤 요소들이 성공적 경영을 결정하는지에 대해 연구하고, 고객 경험을 연구하며 고객에게 좋은 경험을 줄 수 있도록 많은 다양한 전략을 모델링하고 실험해 봄으로써 고객의 재방문을 유도하는 것이다. 따라서 고객

론자들은 고객들이 가질 수 있는 기대치에 대해 이해하고 준비해야 한다. 이에 따라 고객은 기억에 남는 최고의 경험을 갖게 될 것이다.

체크포인트(Check Point)

1. Treat each customer like a guest, and always start with the guest.
   - 모든 구매자를 고객으로 대하며, 언제나 초점을 고객에게 맞추어라.

2. Your guest defines the value and the quality of your service, so you had better know what your guest wants.
   - 바로 고객이 서비스의 가치와 질에 대해서 판단하기 때문에, 고객이 원하는 것이 무엇인지를 파악해라.

3. Ask, ask, ask your guests.
   - 고객에게 묻고, 고객을 연구해라.

4. Provide memorable experiences that exceed guest expectations when possible, but know when enough is enough; deliver more than the guest expects, but not more than the guest wants.
   - 가능하면 고객의 요구치를 뛰어넘는 인상적인 경험을 선사하라, 그러나 과도하게 하지는 말아라. 기대를 넘어선 서비스를 제공하되, 원하는 것 이상으로는 하지 말아라.

5. Manage all three parts of the guest experience: the service product, the service environment, and the service delivery system(both the processes and the people).
   - 고객의 경험에 영향을 미치는 세 가지 요소를 점검하라.
     ① 서비스 상품 ② 서비스 환경 ③ 서비스 전달구조
   - 과정과 고객의 반응 모두를 점검하라.

6. The less tangible the guest experience, the more important are the front-line people delivering the service to the guest's perception of quality and value.
   - 고객이 가시적인 서비스를 적게 경험한다면, 고객이 서비스의 질과 가치를 깨닫게 하는 현장의 서비스 전달 직원들이 더욱 중요해진다.

7. Under promise and over deliver.
   - 적게 약속하고, 크게 실현해라.

8. The cost of providing quality is very low compared to the potential cost of not providing quality.
   - 품질을 제공하지 않을 때의 원가보다 품질을 제공하는 원가가 더 낮다.

9. Service product + Service environment + Service delivery system = Guest Experience.
   - 서비스 재원과 서비스 환경과 서비스 전달구조가 최상의 조합을 이룰 때 비로소 고객에게 최고의 만족을 선사할 수 있다.

4 내부고객에 대한 서비스/Serving Internal Customers

외부고객에게 제공되는 서비스 원칙은 내부고객(서비스 종사원)에게도 적용된다.

즉 조직이 외부고객의 기대에 부응하는 것처럼 내부고객의 기대에도 부응해야 한다는 것이다. 현명한 조직은 종사원들을 고객처럼 대함으로써 이것이 외부고객에게까지 확대되게 한다. Southwest Airline의 Mission Statement는 그것의 좋은 예라 하겠다.

'직원을 고객처럼 대하고 존중하면, 그들은 그것을 고객과 나눈다.' 고객 접대의 일환으로 직원들을 대하면 결국 그것은 직원들에게 조직에 헌신하게 하는 동기와 힘을 부여해서 조직을 성공으로 이끈다.

Ⅱ 호텔은 서비스 상품을 제공하고 고객은 이를 경험한다

1 서비스의 본질/The Nature of Services

서비스가 무형 · 무취 · 무색이며 따라서 비가시적이라고 한다. 보이지 않는다는 말이다. 그러나 이 말은 실제로 보이지 않는다는 의미는 아니다. 손님 앞에서 조리사의 멋진 요리과정은 서비스이며 사실 고객이 볼 수도 있고 맛도 있고 그 색을 구분할 수도 있다. 그러나 이러한 '인지'는 순간적으로 느끼는 것이며, 제조된 상품처럼 유지되지 않고 다른 시점에서 같은 느낌으로 똑같이 재연될 수 없다.

1. 서비스는 부분 혹은 전체적으로 비가시적이다.

고객 경험은 서비스 상품, 서비스가 전달되어지던 환경, 서비스 전달 시스템 경험의 총합이다. 비가시적이기 때문에, 질이나 가치를 정확히 혹은 객관적으로 평가하거나 재고목록을 만들거나 수리하기가 불가능하다. 두 번째로 내포되어 있는 비가시성의 의미는 모든 고객 경험은 독특하다는 것이다. 비록 리츠칼튼의 객실이 모두에게 다 똑같이 보여질지라도, 리츠칼튼에서의 전반적인 경험은 모든 고객에게 다르게 느껴질 것이다(모든 고객은 독특하므로, 모든 고객 경험은 독특하다).

또 다른 비가시성에 내포된 의미는 재고목록을 둘 수 없다는 것이다. 예를 들어 오늘 10시에 비축해 둔 서울에서 뉴욕으로 가는 항공사의 좌석은 비행기가 떠나면 사라진다. 오늘밤 팔리지 않은 호텔 객실 혹은 락 콘서트의 좌석은 내일 밤까지 비축해 둘 수가 없다. 또한 국제회의가 끝나면, 재미있는 회의에 참여할 수 있는 기회는 없어진다. 이러한 재고 불능성으로 인해 서비스업체를 디자인할 때 적절한 수용량을 결정해야 하는 것이다.

체크포인트(Check Point)

여기에서 '재고 불능성'이라는 말의 정확한 의미를 익힐 필요가 있다. 팔리지 않은 객실, 비행기 좌석이 없어졌다는 말이 와닿지 않는 것이다. 다음날도 그곳에 있기 때문이다. 우리는 이를 분명히 설명할 수 있어야 하는데 이는 한 비즈니스 사이클 안에서 거래를 이루지 못하고 비즈니스를 마감했기 때문이며 다시 새로운 비즈니스가 시작되기 때문이다. 다시 말해 서울에서 뉴욕으로 출발한 비행기는 뉴욕에 도착하면 한 비즈니스가 마감되고 이때 운용된 좌석 중 거래되지 않은 좌석은 사라졌다는 것이다. 호텔객실도 마감시간이 11시라면 11시에서 다시 11시까지 거래하지 못한 객실은 저장되지 않고 사라졌다고 인식하는 것이다.

마지막으로, 서비스는 비가시적이고 전달되어 경험되기 이전에는 완벽하게 인식되기 힘들기 때문에, 고객들로 하여금 경쟁업체의 서비스보다 자기 서비스를 경험하게 하고 싶은 업체는 비가시적 요소들을 가시적으로 만들어야 한다. 서비스 질에 가시적인 증거를 남기려는 이 같은 노력은 종업원들에게도 도움이 되고 고객에게도 불확실성을 줄여 편안함을 주며 오래도록 기억되게 하는 기능을 하는 것이다.

회사로고를 만들고 유니폼을 착용하고 브랜드를 강화하려는 노력 등이 이에 속한다.

2. 서비스는 그 순간 혹은 생산과정 도중 혹은 전달과정 도중에 소비된다. (Services are Consumed at the Moment or during the Period of Production or Delivery.)

서비스 전체는 고객의 관점에서 전달되는 순간 소비되어진다. 고객은 호텔에서 객실을 이용하지만 객실을 가져갈 수 없고 레스토랑에서 음식을 섭취해 소비하지만 가져갈 수 없다. 더욱이 종사원의 연출은 느낄 뿐이지 형체를 가져가서 유지시킬 수 없는 것이다. 다시 말해 서비스는 반복했을 때 같은 형태의 연출을 재연할 수 없다는 것이다(Non-replicable).

3. 서비스는 보통 서비스 제공자와 고객, 의뢰인, 고객과의 상호작용을 필요로 한다.
(Services Usually Require Interaction between the Service Provider and the Customer, Client, or Guest.)

이 상호작용은 맥도날드에서 고객과 주문받는 사람과의 간단한 접촉처럼 짧을 수도 있고, 환자와 가족, 주치의와의 관계처럼 길 수도 있다([그림 2-1] 참조). 이런 상호작용들은 얼굴 대 얼굴일 수도 있고, 전화를 통하거나, 편지, 이메일, 혹은 팩스를 통해 이루어질 수도 있다.

[그림 2-1] 의뢰인과 서비스 제공자 간의 상호작용 관계

	고객 현재 있음	고객 현재 없음
서비스 제공자 현재 없음	전기/가스 시설물, ATM, 자판기	응답 서비스, TV 안전 서비스
서비스 제공자 현재 있음	환대산업, 의료, 전문적	잔디밭 서비스, 시계 수리

A Cuisine Service product

[그림 2-1]은 각각의 박스에 각 종류의 예가 들어 있는 제공자와 고객 간의 네 가지 다른 종류의 관계를 나타내고 있다. 다른 서비스 상황에서는 서비스 제공자에 의해 시스템, 직원, 환경에서의 다른 전략이 필요하다. 만약 제공자가 접촉에서 현존하지 않는다면, 서비스 시스템은 반드시 어떤 종류의 고객이 사용하더라도 흠이 없어야 한다. 자동응답기계를 예로 들자면, 고객들에게 사용설명서를 한국어 또는 영어로 읽을지 묻는다. 몇몇 ATM은 사용법을 알아내지 못한 고객들을 위해 전화기를 설치해 놓았다. 반면에, 제공자가 현존하고 있다면, 업체는 생산물에 가치를 더하는 의미에서 고객과 제공자 간의 상호작용에 초점을 맞춰야 한다. 예를 들어, 서비스를 제공하는 호텔이나 레스토랑은, 자판기의 주인과 달리, 고객 경험에 가치를 전달하는 종업원들에게 널리 의존하고 있다.

대부분의 서비스가 고객이 현존한 상태에서 전달되고 있지만, 전부는 아니다. 자동차 판매 대리점에서는, 대부분의 자동차가 고객이 없는 상태에서 수리된다. 각 유형의 고객접촉은 각각 다른 경영상의 전략, 환경 그리고 전달 시스템을 필요로 한다.

고객과의 상호작용

A Beverage service

2 고객 경험/The Guest Experience

고객의 경험이란 서비스 제공자와의 관계에서 얻어지는 고객의 체험을 말한다. 만약 여러분이 친구에게 어젯밤 경험한 훌륭한 식당에서의 식사를 이야기한다면, 바로 그것이 고객의 경험인 것이다.

먼저, 고객이 주로 언급하는 서비스에 대한 평가는 바로 서비스 전달 시스템에 관한 것이다. 시스템이 갖추는 기술적인 부분(업체와 정보시스템, 그리고 기술)과 인력적인 부분(종업원, 영업자) 등인데 기본적인 공식을 보자.

고객의 경험 = 서비스 상품 + 서비스 환경 설정 + 서비스 전달 시스템

매 순간, 고객이 경험하는 서비스는 고객 서비스에 대한 기억 속에 누적되어 전체적인 서비스 경험에 대한 무형적 개념을 이루게 된다.

1. 유사한 것 같지만 특별한 고객(Similar, Yet Unique)

고객에게 발생하는 일과 사건들은 절대로 동일하지 않기 때문에, 비약해서 동일하게 발생한다 하더라도 모든 고객의 경험은 각기 다른 특색을 띠며, 독특하다. 고객의 개별성은 서비스 제공자에게 있어서 가장 큰 도전적 요소가 된다. '모든 고객을 만족시킬 수는 없다'라는 말이 있지만, 그 목표를 이루기 위해서 노력해야 할 필요가 있다.

3 고객 경험 구성요소/Components of the Guest Experience

호텔 및 레스토랑 업체는 서비스 제품과 서비스 환경 그리고 서비스 전달 시스템이 조화를 이루도록 혼합하여야 한다. 이 부분에서는 세 가지 부분을 따로 나누어 살펴보도록 하자.

체크포인트(Check Point)

영화 '집으로'에서 할머니는 손자에게 햄버거를 사주러 맥도날드(McDonald)에 들어갔다. 출입문으로 들어가는 순간 단정하게 유니폼을 입은 종업원이 환하게 인사를 하며 맞이하고(인적 서비스 상품), 잘 정돈된 의자와 테이블 그리고 적절히 조화를 이룬 인테리어, 조명, 색깔, 그리고 음악(서비스 환경설정)을 체험한다. 번호표를 받고 카운터에 서면 몇 번 세트메뉴로 주문하고 이 주문내용은 주방으로 연결되어 신속히 요리되고 드디어 햄버거가 나온다(물적 서비스 상품).

테이블에 앉아 식사를 하다 버튼을 누르면 종업원이 와서 도움을 주는(서비스 시스템) 멋진 체험도 하게 된다. 식사를 마치고 돌아오는 길은 이 식당에서 체험한 모든 3가지 요소들을 회상하게 하며 평가하는 순간이고 추천과 재방문을 결정하게 된다.

1. 서비스 상품(Service Product)

서비스 상품이란 그 조직이 생겨난 1차적인 목표에 해당한다. 예를 들어, 호텔은 호텔 객실이라는 가시적인 요소가 기본적인 서비스 상품이 될 수 있고, 콘서트장에서는 음악이라는 비가시적인 요소가 기본적인 요인이 될 수 있다. 대부분의 서비스 상품은 가시적인 요소와 비가시적인 요소로 이루어져 있으며, 어떠한 상품을 1차적으로 제공하느냐에 따라 조직이 생겨난 기본적인 목적이 달라진다.

2. 서비스 환경설정(The Service Environmental Setting)

서비스 환경이란 고객만족이 이루어지는 장소를 일컫는다. 좋은 환경은 고객만족에 있어서 실질적으로 느끼는 감정에 커다란 영향을 끼친다. 테마가 있는 레스토랑이나 리조트 같은 경우라면 더욱더 그 테마에 어울리는 서비스 환경에 주의를 기울임으로써 고객만족에 가치를 더할 수 있다.

3. 서비스 전달 시스템(The Service-Delivery System)

고객 경험의 세 번째 부분은 인적 요소들을 포함하고, 서비스 제공에 사용되는 물적 요소들을 말하는 서비스 전달 시스템이다. 공장의 조립라인과는 달리 서비스 전달 시스템은 고객에게 개방되어 있고, 상호작용을 이끌어낸다. 그중 고객과 직접적으로 상호작용하는 인적 요소는 서비스 전달 시스템 중 가장 중요한 요소이다. 그들의 태도와 친화성, 따뜻한 배려는 고객만족의 가치와 질에 기여한다. 레스토랑을 예로 든다면, 종사원이라는 인적 요소, 주방시설, 원활한 서비스 제공을 위한 서비스 정보 시스템과 장비 등이 서비스 전달 시스템에 포함된다.

A neat bathroom

우리는 호텔에서 가정이나 일상에서 체험치 못하는 수많은 경험을 하게 된다. 한 예로 투숙 중에 전화버튼을 누르면 룸서비스가 오고 필요사항을 제공받게 된다. 여러분이 가정에서 전화버튼을 눌러보라. 룸서비스가 오는지… 이와 같이 우리는 호텔에서 위에 열거된 3가지 서비스를 종합적으로 체험하고 이에 대한 질의 평가로 가격을 매겨 거래를 하는 것이다.

체크포인트(Check Point)

■ **서비스 접촉과 진실의 순간**(Service Encounter and Moment of Truth)

비록 지금은 많은 서비스 상황 혹은 업체와 고객 간의 상호작용이 자동화되었지만, 실례로 자동응답기계, 서비스 접촉이란 용어는 사람 대 사람 상호작용 혹은 고객과 서비스를 전달하는 사람 간 상호작용의 연속을 나타내기 위해 자주 쓰인다. 요약하여, '종업원과 고객의 상호작용'이다. 업체와 고객이 상호작용하는 동안은 얼마간의 시간이 든다. 특정 서비스 접촉의 길이는 한 서비스 제공자 혹은 한 업체 유형이 다른 것과 구별된다. 티켓의 구매는 간단한 서비스 접촉이다. 고객과 호텔 프런트 데스크의 관리자와의 상호작용은 다소 더 길다. 그리고 레스토랑 식사가 포함되어 있는 고객과 종사원 간 상호작용의 연속은 더욱 긴 접촉이다. 테마파크에서의 하루는 50에서 100가지의 서비스 접촉을 포함한다.

서비스 접촉 혹은 상호작용, 그리고 그 안의 특히 특정 비판적 순간들은 명백히 서비스의 질에 대한 고객들의 평가에 절대적으로 중요하다. 그것들은 고객 경험의 전체를 만들거나 깰 수가 있다. Jan Carlzon, 스칸디나비아항공의 전 사장이 상호작용 동안의 핵심 순간, 그리고 짧은 접촉과 상호작용 그 자체를 '진실의 순간'이라고 표현한다. 무례하거나 무신경한 서비스 제공자는 한순간에 고객 경험을 망칠 수가 있다. 만약 그런 경우가 발생할 경우, 업체의 다른 모든 노력과 소비가 낭비되는 것이다.

예를 들어, 잠재적인 승객과 항공사 직원과의 첫 상호작용은 명백한 진실의 순간이다; 잠재적인 승객이 그 항공사를 떠나 다른 항공사로 갈 것인지, 아니면 평생의 관계가 시작된 것인지를 결정한다. Carlzon은 항공사 전체를 진실의 순간, 거대한 항공사가 한 고객에게 한 종사원에 의해 대표되는 '황금의 15초'에 좋은 서비스를 제공할 수 있도록 운영했다. 왜냐하면 업체 전체의 성공은 첫 15초에 의존되기 때문이다. 다른 종류의 환대 산업체에서는 15초가 중요하긴 하지만 성공-실패의 순간이 아닐 수도 있다. 진실의 순간의 원래 정의는 Carlzon의 것이었지만, 다른 작가들이 종사원(종사원이 없으면 ATM기계)과 고객 혹은 업체와 고객 간의 중요하거나 기억에 남을 만한 상호작용 순간을 포함시키기 위해 용어의 적용범위를 확장시켰다.

진실의 순간에는, 일반적으로 종사원이나 업체 대표자가 참석해 있고 서비스를 제공하려고 대기하고 있다, 몇몇 작가들은 무생물과의 상호작용을 잠재적 진실의 순간으로 포함시킨다. 호텔 객실의 문을 여는 것도 그런 순간일 수가 있다. 예를 들어, 만약 고객의 첫 인상이 부정적이라면, 만약 업체가 객실 청소를 잊어버렸다면, 결정적 순간이 제대로 운영되지 못하여 고객, 어쩌면 장기간 고객을 영영 잃어버릴지도 모른다.

'진실의 순간'이라는 개념은 매우 중요하다. 각 고객들은 고객 경험 혹은 업체와의 평생 관계 동안 단 몇 가지의 진실의 순간을 가질지도 모른다. 그러나 각 종사원들은 매일 많은 성공-실패의 순간과 관련되어진다.

체크포인트(Check Point)

여러분이 TV나 Radio의 광고내용을 잘 관찰해 보세요.
TV의 광고가 시작되어 끝나는 순간까지 몇 초 동안 진행되는지 세어 보시기 바랍니다.
거의 15초 내외에서 마무리되는 것을 알 수 있을 겁니다. 이는 왜일까요?

Ⅲ 고객은 이 경험가치의…

1 고객의 기대와 만족/Guest Expectations & Satisfaction

고객들은 그들이 선택한 호텔 또는 레스토랑이 무엇을 할 수 있는지, 무엇을 해야 하는지, 어떻게 해야 하는지, 서비스를 제공하는 사람들이 어떤 행동을 해야 하는지, 물질적인 환경은 어떻게 나타나야 하는지, 고객의 역할과 책임은 무엇인지, 고객은 어떻게 옷을 입어야 하며 행동해야 하는지, 성공적으로 전달된 서비스의 가격과 가치는 어떠해야 하는지 등 한 묶음의 기대를 갖고 도착한다. 처음 오는 고객들은 이러한 기대를 광고, 친숙한 브랜드이름, 촉진장치, 다른 업체에서의 귀중한 경험, 스스로의 상상, 그리고 이미 고객이 되어본 다른 사람들로부터 들은 이야기와 경험을 통해 기대를 갖게 된다.

2 기대 충족/Meeting Expectation & Satisfaction

호텔이 그것들의 명성과 기본고객을 유지하기 위해서 서비스 조직체는 고객의 기대에 부응하거나 초과해야만 한다. 만일 그렇게 되지 못하거나 그렇지 않다면 마케팅 전략을 바꾸고 고객의 다른 기대를 창조하거나 서비스 제품이나 서비스 전달체계를 바꿔서 현재 고객의 기대에 부응해야만 한다.

만일 조직체가 고객의 기대에 부응할 수 없는데 그것을 할 수 있다고 해서는 안된다. 조직체는 수행 가능한 것 이상의 약속을 해서는 안된다. 또한 고객의 기대치 이상으로 제공되었을 때 고객은 당장은 만족하지만 곧 그 고객은 그 수준의 서비스 질에 익숙해질 것이고 업체는 이들을 만족시키기 위해 더 많은 R&D(Research & Development: 연구개발) 비용을 들여 또 다른 수준의 기대치를 만족시키기 위해 노력해야 하는 사이클을 반복할 것이다. 이는 우리 인간의 욕구가 Maslow의 욕구 5단계설에서 제시한 대로 끝이 없기 때문이며 어떠한 환경에 쉽게 적응하고 새로운 것을 추구하기 때문이다([그림 1-11] 참조). 따라서 경영인으로서 해야 할 내용은 고객의 기대수준을 가급적 정확히 예측하여 이에 준하는 서비스를 운용가능하게 제공하는 일이 될 것이다.

체크포인트(Check Point)

■ 고객들의 불만과 만족 10가지

1. 불만 : 거짓말, 부정직성, 불공평성
   만족 : 진실을 말하고 공평하게 대우하는 것
2. 불만 : 직원의 거칠거나 존경 없는 대우
   만족 : 존경심으로 대우하는 것
3. 불만 : 부주의, 실수, 약속 불이행
   만족 : 사려 깊음, 신뢰할 수 있는 서비스
4. 불만 : 문제해결 능력이나 욕구가 없는 직원
   만족 : 신속히 문제해결하는 것
5. 불만 : 서비스 제공이나 계산대가 닫혀 줄서서 기다리는 것
   만족 : 가능한 조금 기다리는 것
6. 불만 : 비인간적인 서비스
   만족 : 서비스 직원으로부터 관심받는 것
7. 불만 : 문제가 생기고 나서의 부적당한 의사소통
   만족 : 서비스가 실패하거나 문제점을 극복하려 노력하는 것을 알려주는 것
8. 불만 : 도움을 요청받아서 불만인 직원이 추가적인 노력을 행하지 않는 것
   만족 : 서비스 직원의 자발적인 도움을 받는 것
9. 불만 : 무엇이 일어났는지 모르는 직원
   만족 : 서비스 직원으로부터 흔한 질문에 정확한 답을 듣는 것
10. 불만 : 직원 자신의 관심을 첫 번째로 두고 개인적 사무를 보거나 고객을 기다리게 하고 이야기하는 직원들
    만족 : 고객의 관심이 첫 번째가 되는 것

위와 같은 고객과 관련된 기대를 아는 것은 어떠한 서비스 조직체에서라도 조직의 기본이 되어야 한다.

Ⅳ 가치의 대가로 호텔에 대금을 지불함으로써 거래를 완성한다

1 서비스의 질/Quality

전체 고객 경험의 질은 고객이 기대한 것과 고객이 실제 경험하는 질의 차이점으로 정의된다. 만일 두 가지가 같다면 서비스의 질은 평균이나 보통이 된다. 만일 고객이 기대한 것보다 더 받게 된다면 서비스의 질은 긍정적이게 되고 기대보다 못하다면 부정적이게 된다. 고객이 연속된 밤을 특1급 호텔과 모텔에서 머무르는 것에 대해 얘기해 보자. 만일 특1급 호텔이 고객의 높은 기대치에 미치지 못하고 모텔에서 고객의 낮은 기대에 부응한다면 고객론의 정의에 따라 모텔에서의 고객 경험이 고객에게 더 높은 서비스의 질을 제공하는 것이다.

아래 식에서 보듯이 경험의 질은 고객 경험치에서 고객 기대치를 뺀 값이다. 만일 수행된 것과 기대된 것의 질이 비슷하다면 전에 그랬던 것처럼 서비스의 질은 제로가 아니다. 수학적으로 평균을 이루었을 때에만 보통이나 평균이 되는 것이다.

경험의 질 = 고객 경험치 − 고객 기대치

위 식의 오른쪽 부분은 다른 고객의 기대나 조직의 행동에 의해 변화되어 고객이 받게 되는 영향을 반영한다. 만일 값이 충분히 높다면 고객은 예외적이거나 기억할 만한 또는 놀라운 경험을 한 것이다.

서비스 질

2 서비스의 가치/Value

고객 경험의 가치는 고객의 경험에 고객이 지불한 대가를 나눈 방정식으로 연산되는 경험의 질과 동일하다.

고객 경험가치 = 고객의 경험 / 고객이 지불한 대가

만일 경험의 질과 비용이 같다면, 고객에게 있어 경험의 가치는 정상이거나 보통 수준일 것이다. 고객은 적정한 가치에 의해 만족하기는 하지만 그다지 놀랄 만한 것은 되지 못한다. 업체들은 서비스의 가치를 높이기 위해서, 가격의 인상 없이 부가적인 시설이나 쾌적함을 제공하는 노력을 기울인다.

3 고객의 비용/Cost

레스토랑에서 고객이 치르는 한 가지 비용은 식사에 대한 비용만이 아니다. 경험 있는 레스토랑과 호텔경영자들은 고객이 다른 경쟁업체의 레스토랑에서 식사를 하지 않는 기회비용을 감수한다는 사실과 식사를 하는 것 이상으로 경험과 기회 역시 감수한다는 사실을 인식해야 한다. 고객의 시간에 대한 비용과 서비스 거래와 관련되는 얼마간의 모험에 드는 비용은 같다. 고객의 시간은 고객들에게 매우 가치 있는 것이며 그래서 시간 비용(레스토랑에 도착하는 데 걸리는 시간, 테이블을 기다리는 시간, 서비스를 기다리는 시간) 모두는 고객이 지불해야 할 비용이다. 결국 고객은 자신이 이용하는 레스토랑이 고객의 기대에 부응하지 못한다거나, 변수의 감수 등과 같은 모험을 경험하며, 이러한 모험이 심각하진 않을지라도 실제로 비용이 드는 일이다.

바로 이러한 모든 가시적 · 비가시적인 지출, 재정적 혹은 비재정적인 비용을 포함한 것이 바로 고객이 지불하는 대가인 것이다.

4 질에 대한 투자/Cost of Quality

질에 대한 투자는 매우 중요하다. 회사는 높은 수준을 유지하는 데 집중하기보다는 얼마나 적게 투자하여 고객의 욕구를 충족시킬 수 있는가에 대하여 연구하게 된다. 그러나 만일 업체가 어설픈 서비스로부터 빚어지는 이를테면, 실수를 보상하는 데 드는 비용과 고객만족의 실패에 드는 보상, 고객을 잃어버리는 일, 종사원들의 떨어진 사기 그리고 부정적인 소문에 드는 비용을 생각한다면 서비스 질에 대한 투자는 실제로 비용이 덜 드는 것이고, 올바른 서비스를 제공하지 않았을 때 드는 비용은 막대하다. 그래서 집중적으로 벤치마킹을 하는 이유는 고객의 욕구충족(모든 욕구를 충족할 순 없더라도 목표수준 이상을 맞춰준다)과 사업실패의 방지를 위해서이다.

5 누가 품질과 가치를 결정하는가? / Who Defines Quality and Value?

서비스는 무형적인 것이며 고객 기대는 다양하기 때문에 서비스의 질에 대한 객관적인 정의는 없다. 다른 업계에서는 고객이 제품을 보기 전에 이미 제품에 대한 질이 결정되지만, 서비스산업에서는, 오로지 고객에 의해서만 서비스의 질과 가치가 판단되어진다. 업체가 아무리 서비스와 서비스 환경과 서비스 전달 시스템에 대한 조직을 잘 했어도, 고객이 이러한 요소에 만족하지 못한다면, 그 업체는 고객만족에 부응하는 데 실패하는 것이다.

서비스의 비가시적인 특성과, 고객에 의한 판단에서 오는 문제점을 해결하기 위해, 업체가 제공하는 서비스에 대해 구체화시킬 필요 또한 있다. 고객의 보다 높은 만족도와 회사의 보다 나은 고객 만족 주의를 실현하기 위해서 고객의 불만을 해결해야 한다.

다양한 모든 고객을 만족시키는 것이야말로, 서비스 산업의 가장 기본적이며 도전할 만한 목표이다. 호텔경영자는 고객이 항상 옳다는 것을 믿어야 한다. 심지어 합리적인 기준에 의거하여 고객이 틀렸다 하더라도, 경영자는 고객이 기분 상하지 않게 고객을 존중해 주어야 하고, 그리하여 그 업체 전체에 대한 만족과 고객 만족에 있어 부정적인 영향을 끼치는 것을 방지할 수 있을 것이다.

Lesson 2

제4주

호텔사업의 성격에 대한 이해

Hotel Business Characteristics

I 현금 극대화 사업/Maximizing Cash Business

호텔사업의 중요한 특징은 현금 극대화 사업이라는 것이다. 이 점을 강조하기 전에 이해되어야 할 부분은 호텔경영이 비즈니스라는 것이고 비즈니스의 궁극적 목표는 이윤 극대화, 이를 좀 더 학문적으로 말하면 '가치 극대화'에 있다는 점이다. 모든 기업은 이윤을 추구하고 창출해야 하며 그렇지 않을 경우 시장에서 존재하기 어려운 것이다. 다시 말해 그 기업이 존재할 의미가 없다는 말이다.

호텔기업은 이익추구조직이며 이는 달성되어야 할 궁극의 이념인 것이다. 다른 기업과 달리 호텔의 거래는 거의 현금으로 이루어진다. 신용으로 거래된다 하더라도 거의 24시간 이내에 현금화된다. 이 현금량의 극대화를 이루는 것이 존재의 이유인 것이다. 호텔경영인은 이를 위해 투자활동을 하고, 재무활동을 하며, 영업활동을 한다. 이 세 가지 활동을 통해 생기는 현금의 총량이 극대화되도록 하는 것이 관건이다.

호텔경영의 현금흐름은 현금흐름표에서 잘 나타내어질 수 있다. 현금흐름은 질적 경영의 지표로서 일정기간 동안 들어온 돈으로 기업이 매출을 올리고 투자하고, 비용을 쓴 결과 남은 돈을 말한다. 현금흐름은 시장 점유율이나 이익만이 아니라 설비투자나 판매성장에 따른 재고 등 운전자금 수요까지도 밝혀주며 기업의 경영성과를 종합적으로 나타낸다. 현금흐름표를 통해서 미래의 현금흐름, 이익의 질, 영업활동 수행능력, 투자활동과 재무활동 거래가 재무상태에 미친 영향 등에 관한 정보도 알 수 있어 현금흐름은 질 경영의 지표로 활용이 가능하다. 현금흐름표는 영업활동으로 인한 현금흐름, 투자활동으로 인한 현금흐름, 재무활동으로 인한 현금흐름으로 구분하여 표시하고 이에 기초의 현금을 가산하여 기말의 현금을 산출하는 형식으로 표시한다. 여기서 현금이라 함은 현금, 예금, 3개월 이내에 만기가 도래하는 채권 등 현금 등가물을 모두 포함한다.

영업활동이란 일반적으로 제품의 생산과 상품 및 용역의 구매, 판매활동을 말하며, 투자활동과 재무활동에 속하지 아니하는 거래를 모두 포함한다. 영업활동으로 인한 현금의 유입에는 제품 등의 판매에 따른 현금유입(매출채권의 회수 포함), 이자수익과 배당금 수익, 기타 투자활동과 재무활동에 속하지 아니하는 거래에 발생된 현금유입이 포함되며, 영업활동으로 인한 현금의 유출에는 원재료, 상품 등의 구입에 따른 현금유출(매입채무 지급 포함), 기타 상품과 용역의 공급자와 종업원에 대한 현금지출, 법인세 비용(유형자산 처분에 따른 특별부가세 제외)의 지급, 이자비용, 기타 투자활동과 재무활동에 속하지 아니하는 거래에서 발생된 현금 유출이 포함된다.

투자활동이란 현금의 대여와 회수활동, 유가증권(현금 등가물 제외), 투자자산, 유형자산 및 무형자산의 취득과 처분활동을 말한다.

재무활동이란 현금의 차입 및 상환활동, 신주발행이나 배당금의 지급활동 등과 같이 부채 및 자본계정에 영향을 미치는 거래를 말한다. 기업의 건강상태를 알려주는 재무제표 중 대차대조표가 체격, 손익계산서가 체력이라면 현금흐름표는 혈액에 비유할 수 있다. 현금이 기업에 유입, 유출되는 것을 의미하는 현금흐름은 기업 전반에 흐르는 현금의 절대량과 방향을 나타내는 동태적 지표인 것이다. 건실한 현금흐름표상에 나타난 현금의 유동성에 대한 정보는 건실한 기업으로 평가받는 가장 객관적 자료인 것이다.

Ⅱ 사람에 의한 사람을 위한 사람의 사업 / People Business

결국 호텔기업의 궁극적 목적인 이윤 극대화와 가치 극대화의 길은 고객에게 품격 있는 질의 서비스를 제공하여 그 질에 대한 평가를 높이 받아 높은 가격을 받을 수 있도록 하는 길밖에 없는 것이다.

그렇다면 이는 누구에 의해 완성되는 걸까? 그것은 다른 배경에서 자라고 다른 동기와 가치로 살아가며 다른 기대치로 거래를 하고자 하는 각각의 고객이 완성하는 것이다. 다시 말해 호텔경영이란 모두 다른 종사원이 모두 다른 고객을 만족시켜 그 경험의 품질로 가치를 극대화해 가는 사업이란 뜻이다.

호텔사업이 사람에 의한 사람을 위한 사람의 사업이란 어구가 이에 기인한 것이며 호텔경영에서 사람의 중요성이 그 무엇보다 중요함을 말해주는 것이다. 호텔경영인은 끊임없이 사람을 연구하고 사람을 이해하며 사람을 만족시키기 위해 전력을 다해야 하는 것이다.

'사람에 의한 사람을 위한 사람의 사업!' 이를 우리는 'people business'라고 한다.

학습 점검

호텔 서비스

어린 공주에게 무슨 소원이든 들어주겠다고 했던 왕은 달을 따다 달라는 말을 듣고 난감해 대신들을 불러 모았다. 왕 곁에 있던 박사는 달까지 거리는 38만 4,400km이며 달의 반지름은 1,738km에 달하므로 달을 지구로 가지고 오는 것은 불가능하다고 했다. 아는 것이 많지 않았지만 사려 깊은 성품의 광대는 공주에게 다가가 달이 얼마나 크다고 생각하는지 물었다. "달은 매일밤 창 밖 나무에 걸려 있는데 꼭 쟁반만하지." 공주에게 쟁반만한 달을 만들어준 왕은 달이 다시 밤에 떠오르면 공주가 자기가 가진 달은 가짜라고 하지 않을까 고민에 빠졌다. 대신들 사이에서는 공주방에 검은 커튼을 쳐서 밖이 보이지 않게 하자는 등 백안이 속출했다. 다시 광대는 공주에게 가서 없어진 달이 어떻게 다시 떠오를 수 있는가 물었다.
어린 공주는 "당연하지. 손톱을 깎으면 다시 자라듯이 달도 초승달부터 새로 자라 보름달이 되는 거 아냐."

위 이야기는 몇 개의 단계를 거쳐 호텔경영학을 학습하려는 우리에게 수많은 생각을 낳게 하는 상황이 전개되고 있습니다. 위 글을 읽고 또 이 책을 공부한 뒤 여러분 스스로 여러분의 무한한 상상력을 동원하여 논리적이고 과학적으로 위 내용이 시사하는 바를 점검할 수 있기를 바랍니다. 그것은 여러분의 학문적 체계를 세우는 데 큰 틀이 될 것입니다.

참고로 아래에 위 내용이 시사하는 바를 분석해 보았습니다. 앞으로 공부할 내용 이해에 도움이 되길 바랍니다.

'어린 공주와 달' 그리고 전략적 서비스

이 얘기는 불가능이 없어 보이는 왕과 그에 대한 흔들리지 않는 기대와 믿음을 가지고 있는 어린 공주, 명석하기보다는 어딘가 노련함이 엿보이는 광대, 그리고 지식이 풍부한 박사가 '달'이 상징하는 능력 초월적인 문제를 둘러싸고 고민에 빠져 있는 상황이다.

여기서 '달'을 가져와야 하는 문제의 난해성과 불가능성이, 고객만족을 위해 보이지 않는 것을 보이게 하는 것의 어려움, 때로는 불가능해 보이는 요구도 고객만족의 완성을 위해서 해내야 하는 서비스업체들이 통상적으로 안고 있는 문제를 대표하는 것이다. 이 얘기의 등장인물들을 호텔의 입장으로 옮겨 놓는다면 일단, 절대적인 힘을 가지고 대외적으로 기대감과 능력을 드러내며 공주에게 무엇이든 다 들어주겠다고 호언장담하는 왕은, 고객만족을 위해서 모든 준비가 되어 있다는 자신감을 광고하는 호텔(서비스업체)로 생각할 수 있다. (그러나 왕은 다르게 본다면 서비스 호스트를 필요로 하고, 그 대가를 지불하는 고객으로도 볼 수 있을 듯.) 그 왕에게 기대를 가지고 자신의 욕구를 표현하는 공주는 특정한 기대 수준과 필요성을 지닌 채 호텔을 찾은 고객으로 여길 수 있으며, 공주의 소원을 현실화시키기 위해 고심하고 현실적 방안을 찾아가는 광대는 고객감동을 위해 노력하고 묘안을 짜내는 서비스업체 종사원(전부)에 견줄 수 있겠다. 또한 정확한 지식을 가지고 과학적인 답안을 제시하는 박사는 이론적인 해답을 제시할 수는 있으나, 경험부족 등의 이유로 합당한 해결책을 알지는 못하는 단순한 이론가에 불과하다.

이 얘기에서 직접적으로 드러나, 전략적 서비스 경영팀에게 던져주는 포인트는 아래와 같다.

첫째, 고객의 욕구는 개인의 특성에서 유래된 독창적인 것이며, 그 형태나 내용이 어떻든 간에 잘못된 것이란 있을 수 없다는 것이다. 개개인에 초점을 맞추어 고객의 욕구를 예측하려 부단히 노력하고, 고객에게 서비스를 제공하려 하지만, 이 얘기의 공주처럼 '달'을 원하는지도 모르는 일이다. 서비스업체란 이러한 예측불가능함에 대응할 수 있는 융통성과 빠른 센스를 필요로 한다. 또한, 아직은 세상에 미숙한(어린) 공주가 달을 원한다는 것은 서비스업체에서 볼 때는 결코 결함이나 잘못된 욕구가 아니다. 여기서 서비스업체가 해야 할 것은 그 욕구가 허황된 것이며, 이치에 맞지 않는다는 해명이 아니라 '달'을 전해줘야 한다는 것이다. 이 상황에서는 공주에게 달을 가져다주기 전에는 공주의 만족감은 있을 수 없다. 단지 '달'이 고객이 원하는 것이고 서비스업체에서 제공해야 하는 것 그 자체인 것이다. 고객은 어떠한 상황에서도 존중받아야 하며, 고객의 만족을 위해선 엉뚱한 욕구라 할지라도 정확한 서비스 제공을 위해서 최선을 다하여야 하는 것이다. 그것이 서비스업체가 존재하는 이유이고, 고객들이 서비스업체를 찾는 이유이다.

둘째, 고객의 욕구를 가장 정확히 알고 있는 사람은 고객이다. 다시 말하면, 고객이 실제적으로 원하고 있는 것은 고객만이 알고 있다는 말이다. 이 얘기에서 보듯이 공주가 원하는 것은 38만 4,400km 떨어져 있고 반지름이 1,738km에 달하는 거대한 땅덩어리의 '달'이 아니라, 창 밖에 쟁반만하게 밝게 빛나고 있는 단아한 '달'인 것이다. 광대가 공주에게 묻기 전에는 박사의 접근만이 유일하지 않았는가? 고심 끝에 광대가 공주에게 그 '달'을 어떻게 인식하고 있는지 묻는 것처럼, 서비스 종사원들은 고객들이 과연 어떻게 그것을 갈망하는지, 원하는지 잘 이해가 되지 않는다면 그 욕구의 주체인 고객에게 물어봐야 한다는 말이다. 그러면서 차츰차츰 고객만족을 위해서 무엇을 해야 하는지 알 수 있게 된다.

셋째, 고객의 만족은 완전해야 한다는 것이다. 호텔과 같은 서비스업체에서는 고객을 영원한 고객 혹은 반복적으로 찾아오는 고객이 특히 중요한데, 그런 고객들에게 낮에는 만족감을 주는 쟁반만한 달이었지만, 밤이 되어서는 '달을 가졌다'는 것이 거짓된 환상이었음이 드러나 큰 실망감을 안겨다주는, 잠시 눈 가리기 식의 임시방편은 절대 지양되어야 한다. 서비스 경험이 시작되고 끝날 때까지 완전한 경험을 고객들은 원한다. 고객의 지속된 만족감을 위해서 끊임없이 고민하고, 노력하는 것이 서비스를 제공하는 자의 기본자세라고 할 수 있다.

그러나 이 세 가지 포인트보다도 결론적으로 이 얘기가 말하고자 하는 바는, 전략적으로 우위의 서비스를 위해서는 서비스의 시작은 고객으로부터 이루어져야 한다는 말이다. 얘기에서 시사하듯이 이미 어른이 되어 버린 왕을 비롯한 문제 해결자들은 결코, 달을 가져올 수 있다는 공주의 시각을 이해하지 못한다. 공주의 '달'이 어떤 '달'인지 모른다는 것이다. 같은 이치로 서비스 제공자들도 고객들의 여러 요인들로 인한 다양한 욕구와 독특한 시각을 이해하지 못한다. 단지 이해하며, 독창적인 시각을 쫓아가려고 끊임없이 노력해야 한다는 것이다. 그 가장 효과적인 방법이 고객에게 직접 묻는 것이다. 박사와 같이 단지 현상을 이해하는 것에서는 문제해결이 더욱 복잡해질 뿐이고, 광대와 같이 공주에게 직접 물어보는 것이다. 무엇을 어떻게 원하고 있는 것인지를 물어보고 그 해결책을 탐색하고, 그래도 확실히 파악이 안된다면 다시 물어볼 수 있는 것이다. 답(Key)은 고객이 가지고 있다는 것을 이 얘기는 말해주고 있다. 마지막 광대가 '아하!'라고 할 수 있었던 것은 비로소 어린 공주의 시각이 차츰 또렷해지기 시작했음에 기인한 것이라 할 수 있겠다.

Part 3

호텔사업 전개

Chapter 3. 호텔사업의 구상과 개발 그리고 전개

A view

성공이란 우리가 인생에서 도달한 위치에 의해서가 아니라, 성공하려고 노력하는 동안 우리가 극복한 장애물들에 의해 측정된다.

- 워싱턴 -

Chapter 3

호텔사업의 구상과 개발 그리고 전개

Lesson 1. 호텔시장의 탐구(시장의 변화와 호텔의 적응/호텔의 종류)
Lesson 2. 호텔 프로젝트(호텔개발/건축/건물 내외부 디자인부터 한 조직 생명체로의 탄생까지)

호텔사업은 제일 먼저 시장조사를 통한 입지를 하고 땅을 매입하고 건물을 올리고 건물 내외부 설비를 구축한 뒤 가구 및 인테리어 디자인을 완비한다. 두 번째 단계로 전기보일러 및 파워 시스템을 완비하고 마지막으로 사람을 투입함으로써 호텔이 한 생명체로 탄생하는 것이다.

- Choi, Jeong-Gil -

A resort Hotel

리더십이란 용기 있는 행동을 말한다. 용기 없이는 지도자가 될 수 없다. 리더십은 어떤 자리에서나 직분을 취득하는 것이 아니라 목적을 추구하는 것이다. 사람들보다 한 발짝 앞설 때 지도자가 될 수 있다.

– 찰스 심프슨 –

Lesson 1

제5주

호텔시장의 탐구

시장의 변화와 호텔의 적응/호텔의 종류

I 호텔시장 탐구/Hotel Markets

1 호텔시장

호텔시장이란 현재 또는 잠재고객을 의미하며, 국적으로 보면 다국적이다. 또한 시장의 크기는 욕구와 구매력, 그리고 구매 의지를 가지고 있는 사람의 수에 의해 결정된다. 호텔사업의 특성상 구매자가 직접 호텔 현장에 가서 호텔상품을 구매하지 않으면 안되기 때문에 호텔의 시장개척과 판매촉진이 호텔경영에 있어 중요한 부분을 차지하고 있다. 또한 호텔시장은 다양한 거시적·미시적 환경변화로 인하여 그 규모와 내용이 변하게 된다.

호텔경영인이 올바르게 접근하기 위해서는 다음과 같은 사항들에 유의하여야 한다.

① 시장에는 많은 하위시장이 있음을 인식해야 한다.

② 충분히 시간을 투입하고 고려해 볼 만한 가치가 있는 시장을 찾아야 한다.

③ 이 시장의 특성과 시장형성의 동기를 연구해야 한다.

④ 고객의 구매 동기에 근거해서 호텔상품을 만들어야 한다.

⑤ 수익성이란 관점에서 결과를 평가해야 한다.

호텔산업은 점점 더 고객 지향적이어야 하며 상품을 만들기 전에 사람들이 원하고 필요로 하는 것이 무엇인지를 파악해야 한다. 소비자들의 태도와 습관, 업계의 태도와 방법, 경쟁, 정부의 규제 등이 호텔시장에 영향을 미치고 있으며, 또한 호텔영업의 변화를 요구하고 있다.

1. 세계의 관광시장과 호텔산업 현황

국제 경제 전문가들은 "앞으로 관광산업이 단일분야로는 세계에서 가장 거대한 업종으로 성장할 것"이라고 전망한다. 이에 발맞춰 선진국과 개발도상국들을 망라한 많은 국가들이 공해 없는 산업, 무한한 잠재수요를 지닌 관광산업 육성에 최대의 역점을 두고 있다. 또 뉴질랜드처럼 관광산업을 최대의 수출기간산업으로 자리잡은 나라도 있다. 더불어 요즈음 관광레저분야에 대한 폭발적인 수요증대로 인하여, 호텔산업은 세계에서 가장 급성장하고 있는 분야들 중의 하나가 되었다. 기업들의 한정된 시설과 인력만으로도 무한한 수익창출을 가능케 하는 '황금알을 낳는 거위'로서 호텔관광레저산업은 21세기 최고의 산업으로 관심을 모으고 있다.

1) 국제관광 동향

UNWTO는 2000년대의 처음 20년까지의 관광발전에 대한 장기 전망과 평가서인 'Tourism 2020 Vision'을 통해 2020년 국제관광 입국자수는 15억 6천만 명을 넘어설 것으로 예측하고 있다. 이 중 유럽이 7억 1,700만 명, 동아시아와 태평양 지역 3억 9,700만 명, 미주지역이 2억 8,200만 명, 그리고 아프리카와 중동, 남아시아가 그 뒤를 따를 것으로 예측하고 있다. 이처럼 관광산업의 성장잠재력은 경제발전에 따른 국민소득의 증가, 여가시간의 증대, 교통수단의 발달, 취미생활의 다양화, 지식과 교육수준의 향상, 인간다운 생활의 추구, 문화 및 스포츠 교류의 활성화, 세계무역과 정보교류의 증가에 따라 엄청나다고 할 수 있다. 이에 따라 세계 각국은 관광산업을 IT를 기반으로 하는 첨단산업 및 환경산업과 함께 21세기 주요 3대산업으로 인식, 집중 투자하고 있는 실정이다. 세계의 관광산업은 각종 테러와 고유가로 인한 인플레이션 및 이자율 상승, 조류독감 등의 악재에도 불구하고 4~5%의 꾸준한 상승세가 이어지고 있다. 또한 세계여행관광협의회(WTTC)는 2014년까지 관광관련 산업이 세계 GDP의 10.9%로 성장하고, 세계 총 고용의 8.6%가 관광산업에서 종사할 것으로 전망하고 있다.

2) 세계의 호텔산업

국제화와 개방화, 정보화 등으로 국가 간 상호의존도가 심화되면서 호텔산업의 규모가 계속 확대되고 있다. 3억 5천 소비자를 가지고 있는 멕시코와 미국, 캐나다 사이의 북미자유무역지대[HAFTA]와 한국과 미국의 자유무역협정, 그리고 더 나아가 중국과의 자유무역협정 등이 진행되고 있다. 더구나 15개 국가의 3억 2천의 인구를 가진 EU는 무역뿐만 아니라 노동과 자본의 국가적 제한을 없앤 경제국가연합이다. 이러한 국가들 사이에서 발전된 개방과 정보화 현상 등은 호텔산업에 다양한 형태로 영향을 미치게 될 것이다. 이들은 무역과 관광을 증가시키게 되고 동시에 호텔 발전을 위한 촉매역할을 할 전망이다. 반대로, 호텔의 국제적인 발전은 국제적 무역과 교역의 증가를 가져오게 될 것이다.

한국을 비롯한 중국, 일본, 미국의 태평양 주변 국가들의 호텔관광산업의 발전은 지속적으로 성장할 것으로 기대된다. 이들 나라뿐만 아니라 인도네시아와 말레이시아, 태국, 멕시코 그리고 베트남 등의 국가들도 매우 빠른 속도로 산업을 키워 갈 것으로 기대된다. 정치적 안정이 이루어지면 다른 개발도상국들의 호텔산업 발전이 전반적인 경제와 사회적 발달과 함께 빠르게 성장할 것이다. [표 3-1]은 국제호텔협회(IH&RA)에서 발간한 세계호텔산업백서의 177개국 호텔산업의 규모와 현황을 보여주고 있다.

[표 3-1] 세계의 호텔산업(Summary of Worldwide Statistics for the Hotel Industry by Global Regions)

	Total Revenues ($US)	Number of Hotels	Number of Rooms	Number of Beds	Number of Employees
Africa	6,299,852,778	10,769	343,347	675,960	1,259,019
Caribbean	7,917,081,463	5,290	155,253	300,097	277,614
Central America	1,199,700,716	1,160	41,221	83,862	232,180
North America	62,133,000,000	81,724	3,738,977	6,725,390	2,268,256
South America	9,844,502,435	14,576	487,787	1,005,972	1,283,917
Northeast Asia	23,732,570,935	10,192	719,480	1,470,857	1,120,339
Southeast Asia	12,841,018,075	13,211	453,657	898,212	730,585
South Asia	3,083,091,216	3,663	159,417	223,519	472,092
Australia & Pacific Islands	6,602,490,053	10,082	229,319	567,346	539,286
Middle East	9,237,518,883	4,735	162,178	326,131	455,432
European Free Trade Association	81,340,376,088	147,493	4,060,546	7,775,622	1,729,258
Other Europe	23,547,737,414	19,568	782,017	1,487,299	826,440
Grand total	247,778,940,056	322,463	11,333,199	21,540,267	11,194,418

Note: This study had been conducted originally by Michael D. Olsen and Jeong-Gil Choi Supported by the International Hotel Association.

전 세계 상위 3개 호텔은 전 세계에 걸쳐 각각 60만 실 이상의 객실을 보유하고 수직적인 다양한 Brand를 통해 영업을 전개하고 있다. Inter-Continental Hotel Group은 전 세계 약 100여 개국에 걸쳐 약 65만 실의 4,438개 호텔을 지닌 세계 최대의 호텔 체인으로 전 세계 호텔을 소유 또는 리스, 관리 등의 다양한 형태의 체인으로 운영되고 있다. 전 세계 호텔의 연간 이용객은 약 1억 2천만 명으로 매출 USD40억(USD11억은 On-line을 통한 매출)을 기록하고 있다. [표 3-2]는 객실수에 따른 상위 50개 호텔의 규모를 보여주고 있다. 또한 [표 3-3]에는 객실수 측면에서 가장 큰 호텔브랜드 20개 회사에 대한 순위별 통계정보를 보여준다.

[표 3-2] Top 50 Hotels by Number of Rooms

Rank	Company, City, Country/State	2009 Rooms	2009 Hotels	2008 Rooms	2008 Hotels
1	InterContinental Hotels Group PLC, Windsor, England	646,679	4,438	619,851	4,186
2	Wyndham Hotel Group, Parsippany, New Jersey	597,674	7,114	592,880	7,043
3	Marriott International Inc., Bethesda, Maryland	595,461	3,420	560,681	3,178
4	Hilton Worldwide, McLean, Virginia	585,060	3,530	545,725	3,265
5	Accor Hospitality, Paris, France	499,456	4,120	478,975	3,992
6	Choice Hotels International Inc., Silver Spring, Maryland	497,410	6,021	472,526	5,827
7	Best Western International, Phoenix, Arizona	308,477	4,048	305,000	4,000
8	Starwood Hotels & Resorts Worldwide Inc., White Plains, New York	298,522	992	248,000	942
9	Carlson Hotels Worldwide, Minneapolis, Minnesota	159,756	1,058	151,077	1,013
10	Hyatt Hotels Corp., Chicago, Illinois	122,317	424	114,332	375
11	Westmont Hospitality Group, Houston, Texas	113,771	803	106,097	699
12	Groupe du Louvre, Paris, France	91,409	1,097	61,077	856
13	Jin Jiang International Hostels, Shanghai, China	89,251	546	90,164	465
14	TUI AG, Hannover, Germany	83,728	297	93,729	297
15	The Rezidor Hotel Group, Brussels, Belgium	83,200	389	76,779	361
16	LQ Management LLC, Irving, Texas	79,945	766	75,832	721
17	Sol Melia SA, Palma de Mallorca, Spain	76,887	305	76,335	304
18	Extended Stay Hotels, Spartanburg, South Carolina	76,384	686	76,384	696
19	Home Inns & Hotels Management, Shanghai, China	71,671	616	55,579	471
20	Vantage Hospitality Group, Coral Springs, Florida	65,232	906	60,354	845
21	NH Hoteles SA, Madrid, Spain	61,317	401	49,677	341
22	GreenTree Inns Hotel Management Group Inc., Shanghai, China	49,700	450	14,481	131
23	Interstate Hotels & Resorts, Arlington, Virginia	46,129	228	46,449	226
24	Barcelo Hotels & Resorts, Palma de Mallorca, Spain	45,939	181	47,000	196
25	MGM Resorts International, Las Vegas, Nevada	45,701	16	49,919	17
26	Whitbread PLC, Leagrave, England	40,000	583	39,000	568
27	Riu Hotels & Resorts, Palma de Mallorca, Spain	39,208	104	37,000	100
28	Harrah's Entertainment Inc., Las Vegas, Nevada	39,000	34	38,000	35
29	Archon Hospitality, Irving, Texas	37,900	348	-	-
30	Red Roof Inn, Columbus, Ohio	36,298	343	36,654	343
31	The Walt Disney Co., Burbank, California	36,119	36	34,000	38
32	Iberostar Hoteles y Apartamentos SL, Palma de Mallorca, Spain	36,000	100	36,000	100
33	Fairmont Raffles Hotels International, Toronto, Ontario	35,831	94	24,712	91

34	7 Days Group Holdings Ltd., Guangzhou, China	32,836	337	-	-
35	Shangri-La International Hotel Management Ltd., Hong Kong, China	29,700	65	27,987	58
36	Millennium & Copthorne Hotels PLC, London, England	29,340	105	33,726	119
37	China Lodging Group Ltd., Shanghai, China	28,360	236	-	-
38	Travelodge Hotels Ltd., Thame, England	29,294	393	25,000	370
39	Scandic Hotels, Stockholm, Sweden	25,070	138	24,898	138
40	Columbia Sussex Corp., Crestview Hills, Kentucky	23,932	69	24,449	70
41	Club Mediterranee, Paris, France	23,816	84	26,807	80
42	Shanghai Motel Chain Co. Ltd., Shanghai, China	23,084	199	-	-
43	HK CTS Hotels Co. Ltd., Beijing, China	22,393	66	19,269	58
44	Prince Hotels, Tokyo, Japan	22,077	56	22,210	58
45	BTG-Jianguo Hotel Management Co. Ltd., Beijing, China	21,358	71	-	-
46	Ocean Hospitalities Inc., Portsmouth, New Hampshire	20,897	132	20,598	136
47	White Lodging Services, Merrillvile, Indiana	20,259	144	19,580	139
48	Jinling Hotels & Resorts Corp., Nanjing, China	19,785	81	18,075	73
49	Grupo Posadas, Mexico City, Mexico	19,600	111	19,800	110
50	Four Seasons Hotels and Resorts, Toronto, Ontario	19,231	83	19,184	82

Source : www.hotelsmag.com

[표 3-3] The Top 20 Hotel Brands Worldwide(in rooms)

Ranking	Chain	Group	Hotels	Rooms	Change	
					Ch	%
1	BEST WESTERN	BEST WESTERN	4,164	315,401	-474	-0.2
2	HOLIDAY INN	INTERCONTI. HG	1,395	260,470	-7,346	-2.7
3	MARRIOTT	MARRIOTT INT.	537	190,431	6,976	3.8
4	COMFORT	CHOICE	2,439	184,716	2,243	1.2
5	HILTON	HILTON CORP.	498	172,605	7,439	4.5
6	DAYS INN OF AMERICA	WYNDHAM WORLD	1,859	151,438	1,138	0.8
7	EXPRESS BY HI	INTERCONTI. HG	1,686	143,682	10,028	7.5
8	HAMPTON INN	HILTON CORP.	1,392	138,467	4,368	3.3
9	SHERATON	STARWOOD	396	135,869	1,852	1.4
10	SUPER 8 MOTELS	WYNDHAM WORLD	2,054	126,175	2,144	1.7
11	QUALITY	CHOICE	1,128	112,173	6,383	6.0
12	RAMADA WORLDWIDE	WYNDHAM WORLD	871	105,986	-2,951	-2.7
13	COURTYARD	MARRIOTT INT.	733	105,526	5,857	5.9
14	MOTEL 6	ACCOR	928	95,628	1,682	1.8
15	HYATT HOTELS	GLOBAL HYATT	214	94,224	-921	-1.0
16	MERCURE	ACCOR	732	89,624	2,391	2.7
17	RADISSON HOTELS	CARLSONHOSP.	400	89,365	-5,335	-5.6
18	IBIS	ACCOR	745	82,546	3,765	4.8
19	CROWNE PLAZA	INTERCONTI. HG	275	75,632	10,228	15.6
20	NOVOTEL	ACCOR	397	70,373	1,116	1.6
TOTAL			22,843	2,740,241	50,582	1.9

Source : MKG Consulting Database.

[표 3-4]는 주요 호텔체인이 가지고 있는 가장 큰 호텔브랜드를 정리한 것이고 [그림 3-1]은 상위 10위권 호텔체인들을 사진으로 정리한 것이다. 이어서 전 세계 주요도시 호텔가격에 대한 정보를 [그림 3-2]에서 한눈에 확인할 수 있을 것이다.

[표 3-4] 호텔체인과 브랜드

Hotel Chain	Largest Hotel Brands in Chain
Wyndham Hotel Group	Days Inn, Super 8, Ramada
Choice Hotels International	Comfort Inn, Quality Inn
IHG InterContinental Hotels Group	Holiday Inn, Holiday Inn Express, Crowne Plaza
Best Western International	Best Western is only brand in this chain.
Accor	Motel 6, Novotel, Ibis, Sofitel
Hilton Hotels Corp.	Hilton Hotels, Hampton Inn, Hilton Garden Inn
Marriott International	Marriott Hotels, Courtyard, Residence Inn
Carlson Hotels International	Radisson, Country Inn
Starwood Hotels	Sheraton, Westin, Four Points
Hyatt Hotels	Hyatt Regency, Hyatt Place

[그림 3-1] 10 Best Hotel Chains

1. InterContinental Hotel Group
2. Wyndham Hotel Group
3. Marriott International
4. Hilton Hotels
5. Accor Group
6. Choice Hotels
7. Best Western
8. Starwood Hotels & Resorts
9. Carlson
10. Global Hyatt

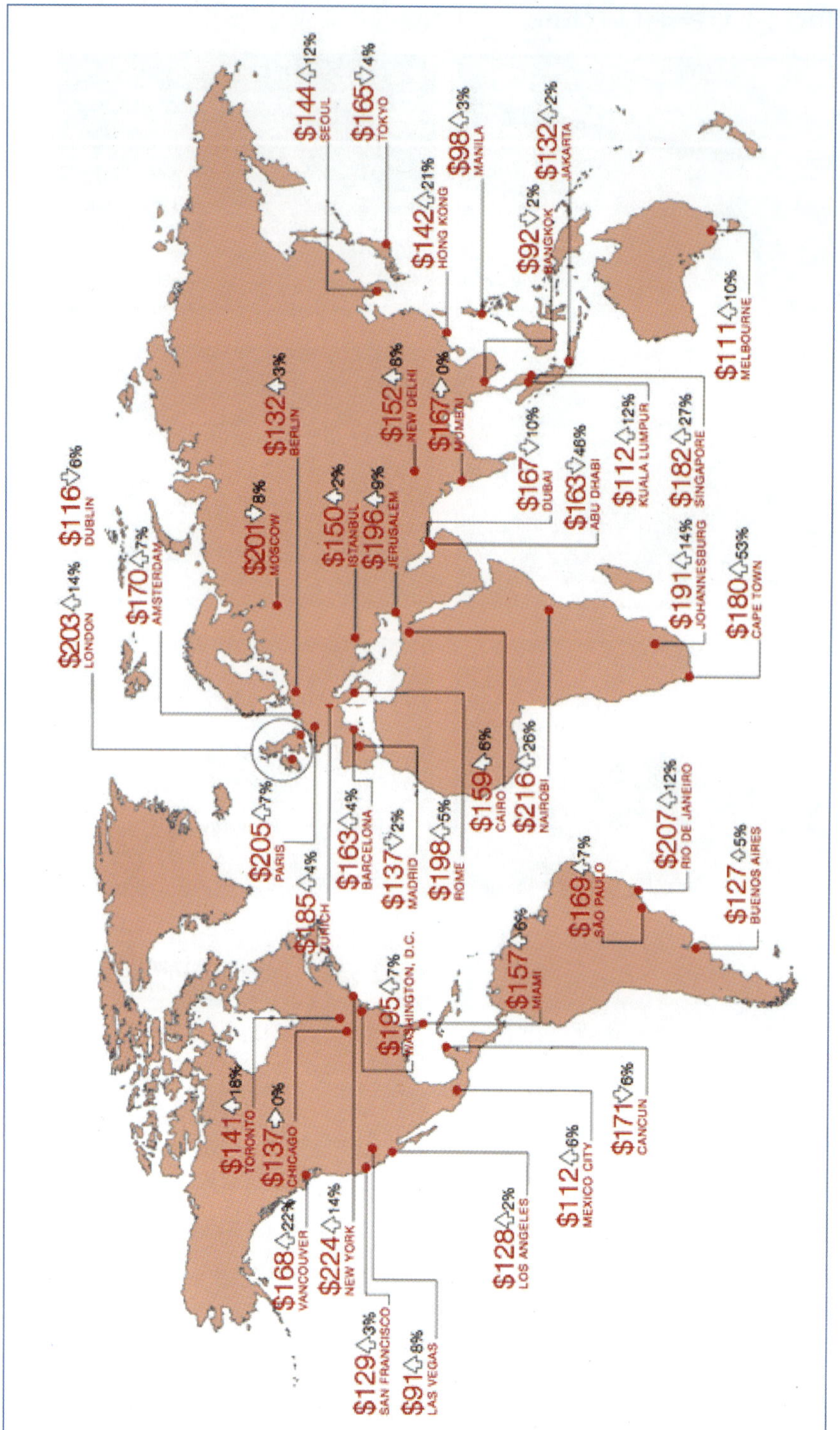

[그림 3-2] Global Hotel Prices, 2011(www.hotels.com)

체크포인트(Check Point)

5센트로 이뤄낸 호텔 신화

메리어트 호텔 체인은 우리나라에서는 그 인지도가 낮지만 세계 최대의 호텔 체인이며 북미에서는 그 인지도를 어느 호텔 체인도 따라잡지 못하고 있다. 그러나 르네상스나 리츠칼튼, 라마다 등이 모두 메리어트 기업의 체인호텔이라고 하면 메리어트는 생각보다 낯설지 않은 호텔기업으로 다가온다.

메리어트 그룹의 간추린 역사

그렇다면 메리어트 호텔 그룹은 어떤 그룹인가? 먼저 그 역사를 따라가 보자.

메리어트 기업의 성장은 흔히 '아메리칸 드림'의 실현으로 대변된다. 그도 그럴 것이 1926년 대학을 갓 졸업한 한 청년이 9개의 의자를 가진 작은 맥주집의 문을 열면서 현재 연간 수십억 달러에 이르는 세계 최대의 호텔 그룹으로 발돋움했기 때문이다.

1926년 유타 대학을 졸업한 J. 윌리아드 메리어트 1세(J. Williard Marriott)는 당시 저축금 1,000달러에 친구로부터 빌린 적은 금액의 돈으로 루트 비어 간이식당(A&W root beer)을 열고, 그 지역의 프랜차이즈 판권을 얻는다. 그리고 1927년 5월 20일 이곳에서 루트 비어 한 잔에 5센트씩에 판매하기 시작한다. 물론 당시 5센트의 맥주 한 잔이 오늘날 수십 억의 매출을 기록하게 될지는 아무도 예측할 수 없었다.

그 후 사업은 성장하였으나 맥주는 여름 한 철은 재미를 보지만 겨울에는 영 신통치 않았다. 메리어트 1세는 이를 극복하기 위해 칠리 콘 카르네, 핫 타말리와 쇠고기 바비큐 샌드위치를 메뉴에 첨가하였다. 비수기를 극복하기 위해 '핫숍(Hot Shoppe)' 레스토랑을 탄생시킨 것이다. 이후 미국의 경제공황에도 불구하고 핫숍의 가족을 위주로 한 메뉴와 합리적인 가격정책으로 고객의 수요는 점점 증가하였다.

이런 인기에 힘입어 메리어트는 기내 캐터링과 식품 서비스 경영을 사업에 추가하고 1953년에는 핫숍의 주식을 상장하게 된다. 그리고 이로부터 4년 후 워싱턴 리간 내셔날 공항 근처에 최초의 메리어트 호텔인 트윈 브리지 메리어트 모터 호텔의 문을 연다.

1964년 메리어트 1세는 장남인 J.W. 메리어트 주니어(J.W Marriott Jr.)를 회사의 사장으로 임명하고 자신은 최고 경영자와 이사회 회장직을 맡는다. 메리어트 쥬니어가 사장이 되었을 때 그의 나이는 32세였고, 메리어트 코퍼레이션은 9,600명의 직원을 거느리고 45개의 핫숍, 4개의 호텔과 기내 캐터링 서비스를 경영하는 연간 매출 8천5백만 달러의 회사로 성장해 있었다. 1972년 메리어트 주니어는 아버지의 뒤를 이어 최고경영자가 된다.

그리고 1993년 메리어트는 새로운 도약을 위한 과감한 결정을 내린다. 미래산업 성장을 위해 호텔, 노인 생활 서비스 및 유통업을 주요 사업으로 하는 메리어트 인터내셔널(Marriott International Inc.)과, 메리어트 계열의 부동산을 관리하는 호스트 메리어트 코퍼레이션(Host Marriott Corporation)으로 분사한다. 이후 1998년 메리어트 인터내셔널은 식품 및 위탁 운영 서비스 산업체인 소덱스 알리앙스 노스 아메리카와 합병하여 식품 및 유종 위탁 서비스를 담당하는 소덱스 메리어트 서비스(Sodex Marriott Service)를 탄생시킨다.

메리어트 인터내셔널 이런 일 한다

여행업계 관심의 대상이며 메리어트 그룹 사업의 중심인 호텔경영 및 용역 서비스를 담당하는 메리어트 인터내셔널은 어떤 그룹인가.

메리어트 인터내셔널은 세계적인 호텔 경영기업으로 미국 워싱턴시에 본사를 두고 있으며 현재 전 세계 58개국에 진출하여 약 14만 명의 종사원을 거느리고 연간 약 80억 달러의 매출을 기록하고 있다.

특히 지난 97년 3월 메리어트 인터내셔널은 르네상스호텔 그룹을 인수함으로써 메리어트, 리츠칼튼, 르네상스 호텔 & 리조트, 메리어트 이규제큐티브 레지던스, 라마다 인터내셔널 호텔 & 리조트, 코트야드, 뉴월드 등 전 세계 유수의 브랜드를 망라한 세계 최대의 호텔 체인으로 자리잡았다.

메리어트 인터내셔널의 사업 분야는 크게 호텔 분야와 용역, 유통 서비스 분야로 나뉘고, 메리어트 인터내셔널이 전 세계에 직영 또는 프랜차이즈로 운영하고 있는 호텔 및 리조트는 1,810여 개로 메리어트 호텔, 리조트 & 스위트(362개), 리츠칼튼 호텔 & 리조트(35개), 르네상스 호텔 & 리조트(90개), 코트야드호텔(453개), 렌지던스 인(319개), 패이필드 인(404개), 라마다 인터내셔널호텔(26개), 타운팰리스호텔(48개), 메리어트 이큐제큐티브 레지던스 등이 주요 호텔 체인이며, 이 밖에 북미와 유럽지역에서 운영되는 휴양리조트 매리어트 버케이션 클럽 인터내셔널(Marriott Vacation Club International), 미국 전역에서 운영되는 메리어트 컨퍼런스센터(Marriott Conference Center), 골프장 시설을 운영하는 메리어트 골프(Marriott Golf), 이벤트 운영 및 마케팅 서비스를 제공하는 마키 이벤트 인터내셔널(Marquis Events International) 등이 있다.

3) 한국의 호텔산업

(1) 한국 호텔산업의 현주소

호텔산업은 '급변하는 사회적 환경에 어떻게 대처할 것인가' 하는 것이 가장 중요한 문제가 될 것이다. 2010년 전후로 한국의 호텔산업은 미국발 금융위기, 고유가, 테러와 전쟁, 신종독감, 내수산업의 위축 등으로 고전을 면치 못했다. 국제 위기상황과 경기침체는 관광산업의 근간인 호텔산업에 치명적 영향을 미쳤으며 중소규모 호텔업계는 폐업과 도산 등 그 긴장감이 고조되는 현실에 직면하고 있다. 특히 한국은 남북이 분단되어 있는 상황에서 최근 일련의 북한 핵관련 문제나 정치적 불안문제로 한국이 위험지역으로 인식되어 외래 관광객수가 줄어드는 것을 뚜렷하게 느낄 수 있었다.

21세기의 급격한 시장변화는 한국의 호텔기업에 많은 기회와 위협을 동시에 제공할 것으로 예상되며 미래에 전개될 다양한 시장환경, 고객, 신 호텔 경영 등의 변화에 어떻게 대응하느냐 하는 것에 호텔산업의 생존이 달려 있을 것이다. [표 3-5]는 한국의 호텔산업을 시대별로 분류 · 분석한 것이다. 한국의 호텔산업 도약기는 소득수준의 안정으로 삶의 질 향상이라는 가치를 중시하는 수요가 증가하게 될 것이다. 예를 들면 친환경호텔과 의료서비스 호텔 등 다양한 호텔이 등장하게 될 것이다.

[표 3-5] 한국호텔산업의 시대별 분류와 변화흐름 분석

시대	1970년 이전	1980	1990	2000	2010 이후
배경	경제 개화기	경제 도약기	발전기	성숙기	도약기
수요트렌드	외국고객을 타깃으로 한 부대시설 위주의 특급호텔	경제발전 및 올림픽 등 수요로 특1급 및 해외 브랜드 호텔 등장	소득수준 향상으로 여가를 즐기기 위한 리조트 확산	통신, 교통의 발달에 따른 문화적/경제 교류의 증가로 비즈니스 호텔의 등장 한류문화 확대	소득수준의 안정으로 레저문화+삶의 질을 위한 수요 증가 비즈니스층 확대로 부티크호텔 수요증가 친환경 수요증가
주요 호텔	워커힐, 타워호텔, 로얄, 프라자 등	팔래스, 삼정, 힐튼, 인터컨, 리츠칼튼, 르네상스	메리어트, 코엑스인터컨, 대명리조트 등	베스트웨스턴, 이비스, 라마다, 도교인, 파크하얏트, W 등	IP호텔, 힐링필드, 리솜리조트
비고	외국인을 주 타깃으로 원스톱서비스가 제공가능한 객실+부대시설 중심의 호텔	문화체육행사(올림픽, 아시안게임 유치에 따른 해외브랜드 증가)	80년대 특급호텔의 대거 출현. 90년대 해외시장진출 리조트의 증가	특급호텔 투숙률 감소, 휴양지호텔의 활성화, 펜션의 증가 대규모 워터파크 증가	의료관광수요의 증가 휴식+치료+문화+놀이가 동시 가능한 시설의 확대 친환경적 수요증가

(2) 한국의 관광호텔업 등록 및 경영현황

한국 관광호텔의 등급별 현황을 살펴보면 [표 3-6]에 보이는 대로 업체수는 총 621개소이며 객실수는 67,171실로 나타난다. 이 중 특1급이 61개소 21,785실, 특2급 78개소 13,983실, 1급이 172개소, 14,282실, 2급이 120개소, 6,080실, 3급이 75개소 4,007실, 등급미정 업체수는 115개이며 객실수는 7,034실이다(2009년 12월 현재).

[표 3-6] 관광호텔업 등록현황

구분	특1급		특2급		1급		2급		3급		등급미정		합계	
	업체(개소)	객실(개)	업체(개소)	객실(개)	업체(개소)	객실(개)	업체(개소)	객실(개)	업체(개소)	객실(개)	업체(개소)	객실(개)	업체(개소)	객실(개)
계	61	21,785	78	13,983	172	14,282	120	6,080	75	4,007	115	7,034	621	67,171

자료 : 한국관광호텔업협회, 2009년도 관광호텔운영실적.

국내 관광호텔의 지역별 현황을 살펴보면, 서울이 130개소에 22,360실로 총 객실수의 33.3%를 차지하고 있으며 다음이 제주로 51개소 6,676실(9.9%), 그리고 부산이 50개소 6,449실(9.6%) 순으로 등록되어 있다(2009년 12월 현재). 특1급 호텔은 서울 · 제주 · 부산지역의 객실점유율(15,260실)이 전국(21,785실)의 70.0%를 차지하고 있다.

이들 한국호텔들이 전체 경제에 직접적으로 기여하는 총매출은 국내총생산 대비 0.55%이고 전체 숙박업의 경우는 국내총생산의 약 1%를 차지하고 있다([표 3-7] 참조). 이는 1986년 이후 2008년까지 22년간의 평균으로 호텔의 경우 1994년에는 최고치인 0.82%를 기록하였고 숙박업의 경우 1993년에 1.16%를 기록하였다. 관광산업 전체가 최고 4%의 국내총생산 비중을 차지하는 사실에 비추어 호텔산업이 국내총생산에 기여하는 비중은 크다고 할 수 있다.

[표 3-7] 한국 호텔 및 숙박산업의 연도별 매출과 국내총생산 대비 비율

항목	국내총생산 (GDP)	호텔업 총매출 (백만 원) – Hotel only	%(GDP 대비)	숙박업 (백만 원)	%(GDP 대비)
1986	98,110,200	518,818	0.53	911,891	0.93
1987	115,164,300	611,277	0.53	1,074,954	0.93
1988	137,111,500	703,737	0.51	1,238,017	0.90
1989	154,753,400	1,039,433	0.67	1,553,101	1.00
1990	186,690,900	1,416,413	0.76	2,054,359	1.10
1991	226,007,600	1,472,789	0.65	2,451,206	1.08
1992	257,525,400	1,867,344	0.73	2,969,482	1.15
1993	290,675,600	2,334,364	0.80	3,385,433	1.16
1994	340,208,300	2,801,384	0.82	3,801,384	1.12
1995	398,837,700	2,694,985	0.68	4,431,263	1.11
1996	448,596,400	2,588,587	0.58	5,061,143	1.13
1997	491,134,800	2,625,489	0.53	5,083,689	1.04
1998	484,102,800	2,380,148	0.49	4,645,975	0.96
1999	529,499,700	2,076,768	0.39	4,661,266	0.88
2000	603,236,000	2,846,623	0.47	5,313,029	0.88
2001	651,415,300	3,454,115	0.53	6,665,898	1.02
2002	720,539,000	3,375,974	0.47	6,771,672	0.94
2003	767,113,700	3,163,936	0.41	6,318,178	0.82
2004	826,892,700	3,436,435	0.42	6,583,825	0.80
2005	865,240,900	3,716,501	0.43	7,100,636	0.82
2006	908,743,800	4,305,247	0.47	7,989,302	0.88
2007	975,013,000	4,382,585	0.45	8,357,065	0.86
2008	1,023,937,700	4,462,062	0.44	8,677,371	0.85
평균			0.55		0.97

출처: 한국은행 경제통계국 국민소득팀/통계청 경제통계국 서비스업통계과/http://kosis.kr/index.jsp

국내의 호텔시장은 크게 특급호텔의 고가 호텔과 중저가 호텔로 나눌 수 있다. 특급호텔의 경우 대부분이 수도권에 위치하고 있으며 이 밖에도 설악산, 해운대, 제주도 등 관광지로 유명한 곳에 위치하고 있다. 이 중 현재 서울에 소재한 특급호텔 중 비즈니스 고객의 객실점유율이 60% 이상인 호텔은 전체의 70% 정도로 특급호텔의 2/3 이상이 비즈니스호텔이라 할 수 있다.

우리나라의 특1급 호텔과 특2급 호텔의 시설 및 서비스 면에서의 차이는 현저하며 또 특급호텔과 다른 일반 호텔과의 차이는 더 크다고 할 수 있다. 특급호텔과 관광호텔 간의 차이가 심화될수록 이러한 호텔시장의 수급 불균형은 심화될 것이다. 달리 말하면 이러한 문제점을 해결하는 곳에 기회가 있다는 말이다. 우리나라 호텔시장에서의 중저가호텔은 과거 관광숙박시설의 기능보다 퇴폐, 향락적인 사업으로 기형적 발전을 하였다. 하지만 현재 국가 전략사업으로서의 관광발전 10개년계획을 추진 중에 있다. 정부는 일정한 시설과 서비스를 갖춘 전국의 모텔 및 여관을 중저가 호텔로 전환하도록 금융지원을 하는 등 환경과 인식의 전환을 꽤하고 있다. 이러한 노력에 따라 관광호텔(중저가호텔)의 인식이 달라짐으로써 그 시장이 확대 추세이다. 특급호텔이 제공하지 못하는 가격으로, 기존의 저가호텔이 제공하지 못하는 안전과 위생을 제공하여 새로운 한국호텔산업의 틈새시장을 파고드는 브랜드를 갖춘 중저가호텔이 등장하고 있는 것이다. 이는 한국호텔시장에서 새로운 기회를 열어가는 한국호텔산업의 신경향이라 하겠다.

특급호텔은 매출, 이용, 부대시설 등 다양한 분야에서 국내호텔산업을 선도하고 있다. 300실 이상의 호텔은 전체 호텔의 37%에 불과하지만 매출은 전체 매출의 90%를 차지하고 있으며 면적은 78%, 객실수 87%, 종사원 82%를 차지하고 있다. 실제로 국내호텔의 지배역할을 하고 호텔관련 정책 또는 흐름을 주도하고 있다. 하지만 국내 자생브랜드보다는 해외 브랜드와의 제휴형태가 주류를 이루고 있다. [표 3-8]은 한국의 주요 12개 특1급 호텔의 규모와 경영현황을 보여주고 있다. 2009년 현재 롯데호텔이 객실수 1,124개로 가장 규모가 크며 객실투숙률이 평균 80.4%로 매우 양호한 경영을 유지하고 있다. 평균객실료(ADR: Average Daily Rate)가 185,618원이며 이용가능 객실당 수입(REVPAR: Revenue Per Available Room)이 평균 149,289원이었다. 이 중에 조선호텔의 REVPAR이 가장 높은 것을 확인할 수 있다.

[표 3-9~12]는 한국관광호텔협회가 제공한 호텔업 운영현황이다. 연도에 따라 규모가 변하지만 그 비율 등은 크게 변하지 않으므로 새로이 호텔사업을 구상하고 개발하고자 하는 사람들에게 참고할 만한 자료가 될 것이다.

[표 3-8] 한국의 주요 특1급 호텔의 규모와 경영현황

호텔	객실수	연간총판매 가능 객실수	연간총판매 객실수	객실이용률 (OCC%)	연간 평균 객실요금 (ADR)	연간 총 객실수입 (REV(000))	객실당 연간수입 (REVPAR)
PLAZA	455	166,530	126,768	76.1	169,921	21,540,498	129,349
CHOSUN	453	165,798	134,355	81	240,543	32,318,185	194,925
LOTTE	1,124	411,384	330,426	80.3	207,848	68,678,286	166,944
MS HILTON	681	249,246	217,683	87.3	178,996	38,964,435	156,329
SHILLA	465	170,190	143,297	84.2	224,256	32,135,235	188,820
HYATT	601	219,966	166,474	75.7	221,963	36,951,106	167,986
GRAND HILTON	396	144,936	112,292	77.5	115,098	12,924,565	89,174
Renaissance	493	180,438	153,951	85.3	137,187	21,120,110	117,049
LOTTE(WORLD)	469	171,654	148,512	86.5	146,570	21,767,370	126,810
WALKER-HILL	589	215,574	157,814	73.2	182,819	28,851,374	133,835
RITZ-CARLTON	375	149,204	106,130	71.1	174,477	18,517,264	124,107
JW. MARRIOTT	497	181,902	154,141	84.7	185,086	28,529,339	156,839
Total	6,598	2,426,822	1,951,843	80.4	185,618	362,297,774	149,289

[표 3-9] 시도별 객실운영현황

구분	숙박객수 (명)	연숙박객수 (명)	객실매출액 (천 원)	판매객실수 (실)	판매객실 평균요금(원)	객실이용률 (%)	객실당수입 (월)
서울	6,184,554	18,133,752	823,040,444	5,983,974	137,541	77.26	106,276
부산	1,240,155	2,368,718	116,215,666	1,102,938	105,369	53.94	56,833
대구	385,597	495,257	21,893,137	276,633	79,141	37.63	29,777
인천	1,121,971	1,927,975	66,291,855	801,969	82,661	70.32	58,127
광주	201,175	278,869	11,363,839	149,479	76,023	40.76	30,985
대전	361,849	579,093	17,995,572	200,363	89,815	46.99	42,204
울산	174,197	707,162	16,367,844	169,016	96,842	57.64	55,823
경기	991,509	1,670,000	60,223,354	865,093	69,615	50.97	35,479
강원	1,329,996	2,214,955	57,916,314	568,410	101,892	41.57	42,358
충북	409,359	907,525	14,558,757	194,185	74,974	33.59	25,184
충남	432,444	642,066	14,238,568	218,608	65,133	50.48	32,878
전북	1,652,280	1,998,240	35,595,541	417,179	85,324	46.95	40,063
전남	440,473	1,292,103	14,389,821	189,570	75,908	41.56	31,549
경북	1,045,177	1,960,945	41,010,575	551,502	74,362	41.19	30,626
경남	573,043	904,843	38,526,694	442,873	86,993	43.02	37,421
제주	2,436,638	5,089,127	166,790,474	1,766,707	94,408	67.97	64,169
전체	18,990,417	41,170,630	1,516,418,455	13,898,499	109,107	60.06	65,529
08년	15,798,882	32,403,584	1,325,415,051	12,400,196	106,887	57.64	61,610

자료 : 한국관광호텔업협회, 「2009 호텔업운영현황」.

주 : 1. 판매객실 평균요금(Average Daily Rate)=객실매출액/판매객실수.

2. 객실이용률(Occupancy)=(판매객실수/판매가능 객실수)*100.

3. 객실당 수입(Revenue per Available Room)=판매객실 평균요금*객실이용률.

[표 3-10] 등급별 객실운영현황

구분		숙박객수 (명)	연숙박객수 (명)	객실매출액 (천 원)	판매객실수 (실)	판매객실 평균요금(원)	객실이용률 (%)	객실당수입 (월)
09년	특1급	5,758,688	13,662,914	843,566,780	5,365,547	157,219	69.08	108,607
	특2급	4,185,795	10,413,666	297,188,002	3,170,550	93,734	66.07	62,586
	1등급	3,491,360	7,442,758	174,742,511	2,465,276	70,882	54.22	38,432
	2등급	1,026,428	2,103,305	41,178,268	746,629	55,152	40.51	22,342
	3등급	882,102	1,503,629	32,589,414	677,546	48,099	45.65	21,591
	미등급	970,975	1,294,798	37,826,617	614,951	61,512	50.74	31,211
	계	16,315,348	36,421,070	1,427,091,592	13,040,499	109,435	60.37	66,066
08년	특1급	5,059,224	11,790,146	741,356,302	4,758,430	155,799	64.96	101,207
	특2급	3,159,196	6,846,700	237,276,867	2,660,106	89,198	66.53	59,343
	1등급	3,415,441	6,764,386	174,018,501	2,597,911	66,984	54.76	36,680
	2등급	999,064	1,527,828	39,973,468	700,868	57,034	39.68	22,631
	3등급	814,216	1,249,952	31,181,459	616,290	50,595	40.67	20,577
	미등급	741,511	1,117,648	27,793,280	417,437	66,581	51.64	34,382
	계	14,188,652	29,296,660	1,251,599,877	11,751,042	106,510	58.27	62,063

자료 : 한국관광호텔업협회, 「2009 호텔업운영현황」.

[표 3-11] 호텔별 객실운영현황

구분		숙박객수 (명)	연숙박객수 (명)	객실매출액 (천 원)	판매객실수 (실)	판매객실 평균요금(원)	객실이용률 (%)	객실당수입 (월)
09년	관광 호텔업	16,315,348	36,421,070	1,427,091,592	13,040,499	109,435	60.37	66,066
	수상관광 호텔업	–	–	–	–	–	–	–
	한국전통 호텔업	15,290	19,419	1,384,462	6,879	201,259	72.49	145,893
	가족 호텔업	2,649,779	4,730,141	87,942,401	851,121	103,325	55.67	57,521
	계	18,980,417	41,170,630	1,516,418,455	13,898,499	109,107	60.06	65,529
08년	관광 호텔업	14,188,652	29,296,660	1,251,599,877	11,751,042	106,510	58.27	62,063
	수상관광 호텔업	–	–	–	–	–	–	–
	한국전통 호텔업	14,456	18,484	1,078,771	6,630	162,711	69.67	113,360
	가족 호텔업	1,595,774	3,088,440	72,736,403	642,524	113,204	48.09	54,440
	계	15,798,882	32,403,584	1,325,415,061	12,400,196	106,887	57.64	61,610

자료 : 한국관광호텔업협회, 「2009 호텔업운영현황」.

[표 3-12] 월별객실운영현황

구분	숙박객수 (명)	연숙박객수 (명)	객실매출액 (천 원)	판매객실수 (실)	판매객실 평균요금(원)	객실이용률 (%)	객실당수입 (월)
1월	1,459,499	2,526,446	105,370,065	1,023,107	102,990	53.15	54,739
2월	1,409,733	2,525,191	105,448,600	1,027,150	102,661	59.20	60,775
3월	1,408,075	2,641,677	121,090,787	1,097,106	110,373	56.62	62,493
4월	1,568,475	3,164,026	124,809,267	1,164,902	107,141	62.09	66,524
5월	1,513,357	3,026,591	122,837,807	1,128,197	108,880	57.84	62,976
6월	1,419,483	2,995,743	109,078,844	1,034,721	105,419	54.93	57,907
7월	1,658,909	3,563,372	126,311,363	1,171,588	107,812	59.76	64,428
8월	1,993,448	4,227,101	145,348,987	1,321,152	110,017	67.36	74,107
9월	1,520,442	3,690,022	131,302,915	1,169,420	112,280	60.23	67,626
10월	1,728,585	4,207,106	149,750,594	1,306,958	114,579	65.03	74,511
11월	1,599,377	4,177,170	139,561,460	1,230,982	113,374	63.25	71,709
12월	1,701,034	4,426,185	135,507,766	1,223,216	110,780	60.78	67,332
전체	18,980,417	41,170,630	1,516,418,455	13,898,499	109,107	60.06	65,529
08년	15,798,882	32,403,584	1,325,415,051	12,400,196	106,887	57.64	61,610

자료 : 한국관광호텔업협회, 「2009 호텔업운영현황」.

Oberoi Udaivilas

체크포인트(Check Point)

■ 세계의 특이호텔(The Most Unusual Hotels)

세계의 가장 특이한 호텔 중 하나로 나무꼭대기에 있는 케냐의 야생동물 공원에 있는 것들 중 하나인 The Treetops Hotel이다. 호텔의 특이함은 공원의 야생 물웅덩이가 내려다보이는 나무의 꼭대기에 지어진 것이다.

또 다른 장엄한 볼거리는 스웨덴 라플란드에 Jukkasjasvi의 오래된 마을에 있는 Torne강의 기슭에 위치한 Ice Hotel이다. 그 호텔은 심지어 얼음잔과 얼음조각으로 얼음 속에 만들어진 바인 "Absolute Ice Bar"와 새로운 매장과 새로운 스위트룸, 완벽하게 새로운 디자인을 갖추고 있다. 이 호텔은 100명이 넘는 손님을 개개의 독특한 스타일을 가진 방에서 숙박시킬 수 있다. 호텔은 또한 영화관과 얼음예술 전시홀과 얼음예배당을 가지고 있다. 그 호텔이 세기가 바뀌는 새 천년 전야인 1999년에 가장 인기 있는 장소 중 하나였다는 것은 놀랄 일이 아니다.

호주는 고객들이 그들의 객실에서 놀라운 지하의 광경을 볼 수 있는 The Great Barrier Reef에 있는 수중 호텔을 자랑한다.

일본은 몇몇의 보기 드문 호텔들을 가진다. 캡슐호텔로 불리는 고치 같은 호텔은 고객들에게 기존처럼 각각의 객실을 주지 않는다. 대신에, 그들은 약 4~7미터 정도의 공간이 주어진다. 이 공간에는 거의 대부분의 고객이 발가락으로 움직여야만 하는 텔레비전과 침대가 있다. 그런 호텔들은 의무적으로 사장과의 늦은 밤 술자리가 잡혀 있는 사람과 비싼 도쿄에서 단지 머무르기에 알맞은 장소를 찾는 교수들에게 인기가 있다.

일본에는 또한 집에서의 사생활이 불충분하기 때문에 커플들에게 몇 시간을 위한 호텔인 러브호텔이 있다.

세계에서 가장 높은 호텔은 히말라야산맥의 고도 13,000피트에 자리 잡고 있다. 날씨가 좋으면 에베레스트의 믿기 어려운 광경이 나온다. 고객의 80% 정도가 고도에 따른 메스꺼움이나 두통, 또는 불면증을 경험한다. 룸서비스에서 가장 잘 팔리는 아이템은 1분에 1달러 하는 산소라는 데 놀랄 필요가 없다.

2 세계 호텔산업에 있어서의 신경향

노동시간의 감소와 소득의 증대에 따라 여가시간이 증가되고 생활환경의 패턴이 변함에 따라 여가에 대한 인식은 계속 확대되어 가고 있다. 반면 최근의 변화 중 정보통신망의 발달로 인한 상용여행객들의 감소와 호텔 이외의 대체숙박시설들의 발달 등이 호텔의 수요를 감소시킬 수도 있다는 우려의 목소리도 있으나, 상용여행객의 증가는 꾸준히 성장하고 있다. 오늘날 호텔은 숨가쁜 경쟁 속에서 살아남기 위해 빠른 정보의 입수와 변화에 대한 정확한 예측으로 시대에 신속히 적응하는 부단한 노력이 필요하다. 이러한 시대적 상황에서 현재 호텔산업의 새로운 경향을 살펴보면 다음과 같다.

1. 합리적 경영에 초점 : 새로운 경영기법의 도입

호텔경영에 있어 성공을 좌우하는 결정요인으로 이전까지는 '호텔의 위치(입지조건)'를 가장 중요하게 생각해 왔으나, 앞으로는 호텔경영에 있어 '합리적 관리'가 성공의 주요 결정요인으로 인식될 것으로 예상된다. 따라서 다양해진 소비시장과 현대인의 욕구를 파악하고 충족시키기 위한 창조적 마케팅전략을 개발하여 새로운 경영기법을 개발하는 데 노력을 기울여야 한다.

2. 체인화 경향(Chain Management)

호텔산업에 있어서도 다국적 기업화, 즉 호텔산업의 국제화가 예상된다. 호텔업계의 경영난으로 인한 합병, 또는 기존 체인의 투자 확대로 인한 거대체인호텔 출현(emergence of new giants)에 따른 메가체인(mega-chain)의 등장이 촉진될 것이다. 이들은 규모의 경제와 공동판매망 등을 통해 시장 점유율을 높여갈 것이다. 호텔의 브랜드화를 통해 산하 체인호텔수를 증가시킬 경우, 호텔의 예약시스템 및 마케팅 등의 분야에서 거둘 수 있는 각종 이점으로 인해 호텔의 브랜드화는 앞으로도 계속 중요성을 더할 수밖에 없을 것이다.

3. 객실판매중심의 전문화 경향

환경변화에 대응하는 마케팅전략으로 '객실판매중심형 호텔'이 등장하고 있다. '객실판매중심형 호텔'이란 호텔의 서비스 부문을 숙박부문과 식음료 부문으로 대별해 볼 때, 노동집약적인 식음료 부문을 직접 경영하지 않고 근접한 외부 레스토랑과 제휴함으로써 인력의 절감을 통한 경영합리화를 꾀하는 방법으로 전문화된 호텔이라 할 수 있다.

'객실판매중심형 호텔'사업은 소유와 경영의 분리로 인하여 토지소유자가 호텔경영회사의 콘셉트에 기초하여 건물을 건설하고 호텔경영회사는 토지소유자에게서 건물을 일괄 임차하여 호텔을 경영하며, 식음료부문을 전문회사에 위탁시키는 것으로 호텔경영회사는 식음료부문을 레스토랑 전문회사와 전세 계약하여 상호 협력하는 방식이다. 저비용의 개발로 경영되는 객실판매중심형 호텔은 비용의 합리적 운영이 가능하며, 주표적시장인 비즈니스 고객에게 합리적인 가격으로 거주성, 쾌적성, 편리성을 제공할 수 있다. 높은 지가와 건설비용의 과투자로 인건비의 과다소요 등으로 인한 호텔경영 악화에 대응하기 위하여 이러한 유형의 호텔이 증가할 것으로 예상된다.

4. 환경에 대한 관심

세계적으로도 중요 이슈로 부각되고 있는 환경문제는 호텔분야에서도 중요한 문제로 대두되고 있다. 환경보호를 위한 재활용과 분리수거 등 쓰레기 문제에 대한 철저한 관리가 요구되고 있으며, 교통체증으로 인한 교통유발부담금의 납부 등 호텔이 갖는 환경문제에 대한 정부의 규제와 관리도 철저해질 것으로 예상된다. 1992년 이후 시도된 우리나라 관광호텔업의 '1회용품 안 쓰기 운동', '쓰레기 줄이기 운동'과 '녹색카드제도'의 실시는 호텔업측이 보여준 환경에 대한 적극적인 관심의 표현이라 할 수 있다. 환경운동을 실시하는 호텔들은 환경친화로 호텔의 이미지를 높일 수 있고 그로 인해 운영경비가 절감되는 이중, 삼중의 결과를 가져오므로 매우 고무적이라 할 수 있다.

5. 새로운 기술의 적극 도입

객실수의 증대, 체크인(check-in), 체크아웃(check-out)의 절차상 불편, 쓰레기처리문제, 각종 서비스 문제, 효율적 에너지관리 문제 등 호텔산업이 직면한 문제점을 효과적으로 처리하고, 과학적인 경영과 운영상의 불필요한 손실의 감소, 양질의 고객서비스 증대를 위해 시설의 자동화 등 새로운 첨단기술의 개발과 도입이 적극 추진되고 있다. 업무자동화를 통해 관리의 효율을 극대화시키는 동시에 종합예약시스템인 CRS(Computer Reservation System : 컴퓨터 예약시스템)를 이용하여 고객확보 및 유치를 도모하며, 노동비용을 절약하고 서비스의 질을 향상시키는 역할을 할 것이다. 그러나 휴머니즘 측면에서 인적 서비스의 요구는 다양해질 것으로 예상된다.

6. 미숙련 노동자의 감소

인력확보의 문제는 호텔산업이 직면한 가장 중요한 문제 중 하나로 등장하고 있다. 계절적 요인에 따른 호텔수요의 등락과 타 서비스업종과의 치열한 경쟁, 근무조건에서의 불리함 등에 따른 인력부족 현상을 타개하기 위한 해결책으로 호텔경영진은 가능한 업무자동화를 통해 미숙련 노동인력을 감소시키려는 경향이 농후해지고 있다. 또한 업무자동화에 따라 개개인의 업무량이 줄어들어 한 사람이 여러 가지 영역의 업무를 처리할 수 있게 될 것이며 따라서 여러 영역에 대한 폭넓은 경험과 지식이 있는 전문 인력의 양성을 위한 교육프로그램의 개발이 이루어질 것이다.

Ⅱ 호텔의 분류[3)]

1 위치에 따른 분류

1. 도심지 호텔(Center City Hotels)

도시 중심에 위치하고 있는 호텔로서 대부분의 고객은 비즈니스를 목적으로 하는 층이 많다. 따라서 교통도 편리해야 할 뿐 아니라 쇼핑 및 다양한 엔터테인먼트를 즐길 수 있는 사교장으로서 손색이 없는 곳에 위치해야 한다. 또한, 다양한 부대시설을 갖추고 있어서 비즈니스를 원활하게 할 수 있도록 배려해야 한다. 대부분의 시티호텔은 도시 중심에 위치하고 있기 때문에 주중에도 많은 사람들이 모임을 가지므로 식음료의 매출이 높으며 주중 객실률이 주말보다 많은 편이다. 그리고 교통이 편리한 도심에 위치하다 보니 단기체제를 목적으로 하는 단체 여행객들도 많은 편이다.

예 조선호텔, 롯데호텔, 플라자호텔, 신라호텔 등

3) 호텔 분류에 따른 이름은 가능한 원어를 사용하여 실상황에 쉽게 적용토록 하였다.

2. 휴양지 호텔(Resort Hotels)

도심과는 멀리 떨어진 교외에 있는 호텔로서 주로 휴가를 이용한 가족차원의 고객들이 많다. 아름다운 주변 환경과 깨끗한 공기와 소음이 없는 한적한 곳에 다양한 부대시설을 갖추고 있고, 종합적인 엔터테인먼트를 즐길 수 있는 호텔이다. 주 고객들이 가족이다 보니 근래에는 골프, 스키, 수영, 레포츠 등과 같은 다양한 프로그램으로 고객들을 유혹하고 있다. 한편 이러한 호텔은 주변 환경이 중요한 매력성과 유인성을 가지고 있지만 계절의 한계성을 가지고 있다. 여름이나 겨울 같은 휴가철에는 집중적으로 몰리는 성수기이지만, 다른 시즌에는 비수기이므로 경영의 어려움이 있다. 다양한 마케팅 전략으로 비수기를 타개할 수 있는 방안을 모색해야 하는 것이다.

예 제주 그린빌라, 제주 파라다이스, 설악 켄싱턴 호텔, 스키장 콘도 등

3. 공항호텔(Airport Hotels)

공항 주변에 위치하고 있는 호텔을 말하며 단기 체재객이 많다. 일을 마친 후 다음 장소로 신속히 출발해야 하거나 비행편의 연결편 등을 기다리는 고객층이 대부분이다. 시간과 경비의 절약을 위하여 공항 근처의 호텔을 이용하는 고객들이 점점 늘어날 것으로 전망됨에 따라 이 고객들에 대한 편리하고 다양한 서비스의 제공이 필요하다.

예 영종도 칼호텔

4. 고속도로 호텔(Freeway Hotels)

자동차를 이용하여 여행하는 자가 운전자들이 증가하면서 고속도로를 이용하는 고객들을 위하여 생겨난 호텔이다. 그러므로 운전하다가도 찾기 쉬운 길가에 위치해야 한다.

5. 카지노 호텔(Casino Hotels)

유흥과 레크리에이션 분야는 소비자들의 소비를 증가시키며 산업에서 거대한 부를 창출해 내고 있다. 유흥분야에서 가장 빠르게 성장하고 있는 게임을 호텔산업에 접목시켜 저렴하면서도 가족적인 시설과 서비스를 제공하여 더 많은 가족들의 소비를 이끌어낸 것이 카지노 호텔이다. 최근엔 단순한 게임뿐만 아니라 비즈니스센터와 여행사무국을 설치하는가 하면 나아가 국제회의를 유치시키는 등 비즈니스호텔로서의 마케팅을 하고 있다.

예 정선 카지노, 제주 신라, 제주 크라운 플라자

2 서비스의 타입 및 질과 가격에 따른 분류

1. 종합서비스 호텔(Full Service Hotels)

종합서비스 호텔은 식음료 서비스가 다양하고 호텔의 시설 및 서비스의 질이 높으며 다양한 부대시설을 가지고 있다. 또한, 벨 서비스, 룸 서비스, 세탁 서비스, 비즈니스센터 등 고객에 대한 다양한 범위의 많은 서비스를 제공하고 있다.

1) Deluxe(최고급)

가장 고급 호텔이며 제공되는 서비스 범위가 제일 다양하다. 이용하는 소비자계층은 가격대에 전혀 민감하지 않은 기업체 임원, 상용 및 관광 여행자들이다.

예 Chain hotels/Four Season, The Ritz-Carlton, Fairmont, 미/Waldorf-Astoria, Mansion on Turtle Creek, 태국/Oriental

최고급 호텔

최고급 호텔

2) Luxury(고급)

최고급 호텔보다 모든 면에서 약간 아래에 속하는 부류의 호텔로서 가격대 역시 최고급 호텔보다는 약간 아래의 수준을 유지하고 있다.

예 Marriott, Sheraton, Hyatt, Hilton, Westin, Inter-Continental, Renaissance, Meriden, Nikko, Loews

최고급 호텔

최고급 호텔

최고급 호텔

고급 워커힐 호텔

최고급 호텔

3) Upscale(중상급)

고급호텔보다 규모면이나 시설, 서비스 수준, 서비스의 제공범위, 가격대 등이 한 단계 아래인 호텔들을 의미한다.

예 Radisson, Hilton Inn, Crown Plaza

4) Midscale(중급)

식음료 서비스를 제공하는 중급호텔은 풀 서비스 호텔 중에서 그 규모면이나, 호텔 시설, 서비스 수준, 부대시설, 가격대 등이 가장 낮은 호텔이며, 제공되는 서비스의 범위도 가장 제한적인 호텔이다.

예 Holiday Inn, Courtyard, Ramada, Best Western

2. 제한서비스 호텔(Limited Service Hotels)

일반적으로 호텔이 제공할 수 있는 다양한 서비스 중에서 가급적 최소한 범위의 서비스만을 제공하는 호텔을 말한다. 이 부류의 호텔들은 아주 간단한 무료 아침식사 이외에는 식음료 서비스를 제공하지 않으며 회의/연회시설, 벨 서비스, 주차 서비스 등은 아예 없거나 아주 제한적으로 운용하고 있으며 주요 소비자 계층 또한 가격에 민감한 상용 여행자들이다.

1) Midscale(중급)

식음료 서비스를 제공하지 않는 중급호텔은 이 부류에서 가장 고급이며 가장 가격대가 높다.

예 Comfort Inn, Hampton Inn, Holiday Inn Express, La Quinta

2) Economy(중저가)

이 부류에서 중간수준의 형태로서, 가격대 역시 중간수준을 유지하고 있다.

예 Days Inn, Travelodge, Fairfield Inn, Ramada Limited

3) Budget(저가)

제한된 서비스 호텔은 질이나 가격대면에서 가장 낮은 수준의 호텔이다. 따라서, 가격대에 가장 민감한 소비자들이 즐겨 찾는 호텔이라고 할 수 있다.

예 Motel 6, Super 8, Econo Lodge

[표 3-13~14]는 호텔등급 평가에 관한 사례이며 현지에서 사용하는 원문을 게재하였다. 호텔분류 체계에서 평가의 기준을 가늠하는 데 참고가 되길 바란다.

[표 3-13] Summary of AAA Diamond-Rating Guidelines
(Courtesy of Hotel and Motel Management)

	◇	◇◇	◇◇◇	◇◇◇◇	◇◇◇◇◇
General	Simple roadside appeal Limited landscaping	Average roadside appeal Some landscaping	Very good roadside appeal Attractive landscaping	Excellent roadside appeal Professionally planned Landscaping	Outstanding roadside appeal Professional landscaping with a variety of foliage and stunning architecture
Lobby	Adequate size with registration, front desk, limited seating and budget art, if any	Medium size with registration, front desk limited seating, carpeted floors, budget art and some plans	Spacious with front desk, carpeted seating area arranged in conversation groupings, good-quality framed art, live plants, luggage carts and bellstation	Spacious or consistent with historical attributes; registration and front desk above average with solid wood or marble; ample seating area with conversation groupings and upscale appointments including tile, carpet or wood floors; impressive lighting fixtures; upscale framed art and art objects; abundant live plants; background music; separate check-in/-out; bellstation	Comfortably spacious or consistent with historical attributes; registration and front desk above average; ample seating with conversation groupings and upscale appointments; impressive lighting fixtures; variety of fine art; abundant plants and fresh floral arrangements; background music; separate check-in/-out; part of conciege area; conciege desk
Guest rooms	May not reflect current industry standards	Generally reflect current industry standards	Reflect current industry standards	Reflect current industry standards and provide upscale appearance	Reflect current standards and provide luxury appearance
Service	Basic attentive service	More attentive service	Upgraded service levels	High service levels and hospitality	Guests are pampered by flawless service executed by professional staff

[표 3-14] Hotel Rating Guide
(Adapted from The City Travel Guide-Hotel Rating System)

One Star ☆ (Economy)	Typically smaller hotels managed by the proprietor. The hotel is often two to four stories high and usually has a more personal atmosphere. It's usually located near affordable attractions, major intersections and convenient to public transportation. Furnishings and facilities are clean but basic. Most will not have a restaurant on site but are usually within walking distance to typical national chains: Econolode, Motel 6.
Two Star ☆☆ (Moderate)	Usually denotes independent and name brand hotel chains with a reputation for offering consistent quality amenities. The hotels is usually small to medium sized and conveniently located to moderately priced attractions. The facilities typically include telephones and TVs in the bedroom. Some hotels offer limited restaurant service; however, room service and bellhop service are usually not provided. Typical national chains: Days Inn, LaQuinta Inn.
Three Star ☆☆☆ (First Class)	Typically these hotels offer spacious accommodations that include well-appointed rooms and decorated lobbies. Bellhop service are usually not available. They are often located near major expressways or business areas, convenient to shopping and moderate to high-priced attractions. The hotels usually feature medium-sized restaurants that typically offer service breakfast through dinner: Room service availability may vary. Valet parking, fitness centers, and pools are often provided. Typical national chains: Holiday Inn, Hilton.
Four Star ☆☆☆☆ (Superior)	Mostly large, formal hotels with reception areas, front desk service, and bellhop service. The hotels are most often located near other hotels of the same caliber and are usually found near shopping, dining, and other major attractions. The level of service is well above average and the room are well lit and furnished. Restaurant dining is usually available and may include more than one choice. Some properties will offer continental breakfast and/or happy hour delicacies. Room service is usually available during most hours. Valet parking and/or garage service is also usually available. Conciege services, fitness centers, and one or more pools are often provided. Typical national chains: Hyatt, Marriott.
Five Star ☆☆☆☆☆ (Deluxe)	These are hotels that offer only the highest level of accommodations and services. The properties offer a high degree of personal service. Although most five-star hotels are large properties, sometimes the small independent(non-chain) property offers an elegant intimacy tthat cannot be achieved in the larger setting. The hotel locations can vary from the very exclusive locations of a suburban area to the heart of downtown. The hotel lobbies are sumptuous, the rooms complete with stylish furnishing and quality linens. The amenities often include VCRs, CD stereos, garden tubs, or Jacuzzis, in-room video library, heated pools and more. The hotels feature up to three restaurants all with exquisite menus. Room service is usually available twenty-four hours a day. Fitness centers and valet and/or garage parking are typically available. A conciege is also available to assist you. Typical national chains: Ritz Carlton, Four Seasons.

3 이용목적에 의한 분류

1. 상용호텔(Commercial Hotel)

주로 상용과 공용목적의 고객이 이용하는 호텔로서 비즈니스호텔(business hotel)이라고도 불린다.

2. 컨벤션호텔(Convention Hotel)

국제회의나 전시회 등을 유치하기 위한 대규모 호텔로서 객실뿐 아니라 대회의장, 동시통역시설 등을 갖춘 호텔이다.

3. 휴양지호텔(Resort Hotel)

관광지, 해변, 산간 등 휴양지 및 온천지에 건축된 호텔로서 관광객들이 휴양을 취할 수 있는 시설을 갖춘 호텔이다.

4. 아파트먼트 호텔(Apartment Hotel)

이것은 장기체재고객용의 호텔로서 대개 정년퇴직한 노인시장을 위한 사회복지제도의 일환으로 사용되고 있다. 레지던스호텔(Regidence hotel)이라고도 불린다.

4 숙박기간에 의한 분류

1. 단기체제형 호텔(Transient Hotel)

주로 1주일 이내의 단기체재객들이 이용하는 호텔로서 상용객이 이용하는 비즈니스호텔이 주로 이러한 형태를 띤다.

2. 장기체제형 호텔(Residential Hotel)

주택용 호텔로서 최소한 1주일 이상의 체재객들을 주요고객으로 한다.

3. 장기체제형 영구호텔(Permanent Hotel)

아파트식의 장기체재객을 전문적으로 하는 호텔이다. 최소한의 식음료 제공시설이 있으며 메이드서비스가 제공된다.

5 시설형태에 의한 분류

1. 모텔(Motel)

주로 도로가에 건설되어 자동차 여행자가 편리하게 투숙할 수 있도록 시설을 갖추고 있는 호텔이다. 처음에는 주차장과 침실을 한 단위로 시설화하였으나, 현재에는 분리되어 있는 형태가 대부분이다.

2. 보텔(Boatel)

해안가에 건립되어 보트로 여행하는 사람들이 보트를 항해 중 해변에 보트를 정박시켜 두고 투숙하는 시설이다.

3. 요텔(Yachtel)

요트여행객을 위한 숙박시설로서 해안이나 호반에 요트를 계류할 수 있도록 설비를 갖춘 호텔이다.

4. 플로텔(Floatel)

이는 여객선, 페리호, 또는 유람선 등 해상을 운항하는 배에 있는 floating hotel을 말한다. Floatel의 객실은 cabin이라고 한다.

5. 유스호스텔(Youth Hostel)

청소년의 심신단련과 보건휴양여행을 장려하기 위해 저렴한 가격으로 숙박시설을 제공하는 사회복지시설의 일종이다.

6. 올-수트 호텔(All-suite Hotel)

원룸식의 일반 객실이 아닌 침실, 거실, 주방 등 일반 아파트의 형태를 갖추고 있는 스위트룸으로만 이루어진 호텔이다.

6 경영형태에 의한 분류

1. 일반 체인호텔(Regular Chain Hotel)

이는 체인본부가 경영을 책임지고 소유권에 대한 지분을 보유하거나 주주로부터 호텔시설을 임차하여 운영하는 형태이다. 고유의 상호, 상표, 장식, 건축 양식 등을 동일하게 유지함으로써 표준화된 서비스를 고객에게 보장한다.

2. 리퍼럴 조직 호텔(Referral Organization Hotel)

호텔업자들은 상호동맹을 맺어 통합 예약시스템을 구축하는 컨소시엄을 구성하기도 한다. 이들은 서로 제휴하여 예약 · 판매망을 공동으로 운영 · 활용할 뿐 아니라, 상호 협력하여 마케팅 및 광고 · 홍보활동을 펼쳐 시너지효과를 누리기도 한다.

3. 위탁경영 호텔(Management Contract Hotel)

이것은 경영계약(management contract)에 의해서 경영전문 회사가 호텔의 총경영을 책임지는 것이다. 호텔소유주는 전문회사에게 호텔경영을 의뢰하고 계약에 따라 수익을 서로 분배하거나 일정한 대가를 지불한다.

4. 공동소유 호텔(Co-owner Chain Hotel)

호텔측이 지방자치단체나 개인투자가와의 합자에 의해 주식을 각각 50%씩 보유하면서 호텔을 건립하는 경우가 해당된다.

5. 개별경영 호텔(Independent Management Hotel)

이것은 개인의 소유로 운영되는 개별 경영형태의 호텔이다.

6. 프랜차이즈 호텔(Franchise Hotel)

호텔의 사주(Franchisee)에 의하여 건설되고 경영되며, 유지되는 호텔을 전문회사(Franchisor)가 자신들의 고유시스템과 경영의 노하우, 입지선정, 광고 및 홍보, 상표 및 로고대여, 종사원들의 교육 및 훈련방침, 마케팅과 판매전략 등 경영의 전반적인 부분과 운영적인 측면에서의 지도와 자문을 하는 방식이다. 따라서, 프랜차이즈 호텔이란 프랜차이즈 계약에 의하여 운영되는 호텔로서 가맹점이 본부에게 수수료(Loyalty)를 지급하는 호텔이다. 즉, 프랜차이즈 경영은 모회사로부터 전문화된 경영과 기술용역, 그리고 경영자문을 받으면서 운영되지만, 기업의 소유와 경영의 독립성은 유지되는 경영형태다. 장점으로는 유명호텔의 상표 및 공동예약시스템의 이용, 국제적인 경쟁력 유지, 공동광고, 선전 판촉효과, 필요 시 건설기술 및 개관 준비 서비스, 용이한 자금조달이 가능하다. 그러나 독자적인 경영권 제한, 프랜차이즈 수수료 비용 지출, 계약조건에 따른 법적 분쟁 발생의 가능성과 같은 단점이 있다. 대표적인 회사로는 홀리데이 인(Holiday Inn), 라마다 인(Ramada Inn), 메리어트(Marriott), 쉐라톤 코퍼레이션(Sheraton Corperation) 등이 있다.

7. 임대경영호텔(Lease Management Hotel)

토지 및 건물의 투자에 대한 자금조달 능력을 갖추지 못한 호텔기업이 제3자의 건물을 계약에 의해서 임대하여 호텔사업을 운영하는 경우이다. 일본의 경우 이를 테넌트(tenant) 방식이라 하며, 제3자가 소유하는 건물에 입주하여 경영 및 운영하는 형태를 말한다. 임대차계약의 기본적인 형태는 건물의 내장, 가구, 비품에 대한 투자는 경영주체인 호텔기업이 부담하고 임차료는 사전에 결정된 일정액을 소유주에게 지불하는 것이다. 장점으로는, 건물소유주는 호텔경영 경험이 없어도 투자가 가능하며, 영업실적에 관계없이 고정된 임대료를 받을 수 있다는 점으로 위험부담이 거의 없으며, 소유주는 내장, 비품 등의 투자를 하지 않아도 된다. 그러나 토지와 자본의 투자가 선행되어야 하며, 경영통제권이 없다는 것, 임대 동의서에서 제한된 수익성만이 가능하다는 단점을 가지고 있다.

8. Vacation Ownership

소비자에게 가구가 붙은 휴가를 위한 숙박시설을 모두 이용할 수 있는 기회를 주는 형태이다. 여러 형태의 콘도, 주말 또는 한 시점을 기반으로 판매되는 타임쉐어(Time share)라고도 하며 가장 빠르게 성장하는 부문이다.

7 입지에 의한 분류

1. Metropolitan Hotel

대도시에 위치하고 있으면서 대집회장과 전시장, 연회장 등을 갖춘 대형호텔이다.

2. City Hotel

도심에 있는 호텔들을 뜻하며, 여기에는 교통 및 업무편의 위주의 소규모 호텔과 컨벤션 · 연회 및 대규모행사를 담당하는 대형호텔이 있다.

3. Suburban Hotel

도시 외곽에 위치하고 있는 호텔로서 도시의 공해와 소음을 피해 교외의 풍미를 즐기려는 가족단위 관광객에게 인기가 있다.

4. Country Hotel

우리나라의 설악산과 같은 산간 관광지 부근에 세워지는 호텔로서, 고객에게 골프 · 스키 · 등산 등 레크리에이션 기능도 제공한다.

5. Airport Hotel

공항 부근에 위치하여, 비행기 운항사정으로 출발이 지연되는 항공사 고객이나 승무원에게 편리하게 제공되는 호텔이다.

6. Seaport Hotel

여객선이 입 · 출항하는 항구 근처에 위치한 호텔로서 airport hotel과 유사한 기능을 갖는다.

7. Terminal Hotel

철도역이나 공항터미널 또는 버스터미널 부근에 위치하는 호텔이다. Eurail-Pass가 운영되는 유럽 각국의 주요 도시역 앞에서 흔히 발견할 수 있다.

8. Beach Hotel

해변에 위치하여 피서객과 휴양객을 위한 숙박시설을 제공하는 호텔이다.

8 요금지불방식에 의한 분류

1. 미국식 호텔(American Plan Hotel)

투숙객의 객실요금에 식사비가 포함되는 호텔이다. 객실요금에 1일 3식이 포함되는 방식은 Full-pension이라 하고, 조식과 석식이 포함되는 방식은 Half-pension(또는 Modified American Plan)이라고 하며, 조식만이 포함되는 방식은 Continental Plan이라고 불린다.

2. 유럽식 호텔(European Plan Hotel)

이는 투숙객의 객실요금에 식사대가 포함되지 않는 방식이다. 우리나라 대부분의 호텔은 유럽식 호텔이라고 볼 수 있다.

3. 복합식 호텔(Dual-Plan Hotel)

한 호텔 내에서 미국식과 유럽식 두 가지 방식을 혼용하는 호텔로서, 고객은 개인의 선호에 따라 선택권을 부여받을 수 있다.

체크포인트(Check Point)

■ 리츠(Real Estate Investment Trust : REITs)

다수의 투자자로부터 자금을 모아 부동산에 투자하고 그 수익을 투자자에게 돌려주는 주식회사. 부동산 비중이 총 자산의 70% 이상이어야 하고, 배당 가능한 이익의 90% 이상을 의무적으로 배당한다. 오피스 빌딩에 주로 투자해 임대료 수익을 배당하는 기업구조조정 리츠, 위탁관리 리츠와 도시형 생활주택 · 오피스텔 등을 직접 개발하는 자기관리 리츠가 있다.

■ 리츠의 종류와 특징

종류	자기관리 리츠	위탁관리 리츠	기업구조조정 리츠
투자대상	일반부동산	일반부동산	기업구조조정 부동산
상근 임직원	있음	없음	없음
최저자본금	70억 원	50억 원	50억 원
주식 공모	자본금 30% 이상	자본금 30% 이상	의무사항 아님(사모(私募)가능)
증시 상장	요건충족 시 즉시	요건충족 시 즉시	의무사항 아님
자산구성(매분기 말)	부동산 70% 이상	부동산 70% 이상	기업구조조정 부동산 70% 이상
자산운용 전문인력	5인 상근 고용	자산관리회사에 위탁	자산관리회사에 위탁
배당	90% 이상 의무배당		
회사존속	영속	선택적	한시적

자료 : 국토해양부

체크포인트(Check Point)

■ 다음의 호텔들은 어떠한 특징을 가졌을까?

1. City center hotels : 화려함, 중간 규모, 사업, suites, economy 혹은 장기 체류 손님용, 장식에 있어서 최고의, 집사 서비스, 수위 그리고 특별한 수위층, 비서 서비스, 컴퓨터, 팩스, 미용실, 헬스클럽, 24시간 룸서비스, 수영장, 테니스코트, 남자 시종 서비스, 티켓 오피스, 항공 사무국, 자동차 대여, 의무 서비스 등

2. Resort hotels : 컨벤션, 사업회의, 세일즈 회의, 동기가 부여된 그룹, 스포츠 이벤트, 부가된 스포츠 레크리에이션 시설, 헬스시설, 모험 여행, 환경여행 등 다양화된 그들의 시장 혼합

3. Airport hotels : 200~600개의 객실 크기와 풀 서비스, 공항까지 갈 때와 공항으로부터 올 때 우대적인 수하물차 교통수단

4. Free way hotels and motels : 휴게실, 레스토랑, 수영장, 음료자판기, 오락실, 위성TV, 저렴한 가격

5. Full-service hotels : 비즈니스센터, 비서기관 서비스, 팩스, 컴퓨터, bar, 레스토랑, 형식적 혹은 비형식적인 식사를 포함한 복합적 식음료 판매점, 미팅, 회의 제공

6. Economy/Budget hotels : 호텔보다 30% 저렴한 가격, 로비에서 대륙풍의 아침식사를 손님에게 제공

7. Extended-stay hotels : 비즈니스센터, 식료품점과 세탁/드라이클리닝과 같은 서비스를 제공, 비형식적으로 상호작용하는 공동사회의 느낌 강조

8. Bed and breakfast inns : 업소 내 혹은 근처에서 소유자가 살고 있고, 깨끗하고 매력적인 숙박과 아침식사를 제공

Lesson 2

제5주

호텔 프로젝트

호텔개발/건축/건물 내외부 디자인부터 한 조직 생명체로의 탄생까지

I Vision과 Mission의 설정

1 비전 제시와 목표 제시/Vision and Mission Statements

비전 제시는 한 조직이 미래에 어떤 모습이 되고 싶은지를 분명히 하는 것이다. 목표 제시는 한 조직이 성립된 목적과 이유, 그리고 조직이 끊임없이 존재해 나가기 위한 목적과 이유를 분명히 하는 것이다. 목표 제시란 전략적 기술사항과 조직의 핵심역량을 전해주는 비전으로 가는 행로로 정의되기도 한다. 또한 목표 제시는 조직의 총체적인 서비스 전략을 결정하는 안내자가 된다. 이러한 결정들은 실행계획 또는 다른 단계들로 이끌고, 그러한 계획들을 완수하기 위해 자산을 투입하는 결정에까지 영향을 준다.

1. 비전과 미션/Vision and Mission Statements

대부분의 기업들이 비전과 미션의 개념을 확실하게 하기 위해 노력한다. 직원들에게 행동방향을 제시해 주는 이러한 비전과 미션은 간단할수록 좋다.

1) 비전(Vision Statement)

Vision Statement는 기업이 미래에 어떤 모습이어야 하는지, 어떠한 중요한 공헌을 하게 될지에 관한 것을 얘기해 준다. 기업들은 비전을 미래에 할 수 있는 것, 그리고 그것을 위해서 지금 당장 해야 하는 것이라 정의했고 Hamel과 Prahalad(하멜과 프라할라드)는 비전을 "산업의 예견을 추구"하는 것이라고 정의했다. 경영에 있어서 창의적인 능력과 전 조직이 초점을 맞춰야 하는 것은 비전을 명확하게 하고 그것을 달성하는 방법이다.

2) 미션(Mission Statements)

기업의 미션은 기업이 창립되고 존재하는 이유에 대해 설명해 준다. 이것은 매니저가 자원을 분배하며 기업의 마케팅 성과에 중점을 맞추고 모든 직원에게 고객을 대하는 법을 알려주도록 지침서 역할을 한다. 예를 들면 리츠칼튼 호텔은 '저희는 신사숙녀 여러분을 모시는 신사숙녀들입니다.'(We are ladies and gentlemen serving ladies and gentlemen)이라는 회사 슬로건을 가지고 있다. 모든 직원이 가지고 다닐 수 있도록 만든 작은 카드에는 이 모토와 3가지 서비스단계, 20가지의 서비스기본이 적혀 있다. 슐처 회장은 고객만족이 가장 중요한 미션이라는 개념을 강화하기 위해서 전 직원들로 하여금 이 같은 카드를 항상 지니게 한다고 말한다. Red Lobster는 비전과 미션을 열정, 꿈, 목적으로 표현한다. 이런 것들은 환대, 공정, 친절, 존중, 즐거움, 질, 원기, 균형의 8가지 원리를 바탕으로 만들어져 있다.

기업의 미션은 핵심가치까지 포함한다. 이러한 것들은 전 직원들에게 기업이 그들에게 바라는 행동지침을 규정해 준다. Southwest항공사는 1971년 고객들이 정시에 가능한 가장 저렴한 요금으로 즐겁게 원하는 목적지까지 갈 수 있도록 해야 한다는 미션을 가지고 있었으나 현재는 따뜻하고 친절하면서 긍지와 기업정신을 가지고 고객에게 가장 좋은 질의 서비스를 제공한다는 미션을 가지고 있다. 또, 전 직원들에게 배우고 성장할 수 있는 기회를 주어야 하고 이러한 창조성과 혁신이 기업의 효율성을 증대시킨다는 미션과 전 직원 역시 고객이 받는 것과 같은 관심과 존중과 친절을 받아야 한다는 미션을 가지고 있다.

[표 3-15]에 제시된 힐튼호텔의 미션 설정은 매우 간결하고 정확하여 참고할 만하다. 사람(people)을 가장 중요한 자산으로 명시하고, 상품(product)이 프로그램 서비스; 시설 등으로 고객만족을 위해 디자인되고 운영되어져야 함을 명시한다. 그리고 마지막으로 이윤(profit)을 분명히 밝힘으로써 성공의 궁극적 척도가 이윤이며 이것이 조직을 살아 있게 하고 성장케 하는 원동력임을 명확히 하고 있다.

자칫 위 두 요소 즉 사람(people)과 상품(product)이 방향 없이 치우칠 수도 있는 면을 profit이라는 냉정한 선을 그어줌으로써 기업의 미션이 한층 더 빛을 발하게 하고 있다.

[표 3-15] Hilton's Corporate Mission(Courtesy of Hilton Hotels Corporation, Beverly Hills, California)

To be recognized as the world's best first-class hotel organization, to constantly strive to improve, allowing us to prosper as a business for the benefit of our guests, our employees, and our shareholders.

Fundamental to the success of our mission are the following.

PEOPLE:

Our most important asset. Involvement, teamwork, and commitment are the values that govern our work.

PRODUCT:

Our programs, services, and facilities. They must be designed and operated to consistently provide superior quality that satisfies the needs and desires of our guests.

PROFIT:

The ultimate measure of our success-the gauge for how well and how efficiently we serve our guests. Profits are required for us to survive and grow.

With this mission come certain guiding principles:

QUALITY COMES FIRST:

The quality of our product and service must create guest satisfaction, that's our number one priority.

VALUE:

Our guests deserve quality products at a fair price. That is how to build business.

CONTINUOUS IMPROVEMENT:

Never stand on past accomplishments, but always striving-through innovation-to improve our product and service, to increase our efficiency and profitability.

TEAMWORK:

At Hilton, we are a family, working together, to get things done.

INTEGRITY

We will never compromise our code of conduct-we will be socially responsible-we are committed to Hilton's high standards of fairness and integrity.

Ⅱ 프로젝트 조직의 이해

1 프로젝트 조직

프로젝트 조직은 특별하고 일시적인 조직상의 기능과 단위부서 등으로 설립되어야 한다. The project organization은 여러 사람들의 관계나 협력에서 각 사항을 이행하는 데 정확하게 규정 짓고 확실하게 책임질 수 있게 결정 내리는 것을 요구한다.

2 프로젝트팀

프로젝트팀의 이상적인 구성원을 요약하면 다음과 같다.

① 호텔지배인
② 시장재정분석가
③ 건축기술자
④ 토지계획전문가
⑤ 법률자문위원
⑥ 경영자문위원

이들은 정규직원 혹은 비정규직원이 될 수도 있다.

3 개발사업 조사항목 및 분석기법

지역개발을 추진하고자 할 때의 조사항목 및 분석기법의 내용은 일반적으로 다음과 같다.

① 지역특성분석
② 교통특성분석
③ 상권분석
④ 부지조건분석

⑤ 장래상분석
⑥ 사업의지분석
⑦ 계획지침분석
⑧ 사업환경분석
⑨ 사업수지분석

Ⅲ 호텔에 대한 개발사례 및 추세

[표 3-16] 특급관광호텔과 비교를 통한 비즈니스호텔에 대한 이해

구분		특급관광호텔	중저가 비즈니스호텔
호텔등급		특1급 혹은 특2급 관광호텔 (무궁화 5개)	특2급 혹은 1급 관광호텔 (무궁화 4~5개)
사례		롯데, 하얏트, 신라, 조선, 메리어트, 리츠칼튼, 인터컨티넨탈, 노보텔, 르네상스 등	이비스, 베스트웨스턴 등
운영 성격		Full-Serviced	Limited-Serviced
시설 구성	구성비(%)	객실(50~60) : 부대시설(40~50)	객실(75~80) : 부대시설(25~30)
	객실크기 (전용면적기준)	약 8~12평	약 6~8평
	부대시설	식음시설, 연회장, 휘트니스센터, 비즈니스센터 등	1 레스토랑, 1바, 체련장, 비즈니스 코너 등
조성원가		약 2억~/실	약 1억~1억 3천만 원/실
종업원수		약 1명/실	약 0.3명/실
손익구조	평균 객실료	약 150,000~240,000원	약 90,000~ 100,000원
	GOP(%)	총영업매출액의 약 25~40%	총영업매출액의 약 45~55%
	EBITDA (%)	총영업매출액의 약 15~30%	총영업매출액의 약 35~45%

1 호텔 개발사례

1. 부동산 펀드를 이용한 개발사례

- 설정금액 : 580억 원
- 설정일 : 2××5년 8월
- 계약 기간 : 4년
- 실물 부동산을 매입한 후 임대사업을 통해서 임대료수입으로 운용하는 투자신탁으로서 실물 부동산의 확보 및 임대수익 보장 등에 따른 부동산 투자의 안정성을 추구하고 계약 만료 시에는 매매차익을 통하여 자본 이득을 추구함
- 객실 280실, 레스토랑, 바, 남녀사우나, 헬스, 비즈니스 코너
- 지하 2층 지상 18층 중 1층 일부, 10~18층 및 해당 공용부분
- 연면적 약 4,474평(전체 건물의 약 44%)
- 목표 임대수익률: 연 7.2% 수준 목표에 미달 시에는 시행사와 시공사가 보전 약정이 있음

[그림 3-3] 판매 및 운용 구조

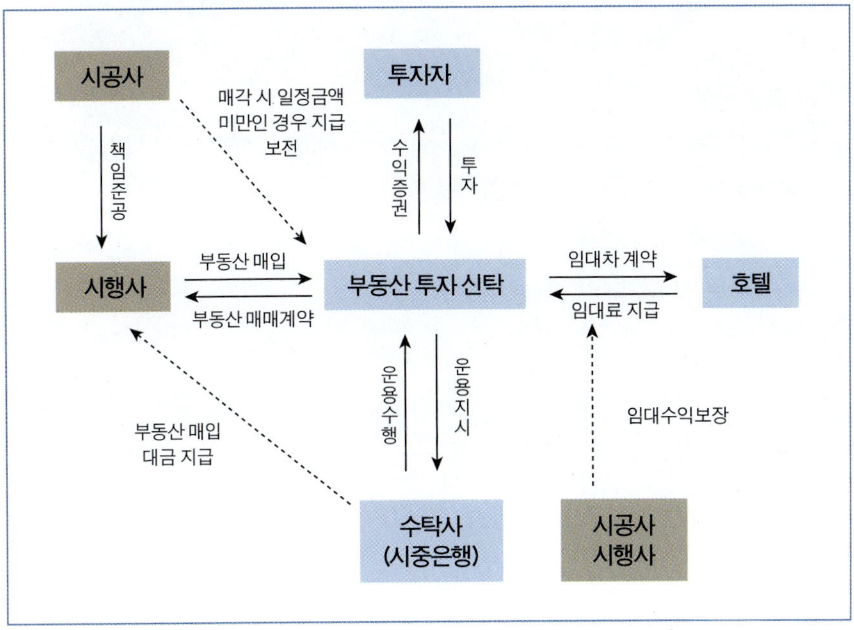

- 상 장: 투자신탁의 수익증권을 발행일로부터 90일 이내에 한국증권선물거래소에 상장
- 과 세: 투자신탁재산에 대해서는 과세가 없으며 수익자에 대한 과세는 개인의 경우 15.4%(주민세 포함), 영리법인의 경우 14%가 과세됨
- 투자원금 보장: 매각 시 원금에 미달할 경우 일정금액 한도 내에서 시공사가 원금 보전 약정을 하여 투자자 보호장치를 했음

2. Project Financing을 이용한 개발사례

1) 개요

- 자기자본과 Project Financing으로 개발 자금을 조성하여 개발된 사례로서 자기자본에 관광자금 및 일반 시설자금으로 건설되는 일반 호텔의 개발 사례와는 다른 형태임
- 본 호텔은 건물의 일부를 호텔로 리모델링하는 것이며 상업시설 건물을 리모델링 및 2개층 증축하여 호텔로 개조함
- 건설회사의 책임준공 및 기존 건물을 담보로 금융사의 Project Financing으로 개발 후 완공시점에서 호텔을 담보로 Refinancing함

2) 호텔 구성

- 객실 240실, 뷔페 레스토랑, 라운지, 남녀 사우나, 헬스, 비즈니스 코너
- 연회장 5개소 1,100석 , 결혼식장 2개소 300석
- 지하 7층 지상 13층
- 연면적 약 12,025평

[표 3-17] 개발절차와 금융구조

개발절차	금융구조	비고
호텔 프로젝트 매니지먼트사 선정	건물 담보로 인수대금 일부를 대출로 충당	0
↓ 리모델링 설계자 선정		+1월
↓ 호텔 위탁 운영사 선정		+2월
↓ 건축 허가		+3월
↓ 건설회사와 시공계약 체결	건설회사의 책임준공 및 건물담보로 금융사의 Project Financing	+8월
↓ 호텔준공		+10월
↓ 개관	완공된 호텔을 담보로 금융사의 Refinancing (건물가치 증대로 PF를 일반대출로 전환)	+18월
		+19월

2 비즈니스호텔 개발 추세

- 리조트호텔은 계절적인 성수기 · 비성수기가 극심하여 적정한 투자수익을 주는 사례가 거의 없고, 반면에 수도권에 위치한 도심 비즈니스호텔의 경우 상대적으로 양호한 영업환경임
- 비즈니스호텔의 투자 효율성을 제고하기 위해서는 대지비 부담을 경감시켜야 하는데 이는 호텔을 포함한 복합건축물의 개발을 통하여 건축물 내 상가나 주거상품의 분양을 통해서 이루어질 수 있음
- 일반적으로 상권 형성이 가능한 지하 1~ 지상 2층은 판매시설 그 이상 상부층은 호텔로 구성하며, 입지에 따라서는 업무시설이나 주거시설과 호텔을 같은 건물 또는 단지에 복합하여 개발함. 일본의 경우 도심의 호텔에 일반적인 형태로 상가와 결합된 '호상호텔'이 개발되고 있고 미국 캐나다에서는 호텔과 주거를 한 건물에 구성하여 호텔의 서비스를 주거시설의 입주민에게 제공하는 형태의 유명 브랜드 호텔과 고급 주거시설의 결합된 개발사례가 매우 많음
- 현행 법규하에서는 예외적인 경우에만 주택과 결합된 숙박시설(일반호텔

및 관광호텔)의 건축이 허용됨. 예를 들면 도시환경정비사업, 특별건축구역, 경제자유구역, 혁신도시개발예정지구, 관광특구 기업도시개발구역, 재정비촉진지구, 연기 · 공주지역 행정중심복합도시에 50층 이상 고층 개발에는 주거와 숙박시설이 결합된 복합건축물을 허용하고 있음

- 상가와 결합된 관광호텔은 다른 용도와 별도구획되어서 개발되지 않는 한 행정기관의 '관광사업' 승인을 받기가 현실적으로 상당히 어렵고 그 사례가 많지 않음. 따라서 일부 상가와의 복합건물에 들어가는 호텔이 관광호텔이 아니고 일부 공중위생법을 적용받는 일반호텔로 개발되는 사례가 있으며 이는 관광호텔로 개발함으로써 개발과 운영에서 제공되는 관광진흥자금 지원, 인허가의 상대적 완화 및 영세율 적용, 전기요금의 경감 등 혜택에서 제외되어 결과적으로 수익성을 떨어뜨리는 요인이 되고 있음
- 미국 호주 및 유럽 여러 도시의 무수한 사례인 '호상호텔, 주거 또는 업무시설과 호텔이 결합된 복합건축물'에 대한 규제 완화가 예상되고 있음. 따라서 '호상호텔 및 복합건축물의 결합상품'의 개발 콘셉트를 도입해야 적절한 수익이 기대되는 호텔 개발이 가능할 것임

Punta Caracol

체크포인트(Check Point)

'L' Hotel 건설투자비(사례)

구분	면적	딘기	금액	구성비
토지	20,000	300,000	6,000,000,000	6.5
설계비			2,500,000,000	3.5
토목공사비	15,174	178,000	2,700,000,000	3.8
토공사			1,500,000,000	
부대시설 포장			500,000,000	
테니스코트			100,000,000	
배수시설			300,000,000	
기타			300,000,000	
건축공사비	15,174	1,733,288	26,300,000,000	37.3
골조			6,100,000,000	
Room			8,000,000,000	
Public space			12,000,000,000	
기타			200,000,000	
설비공사비	15,174	560,200	8,500,000,000	12.0
전기공사비	15,174	494,300	7,500,000,000	10.6
실내장식비	15,174	263,600	4,000,000,000	5.7
조경비	12,198	145,000	3,000,000,000	4.3
집기비품			3,500,000,000	5.0
원자재구입			1,000,000,000	1.4
개업비			1,000,000,000	1.4
합계			66,000,000,000	93.5
지급이자			4,563,000,000	6.5
총계			70,563,000,000	100.0

[그림 3-4] 업무흐름도(Feasibility Flow Chart)

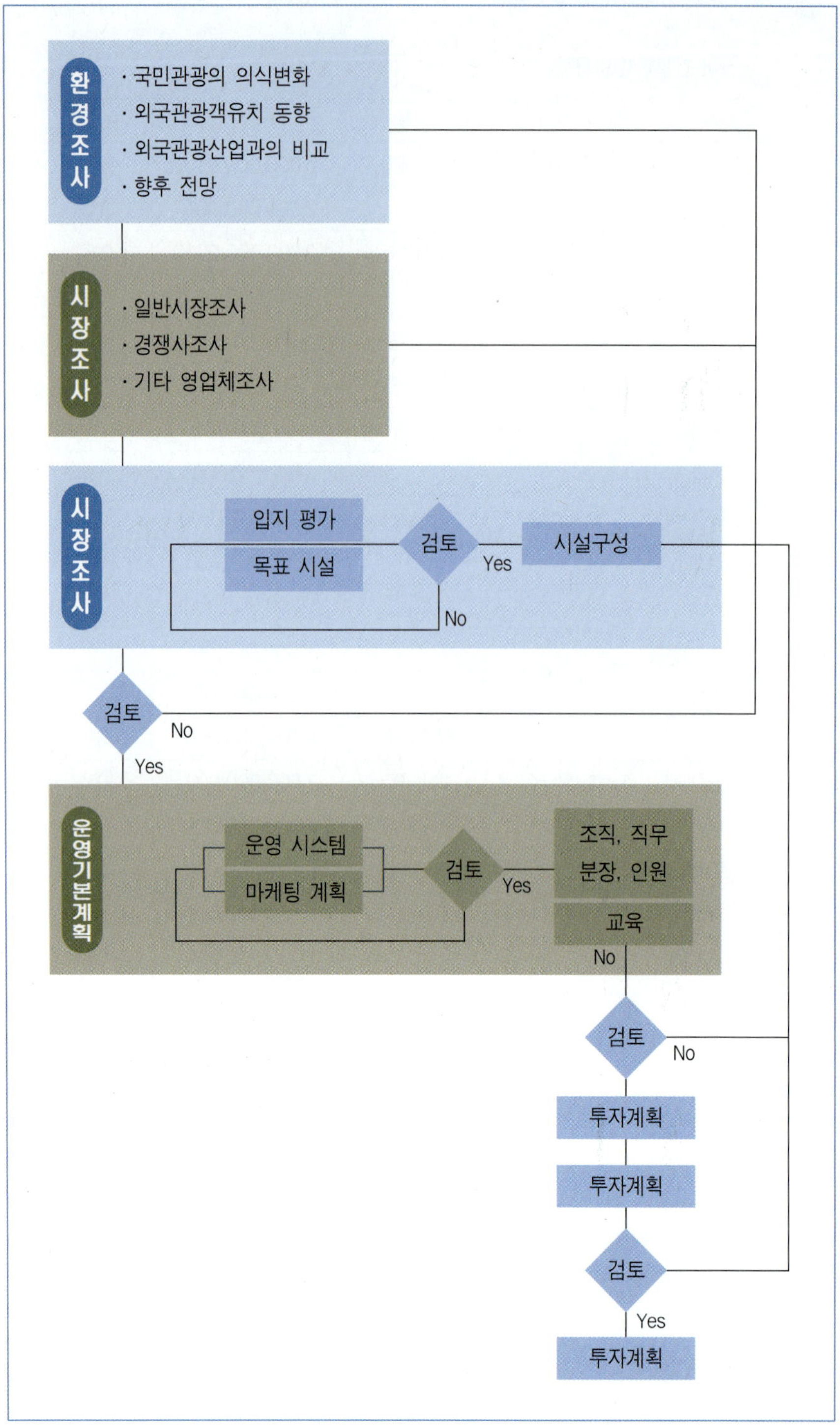

Ⅳ 호텔의 서비스 환경 : 콘셉트 설정

1 왜 서비스 환경이 중요한가?

이제 어떠한 서비스 환경과 어떠한 콘셉트의 호텔을 만들 것인가 설계해 보자.

호텔 매니저들은 환경요소에 몇 가지 중요한 이유로 집중해야 한다. 그것은 고객의 기대 · 분위기를 결정하고, 직원들에게 영향을 준다. 테마 레스토랑이나 놀이공원과 같은 곳에서는 서비스 환경이 고객 경험에 있어서 매우 중요하기 때문에 그 자체로도 서비스라고 볼 수 있다. 그리고 환경은 다음의 몇 가지 기능적인 목적을 채워주게 되는데 각각의 요소들을 명확히 분석하여 디자인해야 할 것이다.

1. 기대(Expectations)

환경은 고객 기대에 영향을 준다. 이것은 직접서비스를 접하기도 전에 고객이 그곳을 평가하게 만들기도 한다. 즉 어떤 식당의 외관이 지저분하다면 고객은 그 식당에 부정적인 기대를 갖거나 아예 들어가지 않을 수도 있을 것이며 그 식당의 부엌이나 음식도 그러할 것이라고 고객들은 생각할 것이다.

2. 고객의 기분상태(Guest Mood)

환경은 고객의 경험이 시작된 후의 분위기(mood)에 영향을 미친다. 분위기(mood)를 설정하기 위해 세계의 디즈니는 공원을 깨끗하게 하고 잔디를 다듬고 항상 꽃이 피어 있도록 만드는 데 엄청난 돈을 쓴다. 디즈니는 사람들이 '깨끗하고 정돈되어 있는 것'은 '안전과 고품질'을 연상한다는 것을 알고 있는 것이다.

3. 종사원의 만족(Employee Satisfaction)

서비스 세팅의 세 번째 요소는 서비스를 전달하는 구성원, 즉 직원들에게 끼치는 영향이다. 누구도 위험하거나 더러운 환경에서 일하고 싶어하지 않는다. 비록 기본적인 환경이 고객의 경험을 강화하는 방향으로 디자인되지만 또한 가능한 한 직원의 경험을 지지하고 지원해야 한다. 직원들은 서비스 세팅에서 고객보다 더 많은 시간을 보내며 잘 디자인된 환경은 직원들의 만족을 촉진시킬 수 있고 이것은 높은 고객 만족으로 이어진다.

4. 서비스의 한 요소로써의 장소 설정(Setting as a Part of Service)

고객 경험을 위해 세팅은 서비스 자체의 한 부분으로 고려되어야 한다. 서비스 세팅은 고객이 무엇을 위해 돈을 지불하며 무엇을 고객 경험으로 찾고 있는지를 반영하는 것이 주요 부분이다. 어느 누구도 고급 레스토랑에 가서 플라스틱 의자에 앉는 것을 원하지 않으며, 들어온 지 수분 내에 테이블을 치우려고 하는 청바지와 티셔츠 차림의 웨이터에 의해 허술한 식사를 먹고 싶어하지 않는다. 그러한 환경은 설사 음식이 맛있거나 질이 좋거나 좋은 접시에 나왔을지라도 고객은 만족한 경험을 할 수 없는 것이다. 고객은 맛있는 음식뿐만 아니라 테이블 세팅, 다른 고객의 숫자와 그들의 태도, 그리고 장소 세팅 등을 경험하기 원하는 것이다.

5. 기능적 가치(The Functional Value of the Setting)

마지막으로 환경은 실질적, 기능적 이유로서 중요하다. 고객은 쉽고 안전하게 들어가서 경험하고, 어떤 것도 분실하거나, 다치거나, 당황스러운 상황에 부딪히지 않고 나올 수 있어야 한다. 특히 현대사회에서 안전의 요소는 중요하다. 밝고 트인 공간, 웃고 있는 직원들이 고객들과 눈맞춤을 하고, 깨끗하다면 고객은 안정감을 느낄 것이다. 은행은 경비원을 고용해서 고객들이 은행에 들어오거나 나갈 때 안전감을 느끼도록 하고, 호텔은 고객을 바라보고, 눈을 맞추고, 얘기함으로써 그들의 존재를 강조하기 위해 직원을 교육시킨다. 고객이 안전에 불안해 한다면 휴식을 취하지 못하기 때문에, 매니저들은 안전과 안전한 환경을 제공해야만 한다.

2 서비스 환경 세팅과 고객 반응

어떻게 환경적 영향이 고객에게 작용하여 서비스 세팅의 요소가 고객 반응을 결정짓는지 알아보자

1. 대기조건(Ambient Conditions)

환경적 조건은 온도, 습도, 공기, 냄새, 소리, 물리적 편안함, 빛과 같은 환경적 요소로써 고객 경험에 작용하는 자연환경이다. 어둡고 습도가 높고 간간이 들리는 소음과 차가운 공기를 가진 조용한 터널 같은 곳이 고객에게 미치는 영향과 밝고 상쾌하고 음악이 가득찬 쇼핑몰의 영향은 다르다. 첫 번째 세팅은 기분 나쁘고 무

서움을 느끼고, 두 번째는 따뜻하고 긍정적이다.

Service Environment

Service Environment

Service Environment

Service Environment

Service Environment

Service Environment

2. 공간(Space)

두 번째 환경 요소는 공간의 활용이다. 공간의 관계나 비품의 배치, 크기나 형태 등이 고객의 접근성에 영향을 미친다. 회사의 공간 활용 또한 고객 경험의 본질에 영향을 미친다. 공간의 활용에 따라 고객들이 느끼는 바는 다른 것이다. 고객의 만족을 위한 서비스 환경이 공간활용 설계에 기본적인 사항인 것이다. 한 공간에 너무 많은 시설을 설치하면 고객들에게 호감을 사기 힘들기 때문에 공간을 현명하게 사용하는 것이 중요하다. 이익을 위한 공간을 터무니없이 넓히는 회사는 사무실 등의 공간이 좁아지기 때문에 제대로 된 서비스를 제공하기가 어려워진다.

Lounge as an art

Light as an Art

An art

A setting

Loby and people

3. 기능적 조합(Functional Congruence)

기능적 조합이란 기능적 목적을 가지고 있는 설비가 환경에 적절히 적용되어 그 목적을 충족시키게 하는 것이다. 시설의 기능, 자연 풍경의 배치, 그리고 서비스 환경의 모든 것은 고객이 요구하는 환경과 일치해야 한다. 고객이 그 경험에 대한 최대의 향락을 위해 육체적으로나 환경적으로 필요한 것을 공급하기 위해서 환경 요소의 기능적 조합은 잘 계획된 서비스 환경에 크게 기여를 한다.

Elevator as an Art

Functicnal Elevator

4. 사인과 기호(Signs and Symbols)

환경의 네 번째 구성요소는 정보를 고객들에게 전달할 수 있는 표시, 기호, 그리고 인공품이다. 기호는 회사에서 생각하기에 고객들이 필요하거나 찾아야 하는 것을 표시하는 것이다. 기호는 이해하기 쉬워야 하며, 뜻이 분명하고, 잘 보이는 곳에 있어야 한다. 국제적인 관광객을 위해 기호나 표지에 영어를 조그맣게 쓰는 것보다는, 국제적으로 통하는 기호를 삽입해서 편리함을 제공하는 것이 중요하다.

Sign as an art

A working Amenrty

A working Art

5. 다른 사람들(Other People)

환경의 마지막 요소는 종업원, 다른 고객들 등, 그 속에 있는 다른 사람들이다. 고객들은 다른 고객들을 보길 원한다. 만약 한 장소에 고객 한 명만 있다면 그 고객은 이상하다고 느끼며, '여기 있으면 안되나?'라고 생각하게 될 것이다. 만약 종업원들이 민소매 셔츠나 짧은 반바지 등 허름한 옷을 입고 고객들을 시중들면, 고객들은 그다지 만족스러워하지 않을 것이다. 이렇듯 같은 공간에 있는 다른 사람들도 서비스 요소로 작용하는 것이다.

3 서비스상 또는 콘셉트/The Servicescape

고객이 각각의 환경요소들을 다 인지하지는 못하지만 그들은 이 환경요소들을 종합해서 하나의 통일된 인상을 받게 된다. 이것을 인지하는 서비스 환경(Perceived Service Environment)이라고 정의할 수 있는데 Bitner는 이 전반적인 인식을 Servicescape라고 했다. Servicescape는 고객 개개인의 다른 환경요소 인지에 따라 다르게 나타나는데 고객의 기분, 개성, 바람 그리고 인구통계학의 특성(mood, personality, expectation and demographic characteristics)에 의해서 반응하는 servicescape는 다르다. 같은 조건의 환경에서도 고객들이 서로 다른 반응을 하는 것뿐만 아니라 같은 고객이라도 매일매일 시간마다 느끼는 servicescape는 다르다. 그날의 고객 개개인의 기분, 목적, 개성 등에 따라 고객의 경험이 다르기 때문이다. 또 그 사람의 문화와 신앙 또는 servicescape의 반응이 미묘한 차이를 만들어낸다.

A setting

4 서비스상 또는 콘셉트에 대한 고객의 반응

고객은 서비스 환경에 대해 생태학적 반응, 인식적 반응, 감정적 반응의 세 가지 방법으로 반응할 수 있다.

1. 생태학적 반응(Physiological Responses)

1) The senses

· 고객이 오감으로 느끼는 주위 분위기(온도, 습도, 공기의 청정, 향기, 소리, 빛)

2) 정보형성과정(Information Processing)

양 많고 어려운 정보나 선택사항은 고객을 혼란스럽거나 불안하게 만드는 경향이 있다. 그래서 이삿짐센터의 xxx-2424(이사이사), 택배회사의 xxx-8282(빨리빨리)와 같이 쉽게 기억할 수 있는 방법을 고안하거나 과정을 단순화하는 것이 중요하다.

3) 단순 · 다양한 환경(Rich and Lean Environment)

고객이 친근하지 않은 환경이나 너무나 많은 정보과정을 접하면서 무언가 결정을 내려야 할 때는 환경이 단순(lean)해야 하고, 친근한 환경이나 좁은 범위 안에서 결정을 해야 할 때에는 다양한(rich) 환경이 필요하다.

2. 인식적 반응(Cognitive Responses)

1) 기대와 서비스상(Expectations and the Servicescape)

사람들은 새로운 환경에서 과거에 경험했고 봤던 것들과 비슷한 점을 찾는 경향이 있다. 이러한 과거의 경험은 기대(Expectation)에 영향을 준다. 그래서 고객들이 친근하게 느끼고 어떤 서비스를 제공하는지 인지하고 있는 체인이나 브랜드 레스토랑이 좀더 우위를 차지할 수 있는 것이다.

2) 무언의 대화(Nonverbal Communication)

만약 고객이 레스토랑의 하얀 테이블보(Table Cloth)를 본다면 그들은 그 레스토랑의 종류와 가격 등을 유추할 수 있을 것이다. 서비스 환경의 배치와 구성 내용은 고객으로 하여금 어떤 기대를 해야 하는지 스스로 인식하게 할 것이다.

A something to do

3. 감정적 반응(Emotional Responses)

마지막으로, 고객은 Servicescape에 감정적으로 반응할 것이다. 감정적 반응은 기업에 대한 두 가지 본능적 요소를 갖고 있다. 첫 번째는 환기의 정도이고, 두 번째는 만족/불만족의 정도이다. 기업이 추구하는 감정적 반응은 고객의 정서적 관심을 얻는 만족감과 환기를 갖는 것이다. 사람들은 즐거운 환경에서 시간을 보내고 돈을 쓰기 바라고, 되도록이면 불쾌한 상황들을 피하고 싶어한다. 아침에 경쾌한 음악으로 고객의 기분을 높이는 것 같은 긍정적이고 밝은 환경을 창조할 필요가 있다.

생태학적, 인지적, 감정적 이 세 가지 반응 요인은 고객이 접근하거나 피하거나 둘 중 하나를 선택하도록 한다. 고객은 서비스 환경이 긍정적이었는지 부정적이었는지에 대한 경험을 결정할 수 있다. 고객이 받은 긍정적인 서비스환경 인식(servicescape)은 고객을 더 오래 머물고 다시 오게도 하지만 부정적인 서비스환경인식은 고객을 멀리 떠나보낸다. 서비스 기업은 수입을 창출하는 장기 체류와 재방문을 조장하는 환경을 만들기 위해서 더 열심히 연구해야만 한다. 이것은 곧 수익과 연결되기 때문이다.

Entertainment

인내하라

하는 일의 보수가 많고 적은 것을 너무 가리지 말아라. 비록 현재 보수가 적고 대우는 약하더라도 그 일을 통해 출세의 문이 열리는 경우가 많다. 그러므로 보수의 많고 적음이 곧 출세를 좌우하는 것이 아니다. 수입이 많은 확고한 자리에 오른다는 것도 하나의 성공이긴 하지만, 하루아침에 그런 자리가 오지는 않는다. 처음에 박한 대우를 참고 견디는 동안 한 달 두 달 그 자리에 가까이 가게 되는 것이다.

– 러셀 –

Part 4

호텔 외 · 내부 경영환경의 이해

꽃이 화려하게 핀 정원은 아무리 파도 황금의 광맥이 나오지 않는다. 거친 광야에서는 가끔 노다지가 발견되기도 한다. 마찬가지로 인생도 그 외형만으로는 판단하기 어렵다.

– 존슨 –

Chapter 4

호텔 외부경영환경

Lesson 1. 호텔조직과 그 환경(Hotel Organization and Business Environment)

Lesson 2. 한국 호텔산업의 역사와 경영환경(Hotel Industry and Environment)

An Environmental Setting

희망은 영원한 기쁨이며 사람이 소유하고 있는 토지 같은 것이며 그것은 해마다 수익이 올라가고 결코 버리는 일이 없는 확실한 재산이다.

- 스티븐슨 -

Lesson 1

제6주

호텔조직과 그 환경

Hotel Organization and Business Environment

I 호텔조직과 그 환경

호텔환경은 가변적이며 복합적인 특성을 지니고, 조직의 목표를 성취시키기 위해 외부로부터 조직을 보호하려는 환경적 편협성을 보인다. 이런 환경은 그 조직과 밀접한 관계를 가지고 있는데, 이것은 두 가지 측면에서 나누어볼 수 있다. 첫 번째로 호텔조직과 객관적으로 표현되는 환경과의 관계인데 이는 또 두 가지 입장으로 의견을 나눌 수 있다. 우선, 조직이 환경의 자극에 의해 반응되어진다는 입장이다. 이는 그 사회가 오픈된 시스템일수록 조직에 더 많은 반응을 일으킨다고 보고 있다. 두 번째는 조직이 환경의 반응에 자극적인 요소를 제공한다는 것이다.

두 번째는 개인적으로 평가된 환경이다. 이것은 또한 세 가지 의견으로 나뉘는데 그 첫 번째는 조직 안의 경영인의 위치에 따라 환경에 대해 가지는 인식이 개인마다 다르다는 것이다. 두 번째는 시대의 흐름에 따라 사회적, 문화적, 정치적 환경의 변화가 다르므로 그 시대의 유행에 따라 각기 다른 영향을 미친다는 것이다. 세 번째는 조직이 평가하는 환경과 실제적인 현실이 서로 관계되어 있다는 것이다.

그러므로 환경적 요인을 잘 파악하고 그것을 조직에서 원하는 목적에 잘 부합시키는 작업이 필요하다. 만약 환경적 요인을 잘 파악하지 못한다면 조직은 그들이 원하는 목적을 이룰 수 없을 뿐만 아니라 조직 자체에도 악영향을 미치게 될 것이다. 이렇게 볼 때, 환경적 요인을 잘 파악하고 그것을 조직이 원하는 요인으로 이끌어 낼 수 있는 관리자, 즉 경영인이 꼭 필요하다.

환경이란 일반적으로 조직의 밖에 존재하는 모든 것, 즉 조직의 외부적인 조건을 총칭하는 말이다. 이것은 그 조직과 뗄 수 없는 관계를 가지고 있다. 환경은 유동적이며 이런 환경의 변화는 조직에 영향을 미치게 된다. 그 반대로 조직이 환경의 변화에 자극을 주는 요인을 제공할 수도 있다. 이렇게 조직과 환경은 서로에게 영향을 주고 있으며 호텔조직의 경우 역시 예외는 아니다. 특히 세계가 점점 더 글로벌화되고, 사이버 공간의 발달로 그 발전 정도가 급속하게 변화함에 따라 호텔조직은 급변하는 사회에서 환경의 변화에 아주 민감하게 반응하고 있다([그림 4-1~3] 참조).

호텔조직에 영향을 미치는 환경의 예를 살펴보면 다음과 같다.

첫 번째로 인터넷의 발달을 들 수 있다. 인터넷의 발달은 전 세계를 하나의 사회로 묶는 효과를 낳았으며 인터넷 사용자의 급속한 증가는 호텔조직에게 인터넷 이용의 중요함을 일깨워주었다. 실제로 항공사와 호텔 등의 예약이 인터넷을 통해 가능해졌으며 인터넷 배너를 통해 사이버상에서도 호텔조직은 광고효과를 보고 있다.

두 번째는 사회적 환경의 변화이다. 사회적 환경의 변화는 연령층의 변화나 그 지역 인구의 경제적 환경 등을 들 수 있다. 이런 연령층이나 경제적 위치는 지역의 호텔산업에 크게 영향을 미치는 것이 아닐 수 없다. 그 예로 노인층을 대상으로 한 실버산업을 들 수 있다. 의학의 발달로 인간의 수명이 증가함에 따라 전 세계적으로 노인층은 계속 늘어나고 있으며 노인층의 상품에 대한 수요 또한 크게 늘어나고 있다.

문화적 환경의 변화도 들 수 있는데, 그 예로 올림픽의 개최를 말할 수 있다. 한 도시에서 올림픽을 개최하면 올림픽의 관람을 위한 관광 인구의 폭발적 증가로 숙박시설이나 외식산업 등이 크게 호황을 누리게 된다.

이렇게 환경이 호텔조직에 영향을 미치는 경우도 있지만 그 반대로 조직이 환경의 변화에 그 요인을 제공하는 경우도 있다. 이 경우는 조직이 새로운 상품을 개발하거나 소비자들이 이전까지 경험하지 못했던 체험을 하게 하여 일반적인 생활에 영향을 미치는 것을 말한다.

그 예로 맥도날드의 외식산업 성공을 들 수 있다. 맥도날드의 성공은 이전까지 생소하던 패스트푸드라는 개념을 일반화시켰고, 유사한 패스트푸드점들이 크게 늘어나는 데 많은 영향을 미쳤다. 또 한 예로 라스베이거스나 태백시의 카지노 단지 조성을 들 수 있다. 라스베이거스는 처음 거의 불모지나 다름없던 사막을 카지노 도시로 탈바꿈시켜 세계적인 관광지로 명성을 떨치고 있다. 우리나라에서도 대표적인 것이 태백시의 폐광촌을 카지노사업을 포함한 가족관광휴양단지로 탈바꿈시킨 것이다.

[그림 4-1] 일반적 환경

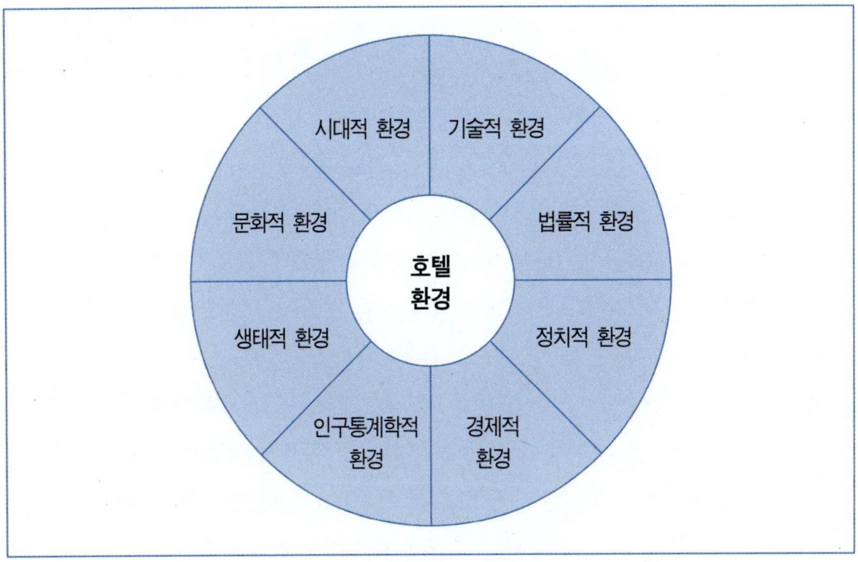

[그림 4-2] 부과적 환경

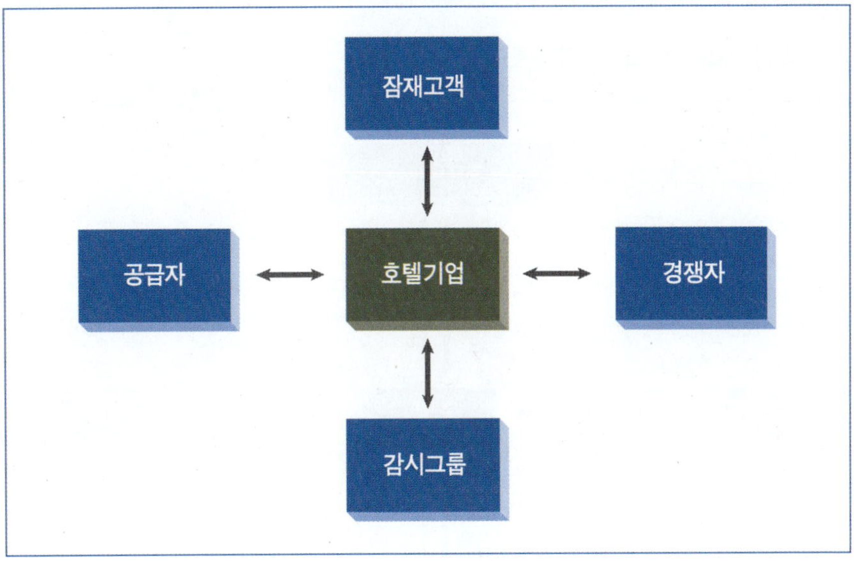

그러나 두 가지 입장을 다 보았을 때, 환경이 조직에 영향을 미치는 경우와 조직이 환경의 변화를 일으키는 요인을 제공하는 경우를 나누는 기준이 확실하게 정해지지 않는다는 것을 알 수 있다. 조직이 환경에 영향을 미치는 요인을 제공한다 해도 그 요인 역시 환경의 영향을 받은 것이기에 그 기준을 나눈다는 것은 모호하다.

예를 들어 태백시의 카지노 산업은 카지노 단지로 인해 환경적 영향을 미치지만 카지노 산업 역시 폐광촌과 인구 감소라는 환경적 요인이 조직에 작용한 경우이다.

그런데 중요한 것은 환경의 변화에 영향을 미치는 조직의 요인도 환경의 영향을 받는다는 것이다. 부산국제영화제가 그 대표적인 예이다. 국제영화제라는 조직은 주위의 호텔조직에 크게 영향을 미친다. 외국의 배우들과 감독들, 기자들, 그리고 국내외 관광객들이 묵을 숙박시설과 외식산업은 영화제라는 조직으로 인해 많은 영향을 미친다. 하지만 영화제 자체도 극장가의 밀집이나 주위 환경의 영향을 받지 않았다고 할 수 없다.

조직이 환경에 영향을 미치는 요인을 제공한 경우, 조직은 환경의 변화를 잘 관찰하고 빠르게 그것을 자신들의 목적에 부합되게 활용하는 것이 필요하다. 물론 조직이 환경에 영향을 미치는 자극 요소를 제공하여 성공한다면 조직은 더 많은 이점을 얻을 수 있다. 이를 위해서는 그전에 빠르게 변화하는 환경을 어떻게 잘 파악하고 분석하느냐 하는 문제가 남아 있다. 조직은 그들이 환경에 주는 요인을 만들기 전에 환경의 변화를 잘 관찰하는 것이 필요할 것이다.

[그림 4-3] 부과적 환경과 호텔의 관계

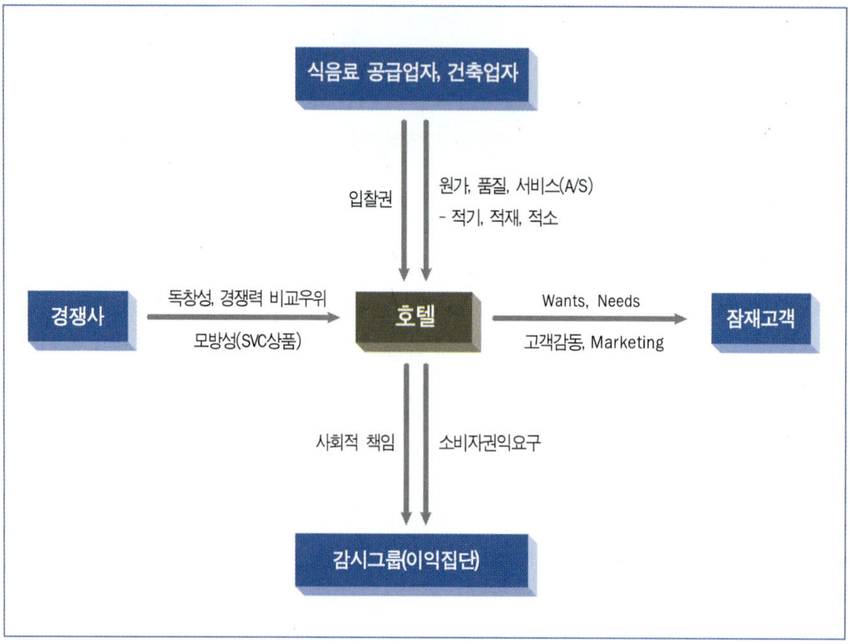

Ⅱ 상호연관 조화의 원리/Co-alignment Principle

1 상호연관성의 원리

상호연관성의 원리(Co-alignment Principle)란 서비스산업의 궁극적 목표인 가치창조(Value Creation)를 위한 환경적인 요소들을 분석하고, 기회요소와 위험요소를 도출시켜 위험요소를 제거하고 기회요소로 극대화하기 위한 전략적 선택을 한 뒤 이를 실현키 위해 조직을 재편하고 상품과 서비스의 조합을 만들며 경영해 나가는 경영환경과 경영극대화의 연관적인 관계의 흐름을 말한다.

환경이란 객관적 의미의 환경과 주관적으로 해석되는 환경으로 구분할 수 있다. 따라서 환경의 객관적 형태는 조건으로 지속되는 기술, 법, 정치, 경제, 인구통계, 생태학, 문화 등과 같은 일반적 환경과 잠재적 고객, 공급자, 경쟁자, 조정단체 등의 특별환경으로 나눠지며, 호텔서비스는 물리적 환경, 물품, 서비스와 고객이 없는 곳에서의 활동 등으로 나눌 수 있는데 물리적 환경은 호텔의 외양과 진입로, 프런트 데스크, 로비, 엘리베이터, 객실 식당 등의 건물 장식과 디자인을 포함한다. 물품은 식당에서 제공되는 식사, 음료, 객실용품 등을 가리키고 서비스는 종업원이 고객과의 직접적인 접촉을 통하여 제공하는 편의를 말하며, 고객이 없는 곳에서 주방장이 요리를 한다든지 룸메이드가 객실을 정리한다든지 하는 활동도 서비스 질에 포함된다. 그리고 주관적 형태는 경영자들의 환경에 관한 개인적 평가들을 의미한다. 환경의 범위 및 복잡성은 확대되었고 정보의 동시화, 세계화에 따라 환경조사이론으로서 "Open System"(Selznick, 1948)이론이 제기된 이후로 많은 연구들이 진행되어 왔는데, Snow(1976)는 "경영진들은 인지되는 환경에 반응하고 인지되지 않은 것들은 전략 결정과정에 포함시키지 않는다."는 중요한 결론에 이르렀는데, 이는 급속하게 변화하는 환경에 대한 객관적 조사를 위한 조직구성의 필요성 및 이를 위한 최고경영자의 지원 및 참여가 무엇보다 필수요건임을 지적한 내용이다.

따라서 환경분석에 따라 경쟁방법으로써 자원의 적절한 배분을 위한 상품과 서비스 분야에 대한 구분이 필요한바, 각각의 분야들 즉 영업과 마케팅, 컨벤션, 예약, 식음료, 객실, 프런트 서비스 및 엔지니어링 등은 수익의 극대화를 위한 고유의 업무에 최선을 다해야 할 것이다.

그리고 경쟁우위 요건을 갖추기 위해서는 고객을 대상으로 고객이 어떤 욕구를 갖고 있는지 시장조사를 하고 시장 세분화를 통하여 목표시장을 공략하는 것이 중요하다.

서비스 산업의 경쟁우위전략으로 무엇보다 중요한 것은 한 차원 높은 서비스로 명성을 얻은 기업이 기존의 고객들이 경험하고 내린 우호적인 평가 때문에 동종의 여타 경쟁자보다 고객에게 높은 요금을 요구할 수 있으며 많은 경우들이 최고의 서비스가 호텔의 등급과 점유율을 높임으로써 높은 이윤을 창출하는 주된 동기임을 시사한다. 경쟁자로 하여금 쉽게 모방할 수 없는 방법을 찾는 것, 이것이 서비스 산업에서 가장 중요하고 경쟁적인 무기는 수행, 연출(Performance)이다. 서비스로 타 서비스와 차별화하는 것은 바로 이 연출(Performance)이다. 서비스 질에서 가장 중요한 것은 고객 중심 문화 창출이다. 호텔의 고객은 제품을 사는 것이 아니라 유익(benefits, 기분 좋은 것, 편안함, 즐거움)을 구매하기 때문에 고객접점의 순간(Moment of Truth)부터 서비스는 시작되고 바로 이러한 환경들의 상호작용에 의해 가치창조를 이룬다고 볼 수 있다.

[그림 4-4] Co-alignment Principle Model

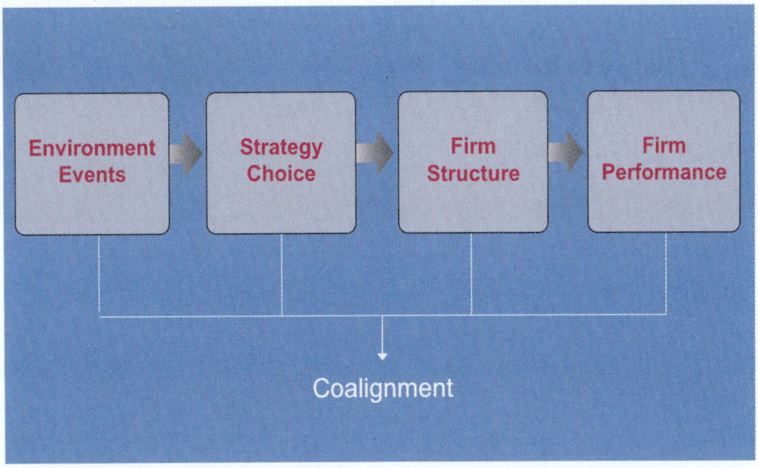

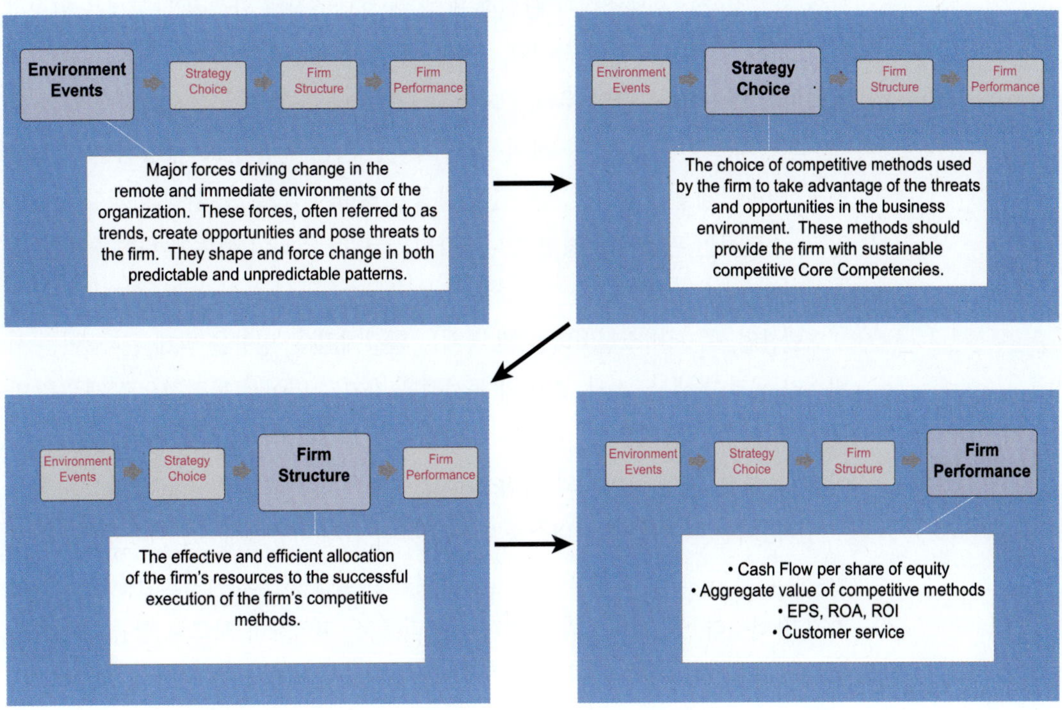

Lesson 2

제6주

한국 호텔산업의 역사와 경영환경

Hotel Industry and Environment

I 한국의 호텔산업과 경영환경

환경의 영향을 호텔조직과 관련해 봤을 때 호텔조직의 환경적 다양성은 일정하지 않고, 복합적이고, 이질적이다. 조직은 환경의 자극에 반응하고, 이에 순응하여 변화하고 발전한다. 만일 우리가 기업을 경영한다고 할 때, 그 사회의 환경적 요인, 즉 정치 · 경제적, 문화 · 사회 · 인구학적인 일반 환경과 고객, 공급업자, 경쟁업자, 일반단체를 포함하는 특수한 환경을 고려하지 않고, 또 환경의 영향을 받지 않고, 주관적인 관점에서 경영해 나간다면, 분명히 조직의 생존에 위협을 받게 될 것이다.

호텔산업, 즉 서비스업이라는 것 자체는 환경에 많은 영향을 받게 된다. 이는 서비스라는 것이 생산, 전달, 소비의 동시성을 가지고 있어서 물질적으로 제품을 만들어 파는 경우 고객은 그 제품을 이용한 후에 만족, 불만족을 느끼는 반면 미용, 이발, 음식점, 호텔 등에서의 서비스는 그 장소에 방문해야 비로소 서비스를 받을 수 있다. 이런 점 때문에 서비스를 받는 고객이 쉽게 이용할 수 있는 위치에 있어야 한다. 그러므로 수요가 적고 인구밀도가 낮은 지역에서는 그 서비스업을 운영해 나가기가 어렵다. 또 서비스업은 고객의 심리를 잘 파악해야 하므로 항공사나 호텔 등에서 좌석판매나 객실수를 채우기 위해서 고객의 휴가형태를 분석하고 있다.

호텔조직은 정적이라기보다 동적이다. 즉 이 관점에서 환경의 변화는 호텔조직에 변화를 야기할 것이다. 고객수요의 변화는 생산물들의 양, 기자재, 서비스의 판매를 야기하며 법의 변화는 조직이 무엇이든지 변화에 따르도록 요구한다. 그리하여 조직의 변화는 조직 발전에 불가결한 부분이며 장기간의 생존을 위해 필요하다. 이 관점의 조직이론들은 폐쇄 시스템에서 개방 시스템을 따라 연속적으로 변화한다. 그래서 시스템을 개방할수록 환경은 호텔조직의 상태에 더 영향을 미치게 되는 것이다.

일반적 환경(역사적 환경, 기술적 환경, 법률적 환경, 정치적 환경, 인구통계학적 환경, 생태적 환경, 사회 · 문화적 환경)을 세분화하여 각 환경들이 호텔산업에 어떠한 영향을 미치는지, 그리고 구체적으로 어떠한 것들이 있었는지에 대해서 아래에 간략히 예를 들어 정리하였다.

1. 기술적 환경

정보통신의 발달, 기계화, 기술의 발달로 인해서 호텔산업의 영역이 확대, 발전되어 새로운 분야의 호텔기업이 출현하였다.

- 컨벤션센터, 호텔의 비즈니스 룸, 비즈니스 전담 종사원 등
- 인터넷을 이용한 3차원적 가상현실체험을 이용해 잠재적인 고객의 수요를 창출
- 3차원 홀로그램을 통하여 직접 그 호텔에 가보지 않아도 그 호텔의 구조, 시설 등을 미리 파악할 수 있음

2. 법률적 환경

- 법률의 변화(여행자유화, 여행사 허가제 등)
- 산업규모의 확장에 의한 법률 환경의 변화

3. 정치적 환경

우리나라의 경우 OECD의 가입, 햇볕정책에 의한 국제적 신임도 상승으로 인한 관광객 증가 등

4. 경제적 환경 : 환율과 GNP

- 저소득층을 위한 저가여행상품 개발 또는 고소득층을 위한 고가의 상품 개발

5. 인구통계학적 환경

시장을 구성하는 구성요소(성별, 연령 등)에 의해서 호텔기업의 형태가 변화되었다.

- 실버층을 겨냥한 호텔 환경의 형성

6. 생태적 환경

국가, 지역마다 존재하는 특별한 자연환경을 이용하는 호텔산업이 생겨났다.

- 호주의 사막지대, 우리나라의 비무장지대, 아마존의 밀림지대 환경관광의 대두

7. 사회 · 문화적 환경

사회문화의 변화로 인하여 새로운 산업형태가 출현하였다.

- TV나 영화의 촬영장소가 새로운 명소가 되어서 그곳을 여행하는 관광객 증가

8. 시대적 환경

역사적 상황, 역사적 유물, 유적지에 대한 관광수요의 창출

Ⅱ 환경의 변화와 한국 호텔산업의 역사

1 한국의 경영환경과 호텔관광산업

과거 호텔의 경우 가정을 떠나 여행하는 사람들에게 인간의 가장 기본적인 욕구를 충족시켜 주는 것이 목적으로 잠자는 곳(숙박기능), 먹는 곳(음식기능), 그리고 안전한 곳(보호기능) 등 장소적인 기능이 주체를 이루고 있었다. 따라서 호텔의 의미도 주로 여행객들에게 객실과 식·음료를 제공하고 그 대가를 받아 운영하는 곳으로 인식되었다.

하지만 후기 산업사회에 들어오면서 가처분소득의 증대, 가치관의 변화 등으로 인해 호텔의 개념도 변화하고 있다. 과거 여행객들에게 객실과 식·음료를 제공하여 그 대가를 받는 곳에서 숙박, 식·음료의 제공과 더불어 여가, 오락, 휴식, 문화, 건강, 사업 활동과 관련된 시설을 갖추고 무형의 인적 서비스를 부가하여 여행자는 물론 지역주민에게까지 봉사하는 공공기관의 성격을 가지게 되었다.

호텔의 목표시장이 여행자뿐만 아니라 지역주민까지로 넓혀졌고, 호텔의 기능이 다양해졌다. 과거의 호텔은 타 지역에서 온 여행객이 주 고객이어서 그들에게 숙식을 제공하는 것이 주 기능이었다. 그러나 최근 들어 호텔이 지역사회의 중심지로 자리매김함에 따라 여행객은 물론 지역주민을 위한 여가, 오락, 건강, 문화, 사업 활동과 관련된 시설과 프로그램을 갖춘 곳이 되었다.

최근 호텔을 묘사할 때 'Home away from home'으로 많이 표현하고 있는데 이것은 집을 떠난 집이라는 의미로 자신의 집을 떠나 여행하는 사람이 자신의 집처럼 편안하고 안전하게 느낄 수 있는 곳을 말한다. 또한 호텔 고객은 호텔에 대해 자신의 집처럼 편안한 것을 원하면서도 자신의 집에서 느낄 수 없는 새로운 것을 기대한다. 이 새로움의 대상은 호텔의 내·외장, 시설 등의 하드웨어와 인적 서비스 등의 소프트웨어로 나눌 수 있다. 이 편안함과 새로움은 서로 반대되는 개념일 수 있으나, 이를 잘 조화시키는 것이 호텔경영의 핵심요인이라고 할 수 있다.

우리나라 호텔에 있어 주목해야 할 점은 외국인의 필요에 부흥하여 발전해 왔다는 것이다. 최초의 호텔인 대불호텔의 경우, 일제시대의 배경 속에서 외국인의 필요와 산업을 위한 시설이었다. 우리나라의 극소수만이 사용하였고, 대부분은 한국을 방문한 외국인들만의 시설이었던 것이다.

해방을 맞이한 이후에도 우리나라의 호텔은 외화 획득을 목적으로 여전히 외국인을 위한 시설이었고, 그들의 생활양식과 문화에 맞는 시설로 발전하게 되었다. 이것은 다국적기업의 국내진출을 용이하게 하였으며, 선진 건축 · 경영기술을 가진 다국적기업은 국내 호텔시장에 대단한 영향력을 행사하고 발전할 수 있게 되었다. 이러한 상황은 호텔의 건축 · 경영 기술이 낙후된 우리나라 호텔기업들에게 존속위기감을 안겨주었고, 또한 호텔시장에 진출하고자 하는 사업자에게 다국적기업과의 제휴가 절실한 사항임이 당연한 일이 되게 하였다.

이러한 방식의 호텔 발전은 우리나라의 낙후된 숙박시설의 상당한 발전과 경영방식에서의 선진화를 이룩하는 데 견인차 노릇을 하였으나, 우리나라 고유의 독창성과 전통을 상실하게 하였다. 대부분의 숙박시설에서는 전통적인 면을 찾아보기 어렵고, 서양식 숙박시설의 구조를 닮고 있다. 이러한 현실을 인식하여 숙박시설에서 전통적인 변화를 시도해야 할 필요성은 당연하다. 기존의 호텔에서는 한국적인 모습을 보여줄 수 없으며, 따라서 관광객들에게 독창적인 매력을 주기에는 상당한 어려움이 있다. 반면, 한국적인 전통호텔의 경우, 그 자체만으로 상당한 매력을 가짐과 동시에 관광객들에게 한국적인 전통을 직접적으로 나타내기 때문에 한국적 전통문화에 대한 새로운 경험과 문화적 호기심, 신선함을 불러일으킬 수 있을 것이다.

[표 4-1]은 1960년 이후 약 50년 동안의 연도별 입출국 현황 및 호텔관광산업의 경영환경변화를 보여준다. 산업이 거시적 경영환경의 변화와 어떤 관계가 있는지를 확인할 수 있을 것이다. 호텔산업의 총매출액 변화에 대한 상세한 내용은 [표 3-7]을 참조하기 바란다.

[표 4-1] 연도별 입출국 현황 및 호텔관광산업의 환경변화

연도	입국자 수(명)	증감률 (%)	출국자 수(명)	증감률 (%)	경영환경과 호텔산업	
					특기 사항	한국 호텔산업
1961	11,109	28.1	11,245	43.1	• 관광사업진흥법제정	• 시설기준 관광호텔지정: 메트로호텔, 아스토리아호텔, 뉴코리아호텔, 사보이호텔, 그랜드호텔
1962	15,184	36.7	10,242	-8.9	• 대한항공공사 창업 • 국제관광공사 설립. 관광산업을 국가전략사업으로 인정	• 아스토리아 · 뉴코리아 · 그랜드 민영화
1963	22,061	45.3	11,860	15.8		• 워커힐(37동 245실) 금호관광(9층 90실) 만년장관광(9층 77실) 제주파라다이스(5층 57실) 경포대관광(3층 50실) 동해관광 춘천세종호텔
1964	24,953	13.1	20,486	72.7	• 국토건설 종합 계획법	• 뉴스카이(13층 168실) 울산관광(5층 50실) 부산반도호텔 16층 155실)
1965	33,464	34.1	19,796	-3.4	• 14차 PATA총회 • 한일 국교 정상화	• 한일국교정상화로 일본관광객 증가 • 광주관광(8층 62실) 인천올림푸스(10층200실)
1966	67,965	103.1	35,095	77.3		• 세종(18층 322실) 그린 파크(7층 92실) 부산극동(7층 126실)
1967	84,216	23.9	40,374	15.0	• 최초로 지리산이 국립공원으로 지정	• 타워(20층245실) YMCA관광(9층 79실) 여수관광(5층50실) 온양관광(5층 67실)
1968	102,748	22.0	67,381	66.9	• 경인고속도로 개통	• 스타다스트(6층 47실) 이스턴(9층 60실) 유성관광(11층 94실) 대구수성(4층 73실) 속리산관광(11층 160실) 서귀포파라다이스(4층 66실)
1969	122,686	19.4	72,311	7.3	• 대한항공(KAL)창업 • 도쿄지사 개설	• 플린스(14층87실) 뉴서울(19층 151실) 뉴용산(11층 56실) 경주관광(9층 100실)
1970	173,335	41.3	73,569	1.7	• 경부고속도로 개통	• 조선호텔신축(20층 504실) 풍전(11층 227실) 안양관광(5층 81실) 대전관광(10층 51실)
1971	232,795	34.3	76,701	4.3	• 전국을 10대 관광권으로 선정	• 로얄(22층 320실) 도뀨(26층 210실) 뉴내자(14층 80실) 서귀포아리온스(5층 50실) 강릉동해관광(8층 88실) 대구한일호텔(10층 109실)
1972	370,656	59.2	84,245	9.8		• 코리아나(26층 279실) 부산프라자(17층 123실) 뉴포트관광(10층 100실)
1973	679,221	83.2	101,295	20.2	• 호남고속도로 개통 • 제1차 오일쇼크	• 프레지던트(36층 303실) 서린(22층 217실) 뉴오리엔탈(8층 84실) 포항비치(4층 60실)

연도	입국자 수(명)	증감률 (%)	출국자 수(명)	증감률 (%)	경영환경과 호텔산업	
					특기 사항	한국 호텔산업
1974	517,590	-23.8	121,573	20.0	• LA, 프랑크푸르트지사 개설	• 제주KAL(20층 310실) 서울관광(4층 102실) 부산관광(17층 301실) 반도유스호스텔(11층 14실) 부산타워(6층 108실) 빅토리아(6층 63실)
1975	632,846	22.3	129,378	6.4	• 영동고속도로 개통 • 뉴욕, 오사카지사 개설	• 퍼시픽(10층103실) 엠파이어(14층 120실) 대구뉴종로(7층 51실) 마산롯데크리스탈(11층 121실) 인천관광(4층 51실) 문화관광(10층 93실) 주화관광(용평5층 70실)
1976	834,239	31.8	164,727	27.3	• 강남고속터미널 • 후쿠오카지사 개설	• 렉스(10층 111실) 프라자(25층 540실) 한강(5층 123실) 대전중앙(8층 76실) 부산대아(13층 120실) 금오산관광(5층 107실) 부산 피닉스(19층 120실)
1977	949,666	13.8	209,698	27.3	• KAL 중동 취항 • 파리지사 개설	• 남설악관광(5층 80실) 부산아리랑(10층 127실) 도고관광(4층 130실) 울산그랜드(9층 123실)
1978	1,079,396	13.7	259,578	23.8	• 특정지역 종합개발 촉진에 관한 특별조치법 제정 • 외래객 100만 명 돌파/싱가포르지사 개설	• 신라(25층 672실) 하이야트(20층 650실) 반도(17층 272실) 뉴국제(18층 154실) 수원브라운(7층 51실) 뉴설악(10층 121실) 경주코오롱(8층 252실) 부산코모도(18층 325실) 부산조선비치(10층 350실) 부산로얄(18층 121실)
1979	1,126,100	4.3	295,546	13.9	• 동해고속도로 개통 • 국내정세 불안/제2차 오일쇼크/시드니, 시카고지사 개설	• 롯데(38층 976실) 가든(17층 410실) 맘모스(8층 219실) 영동(11층 160실) 경주조선(11층 304실) 경주도큐(9층 303실) 부산서라벌(17층 152실) 울산태화(10층 103실)
1980	976,415	-13.3	338,840	14.6	• 통행금지 해제 • 정치격변 • 국내정세 불안/타이페이지사 개설	• 남서울와싱튼(14층 179실) 크라운(9층 127실) 안양 뉴코리아(10층 120실) 설악파크(10층 121실) 부곡관광(10층 178일)
1981	1,093,214	12.0	436,025	28.7	• 국내정세 불안/런던지사 개설	• 리버사이드(15층 226실) 제주그랜드(12층 522실) 울산오션(153실) 군산관광(8층 111실)
1982	1,145,044	4.7	499,707	14.6	• 방콕지사 개설	• 팔래스(12층 298실) 라마다인 올림피아(12층 310실) 삼정(11층 163실)부산로얄관광(115실) 제주로얄(9층 115실) 제주서해(160실)
1983	1,194,551	4.3	493,461	-1.2	• 53차 ASTA 총회 개최	• 힐튼(23층 707실) 서교(13층 101실) 울산다이아몬드(11층 290실) 인천국제선원관광(75실) 창원호텔(10층 166실) 제주 뉴프라자(80실)
1984	1,297,318	8.6	493,108	-0.1	• 올림픽 고속도로 개통	• 경남관광(10층 108실) 부곡로얄(10층 158실) 수안보파크(3층 84실)

연도	입국자 수(명)	증감률 (%)	출국자 수(명)	증감률 (%)	경영환경과 호텔산업	
					특기 사항	한국 호텔산업
1985	1,426,045	9.9	484,155	-1.8		• 중문 하얏트리전시(8층 224실) 인천송도비치(12층 180실) 서귀포 KAL(9층 221실) 지리산프라자(5층 101실) 전주코아(12층 110실)
1986	1,659,972	16.4	454,974	-6.0	• 아시안게임 개최	• 뉴월드(12층 250실) 유니버스(10층 100실) 서귀포 프린스(4층 170실)울산코리아나(13층 151실) 대구금호(10층 128실)
1987	1,874,501	12.9	510,538	12.2	• 홍콩지사 개설	• 리베라(15층 171실) 스위스그랜드(11층 400실) 해밀턴(9층 139실) 백암동해(7층 162실) 부곡하와이(5층 198실) 제주모수(10층 119실) 제주와싱톤(8층 171실) 신안비치(9층 120실) 낙산관광(4층 137실)
1988	2,340,462	24.9	725,176	42.0	• 외래객 200만 명 돌파/서울올림픽 개최	• 롯데월드(32층 514실) 캐피탈(16층 288실) 인터콘티넨탈(33층 602실) 라마다르네상스(24층 500실) 부산하야트리전시(16층 363실) 온양그랜드파크(9층 157실)
1989	2,728,054	16.6	1,213,112	67.3	• 해외여행 자유화	
1990	2,958,839	8.5	1,560,923	28.7	• 9월 한러 수교/토론토지사 개설	
1991	3,196,340	8.0	1,856,018	18.9	• 관광호텔업에 대한 소비성 서비스 업체 규정 • 외래객 300만 명 돌파/걸프전 발발, 관광호텔 부•가세 영세율 폐지	
1992	3,231,081	1.1	2,043,299	10.1	• 한중수교, 한 · 대만 단교, 일본 버블경제 붕괴	• 국내호텔의 비즈니스 호텔로의 변화촉진
1993	3,331,226	3.1	2,419,930	18.4	• 하얏트호텔 로비 폭발사고 • 일본인 대상 무사증입국 허용, 대전엑스포 개최	• 관광호텔내 슬롯머신업 전면 폐쇄 • 관광호텔산업 소비와 사치성 산업으로 분류 • 관광사업에 대한 민간자본 참여개정안 수립
1994	3,580,024	7.5	3,154,326	30.3	• 한국방문의 해 개최, 관광특구제도 시행	• 힐튼호텔 국내 첫 TV광고
1995	3,753,197	4.8	3,818,740	21.1	• 수출1,000억 달러 돌파 • 삼풍백화점 붕괴 • 일본 엔화가치 상승/북경, 나고야지사 개설	• 최대호황으로 객실부족현상 (특급호텔평균 80%-90% 투숙률) • 리츠칼튼 서울 개관

연도	입국자 수(명)	증감률 (%)	출국자 수(명)	증감률 (%)	경영환경과 호텔산업	
					특기 사항	한국 호텔산업
1996	3,683,779	-1.8	4,649,251	21.7	• 한국OECD가입 • 북한 잠수함 강릉침투 • 호텔업계 활성화 • 관광산업을 중요 기간산업으로 규정 • 관광진흥 10개년계획 발표	• 특급호텔의 잇단 개관: 홀리데이인 제주KAL 호텔 부산 해운대 그랜드호텔 대우그룹의 해외호텔진출: 연변대우, 하노이대우호텔
1997	3,908,140	6.1	4,542,159	-2.3	• IMF경제체재 • 정부의 관광숙박특별법 시행-인허가절차 간소화 • 0-157균 파동 • 환율 2,000원대 돌파 • 홍콩주권 중국 귀속 • 아시아 경제위기 발발, 관광관련 규제 완화 및 금융세제지원 강화, 센다이지사 개설	• 매출감소 • 호텔외식업 인원감축 • 국내호텔의 해외진출 본격화: • 대우그룹의 수단, 알제리, 중국, 모로코등 • 롯데의 러시아 진출 • 현대의 러시아 진출 • 삼성의 사이판 진출 • 국내 중저가 브랜드호텔의 체인망 형성: Acore 그룹의 소피텔, 노보텔강남과 독산 할리데이인
1998	4,250,216	8.8	3,066,926	-32.5	• 김대중 대통령 취임 • 외국인 투자촉진법시행령 공포 • 원화가치 하락 • 외국인 관광객 400만 명 돌파 • 금강산 최초관광 개시 • 외래객 400만 명 돌파/중국 국외여행 자유화국가에 한국 포함, 금융위기 지속	• 인바운드 활황 내수부진 • 지방호텔들의 부도와 노사갈등
1999	4,659,785	9.6	4,341,546	41.6	• IMF의 극복 • 강원도 내국인 카지노 허용 • 벤처열풍 • 대우그룹 해체 • 관광목적 입국자 무사증입국기간 확대 (15일 → 30일)/1단계 외환자유화	• 호텔업계 중흥기 • 롯데제주 롯데 울산 개관 • 서울 코엑스인터컨티넨탈개관 • 메리어트호텔개관 • 인천국제공항 호텔개관 • 벤처열풍으로 호텔연회매출증가 • 중저가브랜드 숙박업소개발 열풍 • 러브호텔신축불허 찬반 논쟁
2000	5,321,792	14.2	5,508,242	26.9	• 남북정상회담, 공동선언 • 특급호텔의 잇단 파업 • 남북이산가족상봉 • Asem회의 • 외래객 500만 명 돌파/중국 국외여행 자유지역 전국으로 확대	• 정선에 카지노호텔개관 (199실) • 롯데호텔 74일 분규 등 호텔업계 파업 • 비수기 기간에도 객실부족난 • 외국인관광객 500만 돌파
2001	5,147,204	-3.3	6,084,476	10.5	• 영세율 적용(외국인관광객) • 한국방문의 해 • 일본교과서파동 • 미국 9.11테러 • 인천국제공항의 신설 • 정보화 바람 • 9.11테러 발발/한국방문의 해/모스크바 지사 개설/2단계 외환자유화(해외여행 경비 만불한도 폐지)/인천국제공항 개항	• 일본관광객유치 취소 • 국내 특급호텔 투숙률 급락 • 국제공항호텔의 등장 • 호텔서비스의 정보화 바람 • 호텔등급상승(9건)

연도	입국자 수(명)	증감률 (%)	출국자 수(명)	증감률 (%)	경영환경과 호텔산업	
					특기 사항	한국 호텔산업
2002	5,347,468	3.9	7,123,407	17.1	• 주 5일근무제 시행 • 서해교전사태발발 • 2002 월드컵 개최/2002 부산아시안게임 개최/상해사무소 개설	• 휴양지 호텔의 활황 • 서울시내 호텔들의 주말 패키지 상품 강화 • 펜션호텔의 호황 • 월드컵악재숙박대행업체, 바이롬사의 예약취소 • 중국시장 확대
2003	4,752,762	−11.1	7,086,133	−0.5	• 북한 핵위협 • 노무현 대통령 취임 • 대구지하철참사 • 금강산 육로관광 개시 • 2003경주세계문화엑스포 • 대구유니버시아드대회 • 이라크전쟁/SARS 발생	• 국제적 테러공포 • 대형국제회의의 취소 • SARS로 바뀐 티켓상품 특수 • 메이필드호텔 개관 • 아비스호텔개관
2004	5,818,138	22.4	8,825,585	24.5	• 광우병, 조류독감, 사스 • 주5일근무 실시 • 한류열풍 • KTX 개통 • 대통령탄핵발의 • 동남아지진해일 발생 • 한국–대만 복항/쓰나미 발생/쿠알라룸푸르, 두바이지사 개소	• 질병, 안전 위생에 대한 공포 확산 • 호텔업계의 매출감소 • 호텔식음서비스보다 경쟁력 있는 외식업체의 등장 • 주말관광객 증가 • W호텔 개관
2005	6,022,752	3.5	10,080,143	14.2	• 주5일근무제 부분 실시(공공, 금융보험, 1,000인 이상) • 외래객 600만 돌파/한일관계 경색/관광호텔 영세율 폐지 • 인도네시아 발리섬 연쇄폭탄테러 발생	
2006	6,155,047	2.2	11,609,878	15.2		
2007	6,448,240	4.8	13,324,977	14.8	• 중국 교포대상 '방문취업' 체류자격 시행, 중국 수학여행단 무비자 입국 허용, 원화가치 상승, 관광호텔 영세율 한시적 재개 • 북핵실험, 미사일 발사/원화 강세(엔 및 달러 대비)/토리노동계올림픽 개최	
2008	6,890,841	6.9	11,996,094	−10.0	• 세계경제 위기, 국내경제 침체, 고환율 등으로 국민 해외여행 심리 위축 • 인도 뉴델리지사 개소/북경올림픽 개최/중국~대만 양안 항공항만 취항/ '한일 관광교류의 해' 개최/환율캠페인	
2009	7,817,533	13.4	9,494,111	−20.8	• 고환율매력으로 외래객 700만 명 돌파(11월), 방한 일본인 300만 명 돌파(12월)/세계경제 미회복, 원화 약세, 신종플루 등으로 국민 해외여행 심리 위축	
2010	8,800,000	12.6	12,530,000	32.0	• 한국관광 이미지 제고로 외래객 800만 명 돌파(11월), 환율매력 지속, 세계경제 회복 기대감으로 국민 해외여행 심리 회복/태국유혈사태(4월), 상해엑스포(5~10월), 남아공월드컵(6/11~7/12), 중국관광객 비자제도 개선(8/1~), 일중 센카쿠열도 문제(9~11월), 하네다공항 국제터미널 확장으로 한일노선 확대(11/1), 말레이시아 방면 저가항공 취항(11월), G20정상회의(11/11~12)/천안함(3.26) 및 연평도 포격(11.23)	

출처 : 한국관광공사, 저자 재구성.

* 추정치.

2 최근 10년간 한국 호텔산업에 미친 주요사건 분석

■ 1999년

특1급 호텔에서도 예식업을 시작하여 호텔 연회장 수입을 올려주었다. 호텔의 연회수입은 전체 매출의 약 30%를 차지할 정도로 막대하다. 쓰임새가 별로 많지 않은 대형 연회장을 이용하여 매출을 늘리고 국내외에서 지명도 높은 인사 자녀의 결혼식을 유치해 호텔의 인지도를 향상시킬 수 있으나 대부분의 서민들은 꿈조차 꿀 수 없는 수천만 원에서 억대의 초호화 결혼식은 결국 계층 간의 위화감을 조성.

■ 2000년

특급호텔(롯데, 스위스그랜드, 힐튼의 잇단 파업 후 어부지리로 특급호텔 근처 호텔들의 매출액이 급신장하였음. 정상영업 중인 호텔은 비수기임에도 객실난을 겪었다. 남북이산가족상봉도 큰 이슈가 되었다. 이산가족의 역사적 상봉이 전 세계 매스컴을 통해 전해지면서 코엑스인터컨티넨탈, 쉐라톤워커힐, 올림픽파크텔 같은 호텔 등의 상봉장소가 매출뿐만 아니라 인지도 향상에도 많은 도움이 되었다. 아셈(ASEM)회의의 성공적인 개최는 호텔의 명성과 인지도를 높이는 데 기여하였다.

■ 2001년

인천국제공항이 개항하였으나 김포공항보다 접근성이 떨어져 외국인에게 불편함을 주게 되었다. 공항에 상주인원을 배치하고 리무진 버스이용권을 호텔과 연계하여 판매하기 시작했다. 그러나 멀어진 공항 때문에 서울에서 1박 체류하고 떠나는 현상이 많아지게 되었다.

2001년에는 호텔등급상승(9건)이 많았는데 특히나 제주 파라다이스와 그린빌라의 특1급 상승은 우리나라도 외국처럼 그레이드만 갖추면 규모와 상관없이 최고등급을 받을 수 있다는 하나의 모델로 제시되었다는 것에 의미가 있다.

■ 2002년

한일월드컵 개최는 '호재'가 아닌 '악재'였다. 숙박대행 주관업체인 바이롬사의 갑작스런 예약취소로 매출이 감소하였다. 전반적으로 큰 이익은 내지 못했으나 매출액은 예년과 비슷한 수준이었다. 우리의 주요 인바운드시장인 일본과

월드컵을 공동유치했기 때문에 관광객의 감소는 당연한 것이었고 업계의 막연한 기대심리와 전략의 부재, 우승후보와 중국의 초기 탈락이 매출부진의 주요인이었다고 생각된다. 그러나 월드컵기간 중 세계의 매스컴 보도로 인한 홍보효과도 보이지 않는 큰 수익이었다.

■ 2003년

북한 핵 위협 등 한반도 안보상황의 불안으로 국내 거주 외국인이 서둘러 귀국을 시도하는 등 전 세계 지사들이 한국출장 금지령을 내려 호텔 투숙률과 대형회의의 취소로 매출액이 격감하였다.

후반에 발생한 SARS로 제주도 호텔은 특수를 누렸으나 서울은 불황, 대신 내국인을 타깃으로 한 패키지 상품이 늘어나게 되었다. 이럴 때에는 사스 등으로 해외여행을 자제하는 국내 VIP들과 신혼 여행객을 잡기 위한 마케팅 노력을 기울일 필요가 있다(호텔 회원카드 리뉴얼, 대고객 서비스화).

싱가포르는 사스 발병 이후 정부차원에서 싱가포르 방문객에게 싱가포르의 안전을 알리는 캠페인을 벌였으며, 싱가포르의 샹그릴라호텔은 싱가포르 관광청으로부터 사스예방부문 금상을 수상, 우리도 정부차원의 이러한 활동으로 위기를 벗어나려는 노력을 시도해야 한다.

■ 2004년

주 5일 근무가 시작되었으나 호텔 이용액은 줄어들었다. 특급호텔은 1.6% 증가하였으나 평균적으로는 4.5% 감소하였다. 늘어난 휴일로 해외 등지로 나가는 사람이 많아졌기 때문이라 생각된다. 대신 드라마의 해외수출을 통한 한류열풍으로 아시아 지역의 관광객이 급증하였다. 드라마를 통한 간접광고효과는 자연스럽게 업체의 좋은 이미지를 심어줄 수 있다. 그러나 지나친 PPL은 부정적인 시각으로 보여질 수 있다.

4월의 KTX 개통으로 호텔에서 다양한 패키지 상품을 내놓아 많은 인기를 얻었다. 주말관광객의 증가, 지방과 서울 간의 시공간 개념이 없어짐으로써 쇼핑과 다양한 문화시설을 즐기기 위해 상경하는 일부 계층을 집중 공략할 필요가 있다. 고객의 요구는 해가 갈수록 까다로워지고 있어, 기존의 서머패키지로 고객을 유혹하기에는 역부족이므로 호텔 내 부대시설 활용을 기본으로 그 외 유형 · 무형적 문화상품을 시급히 개발하는 것이 중요하다.

■ 2005년

주가 1300선을 돌파하며 증시가 활황을 이루었으며 APEC의 성공적인 개최를 통해 한국의 위상을 세계에 알리게 된 계기가 되었다. 반면 유가의 고공행진이 지속되었으며, 황우석 논문조작 사건 및 행정도시 확정 등으로 국내 정세는 혼란스러웠다. 호텔업계에서는 아미가호텔이 임패리얼 팰리스호텔로 확장 개관하였으며, 파크하이얏트호텔이 새롭게 개관하였다. PATA 한국총회가 4월 7일 대전에서 개최되었다.

■ 2006년

북한의 핵실험(7월 4일)과 이스라엘의 레바논 공격(7월 21일), 원유가격 파동(7월 14일) 등 2006년 하반기는 정치, 경제적으로 매우 불안하게 시작하였으며 11월에는 조류인플루엔자가 재발되어 호텔 관광업계에 큰 타격을 주게 되었다. 호텔업계에서는 이비스 앰배서더 명동호텔이 개관하였다.

■ 2007년

4월 미국발 서브프라임 모기지 부실여파를 시작으로 세계 금융 위기상황으로 빠지게 되었다. 또한 국제유가가 고공행진을 계속하여 국내 호텔 관광업계에 부정적인 영향을 끼쳤다.

■ 2008년

2007년에 이어 세계 금융 위기가 지속되는 상황하에서 국내적으로도 미국 소고기 반대 촛불집회(4월 18일), 금강산 관광객 피격사건(7월 11일), 실물경기의 급락 등 좋지 않은 상황이 이어져 갔다. 중국은 2008 베이징올림픽을 성공적으로 개최하였다. 국제 유가는 30불에서 147불까지 가격의 변동이 매우 심하여 국제경제에 부정적인 영향을 끼쳤다.

■ 2009년

고환율에 따라 외래객이 700만 명을 돌파하고 그중에 일본인이 300만 명을 돌파하는 등 한류의 영향으로 국내호텔업계에는 긍정적인 영향을 미쳤다. 하지만 세계경제가 완전히 회복되지 않아 전 세계적으로 여행심리가 위축되었다.

■ 2010년

한류의 열풍은 그 정도가 아시아를 넘어 남미, 아프리카 등으로 퍼져나갔고 많은 관광객이 유입되어 800만 명을 돌파하였다. G20 정상회의 개최로 국내 관광업계는 호황을 누렸고 이후 천안함 포격과 연평도 사건으로 안보심리가 위축되어 관광업계 전체적으로는 어려움을 겪은 한 해였다.

2011년 들어 1,000만 관광객 유입을 목표로 수많은 경영환경의 변화에도 호텔관광산업은 발전을 거듭하고 있다.

다음 [표 4-2]는 최근 10년간(1999~2008) 경영환경적 이슈들(사건)과 한국 호텔산업 전체의 객실점유율 간의 상관관계를 도식화한 것이다.

그래프의 곡률과 고점, 저점의 흐름이 주요사건들과 어떻게 연관성이 있게 형성되는지 분석할 필요가 있다. 이러한 분석을 통해 유의한 관계를 찾아낸다면 추후 전개될 경영에 의미있는 방향을 제시할 수 있을 것이다.

[표 4-2] 주요사건(1999~2008) 및 객실점유율 상관관계

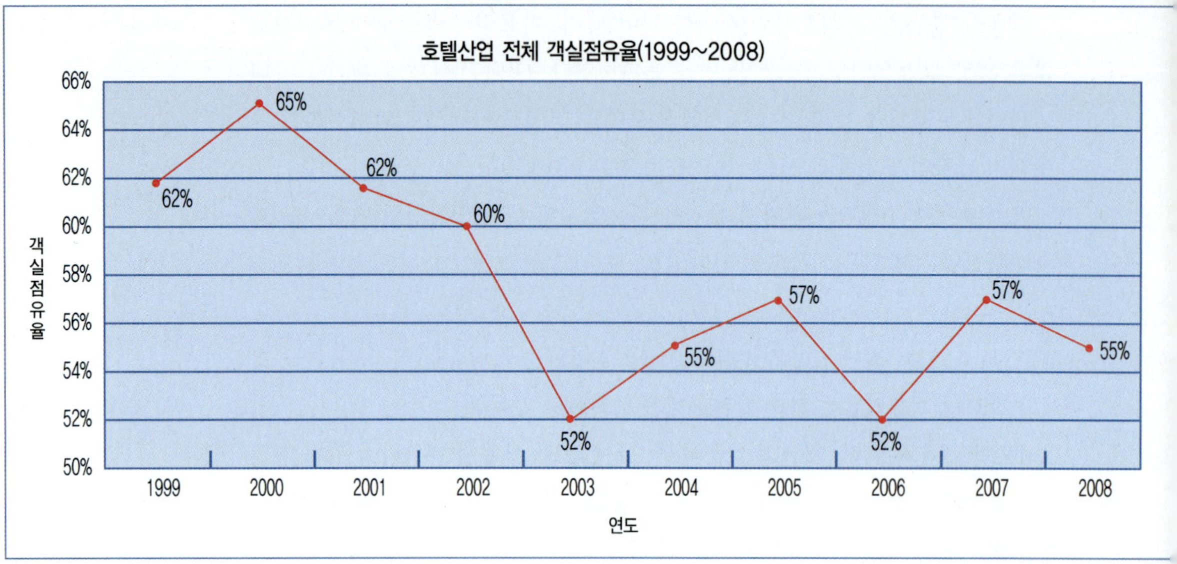

구분	주요사건							
	정치 경제 사회 일반				관광호텔업계			
1999	대우그룹 해체	벤처기업 열풍			롯데호텔 제주/울산 개관	코엑스 인터컨티넨탈 개관	특1급 호텔예식 영업 재개	
2000	남북 정상회담(6.15), 남북공동선언	시드니올림픽 남북 공동입장(9.15)	제3차 ASEM회의 개최(10.20)	김대중 대통령, 노벨평화상 수상	JW메리어트호텔(서울) 개관	외래관광객 500만 명 돌파	롯데호텔 74일 분규 등 호텔업계 잇단 파업	강원도 정선 카지노 오픈
2001	9.11테러 발생				호텔인터불고 개관	영세율 적용(외국인관광객)	인천국제공항 개항(3.29)	한국방문의 해
2002	2002 한일월드컵 개최(5.31)	태풍 루사로 사상 최대 피해 발생	서해교전사태 발발(6.29)	제14회 부산아시안게임 개최	중국시장 확대			
2003	대구지하철 참사(2.18)	노무현 대통령 취임(2.25)	미국, 이라크 침공(3.20)	북한 핵 위협	금강산 육로관광 개시(2.21)	중국 남부에서 발생한 사스(SARS), 지구촌 강타	메이필드호텔 개관	이비스호텔 개관(10.1)
2004	사상 최초로 대통령 탄핵 발의(3.12)	아테네올림픽 개최			KTX 개통(4.1)	W호텔 개관(8.20)	한류열풍으로 아시아지역 관광객 급증	동남아 지진해일(쓰나미) 발생(12.26)
2005	APEC 성공적 개최	주가 1300 돌파	황우석 논문조작	유가 고공행진	아미가호텔 확장개관 임패리얼팰리스 명칭변경(5.24)	파크하얏트 서울 개관(4.15)	PATA한국총회(4.7)	
2006	북한핵실험(7.4)	이스라엘 레바논 공격(7.21)	원유가격 파동(7.14)	조류인플루엔자 재발(11.24)	이비스 앰배서더 명동 개관(5.1)			
2007	한미FTA 타결(6.30)	코스피 2000 돌파(7.27)	미국발 서브프라임 모기지사태(4.7)	태안 유조선기름 유출(12.7)	국제유가 고공행진			
2008	이명박 대통령 취임(2.25)	미국발 신용위기로 인한 실물경기 급락	금강산 관광객 피격 사망(7.11)	국제유가 변동 극심	미 소고기반대 촛불집회(4.18)	중국 쓰촨성 지진 8만여 명 사망	이비스 앰배서더 수원 오픈(5.3)	풀맨 앰배서더 창[illegible] 오픈(6.12)

Chapter 5

호텔 내부경영환경 : 고객

Lesson 1. 내부고객(Hoteliers) : 리더와 조직문화 구축하기
Lesson 2. 내부고객(Hoteliers) : 동기부여와 권한위임
Lesson 3. 내부고객(Hoteliers) : 조직권한의 승인과 동참
Lesson 4. 외부고객(Customers)(The Most Important Asset)

기업, 특히 호텔산업에 속해 있는 조직은 이념적인 것과 기술적인 능력 이상으로 그 조직원들을 하나로 묶어주고, 책임감을 가지게 하며, 즐겁게 일할 수 있는 그 조직만의 문화를 가지는 것이 매우 중요하다. 그 이유를 규명하고, 그 문화의 구심점에 있는 리더의 역할을 비중 있게 살펴본다. 그 외의 문화를 구성하고 이끌어가는 여러 요인들도 둘러본다. 마지막으로, 그 문화를 정착시키는 것에 그치지 않고, 지속시키는 것이 중요함을 상기시키고, 상황이 변함에 따라 문제해결의 방편으로 문화를 재해석 · 재창조 수정해야 함을 익힌다.

벼슬자리가 없는 것을 근심할 것이 아니라 그 자리에 앉을 만한 능력이 없는 것을 근심하라.

– 공자 –

Lesson 1

제7주

내부고객(Hoteliers)

리더와 조직문화 구축하기

I 조직 리더의 중요성/The Importance of the Leader

조직문화란, 그 조직의 이름을 알릴 수 있는 그 조직만의 가치이자, 그 조직 구성원 모두가 의존하고 믿는 문화이다. 조직문화에서 대부분의 중요한 영향은 조직 리더들의 행동이다. 직원들은 그들의 감독관(Supervisor)을, 감독관은 그들의 매니저를, 매니저는 또한 그들 자신의 매니저의 영향을 받는다. 그러므로 조직의 리더들은 그 조직의 역할 모델(Role Model)이 되며, 각각 조직문화 가치의 최종 정의자들인 것이다. 특히, 리더가 그 문화의 창조자이기보다는 응용자의 입장에 있지만, 창조자 이상의 영향력을 지닐 수 있고, 또 그래야만 한다. 만약 그들이 이 기능을 잘 수행하지 못하면, 그 다음 서비스 전달은 어렵게 된다.

1 문화와 명성/Culture and Reputation

단지 한 직원만이 아닌 공적으로든, 사적으로든 모든 직원들이 함께 서비스를 수행한다.

즉, 조직보상시스템, 훈련프로그램, 그리고 성취측정은 이러한 사실을 인지하고 정책에 반영해야 한다. 매니저가 직원들의 성취를 강하게 의식해 줄 때, 그들은 조직이 믿고 있는 것, 문화의 가치가 무엇인지에 대해 다른 모든 사람들에게 매우 강한 메시지를 보내게 된다. 회사의 문화는 개인의 특징과 같이 회사를 대표한다. 고객, 직원, 주주들을 존경하는 기업의 문화는 주로 훌륭한 대표를 가진다. 이러한 조직은 경쟁시장에서 모든 사람이 믿고 이해하며, 지지하는 강한 문화의 중요성을 인식하고 있는 것이다.

효율적인 호텔 조직의 매니저는 강한 문화의 중요성을 이해하고, 성공적인 호텔 매니저들은 문화의 새로운 조직원들을 훈련시키며, 매사에 이러한 가치를 강화하는 데 많은 양의 시간과 에너지를 소비하는 것이다.

2 호텔매니저의 가장 중요한 임무

호텔 조직 내에서 차별성 있는 올바른 문화를 만들어 가는 것은 리더인 매니저의 의무이자 가장 중요한 임무이다. 어떠한 서비스가 창출되는가는 직원들을 이끌 수 있고, 가이드를 제시할 수 있는 기업의 가치이념 즉, 문화에 달려 있다.

Ⅱ 문화의 중요성/The Importance of Culture

잘 짜여진 계획이라도 계획을 수행해 나갈 문화적인 힘이 없이는, 정리된 종이 몇 장에 불과하다.

1 전략과 종사원의 헌신 / Strategy and Employee Commitment

조직이 어떤 형태의 조직을 이룰 것인지, 어떤 서비스를 제공할 것인지, 누구를 고용하고 어떻게 교육시킬 것인지 등에 대한 중요한 결정을 내리는 데에는 조직의 경쟁적인 전략이 기초가 된다. 그리고 종사원의 헌신만이 이러한 전략을 직접 실행할 수 있다. 그 전략이 아무리 훌륭하더라도 직원들의 이해, 헌신, 그리고 지지가 없다면 쓸모가 없어질 것이다. 특히 호텔사업은 직원들의 높은 헌신과 이해가 요구된다. 고객체험(Guest Experience)은 일정부분 감지할 수 없는 것이며, 고객이 체험하는 매 순간은 고객의 만족감을 결정짓는 매우 중요한 역할을 함으로써 직원들은 서비스와 고객에 관한 넓은 지식을 갖춰야 하며, 다양한 고객의 기대를 채우기 위해서 신속히 응해야 한다. 하지만 넓은 지식만으로는 부족하다. 일관되고 만족한 체험을 제공하기 위해서는 직원들의 높은 수준의 동기가 요구된다. 따라서 높은 수준의 동기를 부여하는 튼튼하고 집중된 기업의 문화는 호텔사업의 경영상 중요한 부분이 된다.

2 경쟁우위로서의 문화 / Culture as a Competitive Advantage

조직의 문화는 직원들에게 가치가 있고, 독특하며, 다른 조직에 의해 쉽게 모방될 수 없을 때 중요한 경쟁적 이익이 될 수 있다. 남들이 쉽게 따라 할 수 없는 번성하는 문화가 있는 조직은 그 문화를 통해 직원과 고객을 모두 끌어들일 수 있다. 다른 조직들에게 있어 좋은 전략은 같은 산업 내 성공한 다른 조직들의 문화를 확인하고, 그 문화들을 본받는 일이다.

3 문화를 통한 경영/Management by Culture

조직의 문화가 튼튼할수록 전통적인 산업조직에서 볼 수 있었던 정책, 절차, 경영상의 지시와 같은 전형적인 관료적 경영에 의존할 필요가 낮아진다. 호텔사업은 직원들에게, 특히 고객과 직접 상대하는 직원들에게 더 많은 의사결정권을 위임하는 방법을 찾아내야 한다. 그러기 위해서 기업은 직원들이 고객에게 알맞은 서비스를 제공하고 있다는 점을 보장하기 위해 튼튼한 문화적 가치에 의존해야 한다. 고객들은 수동적이지 않기 때문에 직원의 안내하에 자신의 만족체험을 만드는 데 직접 참여한다. 튼튼한 문화는 직원들이 매니저의 지시가 없이도 손님을 올바로 안내하게 도와준다. 만족체험을 제공하는 과정에는 여러 종류의 사람들에게 여러 가지 일들이 일어날 수 있는 엄청난 변수들이 존재한다. 무수한 가능성을 일일이 밝히는 일은 불가능하기에 조직은 직원들이 그 조직에서 자신에게 기대하는 것이 무엇인지 이해하고 고객에게 그것을 제공하고 있다는 것에 의존해야 한다. 직무가 불확실할수록, 직원들은 경영상의 지시, 형식적인 정책이나 확립된 절차 대신 공동의 가치에 의존해야 한다.

4 핵심역량으로서의 문화/Culture as a Competency

조직의 문화가 튼튼하다면, 그 문화는 하나의 핵심적인 능력이 된다. 모든 핵심적인 능력이 그렇듯, 조직의 문화와 양립하지 않은 것은 실패하기 마련이다. 만약 조직의 전략이 우수한 서비스라면, 그 조직의 문화도 우수한 서비스를 뒷받침해 줘야 한다. 그렇지 못하면, 우수함은 실현되지 않을 것이다.

5 명확한 문화/Culture Defined

조직의 문화란 직원들 사이에서 배우고 공유하는 행동, 생각, 행위의 방식이다. 하나로 정의하자면, 하나의 집단을 결합시키는 함께 공유하는 철학, 이데올로기, 가치, 가정, 믿음, 태도, 그리고 표준이다. 즉, 문화는 조직 내 사람들이 일을 하면서 표현되는 행동이나 생각하는 방법이다. 문화는 조직원들에 의해, 반대로 조직원들은 문화에 의해 영향을 받는다. 따라서 조직원들이 시간이 지나면서 변하는 환경에 따라 변하듯이, 문화 역시 변화하는 조직원들에 의해 변할 것이다.

6 조직문화와 외부세계/Culture and the Outside World

문화는 그 조직원들에게 모든 조직들이 해결해야 하는 두 가지의 핵심적 이슈를 다루는 방법에 도움이 된다. 조직과 외부 세상과의 관련 및 조직 내 조직원들 간의 관계를 아는 일이 중요하다. 어떤 매니저들은 폐쇄적이고 부정적인 측면에서 외부 세상을 보면서 조직을 외부로부터 차단하는 경향이 있다. 이런 조직체의 인원들은 외부에서 오는 새로운 아이디어를 수용하지 않으며 일반적인 산업적 관습이나 혁신을 폐지하고 그 조직이 하고 있는 일이나 그들의 지식이 외부로 공개되는 것을 피하고 숨기려 한다. 반대로 개방된 문화를 만들어 나가려는 매니저는 조직원들에게 다른 사람들과의 상호작용을 통해 자라고 발전할 수 있도록 격려하고, 훌륭한 기업을 통해 기준을 세우고, 조직 밖에서의 아이디어와 혁신을 고찰하라고 격려한다. 이러한 조직 내의 조직원들은 고객 기대의 변화에 빠르게 적응하며 고객의 요구에 보다 능숙히 응할 수 있는 것이다.

7 문화와 내부조직 / Culture and the Internal Organization : X and Y

문화 안에서 조직원들 간의 관계는 공동임무에 대한 생각, 임무를 수행하기 위해 그들이 어떻게 상호작용을 하고 있는지, 그들이 관리하는 것에 대해 결정을 내릴 때 어떤 가정을 내려야 하는지를 뜻한다. 조직 내 상호작용에 있어서, 문화는 의사 결정을 하는데 민주적, 보조적, 친근하고 비형식적이면서 참가할 수 있는 반면 형식적, 엄격하고 관료적이며, 높은 직위의 인사들만이 의사 결정에 참여하는 것이 있다. Douglas McGregor는 그의 Theory X와 Theory Y 경영방식에서 Theory Y는 사람들은 일하기를 좋아하며, 일에서부터 진정한 만족을 얻으며, 좋은 성과를 내고 싶어 한다고 가정한다. 반면 Theory X 사람들은 시키는 만큼만 일할 것이라고 가정한다. 물론 현실에서 대부분의 기업들은 이 극단적인 두 가지 이론들 사이에 서 있을 것이다. 한 문화에서 다른 문화로 이동할 때 기존의 조직에서 보상받고 존중되었던 것이 다른 문화에서는 보상이나 존중받지 못한다는 것을 깨달을 것이다. 직원을 고용하는 과정에서 그 조직의 새로운 문화를 주입시키는 과정이 포함되어야 한다.

8 새로운 가치에 대한 교육/Teaching the New Values

누구나 과거에 자신이 일하던 조직의 문화를 새로운 직장에 가져올 수 있다. 따라서 우수한 호텔산업의 매니저들은 새로운 조직원들이 출근하는 그날로부터 새로운 조직의 문화적 가치를 교육시킨다. 조직의 문화를 교육시킴으로써, 모든 사람들은 공통된 배경을 갖고, 문화의 중요성을 전달할 수 있다. 추후에 조직원들이 각자 맡은 역할은 각기 다르겠지만 한 조직체 내의 조직원들을 결합시키는 것은 조직의 문화에 모두 참여하고 있다는 믿음이다. 조직원이 익숙하지 않은 상황에 처했을 때 문화의 가치는 안내자 역할을 한다.

9 보완제로서의 문화/Culture Fills the Gaps

여러 관료적 조직들은 조직원들이 업무를 잘 수행하도록 하기 위한 최고의 수단이 광범위한 규칙과 규정을 세우는 것이라고 믿는다. 이상적으로는, 모든 가능성에 해당되는 규칙은 존재할 것이다. 하지만 우수한 호텔사업의 조직들은 규칙과 절차가 모든 경우에 적용되지 않는다는 것을 안다. 우수한 조직들은 조직원들이 고객들과 동료 간에 어떻게 대할 것인지를 알 수 있도록 조직의 문화를 밝히고 교육시키는 데 노력을 기울인다. 조직원들에게 가르칠 수 있는 만큼 교육을 시킨 뒤, 예상한 것과 고객이 서비스 환경에 처하면서 실제로 생기는 일 사이의 피할 수 없는 틈은 문화에 의해서 채워지게 된다.

Ⅲ 믿음, 가치, 규범/Beliefs, Values, and Norms

문화가 잘 갖춰진 조직은 조직의 신뢰, 가치 그리고 규범에서 그것들이 무엇을 의미하고 중요시하는지를 분명하게 명시한다.

1 신뢰와 믿음/Beliefs

'신뢰는 사회적 관계에서 다른 사람의 행동이 자신의 후생에 영향을 주도록 허락하는 행위, 즉 상대방에 대해 낙관적인 기대를 갖는 것'을 말한다. 조직문화에서 신뢰는 이데올로기의 핵심이라 할 수 있다. 신뢰란 사람이 어떻게 외부의 사람들과 관계를 맺고, 그 관계가 내부조직에 어떤 영향을 미치는지를 말한다.

만약 문화가 어떻게 움직이는가에 대해서 가정한다면, 신뢰는 이 가정한 것이 어떻게 영향을 끼치는지에 대해 내부인의 이해를 도와준다. 곧 신뢰란 조직 멤버들에게 끼치는 원인과 결과의 관계인 것이다. 아주 간단한 예로, 만약 조직의 한 사람이 경쟁의 장에서 좋은 서비스를 제공하는 조직에게는 보상을 주고 그와 반대인 조직에게는 징계를 내린다고 한다면, '손님에게 좋은 서비스를 제공하는 것이 중요하다'라는 것이 조직 내에서는 믿음이 되는 것이다. 물론 많은 믿음이 이것보다 복잡하다. 이 사회적, 정신적, 문화적 환경들이 어떻게 작용하는지에 대한 다수의 가설들이 조직들에게 분별력 있게 해석되는 것이다. 여기에서의 요점은 대부분의 조직원들은 사회에 대해 많은 가설들을 만들어내고 조직으로서 이 가설들이 어떻게 반응을 나타내는지에 따라 신뢰/믿음을 발달시킨다. 이러한 믿음의 중요성을 알고 있는 조직의 관리자는 또 다른 가설을 창조해 내는 가설과 믿음을 정의 내리려는 데에 있어 의욕적일 것이다.

2 가치/Values

가치는 여러 대안 행위 중에서 하나의 행위를 선택할 때 사용되는 판단의 기준이나 표준으로 정의된다. 따라서 가치관에는 개인의 이상적인 생각, 즉 무엇이 옳고 바람직한 것인가에 대한 생각이 나타나 있다. 가치관은 또한 조직문화 속의 조직원들의 행동과 태도에 강한 영향력이 있다. 따라서 가치관은 태도나 지각, 성격, 동기유발 등을 이해하는 데 기초가 된다. 만약 관리자가 고객에게 좋은 서비스를 제공하는 것이 중요하다라는 가치관을 심어준다면, 조직원들은 이 가치관에 맞춰야 한다는 것을 알게 되는 것이다. 그들은 아마도, 거의 확실하게 고객에게 좋은 서비스를 제공하려고 행동할 것이다.

3 규범/Norms

규범이란 표준적인 행동으로서, 조직원이 조직원으로서 어떻게 행동하는지에 대한 기대이다. 어떤 조직들은 난해한 규범을 가지고 있는 경우도 있어 조직원으로부터 조언이나 상담이 필요한 것들도 있다. 조직 중에는 이러한 규범들을 카드로 만들어 조직원들에게 나눠주어 서비스 가이드라인으로 쓰이게 하는 곳도 있다. 이러한 문화규범은 종사원 또는 감독자만으로부터 정의 내려지거나 다듬어지는 것이 아니라 서비스에 대한 기대를 가진 고객에 의해서도 가능하다. 이러한 고객들은 조직에 강점이 될 수 있다. 왜냐하면 이 고객은 조직에 있어 유력한 충고자가 될 수도 있기 때문이다.

Ⅳ 문화와 환경/Culture and the Environment

조직문화는 계속적으로 조직 안에서 사람들이 변화, 성장, 그리고 개발되는 과정을 대표한다.

1 문화 속에서의 학습 / Learning the Culture, Learning from the Culture

새로운 사람들은 조직과 결합하고 회사로부터 문화를 배운다. 그들은 특별한 문화 속에서 옳은 것들과 나쁜 것들을 배운다. 문화는 어떻게 사람들이 내부조직에 영향을 주고, 어떻게 결정을 내리며, 어떻게 다른 사람과 인간관계를 맺으며, 어떻게 새로운 상황에 대처할 수 있는지를 알게 하는 것이다.

또한 사람들은 그들의 환경 밖에서 어떤 중요한 것을 발견하기를 원한다. 그들은 여러 가지 문화들을 수용하고 그것들 중에서 자기와 맞는 문화들을 받아들이고 그것들을 그들의 조직원들과 공유하고 싶어한다. 모든 문화의 조직원들은 회사 안과 밖에서 일어난 모든 일들을 알고 싶어하고 경영자의 도움 없이도 어떤 것들을 찾아서 하기를 원한다.

호텔 조직들은 최초의 문화가치가 매우 좋은 서비스라는 것을 확신하길 원한다. 그리고 이러한 것들을 계속해서 강조하길 원한다.

2 하부문화/Subculture

문화는 종종 하부문화로 나누어지는데 다른 부류의 사람들과 커뮤니케이션이 원활히 이루어지지 않은 경우 그들은 그들만의 문화를 갖길 원하고 그로 인해 또 다른 문화가 생겨난다.

문화는 다양한 방법으로 내부조직과 외부조직에 전달되는데 이는 법, 언어, 이야기, 전설, 영웅, 종교적인 의식 등으로 전달 · 공유한다.

Ⅴ 문화소통/Communicating the Culture

1 법/Laws

조직의 법은 조직이 정한 규칙과 정책이다. 그 표준은 매우 중요하여 조직 구성원이 어디에 속해 있는지를 알리는 역할을 한다. 조직의 법은 조직원들에게 문화라는 틀 속에서 어떤 행동들이 바람직하고 어떤 행동들이 바람직하지 않아 어떠한 상과 벌을 받을 수 있는지를 명시해 준다.

2 언어/Language

언어는 가장 공통된 문화의 요소이다. 각 조직은 그들만의 언어를 발전시키고 그것들은 종종 외부조직에게 전달되기도 한다. 그들은 언어를 통해서 공통점과 개념 등을 발견할 수 있다. 최근 국내에서 오픈한 모호텔이 전 직원 모두 영어를 사용하고 있는데(예를 들어 김 지배인이 아닌 Mr. Kim으로 호칭) 이는 언어가 가지고 있는 문화형성 효과를 여실히 보여준다 하겠다.

3 이야기, 전설, 영웅/Stories, Legends, and Heroes

이야기, 전설, 영웅은 문화적인 신념, 가치관 그리고 형태 등을 전달하는 데 쓰이는 다른 방법이다. 이야기는 우리가 과거에 어떤 생각을 갖고 있느냐에 따라 전달방법이 많이 바뀔 수 있다. 예를 들어 어린아이들이 어떤 줄거리를 매우 감명 깊고 신중하게 읽었다면 그 이야기는 그들의 부모님을 통해 세대 간에 전달되어진다. 많은 전설들은 경영자의 우화나 인상 깊은 경험에 대해 후임들에게 전해져 조직구성원으로 하여금 하나의 희망이 되고 푯대가 되어 일체감을 주는 훌륭한 경영도구인 것이다. 어느 부서에 모직원의 성공담이나 성공사례는 다른 조직 구성원에게 직무동기를 부여할 것이 분명하다. 실제로 조직에 이야기를 만들고 일부러 영웅을 만드는 경우도 있다.

4 상징/Symbols

상징은 물리적인 목적이 있다. 그것은 그것만의 특별한 의미가 있으며 말을 하지 않아도 다른 사람에게 쉽게 전달되어진다. 문화 상징은 조직 어디에나 있는 것으로서 사무실 창문, 사무실 위층, 책상, 특별한 정보센터 등에서 흔하게 접하는 것들이다. 월트디즈니의 마우스 귀는 매우 인상 깊은 상징으로 월트디즈니를 강하게 상징하고 있다. 최근에 브랜드(Brand)경영이라는 관념적인 것을 가치화하는 차원 높은 경영의 한 형태라 할 수 있다.

5 의식/Rituals

대부분의 호텔조직에서 모든 직원들은 비슷한 연수 프로그램을 경험한다. 새로운 직원은 조직의 기본개념들과 조직의 문화유산 등을 의식을 통해 배운다. 태극기 앞에서 경례를 하거나 행사 때 애국가를 부르거나 사훈과 사가(회사노래)를 부르는 경우 일체감을 일깨우는 의식이며 이는 조직의 문화를 형성케 하는 중요한 요소로 작용하는 것이다. 어떤 의식적인 행사를 하고, 어떻게 그것을 효율적으로 모든 조직원들에게 분배하며 그 문화를 믿게 하여 가치를 계속 증대시키는가가 중요할 것이다.

6 리더의 문화교육/Leaders Teach the Culture

호텔산업의 매니저들은 그들의 문화를 끊임없이 조직원들에게 가르친다. 강한 문화는 강한 조직원과 강한 문화가치를 가진 경영자에 의해 향상되기 때문이다.

7 고객의 문화교육/Guests Teach the Culture

호텔 조직은 종종 조직원들의 기대되어진 가치, 신뢰, 규범을 강화하고 가르치는 데 고객의 도움을 받아 활용하기도 한다. 고객도 거래를 하는 이상 조직의 구성원이기 때문이다.

8 문화와 차트/Culture and the Chart

리더는 관념적 문화론을 정형화시키는 것이 좋다. 다양한 표와 차트로 그림을 그려 조직이 지향하는 바를 조직구성원과 소통하는 것이 필요하다.

9 문화와 공간/Culture and Physical Space

어떤 빈 공간은 조직의 문화적인 메시지를 전달할 수 있게 만든다. 전통적인 회사의 상징물의 배치, 회사의 대표주방장이 일하는 공간의 배치, 설비와 기구의 공간적 배치 등은 문화의 중요한 요소로써 간과해서는 안될 부분이다.

10 문화와 리더십 기술/Culture and Leadership Skills

성공한 리더는 여러 가지 좋은 리더십 요소들을 문화적인 가치에 잘 결합시킨다. 리더는 중요할 때에는 강한 어조로 조직원들에게 납득이 가게 잘 설명하여야 하며 그 중요성이 모든 조직원들에게 잘 전달되어야만 좋은 리더십을 가지고 있다고 할 수 있다.

VI 문화의 변화/Changing the Culture

조직 내에서 사람들은 변한다. 문화도 조직이 바라보는 새로운 현실에 구성원들이 대처하도록 차츰 변화해야 한다. 튼튼한 고객 방침을 가지고 시작하는 문화라도 고객과 직원들도 변화하므로 함께 변화해야 한다. 아무리 좋은 직업을 가진 창립자가 문화를 정립하고 직원들을 채용했더라도, 다음 세대의 경영자는 변화가 필요한 부분에서 문화의 가치를 유지하고 지키기 위해 더욱 노력해야 할 것이다.

Lesson 2 내부고객(Hoteliers)

동기부여와 권한위임

대부분 고객 경험의 모든 것은 직원들에 의해 만족과 불만족의 차이가 결정된다. 생산조직의 경우, 타이어나 자동차 조립을 하는 곳에서 얼굴을 찌푸리고 일하는 것이나, 빈정거리는 말투나, 안 좋은 태도 등을 보인다 해도 문제될 것은 없다. 하지만 고객 경험이 이루어지는 호텔에서의 사람들은, 직원들이 그들에게 어떻게 대하냐가 굉장히 중요하다. 만약 호텔 안 선물가게 점원이 손님에게 불쾌감을 주는 말을 했다면, 그 손님은 그 직원에게 그리고 그러한 직원을 고용하고 훈련시킨 호텔에게 화가 날 것이다. 고객 서비스를 제공하는 직원은 그 조직의 가치와 질을 고객이 결정하게 만들 수 있는 매우 중요한 위치에 있다.

이 과에서는 높은 질의 고객 경험을 실현시키기 위해 직원들에게 주는 동기부여와 권한이임을 집중적으로 다룰 것이다. 품질(quality)은 고객에 의해 결정되는 것이기 때문에 그 고객 경험을 제공하는 직원들은 잘 훈련받는 것뿐만 아니라, 고객의 기대를 충족하기 위한 동기부여 또한 되어 있어야 한다.

I 즐겁고, 공정하고, 재미있는 직업 / Fun, Fair, and Interesting Jobs

호텔조직 직원들이 직업에 대해 원하는 것 3가지를 든다면 그것은 반드시 즐겁고, 공정하고, 재미있어야 한다는 것일 것이다. 월트 디즈니는 "돈을 위해 일하지 않고, 창조적이고 즐겁기 위해 일한다"라고 했다. 노먼 브리커는 "만약 하는 일에 즐거움을 갖고 한다면, 인생에서 단 하루도 일하는 날은 없다. 일을 놀이처럼 하고, 미치게 놀아라"라고 했다. 이러한 직원들을 다루고, 존속시키는 핵심은 근무위치를 창조해 내고 직원들이 즐거움, 공정, 재미로 이해할 수 있는 보상을 주는 것이다. 만약에 그 조직이 이러한 요소들을 성공적으로 근무 위치 안에 세워둔다면, 직원들은 열심히 일을 하도록 그리고 지시에 따르도록 동기가 제공될 것이다. 문제는 개개인마다 즐겁고, 공정하고, 재미있다는 내용이 다르다는 것이다.

Ⅱ 직원 만족과 고객 만족 : 그 직접적 관계 / Employee Satisfaction and Guest Satisfaction: A Direct Relationship

리더는 직원들에게 동기를 부여하고 그들의 재능을 발전시키고 성공을 위해 적정한 자원과 보수를 제공한다. 매니저들이 적당한 자극을 주고 직원들의 요구를 충족시킨다면 직원들은 자신의 일에 최선을 다하고 재미있게 일할 것이다. 즉, 그들의 직업에 만족하게 된다. 직원들이 그 직업에 만족하게 되면 고객들을 대할 때도 더욱더 성실히 서비스하려고 노력할 것이다.

시어스 로벅이란 학자는 800여 개의 상점에서 일하는 직원들의 태도에 대해 연구하고 표준 작업량에 대한 그들의 태도와 그들 상사의 직원들에 대한 태도에 대해서 알아보았다. 기본적으로 행복한 직원은 회사를 위해 열심히 일하고 고객에게도 나은 서비스를 제공하며 회사 상품을 다른 사람에게 추천한다. 직원들의 태도가 5% 향상되었다면 고객만족은 1.3% 향상되었고 전체 수익은 0.5% 증가된 것으로 나타났다.

1 직원들이 바라는 보상의 인식/Identifying the Rewards

고객을 만족시켜야 하는 직원을 만족시키는 첫 번째 방법은 직원이 바라는 보상이 무엇인지 인식하는 것이다. 대부분의 직원들은 새로운 일에 대한 열정과 에너지를 가지고 일에 임한다. 그들은 자신이 일을 잘 해내기를 원한다. 그러나 이런 출발은 용기와 도움 없이는 지속되지 못한다. 임무수행에 대해 직원이 바라는 보상을 받을 때의 기대는 직원들이 무엇에 힘을 얻었으며, 열정을 가지게 되었으며 어떤 것에 의해 열심히 일하게 되었냐는 것이다. 효과적인 직원 임무수행은 재능을 가진 사람들이 그 재능을 필요로 하는 자리에 있을 때 결과로서 나타난다.

2 필요한 관리기술/Necessary Managerial Skills

매니저는 종업원들을 지원하고 동기를 유발시켜야 한다. 관리적인 기술은 정해져 있는 방법에 따라 관리하는 능력을 말한다. 매니저는 직접적으로 각각의 종업원이 일을 수행하는 능력에 영향을 미칠 수 있는 정책과 관리적인 요소를 다룰 수 있어야 한다. 적정한 임금에 대한 직원들의 만족을 이끄는 것을 간과하거나 토요일 저녁에 아주 적은 인원을 배치하는 매니저는 대부분의 정렬적이고 성실한 직원을 효과적으로 이용하지 못하는 상황을 만들 수 있다.

따라서 매니저는 기본적으로 종업원의 일과 관련된 요구에 관심을 기울여야 한다.

리더십은 직원 개개인이 조직 안에서 형성되어진 멤버십으로부터 원하는 것에 대한 보상을 제공하고 확인하는 능력을 포함한다. 협박과 공포는 단기적이고 강력한 동기부여를 제공할 수 있지만 종업원들의 자발적 참여에 의한 조직의 능력은 조직의 장기적 목표달성에 대한 확신을 얻을 수 있다.

3 욕구 요인/The Eager Factors

종사원의 직업 또는 직업환경에 대한 욕구와 만족은 한 기업의 성장과정에서 가장 중요한 요소이다. 개인이나 조직의 직무만족과 그에 대한 적절한 보상은 각 분야 매니저 또는 책임자에게 있어서도 가장 중요한 경영 요소이다. 일반적으로 종사원은 그들의 직무와 작업환경에 대해 스스로 긍정적인 평가를 하는 경향이 있는데, 이는 그들 자신이 직무에 대한 만족을 느낄 때 업무를 잘 수행할 수 있음을 스스로 알고 있다는 것을 나타낸다. 경영자가 종사원의 욕구를 적절히 만족시켜야 최대의 가치가 창출될 수 있는 것이다.

4 재정적인 욕구/Financial Needs

서비스 산업에 있어 종사원이 만약 불충분한 급여로 인해 재정적인 어려움을 겪고 있거나, 다른 종류의 부채로 인해 재정/신상의 어려움을 겪고 있다면 이들이 회사에서 고객에 대한 질적 서비스를 제공한다는 것은 불가능한 일이다.

호텔산업의 전반적인 임금구조(저임금)를 현실적인 수준으로 인상시키거나 현재 여러 업체에서 시행 중인 인센티브/스톡옵션제도 등을 시행하여 종사원이 경제적인 여건에 구애받지 않고 직무를 충실히 수행할 수 있도록 만들어야 한다.

5 소속에의 욕구/Belonging Needs

개인 사업체보다는 방대한 규모의 호텔기업에서 필수로 하는 요소로서 개인이 속해 있는 조직에 대한 동질/소속감을 고취시켜 그 조직이 설정한 목적에 대해 그들 스스로 정당성과 동기를 부여하여 목적을 수행할 수 있게 하는 욕구이며, 조직원 간의 유대관계를 통하여 심리적/개인적 안정과 행복을 추구하게 만드는 조직사회의 중요한 요소이다.

Ⅲ '팀'으로 일하기/Working as a Team

호텔산업에서 팀을 이루어 직무를 수행하는 것은 조직의 발전에 긍정적인 영향을 미친다. 다양한 능력과 경험을 가진 조직원의 의견과 생각은 브레인 스토밍 등의 전략적인 의견 수렴과정을 통하여 최적의 의사결정을 가능케 하고 목표 수행에 막대한 영향을 주며, 이는 조직과 개인의 발전에도 기여한다. 현재 여러 산업분야에서 새로운 형태의 TFT(Task Force Team)로의 전환이 이루어지고 있으며 이는 호텔산업에도 적용되고 있다.

1 그룹과 팀/Groups and Teams

팀 또는 그룹의 성공적인 활동과 지속적인 발전을 위해 필수적인 요소들이 있으며, 이를 통해 팀 또는 그룹은 그들의 장/단점에 대해 생각해 보아야 한다.

2 팀 제도의 장점/The Benefits of Teams

다양한 성원으로 이루어진 팀은 한 개인의 생각보다 폭 넓고 다양한 의견을 제시할 수 있으며, 여러 상황에 대해서도 유연하게 대처할 수 있다. 팀원들 간의 다양한 의견수렴과 사고과정을 통하여 어떤 문제나 상황에 대해 최상의 해결책을 찾을 수 있는 것이 팀 제도의 장점이며, 이러한 최적화된 해답을 통해 조직이 설정한 목표에 보다 더 근접할 수 있다.

체크포인트(Check Point)

성공적인 팀워크의 특성

1. 팀원의 노력을 집중, 고무시키는 의미 있는 팀 목표를 가져라.
2. 측정이 가능하며, 특정 현실성이 있고, 쉽게 이해할 수 있는 목표와 목적을 가져라.
3. 실제적인 팀으로 활용하기 충분해야 한다(5~15명).
4. 팀을 운영하는 데 필요한 기술을 가진 팀원을 가져라.
   (의사결정에 타당한 기능적/기술적 기술, 팀원 간, 팀 운영하는 기술)
5. 명확하고 잘 구성된 조직 운영절차와 팀에 의해 통제되는 행동의 규칙을 가져라.
6. 어느 한 팀원이 아닌 팀 자체가 실패하거나 성공하는 상호능력을 가진 문화가치를 가져라.
7. 팀의 문화를 만드는 팀구성 코치에 의해 리드되어야 한다.
8. 팀원 상호간에 대화하고, 상대방을 배려하기 위한 충분한 시간을 가져라.
9. 팀원의 권한의 범위를 이해하라.
10. 조직의 보상, 정보체계(Information System), 성공을 위한 다른 부서의 지원이 있어야 한다.

3 그룹행동 관찰하기/Monitoring Member Behavior

팀들은 각각 팀원의 행동과 생산성을 제공함으로써 감독, 관리상의 역할에 도움을 줄 수가 있다. 만약 팀이 일반적인 행동목표를 가지고 있다면, 팀은 경영 자체를 할 수 있는 것보다 각자의 팀원들의 역할, 성과를 관찰하고 모니터하는 것이 좋다. 그룹과 그룹의 승인은 권리자가 하는 것보다 종업원 각자의 행동에서 비롯되는 것이 보다 나은 결과를 이끌어낼 수 있다.

그룹활동을 운영하는 조직의 또 다른 이점은 모든 사람(종업원)이 조직이 무엇을 하는가에 대해 배우는 것을 돕는다는 점이다. 문제를 해결하고 의사를 결정함에 있어서 팀에 참가함으로써 조직은 그들이 원하는 것과 어떤 방식으로 그 목표에 도달하는지에 대해서 배운다. 또 개인은 일이 왜 행해지고, 다른 팀원이 그 일의 성과에 어떤 기여를 하고, 또 그 일의 전반적인 조직목표가 무엇인지 배우게 된다. 의사결정에서의 팀 참여는 문제점이 무엇이고, 이슈가 무엇인지를 이해하는데 도움을 준다. 만약 무엇을 하고자 하는지, 왜 그 이유가 중요한지를 모른다면, 아무것도 설명할 수 없다.

팀 의사결정은 보다 많은 이익을 이끌어낸다. 팀 자체가 의사를 만들 때, 팀은 그 결정을 소유하고 이해한다. 팀 의사결정과 성과를 모니터함에 있어서 더욱더 책임감이 있어진다.

Ⅳ 역할이론/Role Theory

역할이론(Role Theory)은 어떻게 그룹 또는 팀이 멤버의 행동에 영향을 주는지 설명하는 한 방법이다. 사람은 다른 사람들의 영향을 받을 수 있게 상당히 예측될 수 있는 패턴으로 그들이 활동하는 역할 안에서 행동한다. 대부분 학생들은 학생으로서 기대되어지는 행동을 하고, Hard Rock Cafe 직원은 대체로 Hard Rock Cafe 직원으로서 기대되어지는 대로 행동한다. 역할들은 우리가 사회나 우리가 속해 있는 그룹에서 행동하는 한 부분이다. 조직원들은 다양한 역할을 행동한다.

역할 전달자는 우리에게 어떤 역할을 수행해야만 하는지 알려주고, 역할 수행에서 어떻게 행동해야 하는지 우리에게 말해주려고 노력하는 모든 사람이다. 그리고 역할 수취인은 우리들이다. 우리는 사람들이 우리에게 주고 있는 모든 기대를 관찰하고 받고, 사람들이 우리로부터 원한다고 생각하는 행동 안에서 그들을 해석한다. 그리고 나서 우리는 그러한 기대에 응할 것인지 아닌지 결정하여 행동하거나 행동하지 않는다.

역할 전달자(Role Senders)　　역할 수취인(Role Receivers)
Expectation → Sent Role → Received Role → Role Behavior

1 역할분쟁/Role Conflicts

이러한 계속적인 과정은 잠재적이거나 실제적인 갈등으로 채워질 수 있다. 다른 사람에게 다른 역할 기대를 받는 사람은 갈등과 혼잡을 느낄 것이다. 만약 고객이 어떤 것을 기대하고, 그 회사방침은 다른 것을 요구한다면, 조직원은 어느 쪽을 수행해야 할지 어려운 결정을 해야만 한다. 또한 갈등은 매니저가 갈등적인 역할 기대를 제공할 때, 역할 기대가 한 사람의 기본적인 가치 또는 믿음과 다를 때 발생할 수 있다.

2 연기자역할/The Cast Member Role

디즈니는 역할의 개념을 그 직업의 본질을 강화하기 위한 독특한 방법으로 사용한다. 모든 조직원에게 연기자(cast member)라는 용어를 사용함으로써 디즈니는 조직의 cast라는 모든 사람이 공공의 무대에서 역할을 연기하고 있다는 생각을 강조한다. 무대 안(on stage)과 무대 밖(off stage)이라는 단어 역시 모든 조직원들의 마음에 이러한 개념을 강화하기 위해 사용되곤 한다. 쇼에 cast를 포함하는 이러한 생각은 조직에게 많은 이익을 가져온다. 그러나 아마도 가장 큰 것은 사람들이 그들의 직업을 역할로써, 그 역할이 그들의 고객 또는 청중을 위한 공연의 한 부분으로써 생각하게 한다는 것이다. 이것은 역할 갈등 해소에 도움을 준다.

토론과 생각 1

K씨는 호텔의 인사관리자로서 호텔직원을 대상으로 새로운 인사고과제도에 대해 설명하려고 한다. 새로운 인사고과제도는 신 인간관계론을 바탕으로 종사원이 참여하여 활동 목표를 결정하고 실적을 평가하는 방법이다. 따라서 K씨는 맥그리거의 XY이론과 매슬로의 욕구 5단계, 동양사상의 성선설과 성악설 등을 포함시켜 교육하려 하는데 이에 대한 이해력이 부족하여 귀하께 자문을 구하고 있다. 귀하는 어떻게 이들의 상관관계를 도식화하여 설명할지 또 이 제도의 장·단점은 무엇인지 설명하시오.

분석(예)

맥그리거의 XY이론은, 인간의 성격을 나타내는 이론으로, X이론은 인간이 게으르고, 책임을 지지 않으려 하고, 능력이 없기 때문에, 경영자들의 관리방식이 자연히 인간들을 감시, 감독하는 양상을 보이게 된다는 견해이다. 이에 비해 Y이론은, 인간은 조건만 마련되면 자기통제를 하여 기꺼이 책임을 지기 때문에, 경영자는 인간의 잠재력을 개발해야 한다고 보는 이론이다.

매슬로의 욕구 5단계설은 인간의 욕구가 계층을 형성하고 있다고 보는 이론이다. 인간은 각 단계의 욕구를 충족시키면 다음 단계의 욕구를 성취하려고 한다. 단계적으로 보면 이는 1. 생리적 욕구, 2. 안전욕구, 3. 소속감과 애정욕구, 4. 존경욕구, 5. 자아실현욕구로 나타낼 수 있다.

이에 반해 동양사상의 성선설과 성악설은 인간의 본성에 대한 '설'로서 전자는 인간이 본래 선하게 태어난다는 것이고 후자는 인간이 본래 악하게 태어나 교육을 통해 사회생활을 할 수 있다는 '설'이다.

오늘날 호텔관광산업은 일종의 혁명적이라 할 만큼 사고체계의 변화 속에 수많은 경쟁을 해야만 한다. 이는 보다 과학적인 인간 관리를 요구하게 되었고 회사의 목표를 달성하기 위해서는 인간으로 구성된 조직의 구성원에 그 성패가 달려 있으므로 사람을 잘 다루어야 한다. 맥그리거의 XY이론, 매슬로의 욕구 5단계설은 과학적 경영방법의 예들 중 하나로 인간의 욕구를 새롭게 모색하는 방법을 제시하고 있다. 욕구 5단계설은 하위단계 욕구는 상위단계로 올라가기 전에 부분적으로라도 만족되어야 하고 그 상위단계는 동기유발요인이 되어야 한다는 것이다. 이를 경영에 적용하기 위해서는 경영자가 직원들의 요구단계를 알아내어서 어떤 종류의 보상과 기회를 주는 것이 가치가 있는지 알아내야 한다. 하지만 문제는 직원들마다 요구단계가 다 틀리다는 데 있다. 이로 인해 경영자들은 직원들의 동기자극요소를 마련하는 데 현실적으로 어려움이 있는 것이다.

분석

여러분이 각자 의견을 제시하고 토론해 보십시오.

토론과 생각 2

■ 당신은 어디에 속하는 고과자입니까?

만약 당신의 부하 중

A : 능력과 일이 신통치 않고 평소 불평불만이 많지만 당신과 취미가 같아 등산이나 낚시에 동행하면서 여가생활에 적극적으로 나서는 타입의 부하

B : 업무처리는 보통이고 능력도 보통이지만 당신 후배이자 동향으로 개인적으로 당신과 가까운 부하

C : 개인적인 연고도 없고 취미도 다르지만 많은 업무를 평소 잘 처리할 뿐 아니라 회사의 제반 방침을 이해하고 준수하며 업무개선도 꾸준히 하려고 노력하면서 지시한 내용은 기필코 달성하려고 노력하는 부하

당신은 관리자로서 부하 인생의 일부를 책임지고 있습니다.
A, B, C 중 어느 부하를 높게 평가하시겠습니까?

분석

여러분이 각자 의견을 제시하고 토론해 보십시오.

토론과 생각 3

M씨는 새로 설립한 호텔의 인사관리자로서 최근 새로운 사원을 모집하려고 한다. 만약 귀하가 M씨가 되었다고 생각하고 신입사원 모집을 위해 가장 우선적으로 해야 할 일은 무엇이며 그 이유가 무엇인지를 설명하시오.

분석-예

세계화를 위한 무한경쟁시대에 당면하여 21세기 세계경제를 주도하면서 세계 초일류 호텔로 성장 발전하기 위해서는 새로운 변화에 능동적으로 대처할 수 있는 전략구축과 인재개발이 요망되고 있으며, 이러한 기업환경과 관련된 당면과제를 해결하기 위해 합리적인 인사관리방법으로 넓은 의미에서 직무분석의 필요성을 느끼게 되었다. 따라서 지금까지 사람 중심의 인사관리에서 탈피, 이제는 일(직무) 중심의 인사관리로 전향할 방침을 수립할 수밖에 없는 것이다. 즉 종사원을 채용할 때에는 추상적 · 일반적인 좋은 사람을 선발하는 것이 아니고 담당업무의 종사원으로서 우수한가, 또는 우수한 작업자가 될 수 있는 소질을 지니고 있는가를 기준으로 해서 선발하여야 할 것이다.

분석

여러분이 각자 의견을 제시하고 토론해 보십시오.

체크포인트(Check Point)

■ **인사고과자가 행할 수 있는 잘못**

인사고과는 '사람이 사람을 평가'하는 제도로 고과자의 주관적인 판단이 개입될 수 있다.

1) 현혹효과(halo effect)

피고자의 어떤 한 면이 우수하면 다른 면도 함께 우수하다고 평가하거나 반대로 어떤 한 면이 나쁘면 다른 면도 함께 나쁘다고 평가하게 되는 잘못

2) 관대화 경향(leniency tendency)

고과자가 '좋은 게 좋다' 식으로 실제 능력 혹은 업적보다 더 높게 평가하는 경향

* 원인 : ① 자기 부하를 나쁘게 평가하여 불만을 살 필요가 없다.
② 자기 부하가 타 부서의 직원에 비해 더 나쁘게 평가되는 것은 피하기 위해
③ 나쁘게 평가할 때 상사인 고과자 자신의 책임으로 돌아올 수 있다는 생각

3) 중심화 경향(central tendency)

직원 모두를 적당하게 중간으로 평가

4) 혹평화 경향

- 부하의 능력과 업적을 낮게 평가
- 고과자 자신은 우수한데 잘못된 점은 부하직원의 무능 탓
(* 자만심이 강한 고과자인 경우에 나타남)

5) 시간적 오류

인사고과를 할 때 쉽게 기억에 남는 고과기간 중 최근의 실적이나 능력을 중심으로 평가

V 권한 부여/Empowering Employees

팀과 조직원들은 성장하고, 개발되어야 한다. 팀이 그들의 조직원들에게 제공하는 하나의 커다란 장점은 그룹 세팅 안에서 성장하는 기회를 제공한다는 것이다. 그러나 조직은 더불어 그들의 조직원들에게 중요한 욕구들이 안전하게 성취될 수 있는 기회가 주어지도록 해야 한다. 그것을 실행하기 위한 광의의 전략이 권한 부여이다. 비록 권한을 부여하는 것은 직원들을 위해 직업의 재미를 첨가하였고, 그들은 그들이 자신의 일과 관련된 결정을 내리는데, 약간의 책임감이 주어졌다고

생각할지도 모르지만, 권한 부여의 주된 이익은 권한 부여가 더욱더 직업에 흥미를 갖게 한다는 것을 통해, 성장과 개발을 위한 기회가 제공된다는 것이다. 그 조직은 흥미로워지고 권한이 부여된 직원들로부터 이익을 얻는다. 권한이 부여된 서비스 종사자들은 그들 각각의 고객의 기대를 초과하거나 경험하기 위해 서비스 경험을 개인화할 수도 있고, 서비스 실패를 막고, 재생하기 위해 필요한 단계가 무엇인지 찾아낼 수 있다. 이러한 보완적인 목적은 조직의 성공과 실패의 중심이 될 수 있다.

1 권한 부여가 무엇인가?/What is Empowerment?

권한 부여는 개인에게 책임있게 결정하도록 하는 할당이다. 그것은 직원들이 원래의 조직을 수행하기 위해 공헌하고 이해하도록 권한 부여를 할 수 있는, 그리고 조직 수행에 기초하여 보상하고, 조직의 결과에 영향을 주는 결정을 내리는데, 권한을 주는 조직 지식과 정보를 공유하는 것을 의미한다. 권한 부여는 전통적인 개념의 위임, 분산, 참여 경영의 전통적인 개념보다 더 폭넓은 의미를 갖는다. 권한 부여는 경영이 효율적인 직업 수행에 영향을 미치는 요인들을 조절하고, 그것에 관한 적절한 정보를 공유하려고 하는 것 또한 포함하고 있다.

2 얼마나 부여해야 하는가?/How Much Empowerment?

권한 부여는 절대적인 것이 아니다. 그것은 양을 가지고 있으며 더 많은 권한 부여가 필수적으로 좋지만은 않다는 것을 발견할 수도 있다. 경영자는 특정한 업무를 하는 것에 더 높은 권한을 부여할 수 있으며 주어진 조직원의 업무 또는 그룹에 주어진 업무 책임 안에서조차 다른 정도의 권한 부여를 할 수 있다. 권한 위임은 어떤 범위 내에서 일어나야만 하고, 그것을 설정하는 것이 권한위임 전략을 이행하는 데 중요한 과제가 될 것이다. 종업원에게 권한을 부여하기 위해서는 먼저 직무를 분석해야 한다. 모든 직무는 내용(content)과 배경(context)을 갖고 있다. 직무내용(Job content)은 그 일을 하기 위해 필요한 업무와 절차를 나타내며 직무배경(Job context)은 더 넓은 개념이다. 그것은 왜 기업이 그 일을 해야 하는지, 어떻게 하나의 일이 관련된 일에 영향을 미치는지, 그리고 어떻게 일이 기업의 미션, 목표, 목적, 직무환경(job setting)에 맞게 하는지를 말한다.

3 권한 부여의 다섯 무대/Empowerment in Stages

권한위임을 사용하려고 하는 매니저들은 다섯 단계의 의사결정(five-stage decision making process)을 하는 것이 도움이 된다. 먼저 문제를 확인하고, 해결책을 발견하고, 이러한 대안들의 평가, 선택을 하는 것, 그리고 마지막으로 그러한 선택의 영향력을 이행하고(충족시키고) 끝까지 추구하는 것이다. 종업원들은 하나 혹은 여럿 또는 모든 단계에 참여하기 위해 권한을 위임받을 수 있다.

[그림 5-1]은 세로축에는 업무배경(context of the job)을, 가로축에는 업무내용(content of the job)을 보여주고 있다. 가로축은 업무내용에 대한 종업원이나 팀의 의사결정책임이 의사결정과정을 위한 관계에서 증가하는 것을 보여주고 있다. 예를 들면 의사결정과정의 첫 번째 단계는 종업원들이 책임을 거의 갖지 않는 것이다. 그러나 오른쪽으로 이동함에 따라 책임과 결정은 증가한다. 마찬가지로 세로축으로 올라감에 따라 업무내용과 연관된 책임과 결정은 증가한다. 종업원에게 권한위임을 하려고 하는 매니저는 업무내용과 배경 또는 둘 다에 대한 책임을 증가시키려고 할 것이다. 표에 명시된 5개 점은 매니저가 이용할 수 있는 권한위임에 대한 다양한 전략들을 더 잘 이해할 수 있도록 해준다.

[그림 5-1] 직원 권한 부가 그리드

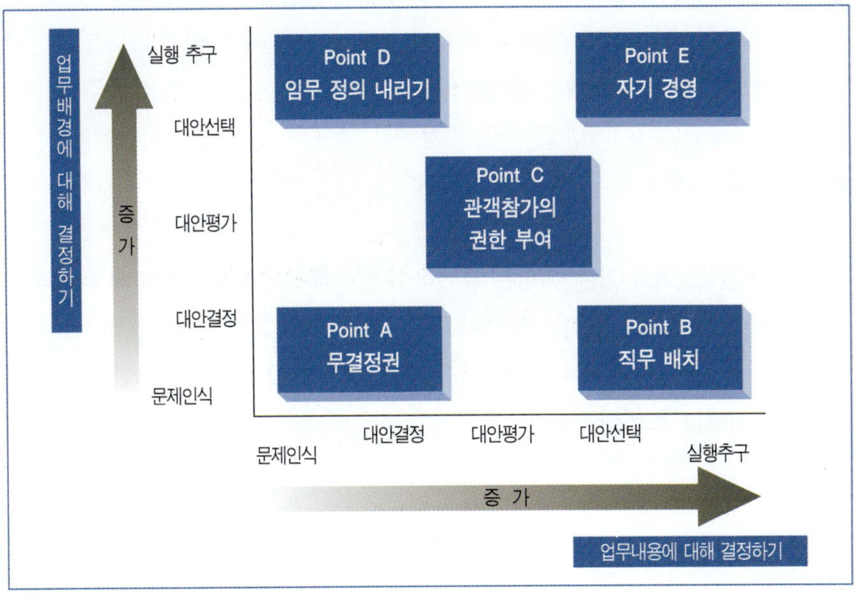

Point A(무결정권)는 매우 정기적이고 반복되는 업무의 전통적인 조립라인을 나타낸다. 이것은 직원이 아닌 다른 사람에 의해 설계되고, 모니터된 전통적인 패스트푸드(fast food) 업무이다. 업무의 내용물이나 배경의 관점에서 보면 결정하는 책임은 관련되어 있지 않다. 여기의 업무는 매우 반복적이며 지루하다. 이곳에서 직원들은 고객과의 뜻 깊은 상호작용을 전혀 할 시간이 없을 정도로 짧다.

Point B(직무 배치)는 오늘날 많이 사용되고 있는 권한 부여 프로그램의 요소를 나타낸다. 직원에게는 직무 내용에 관해 많은 결정 책임이 주어지고 직무 배경에 관해서는 조금 주어진다. 직원은 주어진 업무를 완수하는 최선의 방법에 대해 결정할 권한이 주어진다. 이런 경우, 경영자는 임무와 목표를 정의하고 직원들은 그것을 이룰 수 있는 최선의 방법에 대한 권한을 갖게 된다. 경영자는 권한이 주어진 직원들이 그들의 직업 지식과 지력을 업무에 적용하여 그들의 일을 발전시킬 수 있도록 적용하기를 바란다. 많은 호텔산업에서 직업은 이 부문에 있다. 고객 서비스 직원들은 그들의 일을 설계된 대로 해야 하지만 융통성 있게 다양한 방법으로 다양한 고객의 요구와 기대를 충족시켜 줄 수 있다. 아무리 같은 주방에서 100가지 다른 저녁식사가 제공된다고 해도, 그 식사는 서버가 저녁식사를 제공하는 방법에 따라 각각 달라지게 된다. Point B는 Point A와는 상당한 거리가 있다. 왜냐하면 직원들의 직무 내용에 관한 의사결정에 참여한다. Point B의 업무는 직원들에 의해 재구성될 수 있다. 그들은 업무에 더 많은 내용들을 첨가할 수도 있고, 또는 새로운 종업원 기술을 개발할 수도 있다. 더욱이, 그들은 어떻게 업무를 수행하는지 피드백을 더 많이 받으며, 충분히 업무를 이해하는 활력과 자유가 주어진다. Point B의 성공은 부분적으로 종업원 통제를 넘어서 서비스전달시스템의 설계, 조직의 구성, 고객의 기대, 보상제도 등에 달려 있다.

Point C(관객참가의 권한 부여)는 업무의 내용과 배경에 모두 관여하여 의사결정에 참여권이 주어지는 좀 더 전형적이고, 자주적인 업무조직을 나타낸다. 이런 조직의 경우 문제인식, 양자택일의 선택과 분석, 그리고 업무의 내용에 관해 최선의 대안을 제시하는 것과 같은 일에 참여한다. 이런 조직에서 더 높은 업무 만족과 생산성을 얻을 수 있다.

Point D(임무 정의 내리기)는 권한 부여에서 거의 논하지 않는 보기 드문 상황을 말한다. 여기서 직원의 경우 업무 배경에는 참여 권한이 주어지지만 내용에 관해서는 주어지지 않는다. 예를 들어 관리작업을 하는 조직에서 외부 직원이 현재 종업원들보다 특정 업무를 더 효율적으로 할지 안 할지에 대한 결정권이 주어진다. 아웃소싱할지 결정하는 것은 조직구성원의 임무를 극적으로 바꿀 것이다. 경영자가 종업원들에게 지속적인 고용을 보장해 준다면, 직원들의 업무 배경 조정이 이런 극적 변화에서도 권한 부가 전략으로써 효율적인 도구가 될 수도 있을 것이다.

Point E(자기 경영)는 종업원들의 업무 내용과 배경에 관해 전적인 의사결정권이 주어지는 부분에 해당된다. 종업원들에게 이만한 권한을 주는 것은 그들의 조직에게 효율적일 수 있도록 기여할 능력을 사용할 수 있다는 상당한 신뢰가 요구된다. 이것은 종업원이 조직의 목표에 현명하고, 적절한 기여를 할 의사 결정 능력이 있고, 직원들이 조직의 임무와 목표를 달성할 준비가 됐다는 신뢰가 있다는 것이다. 한 사람에게 그들의 업무 환경요소, 기술적인 새 제도 그리고 경쟁적인 도전에 대답하는 임무 내용과 배경에 결정권을 부여한다는 것은 신뢰에 대한 최고의 표현이다.

"B"점과 호텔산업

권한 부여 표 중에서 B점이 호텔산업의 종사자들에게 가장 적당하다. 조직은 종사자에게 기대하는 만큼의 임무를 설정해 준다. 어떤 조직, 특히 패스트푸드점에서는 단지 종사자에게 일하는 횟수만을 기대한다. 그러나 훌륭한 조직들은 단지 횟수가 아니라 100번의 같은 음식이라 할지라도, 100번의 다른 부가된 서비스·제공방식을 제공하여 고객들의 서비스경험이 그저 그런 수준이 아닌 감동에 이를 수 있기를 요구한다. 이러한 B점의 권한 부여수준을 잘 활용한 사우스웨스트항공(Southwest Airlines)을 예로 보면, 그 CEO인 Herb Kelleher는 "당신이 모든 상황을 완벽히 처리하는 것을 기대하지 않습니다. 단지 최선을 다해주십시오. 설사, 실수를 행하였다 할지라도 저희는 단지 당신에게 알려주기만 할 뿐 아무런 비난을 하지는 않겠습니다."라고 말했다. 호텔산업의 고객접점(Frontline job)에서의 대부분은 B점의 권한 부여수준이 가장 적합하다. 종사원으로 하여금 고객을 만족시킬 수 있는 융통성을 부여하여 실패를 최소화할 수 있게 하기 때문이다.

4 권한 부여프로그램 활용

권한 부여프로그램을 성공적으로 활용하기 위해서는 적절한 전략과 몇몇의 요소가 필요하다.

1. Strategies

일과 관련한 임무에 대해서 먼저 권한을 부여하고 종사원 모두가 그러한 수준에 익숙해진 후에 더욱 확장된 임무에 대해서 권한을 부여해야 한다. 이때, 경영진은 매 단계마다 애로사항과 다음 단계로 갈 수 있는 종사원의 능력이 준비되었는지 꼼꼼히 확인하여야 한다. 그 대안적인 방편으로 경영진은 종사원들에게 종사원들의 임무에 대하여 문제를 파악하는 것과 대안을 탐색하는 것에 대한 권한을 부여해야 할 것이다.

어느 정도의 권한 부여가 적절한지 애매한 경우, 경영진은 먼저 그리드에서의 위치를 파악하고 거기서 점차 발전시켜야 한다. 위에서 제시한 것과 같은 권한 부여 그리드는 경영진이 얼마만큼의 권한을 부여할 준비가 되어 있는지, 상황판단을 하는 데 있어 바람직한 관여의 정도를 위해서 무엇을 할 수 있는지를 명료하게 제시하여 준다.

2. 적용의 적절한 조건(Limitations and Potentials)

권한 부여프로그램은 조직에 따라 한계점이 있기 마련이다.

아래와 같은 특성을 갖는 조직의 경우는 권한 부여프로그램이 부적절하다.

① 저가정책, 방대한 작업량이 요구되는 조직

② 고객과의 접촉이 짧은 업무가 주를 이루는 조직

③ 요구되는 기술이 간단한 조직

④ 해당된 사업 전망이 예측 가능한 조직

⑤ 종사원의 성장에의 욕구, 사회적 성공의 욕구가 낮은 종사원들이 많은 조직

그러나 호텔산업의 경우, 권한 부여프로그램과 특성이 잘 맞아떨어져 효과적으로 이용할 수 있다. 호텔산업의 특성은 위에서 제시된 특성과 상반되며, 아래와 같다.

① 서비스가 개개인화되어 있으며,

② 고객과의 접촉이 오래도록 지속되며,

③ 업무와 관련한 기술이 복잡하고,
④ 앞으로의 전망이 불투명하고,
⑤ 종사원들의 성장에의 욕구, 사회적인 성공욕구 및 요구되는 치밀한 인간 관계 처우능력이 높다.

복잡한 기술이 요구되며, 종사원들이 꽤 어려운 과정을 거쳐 선택된다는 점(⑤번과 관련하여)을 제외하면 호텔산업에서의 거의 모든 고객과의 접촉상황은 권한 부여프로그램의 채택으로 많은 이득을 누릴 수 있을 듯하다.

종사원들이 각각 다양하기 때문에 어떤 종사원들에게는 다른 특정집단보다는 권한 부여프로그램이 더욱 적합할 수 있다. 그 예로, 시간제 종사원들은 아마도 조직의 목표나 오랜 시간 고객과의 접촉에 열의가 없을 것이다. 최고의 경영이라 하면, 각각의 종사원들의 각기 다른 권한 부여 정도를 파악하는 것이 요구되는 것이다.

마지막으로 권한 부여프로그램은, 권한을 부여받은 종사원이 다른 종사원에게 해가 되는 상황판단을 유도해 냈을 경우 문제를 일으킬 수 있다. 예를 들어, 프런트에서 고객이 2시간 늦게 check-out을 할 수 있도록 했을 때, 하우스키핑(Housekeeping) 부서에서는 어려움을 겪을 수밖에 없다. 이처럼 권한을 부여받은 종사원들이 다른 종사원들에게 부정적인 영향을 미치게 내버려둬서는 안된다.

5 동기, 권한과 보유 / Motivation, Empowerment, and Retention

우수한 서비스업의 경영자들은 직원을 모집하고 교육하기 위해 열심히 일한 직원들을 고용한다면 동기와 권한의 중요성을 알아야 한다. 우수한 직원들은 때때로 자주 찾아오는 손님들과 돈독한 관계를 만들기도 한다. 이런 돈독한 관계는 고객을 반복적으로 찾아오도록 동기를 부여한다. 이같이 친절한 직원들의 태도는 직원의 고객 경험(guest experience) 가치가 보태어진 것이다. 만약 서비스 조직에 우수한 직원들을 고용하지 않는다면 반복적 성향을 보이는 고객 경험과 더불어 조직의 성공은 감소할 것이다.

Lesson 3 제7주

내부고객(Hoteliers)

조직권한의 승인과 동참

I 경영방침에 대한 호텔직원의 승인과 동참 / Employee Acceptance of Managerial Direction

구성원들의 작업 수행에 있어 동기를 부여하는 것에 대해 경영자가 알아야 할 중요한 궁극 요점은 권위 또는 방침이다. 직원들이 조직을 위해 일하길 바라는 경영자는 직원들이 지시에 따라야 할 이유와 그들에게 요구할 것이 무엇인지부터 파악해야 한다. 불만족하는 구성원은 불만족하는 고객을 창출한다. 좋은 구성원이 스스로 긍정적 고객 경험을 하는 동안 열정적이고 배려있고 즐거운 구성원은 고객 경험을 보다 좋게 만들 수 있다. 그러면 서비스업의 경영자나 지도자는 조직을 대신해서 구성원이 방침을 승인하고 열심히 일하도록 어떻게 해야 할까?

1 권한승인이론/Authority-Acceptance Theory

체스터 버나드(Chester Barnard)의 권한승인이론에 따르면 권한은 다른 누군가가 지시한 명령을 당신이 받아들이고 따르도록 하는 명령의 특성이다. 만약 누군가가 당신에게 냉장고에서 맥주를 가져오라고 시키고 당신이 그것에 따른다면 그 지시는 당신에 대해 권한을 가지게 되는 것이고, 만약 당신이 그 명령에 따르지 않는다면 그 명령은 당신에 대해 권한을 가지지 않는다. 따라서 명령에 권한이 있는지의 여부는 권한이 있는 지시자가 아닌 지시를 받은 사람이 결정한다는 것이다. 가치도 같은 식으로 고객과 직원들의 보상으로 결정한다. 권한은 항상 직원들이나 권한이 없는 사람이 승인한다. 경영방침 승인을 좌우하는 요소는 지시자와 받아들이는 사람에 달려 있다. 따라서 경영자는 경영하는 데 있어 구성원의 승인과 동참을 얻는 데 필요한 이런 요소들을 이해하고 주목해야 한다.

Ⅱ 구성원의 승인과 동참조건 / Conditions for Accepting Direction

구성원이 경영방침에 승인하기 이전에 4가지 전제조건이 충족되어야 한다. 더욱이, 모두 충족될지라도 구성원이 승인하지 않을 수도 있다. 그러나 전제조건이 충족되지 않는다면 구성원은 더욱 승인하지 않을 것이다.

1 구성원은 지시를 알아야 한다

다시 말해 명령을 무조건 따르는 것은 불가능하다.

대다수의 구성원들은 지시를 주의 깊게 들어야 하며 그런 뒤 경영자가 말하는 것이 무엇인지 또 그들이 무엇을 원하는지 생각해 봐야 한다. 그리고 지시를 이해한 것을 생각해 보고 그렇지 않은 것은 다시 이해하도록 노력해야 한다. 그것은 명령이 너무 복잡하거나 평범할 수도 있기 때문이다.

2 구성원은 지시가 조직의 목표와 일치한다고 생각해야 한다

항공사 승무원들은 내리는 승객들을 위험에 빠뜨릴 수 있는 기름이 비행기 출구 바닥에 있다는 것을 발견했다. 조종사는 그런 상황에서 승객들을 비행기에서 내리게 하라고 승무원에게 말했다. 승객 안전을 위해 승무원은 조종사의 의견을 무시해야 하는지? 안전기준에서 벗어나는 근거 있는 설명이 없다면 경영자들은 구성원이 그런 명령은 따르지 않는다는 것을 알아야 한다. 만약 명령이 조직의 목표, 승인된 정책, 관례 또는 과거의 관습과 모순된다면 경영자는 이번이 다른 이유를 설명해야 한다. 이런 전제조건에 특별히 주목할 것은 둘이나 그 이상의 다른 경영자들의 지시가 충돌되어 야기된 역할 충돌이다. 지시자 모두 명령을 내렸지만 조직의 목표에 모두 일치할 수는 없다. 구성원은 그 지시자들 중 하나를 받아들이거나 거절할 것이다.

3 구성원은 명령이 구성원의 목표와 일치한다고 생각한다

이 전제조건은 구성원이 첫 직장과 인연을 맺는 것과 관계가 깊다.

만약 명령이 조직에 나쁜 결과를 초래한다고 구성원이 판단한다면 그 명령을 따르지 않거나 회피할 것이다. 그런 명령은 명령을 받아들이는 데 기본이 되는 구성원 개개인의 동기와 모순되는 것이다. 만약 명령이 구성원이 중요하게 생각하는 목표나 원칙과 일치하지 않는다면, 구성원은 그 명령을 묵살하거나 피할 수도 없어 결국 회사를 그만두게 될 것이다. 승인되거나 거절된 경영 또는 관리방침은, 제공받은 동기와 그 답례로 기대한 공헌 사이의 관계를 비교 평가한 결과이다. 만약 제공받은 동기가 기대한 기여보다 크거나 같다면 그 명령은 받아들여질 것이다. 그러나 요구한 기대가 동기보다 중요성이 크다면, 그 명령은 이루어지지 않을 것이다. 개개인의 목표가 특별할지라도 대다수의 구성원은 즐겁고 공평하고 재미있는 직업을 가지길 원한다. 조직의 지도자들은 어느 범위까지는 이런 동기를 제공하고 근무환경이 형성되도록 해야 한다. 그리하여 조직은 구성원들로 하여금 경영방침을 승인하도록 장려해야 한다.

4 구성원은 신체적 · 정신적으로 임무 · 명령을 수행할 수 있는 능력을 지녀야 한다

이 말은 너무도 당연한 얘기지만, 구성원들은 개개인의 특성상 불가능한 명령을 부여받기도 한다. 매니저는 구성원들의 특정한 능력과 한계를 잘 파악하고 있어야 한다.

Ⅲ 명령 또는 지시가 수행되기 위한 조건

일이 잘 진행되게 하기 위해서는 다음과 같은 세 가지 사항을 숙지해야 한다.

1 능력 있는 매니저는 위에 언급한 4가지의 전제조건에 부합되는 명령을 한다

전제조건에 맞지 않는 명령은 수행되지 못한다. 간혹 어설픈 매니저들은 전제조건들을 무시하는데 매니저라는 직위는 그 어떤 명령도 내릴 수 있는 권한을 부여받았다고 생각하기 때문이다. 그러나 진정 강력한 힘을 가진 매니저는 전제조건을 충분히 고려하여 명령하는 매니저라 할 수 있다. 그러할 때만이 권위를 가질 수 있는 것이다.

2 종사자 모두는 자신의 직업과 관련한 명령을 기대한다

구성원들은 그 조직 내에서 그들의 역할과 관련한 여러 가지 명령을 기대하지만, 그들이 수행 · 복종하는 명령은 '수용범위'내에 준하는 것들이다.

명령에는 확실히 수용할 수 있는 명령, 절대 받아들여지지 않는 명령, 그리고 애매모호한 명령이 있다. 애매모호한 명령이라 하면, 상관이 비서에게 '연애편지를 대신 써다오.' 하는 식의 임무 밖의 명령을 들 수 있겠다. 이러한 종류의 명령 중 세 번째, 애매모호한 명령은 빈번하게 일어나는데 이때 구성원들은 고민하게 된다. 일반적으로 '수용범위'는 기업이 얼마나 구성원의 욕구를 충족시켜 줬느냐에 달려 있다. 즉, 조직이 구성원에게 많은 혜택을 줄수록 구성원은 명령을 수행하고자 하는 의지를 더욱 굳혀 나간다. 이러한 조직이 부여한 혜택과 구성원 개인의 헌신과의 상관관계를 구성원이 긍정적으로 받아들일 수 있게 잘 이끌 수 있는 매니저가 능력있는 매니저라 할 수 있다.

3 대부분의 구성원들은 그들이 속한 조직이 '소위' 잘 나가기를 바란다

구성원들도 이미 '조직의 성공 없이는 개개인의 성공도 있을 수 없다'는 사실을 잘 알고 있다. 그러므로 조직의 기대에 거스르려는 구성원들은 이 대부분의 구성원들에게 크나큰 위협이 될 수 있다. 조직은 모든 멤버가 명령에 따르도록 엄청난 노력을 기울여야 하는 것이다. 구성원들이 매니저에게 '권위'를 부여하고, 조직이 매니저에게 '힘'을 부여한다. 조직은 뛰어난 구성원을 진급시키고 상응하는 직급을 선사한다. 매니저가 행사할 수 있는 포상능력이 높아질수록 구성원을 이끌 수 있는 매니저의 힘은 강해진다. 매니저의 입장이 그러하다면, 구성원들은 조직으로부터 각종의 혜택을 받기 원한다. 매니저는 적절히 그 혜택을 배분 · 제공함으로써 조직이 구성원에게 원하는 구성원의 헌신 · 열정의 최대화를 유도해 낼 수 있다. 따라서 구성원이 원하는 각종의 것들을 잘 파악하는 것은 매니저의 중요한 임무인 것이다.

체크포인트(Check Point)

고객은 더 이상 호텔의 상품과 서비스를 거래하는 사람들만을 칭하지 않는다. 호텔의 품질은 구성원뿐만 아니라 상품과 서비스를 취하는 사람들의 자세나 행위 등에 의해서 영향을 받는 것이다. 다시 말해 품질을 결정하는 요소에 구성원과 교류 · 교감하는 사람들도 포함된다는 말이다. 이제 더 이상 구성원과 구매하는 사람들을 떼어놓고 고객이란 말을 사용할 수가 없는 것이다.

호텔의 서비스 상품, 서비스 환경, 서비스 전달 시스템을 체험하고 이를 평가하며 그 품질의 격에 따라 거래하는 사람을 외부고객이라 한다면, 끊임없이 외부고객과 교류 · 교감하여 그 품질을 책임지며 경영의 핵심위치에 있는 구성원들을 우리는 내부고객이라 한다. 호텔사업의 성격을 논할 때 이미 호텔사업은 사람사업이라 했다. 만일 불만족한 내부고객이 있다면 이는 외부고객과 상호교류 · 교감한 것이고 이는 가감없이 경영성과로 직면하게 되어 있는 메커니즘을 갖고 있는 것이다.

내부고객의 과학적 관리없이 외부고객은 만족시킬 수 없으며 모든 호텔경영의 시작점에 내부고객이 있는 것이다.

Ⅳ 호텔 조직구조와 업무

다음의 표(그림)들은 호텔 내부고객의 조직구조와 구성체계의 예를 보여주고 있다. 특히 호텔 조직의 수장으로서 총지배인의 역할모델에 주의하여 학습하기 바라며 전통적인 조직도는 조직의 범주를 이해하면서 학습해 주길 바란다. 세부적인 조직체계 등은 6장에서 다룰 '경험' 부분에서 좀더 다루기로 한다. 각 직책의 직무와 내용, 그리고 승진체계 등에 관심을 갖고 학습해 주길 바란다.

1 호텔 사람 : 조직관리에 관한 참고 도표

[그림 5-2] Transactional Leadership Model

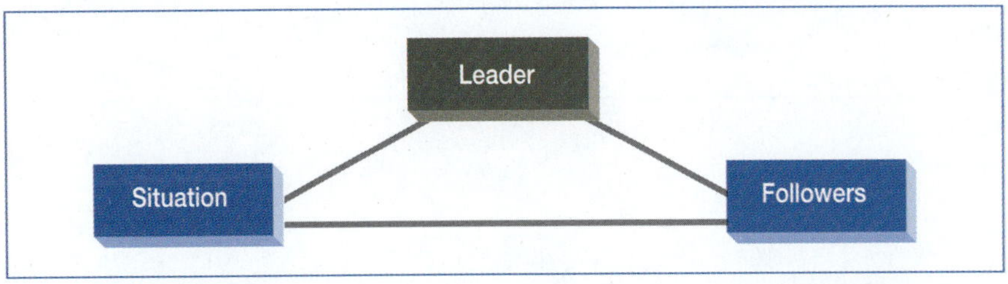

[그림 5-3] Dynamics of Demands on General Managers in the Hospitality Industry

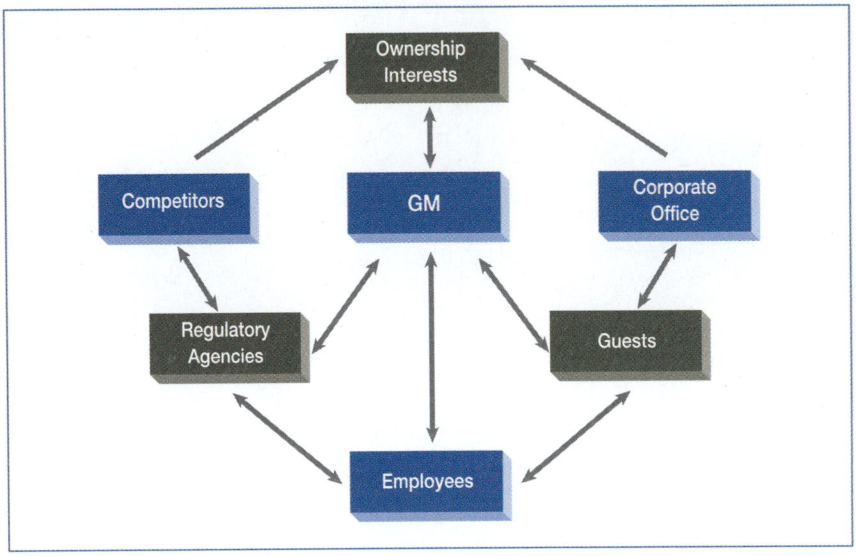

[그림 5-4] Amount of Energy the General Manager Needs to Spend on Getting Results and Maintaining Relationships

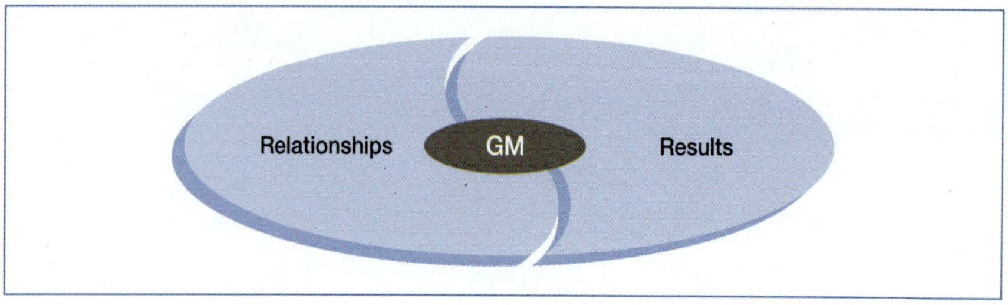

[그림 5-5] Key Management Functions Leading to Goal Accomplishment

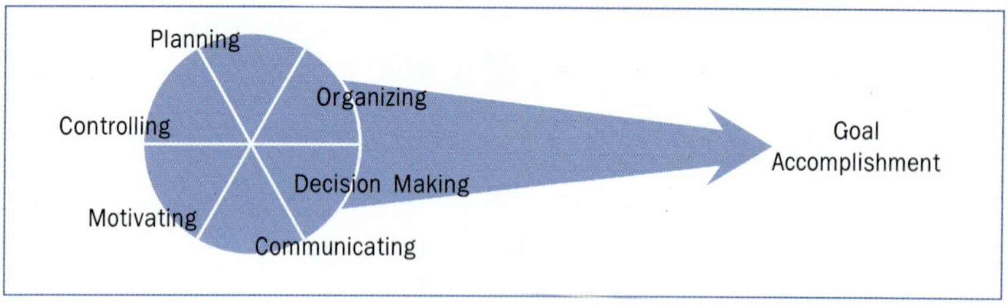

[그림 5-6] Sample Organizational Chart Large Hotel Property Traditional Organization

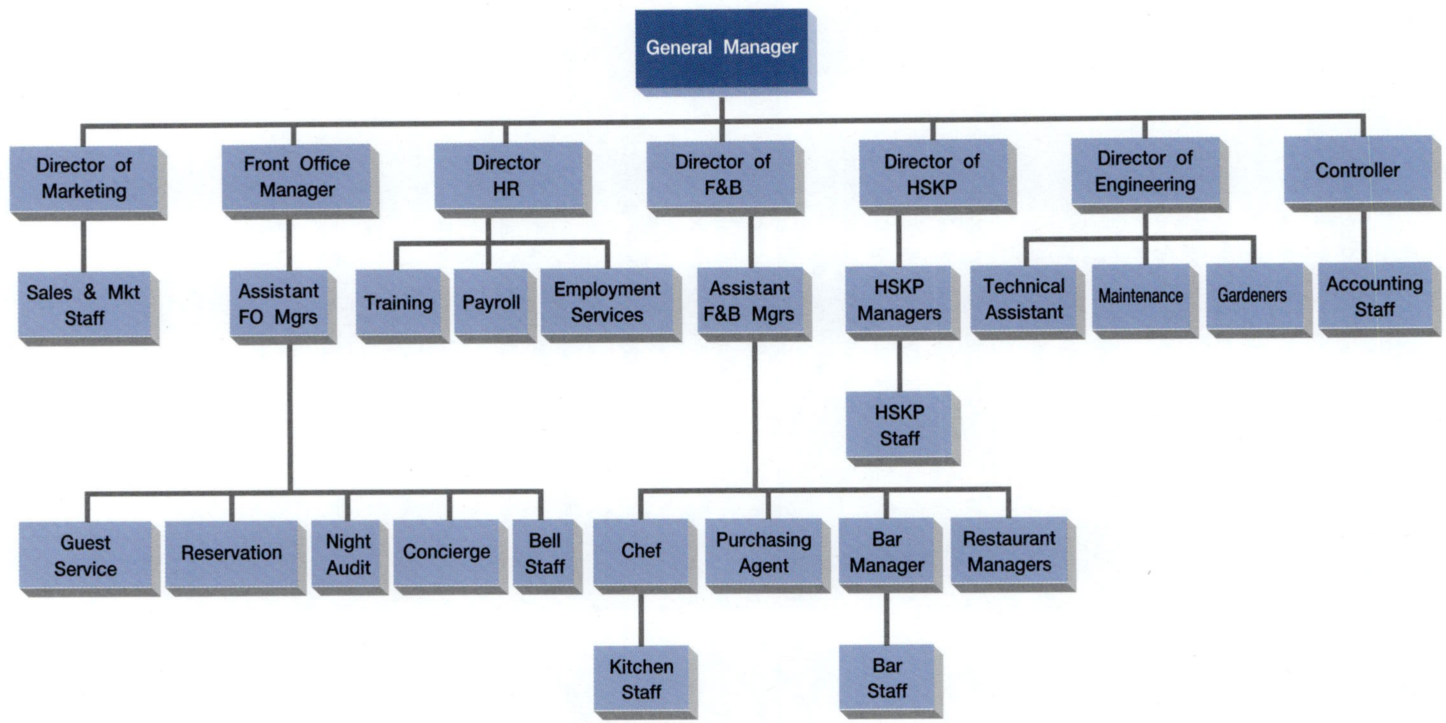

[표 5-1] 호텔 각 직책의 직무와 내용 그리고 승진체계

Title	Department	Description	Advancement Opportunity
Food and Beverage Controller	Accounting	Controls Foods and Beverage costs through menu planning and pricing/ purchasing decisions, strong issuing. Works closely with management and provides advice through consultation and reporting.	Assistant Controllers
Assistant Controller	Accounting	Functions as office manager with responsibility for preparation of financial statements.	Controller
Controller	Accounting	Acts as financial advisor to management in achieving profit objectives through detailed planning, controlling costs and effectively managing assets and liabilities of the hotel.	Ares/Regional Controller
Director of Operations	Administration	Usually the number two manager in a hotel, responsible for the management of all operating departments, such as Food and Beverage, Housekeeping, etc.	General Manager
General Manager	Administration	Supervise all activities within the hotel. Responsible for the coordination of add departments.	Regional and Corporate Positions
Director of Engineering	Engineering	Responsible for the maintenance of the physical and mechanical plant.	Regional Team
Steward	Food and Beverage	Purchases and supervise the receipt and strong of food beverage for the hotel.	Restaurant Manager
Director of Food and Beverage	Food and Beverage	Oversees entire food and beverage department.	General Manager
Catering Manager	Food and Beverage	Sells banquet and supervises banquet services.	Director of Food and Beverage

[표 5-2] Exhibit a Key Hotel Management Positions

Title	Department	Description	Advancement Opportunity
Convention Services	Food and Beverage	Acts as liaison between meeting planners and the hotel. Responsible for execution of major functions.	Catering, Manager/Director of Food and Beverage
Front Office Manager	Front Office	Acts as a liaison between the guest and the hotel for reservation, registration and information.	Cross-training in other divisions-Director of Operations
Reservations Manager	Front Office or Marketing	Oversees reservations functions, plans for reservations and yield management.	Front Office, Manager/Director of Marketing
Housekeeping Manager	Housekeeping	Supervises the work of room attendants and house person in assigned areas.	Director of Housekeeping
Director of Housekeeping	Housekeeping	Supervises all housekeeping personnel. In charge of all renovation and purchases of housekeeping supplies.	Cross-training in other divisions-Director of Operations
Director of Marketing	Marketing	Oversees all marketing and sales functions, develops marketing and sales plans.	Director of Operation with cross-training in other divisions
Director of Sales	Sales	Sells convention facilities for meetings, banquets and receptions. Sells rooms to volume purchases such as corporate travel directors of large companies.	Director of Marketing

체크포인트(Check Point)

■ 호텔리어가 되는 기본과정의 예

우리 사회에서 '서비스'라는 단어를 상징하는 호텔맨. '하늘에서 뚝 떨어진' 사람들이 아닌 바에야 이들 역시 입문과 양성과정을 거쳐 오늘의 서비스 화신(化神)으로 변화된 것임에는 틀림없다. 단순히 변화된 정도의 차원을 넘어서 '호텔맨'으로 자리 잡기 위해서는 혹독한 수련과 끊임없는 자기계발, 연구노력이 병행되어야 할 뿐만 아니라 '환골탈태'할 수 있는 정신자세가 요구된다. 특급호텔을 중심으로 '최일선의 민간 외교관' 칭호를 듣고 있는 호텔맨의 채용에서부터 신분변화, 업무배치, 교육훈련 과정 등을 조명해 본다.

어학은 필수, 봉사마인드 등 인성이 중요 잣대

부르는 명칭이나 직종분류에 있어서 약간의 차이가 있지만 대개의 호텔들은 고객을 직접 응대하는 식음업장이나 객실 프런트, 예약 근무자 등의 접객을 담당하는 서비스직종, 판촉이나 마케팅 · 홍보 등 영업지원부서, 그 외 인사 · 총무 · 재무 등 관리직, 영선 · 시설 · 하우스키핑 등의 기타 부서로 나누고 있다.

각 호텔들은 종사자들을 업무특성에 맞춰 직종별로 선발하는 기준을 달리하고 있다.

이 중 관리직이나 판촉, 마케팅, 홍보 등의 사무직종 근무자들은 대졸, 연회 · 식음료업장 등의 근무자들은 고졸자격을 기본 자격요건으로 삼고 있지만 실제로 대졸사원의 경우 외국 유학파나 대학원을 수료한 사람들이 많고, 고졸사원의 경우 대부분이 전문대졸 이상의 학력을 소지하고 있는 상황이다. 일부 호텔은 전 직원의 자격요건을 고졸로 문호를 넓힌 곳도 있다.

관광이나 호텔관련학과를 전공한 경우 특별한 가점은 없지만 업장 근무를 지원하면 면접 시 우선 고려되는 혜택(?)을 누리기도 한다. 관련학과 출신자들은 산학협동제도를 통해 호텔에 접근하기 쉽고 정보를 빨리 얻을 수 있다는 점에서 다른 지원자에 비해 유리한 위치에 놓여 있다. 인터컨티넨탈호텔은 "관광계열 전공자들에게 가점의 명문기준은 없지만 이들이 실무를 학교에서 이미 배워 이해도가 높고, 적성에 맞는 것 같아 채용되는 비율이 높은 것 같다"고 밝혔다. 또 인사 담당자들은 인턴십 프로그램 등 외국의 호텔에 근무한 경험이 있거나 관련학과 외국 유학파들 역시 면접관들에게 높은 점수를 받을 수 있다고 귀띔했는데, 이들은 대개 판촉이나 마케팅 분야에 지원하는 성향을 보이고 있다.

외국인을 주로 상대하는 직업의 특성상 호텔에 근무하려면 직종을 불문하고 어학, 그중에서도 영어능력이 필수로 꼽힌다. 비즈니스업무를 주로 하는 판촉이나 마케팅 부서 직원들은 일반적인 영어회화와 더불어 비즈니스 회화구사능력이 필요하다.

어학 외에 인사 담당자들이 중요하게 꼽는 사항은 호텔에 근무할 수 있는 적격성 여부

최근 유학파와 세칭 명문대학 출신들의 호텔 취업이 많이 늘어나고 있는 상태이기는 하지만, 학업성적과 개인의 능력을 인재선발의 최우선 잣대로 삼는 호텔은 극히 드물다. 각 호텔 인사 담당자들의 의견을 취합해 보면 호텔맨으로서의 가장 중요한 자세는 봉사할 수 있는 마인드를 갖추는 것으로 요약될 수 있다. 아무리 개인의 능력과 자질이 뛰어나다 하더라도 고객에게 자신을 낮출 수 있는 마음이 없으면 호텔 근무 자격 미달자로 분류된다는 것. 물론 양자를 모두 갖춘다면 '금상첨화' 겠지만 굳이 비중을 따지자면 '자질' 보다는 '인성' 이 호텔 인재 선발의 중요 잣대로 고려된다는 설명이다.

'끌어주고 밀어주고' 직원교육에 총력

호텔에 입사하기 위해서는 대개 서류전형 후 영어, 면접(인사담당, 지원부서장, 임원) 등의 테스트를 거친다. 앞서 강조한 대로 호텔맨들에게 요구되는 어학능력이나 인성이 이 단계를 거치면서 검증된다. 우선 영어테스트를 통해 회화능력을 인정받아야 하고, 인터컨티넨탈호텔처럼 자체 개발한 시험을 통해 영어능력을 테스트하기도 한다. 신라호텔처럼 외국인이 직접 테스트하는 검증방식도 있다. 조리분야 희망자는 별도의 실기시험을 본다.

물론 테스트 절차를 거쳐 입사했다고 해서 바로 정식 호텔맨으로 인정받는 것은 아니다. 각 호텔들은 새내기들을 대개 짧게는 3개월에서 길게는 1년까지 임시 계약직 신분으로 둬 적응기간을 운용하고 있다.

이 시기에 사측은 배치부서의 특성을 살려 OJT(On-the Job Training : 직장적응훈련) 교육을 실시하는데, 주로 선배나 부서장들이 이를 담당한다. 수습이나 인턴기간을 거친 후 비로소 정규직으로 전환되고 나서야 호텔맨으로서의 첫 발을 내딛었다고 볼 수 있다.

인재선발 못지 않게 호텔에서 중요하게 생각하는 것은 직원들의 교육이다. 호텔맨들의 교육은 서비스 마인드 함양이 가장 중요한 비중을 차지하고 있고, 어학이나 업무지식 배양 등의 실무교육, 애사심과 매출제고를 위한 열린 사고 등 정신교육도 병행되고 있다. 대개 선배나 업무계통의 상사에게 지속적으로 교육을 받거나 사내 강사들에 의해 자체교육을 받고 있지만 부서에 따라 인사, 재무, 총무 등의 지원부서는 외부기관에 위탁해 회계, 관리실무를 재교육받기도 하고 전산, 시설 등 기술직들은 법이 정한 안전교육을 받아야 한다. 또 승진연차가 돼 대상자가 되면 직급에 해당하는 관리자 교육을 받고 간부로 성장하는 기본 토대를 구축한다.

각 호텔들의 직원교육방식은 외국계 체인브랜드냐 로컬이냐에 따라 약간의 차이가 있다. 외국계 체인브랜드 호텔들은 본사의 교육프로그램에 따라 직원교육을 실시하는데, 각 직급이나 부서별로 인원을 선발해 같은 체인호텔에 연수를 시키기도 하고, 본사가 운영하는 집체교육에 참여시키는 경우도 있다. 이때의 비용은 전액 회사가 부담하고 교육기간은 근무에 포함된다.

국내 로컬호텔의 경우 자체 개발한 교육프로그램을 통해 교육을 시키는 동시에, 제휴를 맺고 있는 해외 유명호텔에 연수를 시키는 것으로 체인호텔과의 경쟁력을 확보하고 있다. 이때 자체 트레이닝센터를 운영하는 호텔들은 보유 강사진을 활용, 탄력적인 교육운영을 할 수 있어 그렇지 않은 호텔보다 높은 교육효과를 거둘 수 있다. 지난 87년 교육원을 오픈해 국내에서 가장 오랜 연륜을 자랑하는 신라호텔을 위시해 힐튼호텔, 그랜드하얏트호텔 등이 대표적인 예로 이 호텔들은 병원, 은행, 여행사 등 외부에서 의뢰한 수탁교육을 담당할 정도로 서비스 교육기관으로서의 위상을 공고히 하고 있다.

자질과 노력에 따라 기회는 무궁무진

수습기간을 거친 후 일단 정규사원으로서의 신분을 획득했으면 그 순간부터 끊임없는 자기 계발과 연구, 노력이 요구되는 직업이 호텔맨이다. 우선 각 호텔의 승진, 승급기준부터가 안일한 정신을 가질 수 없게 만든다. 대개의 특1급 호텔은 주임, 대리, 과장, 차장, 부장, 임원으로 올라갈 수 있는 연차기준을 4년 정도씩 대동소이하게 잡고 있다. 하지만 연차대상자로 분류됐다고 해서 바로 승진하는 것은 아니어서 평소의 근무평가를 종합하고 부서장과 임원 등으로 구성된 심사위원회의 엄격한 심사를 거친 후 판가름나게 된다.

평범한 직업관을 가지고 있는 사람에게는 연차를 채워 단순히 직업인으로서의 생활을 유지할 수도 있고, 반대로 야망이 있는 사람에게는 새로운 도전의 기회로 탈바꿈할 수도 있는 것이 호텔맨의 세계.

일단 각 호텔 인사담당자들은 최초 입사 시의 기재학력과 직종이 바뀌는 경우는 드물다며 냉정한 증언을 하고 있다. 즉 현업에 종사하면서 상위의 학력을 취득하거나 관련학문을 전공해도 보수나 승진 시의 혜택을 기대하기는 힘들고 업장 근무자가 마케팅이나 판촉부서로 발령돼 대외 비즈니스업무를 담당한다거나 하는 예는 찾아보기 힘들다는 것이다.

하지만 그럼에도 불구하고 상당수의 호텔 종사자들이 바쁜 시간을 쪼개, 어학이나 실무 등 연구개발을 게을리하지 않는 이유는 변화하지 않으면 살아남지 못할 뿐 아니라 도전하는 자에게 기회가 주어진다는 사실을 너무나도 잘 알고 있기 때문이다.

경제학자들이 호텔업을 비롯한 관광산업의 미래전망을 높이 평가하는 것은 종사자들의 미래 또한 그만큼 밝다는 것을 단적으로 증명하고 있다.

Source : 호텔 & 레스토랑

체크포인트(Check Point)

■ 호텔리어 진로 / Professional Hotelier

The Jobs to Shoot for

● 4Steps to your First Job ●

1. Know yourself
2. Know your opportunities
   - Summer job
   - Internship
   - Working part-time

   예 Clubs, Resorts, Hotels, Airlines, Hospitals, Contract feeders, Restaurants, Vending, Supplier companies
3. Get the job
4. Succeed in your job

● The Lodging Industry ●

Ⅰ. Jobs to shoot for

* General manager
* Resident manager
* Food & Beverage manager
* Restaurant manager
* Front Office manager
* Controller
(F/O cashier, night auditor, payroll Dpt. CC.Acct. Dept.)
* Accountant
* Sales manager
* Convention Coordinator
* Chief engineer
(refrigeration, heating, plumbing, lighting, kitchen equipment, roof exhausts)

Ⅱ. The Real Hotel Business

– A Lot More Exciting Than the TV Version

〉At the Top

1. General manager
2. Controller/Financial office
3. Director of marketing & Sales
4. Food & Beverage manager
5. Executive Housekeeper
6. Human Resource Director
7. Chief Engineer

〉Food & Beverage

8. Executive chief
9. Executive steward
10. Asst. exe. Steward
11. Restaurant manager
12. Asst. restaurant manager
13. Asst. F&B manager

〉Room Division

14. Room Division manager
15. Assistant manager
16. Assistant F/O manager

〉Housekeeping

➡ Guest rooms, restaurants, public areas & back of the house : offices, laundry, locker rooms

17. Housekeeping Supervisor
18. Assistant housekeeper
19. Executive Assistant Housekeeper

〉Sales & Marketing

20. Director of Marketing
21. Director of Sales
22. Sales manager
23. Sales associates

〉Accounting
24. Controller/Financial officer
25. Cost Accountant
26. Financial Accountant
27. Credit manager
28. Income auditor
29. Account receivable supervisor
30. Account payable supervisor

〉Human Resources
31. Director(director of personnel)
32. Training manager
33. Employee Benefits administrator
34. Employee relations manager
35. Recruiter

Ⅲ. Cruise

〉Dining Room
36. Head waiters
37. Dining Room waiters
38. Wine stewards
39. Wine cooler keeper

〉Galley
40. Chef
41. Soys chef
42. Housekeeping
43. Reception Desk
44. Concierge
45. Bar Staff
46. Deck Stewards
47. Musicians
48. Security
49. Engine Room
50. Health Care
51. Linen Keeper
52. Hotel Director

Ⅳ. Others
53. Casino
54. Rent a Car service
55. KNTC – Visitor Bureau (Government)
56. Meeting Planners
57. Vacation ownership works
58. Resort Developer
59. Trade Association
60. Industry Statistics
61. Local government Bureau
62. Computers(MIS)
63. Consulting
64. Bed & Breakfast
65. Travel Agencies
66. Tour Operators
67. Incentive Travel
68. Convention & Meetings
69. Airlines
70. Car rental
71. Passenger Rail
72. Destination & Travel Promotion
73. Travel Writing
74. Education & Training
75. Associations
76. Club Management
77. Attractions & Theme parks
78. Food Service
79. Recreation Services
80. Tourist Information Offices
81. Tourism Research Agencies
82. Adventure Travel Business
83. Hotel Representative Companies
84. Visitors Bureau
85. Advertising & Marketing Agencies
86. Industry Law
87. Sports Facility Management
88. Investment Banking
89. Own Business

● Be Prepared! ●

- ➡ Personal Appearance
- ➡ Inter Personal Skills
- ➡ Oral Expression Skills
- ➡ Hospitality Industry Knowledge
- ➡ Self Confidence
- ➡ Listening Skills
- ➡ General Knowledge

–source : Educator, 1996

● Job Search Process ●

1. Evaluating yourself
2. Establishing your career objectives
3. Creating a company target list
4. Networking for success
5. Preparing your resume
6. Preparing cover letter
7. Interviewing
8. Sending thank you letter

● Employment Records ●

– Details on every part–time or full–time job you've held, Including :

- ■ Each employer s name, address and contact points.
- ■ Name of supervisor
- ■ Exact dates worked
- ■ Approximate numbers of hours per week
- ■ Specific duties and responsibilities
- ■ Specific skills utilized
- ■ Accomplishments, honors

Volunteer Activities

Extracurricular Activities

토론과 생각

전국 특급호텔 사장과 총지배인 현황을 직접 알아보고 토론해 보자!
아래표를 완성하고 각 지배인에 대해 조사해 보자.

호텔명	등급	사장 · 총지배인	부임연도	국적
신라				
웨스틴조선				
서울힐튼				
그랜드하얏트서울				
그랜드인터컨티넨탈				
롯데				
롯데월드				
서울프라자				
르네상스 서울				
J.W. 메리어트	특1급			
아미가				
리츠칼튼 서울				
워커힐				
경주힐튼				
경주현대				
경주조선				
하얏트리젠시제주				
부산 메리어트				
웨스틴 조선비치				
올림피아				
홀리데이인				
세종				
노보텔 앰배서더 강남				
노보텔 앰배서더 독산				
소피텔 앰배서더	특2급			
프레지덴트				
타워				
로얄				
팔래스				
리베라				

Lesson 4

제7주

외부고객(Customers)

The Most Important Asset

I 고객의 생산참여/Guest Can Help

일반적으로 제조업에서 지위가 낮은 직원들은 핵심상품과 관련된 일에 크게 관여할 수 없다. 그러나 호텔산업에서는 얘기가 달라진다. 호텔산업에서는 고객을 대하는 직원(frontline employee)들의 역할이 중요하다. 이들은 기업과 고객 사이의 접촉지점(point of contact)이다. 이들은 고객의 질문에 대답하고, 문제를 해결하고 서비스를 제공하는 등 고객의 기대를 충족시켜 주고 또 기업이 원활하게 운영될 수 있도록 도와주는 역할을 한다. 호텔산업에서는 직원뿐 아니라 고객들도 생산활동에 참여할 수 있다. 레스토랑의 샐러드 바, 호텔 룸의 커피 머신, ATM과 셀프 주유기계 등이 그 예이다.

1 준종업원으로서의 고객/Guest as Quasi-Employees

호텔산업에서는 많은 예상치 못했던 일들이 생기고 직원들은 이러한 문제들을 잘 해결할 수 있어야 한다. 이를 위해서 일에 필요한 기술적인 것과 고객과의 관계와 관련된 직원교육이 필요하다. 또 고객을 준직원으로 생각하고 그에 알맞게 대응하는 것도 하나의 좋은 방법이다. 고객이 기업활동에 참여하는 것이 도움이 된다면, 고객이 일에 잘 참여하고 수행할 수 있는 방법에 대해서 알아야 한다.

첫째, 기업이 고객에게 기대하는 역할에 대해 잘 명시하고, 고객이 일을 수행하기 위해 필요한 지식과 기술 등에 대하여 밝혀야 한다. 둘째, 기업이 그들에게 원하는 것이 무엇인지 명확하게 알도록 하고, 일을 수행하기 위한 준비가 다 되어 있는지 확인해야 한다. 또한 고객으로 하여금 일을 수행하는 것이 곧 그들 자신에게 이익이 된다는 것을 알도록 해야 한다. 마지막으로, 일이 진행되면 고객의 능력과 의지에 대하여 평가하여 잘된 점을 칭찬하고 잘못된 점은 고쳐야 한다.

물론, 고객이 일을 하기에 필요한 기술을 습득하는 것이 너무 어렵거나 시간이 오래 걸린다면 기업의 생산활동에 참여하지 않을 것이다. 고객 경험을 잘 평가함으로써 그들이 참여할 수 있는 일을 잘 설계할 수 있을 것이다.

2 조직설계/The Guest Involved Organization Decides

어떤 호텔산업은 고객을 생산활동에 참여하지 못하게 하거나 혹은 반드시 참여하도록 한다. 예를 들어, 맥도날드나 버거킹과 같은 패스트푸드 레스토랑은 고객이 직접 주문하고 음식을 가져가고 테이블을 치워야 한다. 이렇게 레스토랑의 직원이 할 일을 고객이 함으로써 직원들에게 들어가는 비용이 줄어들기 때문에 고객에게 빠르게 낮은 가격으로 음식을 제공할 수 있다. 다시 말해서, 패스트푸드 레스토랑의 서비스 전달 시스템(service delivery system)은 고객으로 하여금 직접 참여하도록 한다. 그러나 이러한 레스토랑의 서비스 환경(service setting)이 항상 고객이 참여하도록 하는 것은 아니다. 음식을 만드는 활동에는 고객이 참여할 수 없다. 패스트푸드 레스토랑에서 음식의 일관된 질을 유지하고 안전한 음식을 생산하는 것은 중요하다. 그러나 고객이 직접 음식을 만드는 것에 참여하게 되면 음식 생산의 속도가 느려지거나 안전성이 떨어지는 등의 문제가 발생할 수 있기 때문에 고객이 직접 참여할 수 없다. 다시 말해서 패스트푸드 레스토랑은 음식을 만드는 활동에는 고객의 참여를 배제하면서 고객이 직접 음식을 주문하고 가져오는 등 서비스 전달 활동에 있어서는 고객이 참여하도록 하여 일의 능률을 유지한다.

Ⅱ 고객참여전략/Strategies for Involving the Guest

고객은 고문(consultant), 다른 고객을 위한 환경(environment), 공동생산자(coproducer), 서비스 제공의 경영자로서 기업활동에 참여할 수 있다.

1 고객은 고문/Guest as Unpaid Consultants

고객은 무급 고문으로 기업활동에 참여한다. 기업이 고객에게 어떠한 것을 선호하는지, 어떠한 것을 싫어하는지 등 고객의 의견을 묻고 그에 대한 답을 얻게 되는데 이때, 고객이 기업의 고문으로 참여하게 되는 것이다. 다시 말해서, 고객이 고문으로서 기업에 중요한 의견을 제시하면, 그 기업은 그 의견들을 수렴하여 서비스 환경과 전달방식에 적용하는 것이다. 직원을 뽑을 때 그 호텔을 자주 이용하는 고객을 면접관으로 세울 수도 있고, 기업의 포커스 그룹(focus group)의 일원으로 고객을 초청하여 참여하도록 할 수도 있다.

2 다른 고객을 위한 환경 / Guests as Part of Each Other's Experience

고객은 서비스 환경(service setting)으로서 역할할 수도 있다. 다른 고객 보는 것을 좋아한다면 그 고객들이 서비스 환경이 되는 것이다. 만약 다른 고객 자체가 중요하다면 그 고객들은 서비스 생산품(service product) 자체로서 역할을 하게 되는 것이다. 그러나 사실, 이 두 개념의 명확한 차이는 없다. 놀이동산이나 극장, 또는 레스토랑을 갔을 때, 사람이 별로 없다면, 고객들은 그곳에 들어가는 것을 꺼려할 수 있다. 다시 말해서 텅 비어 있는 곳보다는 사람들이 많이 모여 있는 곳을 좋아한다. 고객들은 다른 사람들을 보면서 또 다른 즐거움을 찾기 때문이다. 영화나 콘서트, 연극 등은 모두 고객에 의해서 분위기가 바뀐다. 때때로 아기가 울거나 가족 간의 말다툼이나 큰소리로 떠드는 사람들에 의해서 고객의 기분이 안 좋아질 수도 있다. 좋은 경우이든 반대의 경우이든 모두 고객 한 사람 한 사람이 또 다른 고객에게 중요한 환경요소가 되는 것이다.

3 공동생산자/Guests as Coproducers

고객을 포함시키는 전략들 중에서 고객이 참여할 수 있는 가장 좋은 방법은 아마도 고객 경험에서의 적극적인 협동생산자로서일 것이다. 사실 고객들은 생산과 서비스 전달 시스템의 일부분이 될 수 있다. 이러한 참여는 웨이터가 있는 레스토랑 대신에 패스트푸드점에서처럼 그들 스스로가 서브를 가지는 것과 같은 데서 볼 수 있다. 고객 협동생산의 가치는 조직에게 중요한 것이 될 수 있다. 매 순간 고객들은 그들 스스로 그들만의 것을 서브하거나 생산하기 때문에, 종종 그들의 경험의 질을 향상시키는 동시에, 조직이 종업원과 같은 일을 하는 것에 대해서 고객에게 그 대가를 지불해야만 할지도 모르는 대체된 노동자가 된다.

4 서비스 제공의 경영자 / The Guest as a Substitute for Management

1. 감독자로서의 고객(Guest as Supervisors)

고객은 많은 접촉점을 서비스 제공자들과 갖고 있다. 고객의 의견을 더 많이 취해야 하고 그들의 행위를 보아야 한다. 고객은 그들의 종사원들이 그들을 만족하게 만들었는지 불만족하게 만들었는지 즉각적으로 피드백(feed back)을 할 수 있다.

고객은 그 서비스에 대해 대가를 지불하기 때문에 고객은 그 서비스와 서비스 제공자 그리고 그 조직에 대해 생각을 한다. 호텔산업의 직원들은 고객이 기대하는 고객 경험을 생산하도록 노력을 해야 한다. 호텔산업에서 고객은 말하고, 웃고, 직접적으로 불만을 표현한다. 고객을 끊임없이 모니터링하고 반응한다면 경영에 도움을 줄 것이다.

2. 자극과 촉매제로서의 고객(Guest as Motivators)

고객 참여는 고객이 근로자들에게 말을 하든 말을 하지 않든 호텔산업 종사원들은 더욱 큰 도전을 받는다. 대부분의 호텔산업 종사원들은 끊임없이 다양한 고객의 기대를 경험하고 그들의 서비스 전달시스템 속에서 고객의 요구를 수행할 수 있게 된다.

3. 훈련교육자로서의 고객(Guest as Trainees)

고객은 서로를 훈련시킬 수 있다. 조직이 고객을 이용하여 다른 고객을 훈련시킨다면 그것은 많은 시간과 비용을 절감할 수 있고 훈련된 고객은 다음번에 다른 고객을 훈련시킬 수 있게 된다.

4. 고객의 명예유지(Maintaining Guest Dignity)

호텔 조직들은 호텔영업이 손님들에 의해 제한받기를 바라지 않는다. 손님들이 서비스를 파괴하려고 할 때 조직은 주저하지 말고 그들을 밖으로 내보내야 할 것이다. 그러나 이러한 조치는 고객들의 존엄성에 해를 입힐 수 있다. 평등하지 못한 대우에 화난 고객이나 해고에 정말 화가 난 고객들은 장기적으로 부정적인 영향과 나쁜 입 소문으로 돌아올 수 있다. 비록 고객을 직위 해제하는 것이 하나의 방법이지만 조직들은 이러한 것 또한 어떻게 보면 실패라는 것을 알아야 한다. 무례한 고객들 또한 서비스가 현실적이건 아니건 서비스에 대한 기대를 가지고 있었다는 것이다. 그리고 그 조직은 그 기대를 만족시키는 것에 실패한 것이다.

Ⅲ 호텔고객관리전략

1 호텔고객에 대한 이해

호텔경영에 있어서 고객은 호텔의 전반적인 수익창출의 핵심이라 할 수 있겠다. 따라서 호텔고객을 분류하고 분석하는 것뿐만 아니라 호텔고객의 필요와 욕구를 잘 파악해 충족시킬 수 있는 방안을 모색하는 것 역시 호텔경영에 있어서 무엇보다 중요한 하나의 업무라고 생각한다.

그런 의미에서 먼저 호텔고객을 분류해 보자면 첫째로 상업목적 고객이란 호텔지역 내에서 상업활동을 목적으로 하는 방문객으로서 다른 목적의 고객에 비해 호텔기업에 보다 많은 매출을 올려주며 지역에선 가장 높은 매출을 올려주는 중요한 고객이다.

다음으로 순수 관광목적 고객이란 여행목적이 경관감상, 레크리에이션, 휴식 및 친구와 친지방문인 고객을 말한다. 이러한 순수 관광목적 고객 유치를 위한 방안으로는 고객이 다양한 레크리에이션 시설을 요구하며 풍부한 관광자원을 선호하므로 관광자원의 접근로에 있는 호텔이 유리하다.

마지막으로 회의와 컨벤션 목적 고객이란 대규모 단위의 회의나 컨벤션에 참여하는 고객으로 호텔매출증진에 커다란 변수가 되는 고객이다. 회의와 컨벤션 목적 고객을 유치하기 위해서는 회의장, 휴게실, 식당, 응접실, 레크리에이션 시설과 충분한 객실을 보유하고 있어야 하고, 접근로의 편의성을 가지고 있어야 한다.

호텔기업은 이러한 호텔고객의 특성과 요소를 잘 파악하여 보다 나은 고객 중심의 경영으로 빠르게 변화하는 고객의 욕구를 충족시켜 호텔의 현재에서 미래까지 내다보는 비전 있는 호텔로 거듭나야 할 것이다.

현재 호텔에서의 진정한 고객이란 단순히 단기적인 이익을 주는 고객이 아니라 호텔의 무형적 · 유형적인 수익을 가져다주는 고객으로 호텔 이미지의 향상이라든지, 매출액의 큰 영향을 주는 VIP고객의 선별화가 우선시되고 그에 따른 차별된 서비스를 제공해야 한다.

호텔의 주인은 고객인 것이다. 집에서는 멀리 떨어져 나왔지만 마치 집에 온 것과 같은 그러한 편안함을 만끽할 수 있도록 해야 할 것이다. 특히 단골 고객들의 성향을 빨리 파악하여 고객이 호텔을 찾았을 때 고객 취향에 따른 객실을 배정하고 룸서비스를 제공할 수 있어야 만족을 느낄 수 있을 것이다. 심지어는 단골 호텔 고객이 잠을 잘 때 머리를 어느 방향으로 대고 자는지를 파악하여 그에 따른 객실 구조 변형을 꾀할 만큼의 세심함을 보여야 한다. 이렇게 작은 부분까지도 신경을 쓴다면 아마도 호텔 고객은 만족의 차원을 넘어서 감동까지 할 수 있을 것이다.

일반적으로 호텔 고객이라 함은 예약을 통해 오는 고객과 walk-in guest처럼 예약 없는 방문을 하는 고객이라 할 수 있다. 하지만 이외에도 객실을 사용하지 않는 나이트클럽이나 커피숍처럼 각종 F&B 업장을 이용하는 고객들도 모두 호텔의 고객으로 볼 수 있다. 한 번이라도 호텔을 이용한 고객은 지금 당장에 고객으로서의 가치는 없지만, 잠재적인 고객으로서 다시 방문할 가능성이 있기 때문이다.

어떤 사람이든 호텔에 들어오는 사람이라면 호텔 고객이다. 하지만 서비스에 대한 지불 능력이 있어야 하고 호텔의 품위를 지킬 수 있는 사람이어야 호텔의 진정한 고객이다. 또한 호텔 이윤 추구에 있어서 도움이 될 만하고 장기적으로 고객이 될 수 있는 사람이 가장 필요하다.

2 고객중심경영(Guestology-Guestologist) : 4p vs. 4c (호텔업체를 위한 새로운 마케팅 믹스)

'마케팅믹스'의 개념은 1960년대 초 Borden에 의해 처음으로 개발된 것인데 그것의 실용성이 높아짐에 따라 계속적으로 발전해 왔다. 호텔산업에 적용되어 온 개념은 다음의 McCarthy의 "4P" 개념으로 알려지고 있다.

■ 상품 : Product
소비자 고객의 욕구를 충족시키는 어떤 물적 상품과 어떤 서비스와의 결합물

■ 장소 : Place
언제, 어디서, 누가 상품과 서비스를 팔기 위해 내놓았는가?

■ 판촉 : Promotion
적절한 시간에, 적절한 장소에서, 적절한 상품에 관한 정보를 목표시장에 연결시키는 모든 방법

■ 가격 : Price
내놓은 상품에 대하여 최대한으로 매력을 갖게 하는 적정 가격

이상의 4P 개념은 서비스 상품이 일반 물적 상품과 구분되는 특징 설명이 충분하지 않다는 것이다.

재래식 '마케팅 믹스' 개념은 서비스 산업을 위하여 그다지 유용한 것이 못 된다. 왜냐하면, 재래식 개념은 '서비스'보다 '상품'을 판매하는 전략에만 치중했기 때문이다.

1. 4C의 소개

4P의 개념은 대량생산시대에 생산에 중심을 둔 경영방식에서 적용되어 지금까지도 많은 책자와 현장에서 사용되고 있다. 그러나 이러한 4P개념은 생산자, 다시 말해 경영의 중심에 경영자를 두고 상품도, 장소도, 판촉도, 가격도 경영자가 중심이 되어 정하는 경영 패러다임인 것이다. 이는 현재 우리의 경영 사회 상황과 맞지 않는 콘셉트의 마케팅 기법인 것이다.

지금은 대량생산, 경영자 중심의 경영이 아닌 고객 중심의 소량화와 개성화된 상품과 서비스를 요구하는 고객 중심 시대인 것이다.

따라서 기존의 4P는 고객 중심의 4C로 전환되어야 한다.

4P 중 Product는 4C의 Customer value로
4P 중 Place는 4C의 Convenience로
4P 중 Promotion은 4C의 Communication으로
4P 중 Price는 4C의 Cost로 그 패러다임을 열어나가야 할 것이다.

상품(Product)은 고객의 입장에서 고객의 가치(customer value)이며, 장소(place)는 고객이 편안하게 구매 가능케 하는 편리성(convenience)이고, 촉진(promotion)은 다양한 상품과 서비스의 특징 및 새로운 것들에 대한 소개 등은 고객의 입장에서는 커뮤니케이션(communication)이고, 마지막으로 가격(price)은 결국 고객에게는 원가이고 비용(cost)이 되는 것이다.

만약 경영자가 과거의 경영자 중심의 경영이 아닌 고객 중심의 경영, 다시 말해 모든 경영의 중심에 고객을 두고 고객의 입장에서 경영을 펼쳐간다면 그 결과는 비교할 수 없이 차이가 날 것이다. 경영의 새 패러다임은 고객 중심 경영(guestology)인 것이다. 이렇게 모든 경영활동의 중심에 고객이 있다는 철학과 사상하에 경영을 하는 새로운 경영자를 고객 중심 경영자(Guestologist)라 한다.

4C의 철학과 사상으로 경영에 나서야 할 때라 본다.

호텔식 콘도

성공하느냐 실패하느냐는 다른 사람이 아닌 바로 내가 하는 일이다. 바로 내가 힘이다. 나는 내 앞의 장애물을 치울 수도 있고, 미로 속에서 길을 잃을 수도 있다. 내 선택, 내 책임이다. 이기거나 지는 것은 오직 나만이 가진 내 운명의 열쇠에 달려 있다.

– 알레인 맥스웰 –

Part 5

고객과의 거래 : 경험 그리고 가치

Chapter 6. 경험 1 : 객실서비스 상품, 환경, 전달 시스템

Chapter 7. 경험 2 : 식음료서비스 상품, 환경, 전달 시스템

Chapter 8. 경험가치와의 거래 : 가격

The meaning of Hospitality

자신을 다른 사람의 처지에 놓아보면 남에게 느끼는 질투나 증오가 없어질 것이다. 또 다른 사람을 자신의 처지에 놓아보면 거만이나 자아도취가 많이 줄어들 것이다.

\- 괴테 -

Chapter 6

경험 1 : 객실서비스 상품, 환경, 전달 시스템

A room

지식은 사람을 행복하게 만든다. 지식은 샘물이다. 그러므로 마실수록 한층 더 솟아나는 것이다.

- 부트루 -

Lesson 1

제8주

호텔객실부서의 이해

A Profit Center

Ⅰ 호텔의 부서 구분법

호텔조직은 임무(Mission Statement)와 목표를 수행하기 위해 정돈된 조직을 필요로 한다. 이러한 조직을 표현하는 일반적인 방법이 조직표를 만드는 것으로 조직 내 직무 간의 연계성을 도식적으로 보여준다. 하나의 호텔이 다른 호텔과 전적으로 같을 수 없으므로 호텔의 부서를 매출발생 기능적 측면에서 구분한다면 수익센터(Revenue Center)와 지원센터(Support Center)로 나뉘고 고객에게 노출되는 정도에 따라 Front of the House와 Back of the House로 나뉜다.

- Revenue Center : 객실부, 식음부, 호텔 내 상점 등
- Support Center : 객실관리부, 경리부, 시설부, 인사부 등
- Front of the House : 객실부, 객실관리부, 식음부 등
- Back of the House : 경리부, 시설부, 인사부 등

Ⅱ 객실부

1 객실부 조직

호텔에서 객실부는 매출발생 기능적 측면에서 매출창출부위(Revenue Center)이며 고객노출 정도에 따라 Front of the House로 분류된다. 고객 체재 중에 제

공되는 서비스의 기능에 따라 아래와 같이 구분할 수 있다([그림 6-1] 참조).

1. Front Desk

호텔에서 가장 눈에 띄는 부분이고 주로 로비에 위치하여 고객의 Check in과 숙박등록, 객실지정, 퇴숙절차를 담당한다.

Front Desk

2. Telephone Switchboard

복잡한 커뮤니케이션의 네트워크를 관장한다. 보통 Private Branch Exchange를 사용하여 업무를 수행하는 이유에서 PBX Operator라고 부르기도 한다. 단순히 전화에 답하는 기능 이상으로 국제전화 연결, Wake-Up Call, 자동체계 감시, 비상연락망 관리 등을 수행한다.

3. Reservation

숙박의 예약을 접수하고 진행시킨다. 정확한 예약 장부를 유지하여 초과 예약되는 경우가 없도록 한다.

4. Uniformed Service

주차요원, 도어맨, 포터, 리무진 운전수 등이 포함된다. 고객을 가장 많이 접하는 직원들로서 고객의 체제기간 동안 최대한 고객의 편의를 돌본다.

5. Business Center

사업상 체재 중인 고객에게 비서업무를 제공한다.

[그림 6-1] 객실부 조직

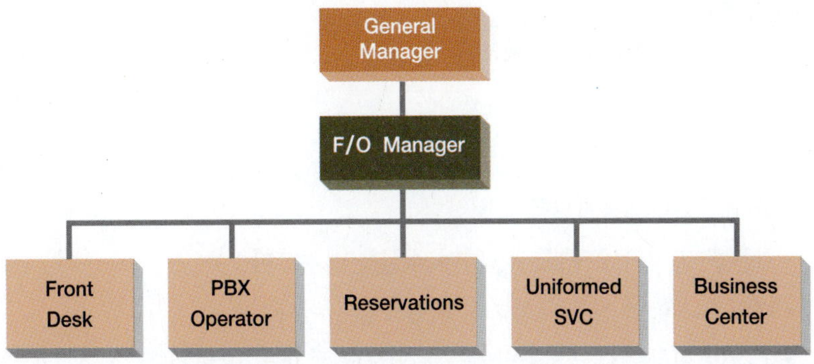

객실부는 호텔 전체의 임무(Mission)나 목표(Objectives)에 맞춰 목표와 전략을 세우고 부단하게 노력하여야 한다.

직무기술서(Job Description)는 해당직무의 의무와 보고체계, 책임한계, 작업환경, 사용 기자재, 주요정보 등을 수록한 것이다.

직무명세서(Job Specification)는 직원이 직무기술서(Job Description)에 수록된 업무를 성공적으로 수행하기 위해 필요한 자질, 기술, 성격 등을 언급하고 직원의 승진심사의 참고자료가 된다.

대부분의 객실부 직원은 객실부 운영을 위해 근무조에 따라 3교대로 근무하는 것이 보통이다. 24시간 체재하는 고객을 위해 봉사해야 하므로 하루 24시간을 셋으로 나누어 근무한다.

- Day Shift : 주로 아침 8시에서 오후 4시까지 근무
- Evening Shift : 주로 오후 4시에서 밤 12시까지 근무
- Night Shift : 주로 밤 12시에서 아침 8시까지 근무

객실부 직원의 업무 내용은 다음과 같다.

2 객실부 직원의 업무

1. Front Desk Agent

- 숙박 등록 전 업무를 수행한다.
- 고객의 예약상황을 확인한다.
- 고객의 희망 체재기간을 문의 확인한다.
- 고객의 숙박등록카드를 작성한다.
- 가능한 고객의 요구를 수렴하여 객실을 배정한다.
- 패키지나 할인 등을 포함하여 객실료를 정한다.
- 고객이 원하는 대금지불방법을 문의하고 절차를 따른다.
- 고객에게 필요한 정보를 제공한다.
- 객실관리부서와 긴밀한 협조관계를 유지하여 객실현황을 최신화한다.
- 시설부와 협조하여 보수작업에 차질이 없도록 한다.
- 귀중품 보관함을 안전하게 관리한다.
- 고객의 우편, 메시지를 처리하고 정보요청에 응한다.

Front Desk

2. Reservations Agent

- 고객, 여행사, 통신네트워크가 우편물, 전화, 텔렉스, 팩스, 중앙예약시스템을 통해 요청하는 예약 문의에 답변한다.
- 예약 장부를 작성하여 도착날짜와 철자 순으로 보관한다.
- 객실판매수익과 예상 투숙표를 작성한다.
- Front Desk와 예약정보를 교환한다.
- 예상 도착자 명단을 작성한다.
- 숙박등록의 모든 업무를 보조한다.

3. Switchboard Operator

- 전화를 받는다.
- PBX를 통해 객실로 직통 전화한다.
- 고객을 위해 메시지를 접수하고 전한다.

- Wake -up Call을 관장 실행한다.
- 호텔회사에 관한 문의에 답한다.

4. Front Office Cashier

- 고객의 업장에서 발생시킨 매출을 고객 Account에 Posting한다.
- 퇴숙 시 고객으로부터 대금을 지불받는다.
- 신용카드사 또는 회사로 직접 청구하는 건에 대해 경리부와 협조한다.
- 근무조를 마감할 때 Balance를 맞춘다.
- Transaction과정에서 사용한 현금에 대해 책임을 진다.

5. Night Auditor

- 고객 Account에 객실료와 세금을 Posting한다.
- 고객이 발생시킨 전표와 신용카드를 점검하고 집계한다.
- F/O Cashier가 낮에 Posting하지 않은 Transaction을 Posting한다.
- 모든 계정의 Posting과 Balance를 확인한다.
- 쿠폰, 할인, 여타 행사의 반영을 확인한다.
- 상부에 보고하기 위해 결과를 요약한다.

6. Concierge

- 유용한 정보를 제공한다.
- 항공권, 극장 등의 예약을 대행하고 티켓을 받아온다.
- 특별한 행사, 예를 들어 VIP 칵테일파티를 조정한다.
- 그 외 비서적 업무를 수행한다.

Closely held customer service

Ⅲ 호텔 자산관리시스템의 운용
/ Property Management System(PMS)

1 PMS/Property Management System

PMS는 호텔이 고객의 예약, 정보, 요구, 계산에 대해 정보를 입력하고, 이를 저장한 후 나중에 재생하는 것을 강화하기 위한 시스템이다. 이는 주로 컴퓨터 소프트웨어 패키지로 되어 있으며, 이는 프런트 오피스의 다양한 기능을 지원해 줄 수 있다([그림 6-2] 참조).

PMS는 다양한 형태로 하드웨어와 영업 시스템을 다음과 같은 분야에 적용하여 사용하고 있다.

① Reservation(예약)
② Front office(프런트 오피스)
③ Group billing(단체고객 지불)
④ Guest History(고객 정보)
⑤ Report writer(보고서 쓰기)
⑥ Travel agent billing(여행사에 지불)
⑦ Tour operations(여행 영업)
⑧ Housekeeping(하우스키핑)
⑨ Yield management(산출량 경영)
⑩ Package plans(패키지 계획)
⑪ Wholesaler blocks(도매업자 방어)
⑫ Call accounting interface(전화 계좌 중개장치)
⑬ In room Movie Interface(객실 내 영화 중개장치)
⑭ Point of Sale Interface(여러 곳에서 고객들이 발생시킨 지출을 한곳으로 모으는 것의 중개장치)
⑮ Environment control(환경적 요소 조절) 등이 있다.

실제 예를 들면, Marriott 같은 경우는 IBM의 173RISC system/6000을 쓰며, 이를 통해 세계의 250개의 체인호텔의 판매, 인사, 회계, 프런트 & 백 오피스 등에서 나오는 하나의 통합된 데이터베이스를 가지게 된다. Holiday Inn은 세계에 약 1,600개의 체인을 가지고 있으며, 이들은 PMS를 설립하기 위해 약 6,000만불을 투자하였다. 하드웨어를 빌리고 소프트웨어를 설치하고 직원을 교육시키기 위해 많은 비용을 들였다. 이 시스템은 수입의 최적화와 최대 수입을 위한 고객 트래킹 소프트웨어가 통합된 것이다.

HIRO(Holiday Inn Reservation Optimization)와 Encore PMS의 장점은 Holiday inn의 예약 시스템인 Holidex와 호환된다는 것과(Interface) 이들이 프런트 오피스의 과정을 자동화하고 단순화시킨다는 것이다. 이곳의 직원이 최초로 자동화된 숙박기간 최적화시스템(Length of stay optimization)을 중앙 예약 시스템과 통합한 것이 HIRO 시스템이라고 한다.

1993년까지는 CRS와 PMS가 문제를 가지고 있었다. 즉, 적절한 판매 정보가 적절한 시간에 제공되지 못했다. 여행사에서 고객에게 호텔 방의 가격과 투숙 가능 여부 등을 알려주고 싶어도 그 순간의 정보를 얻지 못했던 것이다. 그래서 한 호텔 스위치 회사는 THOSCO라는 숙박업과 여행사의 예약 시스템의 연결 시스템을 만들었다. 호텔의 데이터베이스를 여행사에서 보는 것이 가능해졌다. 이 시스템은 Days Inn, Ramada Howard Jones Brands 등의 여러 프랜차이즈 시스템에 설치되었다.

호텔 시스템들은 보통 여행사의 시스템에 추가된다. 가장 잘 알려진 Apollo (United, US Air, Air Canada, and Several European Airlines의 공동소유)와 Sabre(American Airline)는 정교한 세계 예약 시스템을 통해 여행사에서 세계의 여러 호텔의 예약을 쉽게 할 수 있도록 해준다.

결론적으로, 호텔에서 직원들이 이러한 IT(Information system)를 사용함으로써, 인력 비용을 줄이고 더 나은 서비스를 제공할 수 있게 되었다. 왜냐하면, 이러한 컴퓨터 예약 시스템을 통해 어떤 날이라도 가장 효율적으로 객실을 판매할 수 있게 되는 것이다. 또한 예약 프로그램은 예약 직원이 높은 수준의 개인적인 서비스(personalized service)를 반복고객(Repeat guest)에게 제공할 수 있도록 한다. 따라서 호텔은 그날 밤의 예상된 객실 수요량에 대한 판매 가격을 바탕으로 호텔 수입의 극대화를 위한 일드매너지먼트 시스템을 사용할 수 있는 것이다.

체크포인트(Check Point)

■ **호텔정보화 추세**

90년대 초반에는 80년대 후반에 개장한 체인호텔의 정보시스템 환경에 영향을 받아 기존 특급호텔도 동일한 환경으로 정보시스템을 구축하였다.

특히 성장한 기술은 네트워크 기술을 이용한 중앙예약시스템과 PABX를 이용한 인터페이스시스템 구축에 전력을 기울였다.

90년대 후반에 접어들면서 세계시장의 정보시스템 환경인 퍼스널컴퓨터 기능에 적합한 호텔경영정보시스템이 개발되어 하드웨어 환경을 PC-LAN으로 교체하였고 소프트웨어 기능도 사무자동화가 가능한 정보시스템 환경으로 구축되었다.

IBM사는 S/38에 이어 AS/400시리즈의 중형 컴퓨터를 보급시켰고 기존에 HIS를 사용하던 호텔 중 하드웨어만 교체하는 호텔과 새로운 개인컴퓨터 환경에서 개발된 소프트웨어 환경으로 변경하는 호텔로 구분되었다. 호스트컴퓨터를 사용하던 시기에는 호텔마다 특성이 있는 소프트웨어를 사용했지만, 개인컴퓨터로 환경이 변화하면서는 모든 호텔이 동일한 외국패키지를 사용하게 된 것이 하나의 특징이라 하겠다.

업장관리시스템도 둔탁한 하드웨어 모양이 세련된 디자인으로 제작되었고, 키보드를 이용하기보다는 터치스크린방식으로 전환되었다.

호텔마다 홈페이지를 제작하여 호텔이미지를 향상시키며 호텔상품에 대한 홍보 전략의 도구로 사용되었다. 화상을 통한 화상회의를 가능하게 하였고 호텔 객실에서 사용되는 매개체를 지능형 장비로 교체하였다.

■ **2000년대의 호텔정보시스템**

1. **컴퓨터시스템의 발전 현황**

2000년대에 접어들면서 정보화의 인프라는 국가의 경쟁력을 향상시켰으며, 이를 위해서 개개인 모두가 정보화 그늘에서 교육의 혜택을 받고 있다.

인터넷을 통한 전자상거래가 활성화되고 있으며 사이버마케팅으로 승패를 좌우하는 기업도 탄생하고 있다. 퍼스널컴퓨터 기능을 한층 더 발전시키고 연령에 관계없이 컴퓨터 사용을 용이하게 하기 위해 새로운 운영체제가 개발되고 있으며, 각 가정마다 Home Automation으로 생활하고 있으며 재택근무가 빠르게 확산되고 있다.

2. **호텔정보화 추세**

2000년대의 호텔정보화는 새로운 운영체제와 데이터베이스 환경하에 개발된 통합형 호텔정보시스템 도입이 활성화된다.

그리고 객실마다 네트워크를 사용할 수 있는 사이버 객실이 탄생하며 호텔 종사원의 도움 없이 호텔시설물을 고객 스스로가 저렴하게 활용하는 무인전용 호텔도 탄생할 것이다. 전자화폐의 활성화는 금융기관과 호텔고객 사이를 더욱더 가깝게 할 것이며 고객의 신용도가 무엇보다도 중요한 자동화시대가 도래하리라고 본다.

자료를 한번 입력하면 모든 종업원이 자료 재입력 없이 업무를 수행할 수 있는 시스템 그리고 교육이 필요 없이 업무수행을 할 수 있도록 정보시스템의 환경으로 구축되는 시기이다. 모든 자료는 텍스트가 아니고 그래프와 음성인식에 의해 보고되고 분석되는 시간을 소비하지 않는 경영자료가 개발될 것이다.

■ 호텔정보시스템의 종류

호텔정보시스템의 종류를 구분하는 특별한 기준은 없으나, 적용되는 업무의 대상을 기준으로 하여 운용되는 정보시스템 성격으로 종류를 나열하여 본다.

1. 프런트 오피스시스템(Front Office System, F/O System)

객실을 이용하는 고객관리를 위한 정보시스템이며, 365일 24시간 운영되는 온라인 시스템(On-Line System)이다.

이용부서는 프런트 데스크, 하우스키핑, CBX, 비즈니스센터, 벨데스크, 예약부, 판촉부 등 객실에 관련된 업무를 수행하는 부서이다.

이용기능은 체크인, 체크아웃, 예약, 메시지 전달, 청소상태 확인 등 객실에 필요한 모든 정보를 데이터베이스화하여 객실업무 수행을 편리하게 한다.

2. 백오피스시스템(Back Office System, B/O System)

고객과 직접적인 접촉은 없으나 호텔관리업무를 총괄하는 정보시스템이며 오프라인 시스템(Off-Line System)이다.

백오피스시스템은 경리부, 인사부, 구매부, 총무부, 시설부 등 관리업무를 하는 부서에서 사용한다. 이용기능은 회계·경리업무, 인사·급여업무, 구매·자재업무, 작업관리 등 일반적인 제조업체에서 필요한 정보시스템 기능과 동일하다.

3. 업장관리시스템(Point of Sales System, POS)

일반적으로 호텔레스토랑이나 외식업체에서 사용되는 정보시스템으로 상품을 현장에서 주문받아 서비스하는 업체에서 많이 이용되며 백화점과 같이 완제품을 만들어 판매하는 업장에서도 많이 이용되는 정보시스템이다.

이용부서는 레스토랑, 주방이며 이용기능은 식·음료주문, 계산 등 레스토랑과 주방에서 필요한 기능을 사용할 수 있다.

4. 자동화시스템(Interface System)

호텔자동화시스템은 종류가 많으며 자동화매체가 독립적으로 운영되는가 하면 다른 매개체와 연결되어 운영하는 형태로 발전되고 있다. 궁극적으로 자동화의 목적은 자료를 한곳으로 수집하는 것이며 고객의 편리성을 도모하는 데 쓰이는 시스템이다.

자동화시스템의 종류에는 Calling Accounting System, Voice Mail System, Calling Name Display 등이 있다.

[그림 6-2] 고객 예약 정보의 흐름

(Sequence and Relationships of a Hotel Guest Reservation)

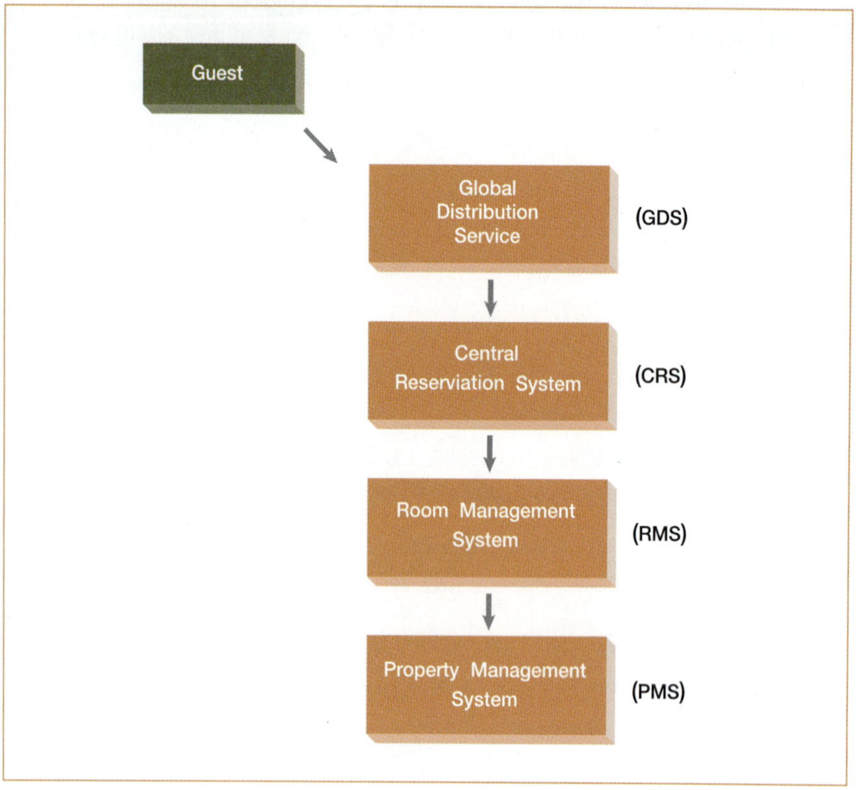

Vacant and Ready(VR)!

Lesson 2

제8주

예약에서 퇴숙까지

고객과의 MOT

Ⅰ 고객 사이클

호텔 체재기간 동안 고객의 transactions은 사업의 흐름을 결정한다. 이 사업의 흐름은 고객 사이클로 나누어질 수 있고, 각 단계마다 서비스와 회계에 관한 주요 업무는 분석될 수 있다. [그림 6-3]에서 제시된 고객 사이클이 절대적인 것은 아니다. 행동이나 기능들이 고객 사이클 간에 걸쳐 있는 경우가 있기 때문에 몇몇 호텔에서는 이러한 전통적인 고객 사이클을 Pre-sale, Point-of-sale, Post-sale로 교체, 수정하기도 한다. 이러한 구분은 자산의 전산화와 호텔 운영 부서 간의 협력 증진을 위해 적용되기도 한다.

[그림 6-3] 고객 사이클 내의 고객과 객실부의 상호작용

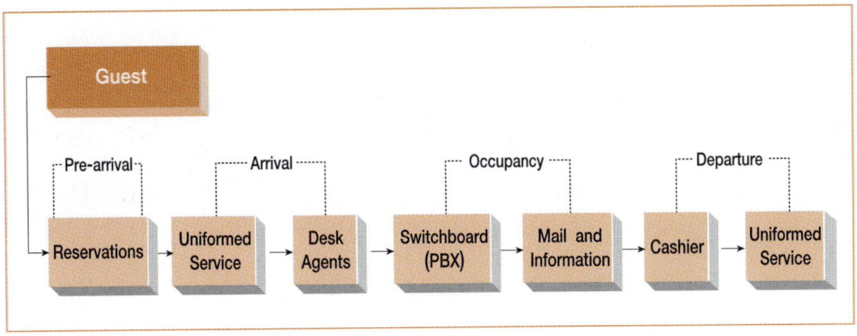

[그림 6-4] 고객 사이클과 객실부 관련기능

고객 사이클	객실부 기능	
	고객 서비스	고객회계처리
Pre-Arrival	예약	신용 설정
↓	↓	↓
Arrival	등록	금액 입력
↓	↓	↓
Occupancy	각종 서비스	야간 점검
↓	↓	↓
Departure	퇴숙	금액 집계

[그림 6-4]는 고객 사이클과 객실부 관련기능과의 관계를 보여준다. 각 단계별 활동을 아래에 정리한다

1. 도착 전 단계(Pre-arrival)

- 예약직원은 예약문의에 대해 신속하고 정확하게 답변하여야 한다.
- 예약이 성사되면 예약 장부를 만든다. 이는 고객 사이클의 시초이고 고객이 도착하기 전에 객실과 객실료를 정해두고 고객 Folio를 만들어 두는데 기초 자료가 된다.

2. 도착단계(Arrival)

- Registration과 Rooming을 포함한다.
- Front Desk 직원은 등록절차를 시작하기 전에 예약상황을 점검한다.
- 등록카드를 만든다. 지불방법, 체재기간, 기타 체재기간 중 고객의 요청(간이침대, 아기침대, 선호하는 객실위치) 등은 고객이 퇴숙한 후에 Guest History 작성에 기본 자료가 된다.
- 객실과 객실료를 정한다. 이는 효율적인 객실현황체계(Room Status System)에 전적으로 의존한다. 표는 객실현황에 공통적으로 사용되는 용어들이다. 객실을 배정할 때 Front Desk 직원은 객실 각각의 특징을 고객에게 설명한다.
- 지불방법을 결정한다.
- 객실열쇠를 고객에게 건넨다.

3. 체재단계(Occupancy)

- 고객의 체재기간 동안 대고객 서비스가 제공된다. 기자재, 각종 소모품, 기타 고객이 요구하는 서비스 제공, 이때의 서비스는 고객만족을 극대화하기 위해 빠르고 신속하게 제공되어야 한다.
- 고객의 불평을 처리한다. 원활한 처리는 고객과 호텔 간의 명확하고 건설적인 의사전달에 따라 달라진다.
- 고객의 안전에 만전을 기한다. 귀중품 보관, 열쇠관리, 비상사태 대책, Safe Deposit, Lost & Found 등

4. 퇴숙단계(Departure)

- 고객에게 정확한 Guest Folio를 건넨다.
- 대금을 지불받는다.
- 고객이 퇴숙할 때까지 Posting되지 않은 금액은 late charges로 청구된다.
- Guest History를 작성한다.
- Room Status를 조정하고 객실관리부에 알린다.

Ⅱ 호텔 고객서비스 사이클과 타 산업 핵심경쟁방법의 도입

호텔업무 처리방법을 다른 기업의 것과 비교할 때 높은 수준의 관찰력이 필요하다.

특히 다른 산업에 속한 기업들의 핵심경쟁방법들을 벤치마킹한다는 것은 더욱 높은 통찰력이 요구된다. 모든 산업의 모든 기업은 고객과의 거래에 있어 초기 인지 단계에서부터 구매 후 최종평가단계까지의 과정이 일맥상통한다. 따라서 만약 호텔을 경영하는 전문경영인으로서 타 산업의 고객거래 사이클상에서 나타나는 특별한 경쟁방법들을 호텔고객서비스 사이클 각 단계에 접목시킬 수 있다면 전산업에서 운영되는 핵심경쟁방법들을 집대성하여 운영할 수 있는 최적업무품질을 개발하여 최대의 경쟁우위를 점할 수 있을 것이라 확신한다.

[표 6-1]은 호텔 고객서비스 사이클의 각 단계별로 사용가능한 타 산업의 핵심경쟁방법을 조감한 것이다.

[표 6-1] 호텔 고객서비스 사이클과 핵심경쟁방법의 접목

예약	예약정보전송	객실배정	호텔도착	프런트
Making Reservation Via · Internet · CRS/GDS · Fax/phone Confirmed Reservation Guaranteed Reservation	Data transmission	Room assignment – VD(Vacant Dirty) – VC(Vacant Clean) – VR(Vacant Ready) – OD(Occupied Dirty) – OC(Occupied Clean) – OR(Occupied Ready) stay over on change sleep out skipper DNCO(Did Not Check Out) Transportation arrange – welcoming by airport representative Limousine/Shuttle	Doorman/Bell service – welcome – valet service – Luggage Assistance	Front Desk Registration In-Room Check in(VIP) Upselling/Yield Management Opening Account Amenity assign
인지도 및 친숙도 – 회상 : 맥도날드, 펩시 **경쟁우위** – 가격 : 크라운북, 게이트 웨이컴퓨터, 올드 네이비 – 질 : 반즈 앤 노블, 네이만 마르쿠스, 휴렛패커드 **유용성** – 수익경영 : 항공사, 월마트 – 가격신축성 : 프라이스 라인, 스프린트 – 전화고객 서비스 : 코카콜라, 프리토레이 – 온라인 접근 : 이베이, 아마존, 아메리칸그리팅닷컴 **지리적 접근 용이성** – 확실한 지도송부 : 헤르츠에어보트 키오스크, 맴퀘스트닷컴 – 편의장소 지정 : 가스공급소, 맥도날드 – 시간적 접근 용이성 : 온라인뱅킹, 세븐일레븐, 타코벨		GSM(Guest Service Manager) – VIP preparation	**명확성** – 양호한 표지 : 몰오브 아메리카, 디즈니 – 차량인도시설 : 콘서트장과 스포츠센터에 있는 주차장 – 인적 서비스 : 레스토랑, 극장 – 용이성 : 대형비행장, 테마공원 **물리적 환경** – 기능성, 경제성 : 사우스웨스트 에어라인, 갭, 타깃, 샘스클럽 – 호감, 고급화 : 버진 애틀랜틱, 렉서스카 대리점 – 친절 및 편안함 : 월마트, 클럽메드 – 성심, 전문성 : 노드스크롬, 릿츠칼튼 – 신중함 : 알콜릭 어나니머스	**신속하고 효율적인 서비스** –줄서지 않음 : 슈퍼마켓 입구, 헤르츠 –대기시간안내 : 베니건스의 점심시간 –오락을 통한 유쾌한 경험 : 디즈니, 식스플랙 –호출을 사용한 유쾌한 경험 : 치즈케이크 팩토리 –정중한 종업원 : 베니하나 제페니즈 레스토랑 –즐겁고 편안한 인상 : 카니발 크루즈 라인, 사우스 웨스트 –침착하고 정돈된 인상 : 경영컨설팅 회사들, 티파니 앤 컴퍼니

체재	체크아웃	사후관리
During the stay Services = Rm Services Restaurant, Spa & Fitness Business Center, Gift Shop Concierge Service Turn-Down Service, Laundry Fax/Message, Packaging	Check/Out Wake-up call Rm Service/Breakfast Bell Service Transportation Account Settlement Farewell	Post-Departure Thank-you letter A/R(Account Receivable) Control
객실의 감각 있는 배치 – 골프클럽 **쾌적한 분위기** – 디자이너구성 : 할리우드, 브로드웨이 – 소매 : 크레이트 앤 바렐, 이캐시스템 **편안한 주위환경, 풍부한 흥밋거리** – 리조트 및 헬스클럽 **최소공간 활용환경** – 하버드 대학건물, 수도원 건물 **최고의 안정성** – 시크리트 서비스, 은행, 보석상, 쇼핑몰 **사소한 문제들에 대한 신속한 대처** – 온스타, 셀룰러원, 코카콜라의 800번 전화, 제록스 **중대한 문제들에 대한 신속한 대처** – 병원 응급실, 존슨앤존슨 **고객 중심의 맞춤 서비스** – 아마존, 노드스트롬 **빠르고 친절한 호텔운영 보조원** – 랜즈 엔드의 800번 전화 **원만한 전화서비스센터 경영** – 911, 홈쇼핑 네트워크, 정보광고 **편리한 사업센터** – 유나이티드 항공의 레드카펫 클럽, 킨코 **양질의 샤워시설** **프로스포츠팀** **믿을 만한 샤워시설 유지 : 씨월드** **레스토랑들을 인지하고 있는 종업원** – 전산센터 : 야후 – 종업원 : 여행사 – 고객정보인지회사 : 노드스트롬 **룸서비스** – 즉각적이며 적절한 온도의 음식제공 : 피자배달 – 예의바른 배달원 : 유피에스	**즉각적인 출발** – TV체크아웃 소프트웨어 : 세가 아동용 게임, 인튜이트의 터보택스 **비행스케줄 확인** – 웨더채널	**만족보증** –새턴, 햄프톤 인 **불만족에 대한 효과적 대응** –시어스의 보답정책, 랜즈 엔드 **선호도 조정 및 직접적인 시장조사** – 패더럴 익스프레스, 아마존

1 호텔 선택

1. 인지도 및 친숙도

맥도날드 / Mcdonald – "I'm love in it!! McDonald~!!"

(광고 내용)

- 남자가 앉아도 되냐고 물어봅니다.
- 여자는 박물관은 저쪽이라며 손짓을 하며 가르쳐줍니다.
  (서로 말이 안 통한다는 상황설정이죠. 여자는 대개 그곳을 찾는 외국인이라면 박물관을 찾겠거니 하며 가르쳐준 거겠죠. 여기까지만 배우들은 자신들의 대화로 풀어갑니다.)
- 말이 안 통하자 남자는 난감한 표정으로 여자를 쳐다보며 머뭇머뭇 다른 곳으로 가려 합니다.
- 여자도 남자의 난감한 표정을 보며 그 남자가 원한 대답이 그게 아니었나 생각합니다.
- 여자는 후렌치후라이를 상대방에게 돌려 여기 같이 앉겠냐는 의사를 떠봅니다.
- 남자 역시 그 뜻을 알아차리고 기꺼이 그 자리에 앉습니다.
  (여기서 대화란 없습니다. 광고에서 자막으로 "앉으시려는 거 아니었어요, 앉으라고 할 줄 몰랐어요"는 이해를 돕기 위해 자막처리함)
- 여자는 웃고 '아임 러빙 잇 맥도날드~' 노래가 나오며 광고는 끝납니다.
- '맥도날드'만 있으면 다른 나라여서 말은 안 통해도 마음은 통한다는 의미를 내포하고 있다. 그만큼 전 세계인에게 맥도날드의 인지도 및 친숙도는 아주 높다고 할 수 있다. 우리도 이러한 친근한 브랜드 이미지를 고객에게 심어주어야 한다.

2. 경쟁우위

① 가격

크라운 북 / Crown Book

- 크라운 북은 인터넷 도서판매회사로서 인터넷으로 주문하는 모든 고객에게 10%의 할인과 함께 단 한 권의 책도 무료배송으로 회사에서 직접

보내는 친절함을 겸비하고 있다. 다른 인터넷 도서판매업체보다 가격에서 우위로 나선 것이다.

② 질

휴렛 패커드 / Hurret packard

- "세계가 나를 따라오게 하라!!" 휴렛 패커드가 최상의 품질로서 유명하다. 비록 처음 부품을 구입할 때 드는 비용은 타 회사에 비해서 높은 점도 있으나, 잔 고장이 없고 high quality를 항상 유지하는 특성 때문에 소비자들로부터 평판이 매우 좋다. 이는 호텔 가격이 비록 조금 높다 할지라도 양질의 서비스가 제공되면 고객이 만족하고 간다는 점에서 일맥상통한다고 할 수 있겠다.

2 예약

1. 유용성, 수익 경영

월마트 / WallMart

- "용의 꼬리보단 뱀의 머리가 되자!!" 월마트는 미국의 유명한 유통회사 k마트를 제치고 현재 시장 점유율 1위를 달리고 있다. 월마트가 성공할 수 있었던 요인은 k마트가 주요도로 부분에 큰 시장을 타깃으로 삼고 있을 때 이들은 중소도시에서 체인을 키워 나가면서 지역적으로 한정된 시장으로 타깃을 좁혀서 그 시장의 잠재된 고객들의 욕구를 충족시켜 준 데에 있다고 하겠다. 호텔도 Customer Segment를 확실히 해서 타깃 마케팅을 성공적으로 한다면 많은 수익을 낼 수 있을 것이다.

2. 가격 신축성

프라이스 라인 / Price line

- "고객의 요구에 맞게 가격을 맞추어 주어라!!"(Meet their standards~!) 프라이스 라인은 소위 인터넷상에서 비즈니스를 하는 기업의 원조격이라 할 수 있다. 프라이스 라인사는 구매자가 원하는 항공권 가격을 부르면

(Name your price!) 그 가격에 응할 항공회사를 찾아 구매자와 판매자를 연결시켜 주는 구매자 중심의 역경매(Reverse Auction)시스템을 기반으로 고객의 요구에 대응해 주고 있다. 즉 호텔에 있어서도 고객이 원하는 수준의 가격과 그에 맞는 객실을 제공하여야만 고객이 만족하고 갈 수 있을 것이다.

3. 전화고객 서비스

코카콜라 / Cocacola

- 코카콜라는 서비스 수준에 대한 현황 파악을 위해 배송한 다음날 전화를 걸어 제품이 잘 도착했는지, 서비스 수준은 어땠는지 등에 관해 간단히 설문조사를 하는 방법으로 약 6개월에 걸쳐 4,000여 개의 고객 만족 조사를 실시하여 초창기에는 70%대에 머물던 고객 만족률이 3차까지 실시한 결과 98%로 올라섰다. 이러한 꾸준한 고객과의 상호작용이 고객들로 하여금 코카콜라 제품에 대해 만족감을 높이도록 한 것이라고 할 수 있다. 호텔도 한번이라도 호텔의 부대시설을 이용한 고객에게 전화를 해서 그들의 의견을 받음으로써 고객들이 자신들의 요구가 잘 반영되고 있다는 인상을 심어줄 수 있을 것이다.

4. 온라인 접근

아마존 / Amazon – "One click service"

- 아마존사의 원클릭기술이란 온라인상에서 고객이 물건을 받을 주소 등에 관한 정보를 저장해 고객이 물건을 살 때마다 이 정보를 새로 입력할 필요가 없게 해주는 기술이다. 즉, 문자 그대로 다시 엔터키를 치거나(reenter) 재확인(reconfirm)의 과정이 필요없이, 단지 한번의 마우스 클릭(1click)만으로 선택한 아이템을 구매할 수 있도록 도와주는 기술이다. 이러한 기술을 호텔에도 접목시킨다면 고객이 일일이 자신의 정보를 입력하는 불편함이 없어져서 고객 만족도가 높아지는 결과를 가져올 수 있을 것이다.

3 호텔 찾아가기

1. 지리적 접근 용이성

① 확실한 지도 송부

맵 퀘스트 닷컴 / Mapquest.com

• 미국 인터넷 사용자 중 80% 이상이 사용하고 있는 지도정보회사가 맵 퀘스트 닷컴이다. 이러한 회사를 이용함으로써 호텔의 확실한 지리적 정보 서비스를 제공할 수 있어서 처음 방문하는 고객에게 편리함을 제공할 수 있을 것이다.

② 편의 장소 지정

가스 공급소 / Gas Station

• 대부분의 가스 공급소는 교통의 요지 및 유동량이 많은 곳, 고객들이 필요로 하는 곳에 위치하고 있다. 즉 고객이 찾아오기에 편한 곳에 호텔을 지어야 고객들이 편안함을 느낄 수 있을 것이다.

③ 시간적 접근 용이성

온라인 뱅크 / Online Bank

• 온라인 뱅크란 직접 은행에 갈 시간이 없는 직장인들을 위해서 인터넷을 이용하여 돈을 거래하는 시스템을 말한다. 비즈니스 호텔을 방문하는 고객들은 그만큼 시간을 중요하게 생각하기 때문에 그들로 하여금 인터넷 예약을 해주고 호텔을 방문함과 동시에 객실로 갈 수 있는 빠른 서비스가 제공되어야 할 것이다.

4 주차

1. 명확성

① 양호한 표지

몰 오브 아메리카 / Mall of America

- 몰 오브 아메리카는 고객을 위한 서비스로 유명하다. 특히 주차장 이용료는 무료일 뿐만 아니라 고객들이 알아보기 쉽게 특별한 디자인의 램프를 설치해 놓고 있다. 장애인들을 위한 주차시설도 표지판을 잘 설치해 놓고 있어서 알아보기 쉽도록 하였다. 호텔도 고객들이 휴식을 취하러 오는 곳이기 때문에 알아보기 명확한 안내문, 혹은 표지를 붙여서 고객들에게 혼동을 주는 일이 없도록 해야 할 것이다. 주차장에서 느낀 나쁜 이미지가 호텔에 투숙하는 동안 계속될 수 있고, 후에 나쁜 평판을 가져올 수 있기 때문이다.

② 차량 인도시설

콘서트장 / Concert Place

- 콘서트장은 짧은 시간 동안 수많은 인파가 몰렸다가 빠져나가는 곳이다. 그렇기에 차량 인도시설을 잘 구분해 놓았다. 주차할 곳과 사람들이 걸어다닐 수 있는 인도시설을 잘 구분해 놓음으로써 보다 신속 · 안전 · 편리하게 다닐 수 있는 것이다. 호텔에 투숙하는 고객에게도 편안함과 안락함을 주기 위해서 최상의 차량 인도시설을 설치해야 한다.

③ 인적 서비스

레스토랑 / Restaurant

- 유명 레스토랑을 가면 주차요원이 나와서 안내를 해줌과 동시에 직접 주차까지 대행해 준다. 업장을 방문한 고객들에게 조금이나마 더 많은 편리함을 제공하기 위해서이다. 이러한 서비스 정신은 호텔에 있어서는 필수적이라고 할 수 있다. 차가 호텔 정문에 도착함과 동시에 벨보이가 차의 문을 열어주고 대신 주차해 줌으로써 고객들로 하여금 자신들이 잘 대우받고 있다는 이미지를 심도록 해야 한다.

5 호텔입구 도착

1. 명확성

① 양호한 표지

디즈니랜드 / Disneyland

• 디즈니랜드를 가본 사람은 누구나 느낀 점이겠지만, 디즈니랜드에는 잘 표시된 표지판들이 곳곳에 배치되어 있다. 이는 디즈니랜드를 방문한 고객으로 하여금 내가 지금 있는 곳이 어디이고 앞으로 어느 장소로 가야 할지 확실함을 준다. 호텔도 이와 마찬가지로 잘 표시된 안내문, 예를 들어 로비가 어디인지, 커피숍 혹은 레스토랑이 어디인지를 잘 표시함으로 인해서 고객이 혼동하지 않고 편리하고 신속하게 원하는 곳으로 갈 수 있도록 도와줄 것이다.

② 용이성

테마공원 / Theme park

• 대부분의 테마공원 혹은 테마파크들은 입구 즉 정문이 넓다. 왜냐하면 넓은 입구는 테마공원을 방문한 고객들로 하여금 편안함과 동시에 신나는 느낌을 준다. 또한 그들은 정문에 그들의 캐릭터 상품이나 그러한 모습의 조형물을 세워둠으로써 고객에게 강한 인상을 준다. 호텔도 이와 마찬가지로 정문에 도착해서 처음 가지는 이미지가 호텔 투숙기간 내내 작용한다. 그러므로 호텔입구를 얼마나 용이하게 꾸몄는가에 따라서 고객이 좋은 이미지를 느낄 수 있는 것이다.

6 로비입구

1. 물리적 환경

① 기능성 · 경제성

South West Air-line

- 이 회사는 불필요하다고 생각되던 기내식 서비스를 중단하여 요금을 내렸고 취항도 더 큰 수익이 나는 국제선을 버리고 국내선으로만 운영함으로써 국내선에 있어 1위의 업체로 도약하게 되었다. 이를 볼 때 자신에게 필요없는 부분을 과감하게 버리고 경쟁력 있는 한 부분에 집중투자해서 성공요소를 끌어오는 것이 우리 호텔에서 생각해야 될 부분이다.

② 호감 · 고급화

렉서스 카 대리점 / Lexus Car Rental

- 렉서스 카 대리점을 보면 카펫이 깔린 헬스클럽이 있는 곳이 있다. 이들은 고객에게 차만 파는 것이 아니라 고객의 라이프를 책임지는 마케팅의 선두주자라고 자신들을 칭한다. 렉서스란 브랜드 자체의 화려함뿐만 아니라 그에 맞춰서 호감을 주는 고급스런 서비스를 제공해 주는 것이다. 호텔 자체의 고풍스런 분위기에 걸맞은 서비스를 하는 것이야말로 이러한 렉서스 카 대리점의 성공 요인을 끌어오는 방법이라고 할 수 있겠다.

7 인사

1. 친절 및 편안함

클럽메드 / Club Med

- 클럽메드의 가장 큰 장점은 누가 뭐래도 편안한 분위기이다. 클럽메드란 단어를 생각하면 떠오르는 단어인 편안함, 이것이 클럽메드를 유명하게 만들었다. 숙박을 제공하는 우리 호텔도 클럽메드와 같은 편안함을 제공

하기 위해서 인사부터 고객이 편안함을 느낄 수 있도록 해야겠다.

2. 성심 · 전문성

리츠칼튼 / Ritz Carlton

- "We are ladies and gentlemen serving ladies and gentlemen." 바로 리츠칼튼의 모토이다. 리츠칼튼에서 일하는 종업원들은 누구나 자신이 고객과 현장을 가장 잘 아는 사람이라는 교육을 받고 이에 걸맞게 서비스를 제공하고 있다. 이러한 전문적이고 질 높은 서비스 수준이야말로 우리 호텔이 추구해야 할 방향이다.

8 체크인

1. 신속하고 효율적인 서비스

① 줄서지 않음

슈퍼마켓 입구 / SuperMarket

- 슈퍼마켓 입구는 항상 수많은 사람이 지나간다. 입구에 도착하자마자 바로 매장으로 신속하게 들어가서 쇼핑할 수 있도록 매장입구에 종업원들이 서서 안내를 해준다. 이와 마찬가지로 호텔에서도 벨보이나 기타 종업원들이 서서 고객들을 안내함으로 인해 보다 신속하고 효율적인 서비스를 제공할 수 있을 것이다.

② 대기시간 안내

베니건스의 점심시간 / Benigans

- 점심식사를 하러 베니건스에 가보면 여느 매장과는 다르게 길게 늘어선 줄을 볼 수 없다. 왜냐하면 종업원이 먼저 온 순서대로 예약번호와 함께 예상대기 시간을 고객에게 제공해 줌으로 인해 고객이 불필요하게 매장 앞에서 1시간씩 기다려야 하는 불편함을 없애줄 수 있는 것이다. 이와 마찬가지로 호텔에 온 고객에게 서비스를 제공함에 있어서 혹시 대기를 해야 되는 경우, 각자 대기번호와 함께 예상되는 비교적 정확한 대기시

간을 제공하여 고객의 불편함을 최소화시켜야 되겠다.

③ 오락을 통한 유쾌한 경험

디즈니 / Disney

• 디즈니랜드에 가면 여러 놀이기구뿐만 아니라 분위기에 매료되는 경우가 있다. 특히 밤마다 행해지는 퍼레이드는 오는 관람객들을 매료시키기에 충분하다. 만약 호텔에도 이와 같은 Entertainment가 제공된다면 호텔을 방문한 고객들에게 즐거움을 선사할 수 있을 것이다.

④ 호출을 사용한 유쾌한 경험

치즈케익 팩토리 / Cheesecake Factory

• 치즈케익 팩토리는 1940년대 디트로이트에서 처음 문을 연 회사로써, 단순히 치즈케이크만을 파는 것이 아닌 고급스러우면서도 캐주얼한 레스토랑이다. 이 레스토랑은 고급스러우면서도 그것이 부담되지 않도록 무예약제도를 시행하고 있다. 이에 따라 손님이 몰리는 경우가 생기기도 하는데 이럴 때에는 순서에 따라 삐삐(호출기)를 나눠주고 호출이 있을 때까지 주변의 쇼핑공간을 둘러보고 오도록 함으로써 좋은 반응을 얻고 있다. 호텔에서도 고객이 예상시간보다 일찍 호텔에 도착하는 경우 할 일 없이 로비에서 기다려야 되는 경우가 있는데 이럴 때에는 짐을 프런트에 맡긴 후 이와 같이 호출기를 나눠준다면 고객이 남는 시간 동안 호텔 주변을 산책하거나 호텔 내·외부 시설을 구경하는 등의 개인 시간을 가질 수 있을 것이다.

9 벨보이 봉사

1. 정중한 종업원

베니하나 레스토랑 / Beny Hana

• 철판요리 외식업계에서 유명세를 타고 있는 베니하나 재패니즈 레스토랑은 음식 맛뿐만 아니라 종업원들의 질 높은 서비스로도 유명하다. 모두가 전문가라서 고객의 눈빛, 모습만 보고도 고객이 무엇을 원하는지를 바로

바로 맞춰준다. 이것이 바로 우리 호텔에서 필요한 것으로서 정중하게 다가가는 자세야말로 고객으로 하여금 편안함과 함께 좋은 인상을 심어줄 수 있을 것이다.

2. 즐겁고 편안한 인상

사우스웨스트 에어라인 / Southwest Air

- 항상 즐거운 미소와 함께 서비스를 제공하는 사우스웨스트 에어라인 종업원들의 인상처럼 호텔에서도 항상 미소와 함께 즐거운 마인드로 서비스를 베풀어야 고객이 감동할 수 있을 것이다.

3. 침착하고 정돈된 의상

경영 컨설팅회사들 / Management Consulting

- 경영 컨설팅을 전문으로 하는 회사의 사원들은 항상 넥타이에 단정한 모습을 하고 있다. 이는 고객들로 하여금 안정되고 정돈된 느낌을 줌과 동시에 신뢰성도 가져다준다. 호텔에서도 벨보이가 단정하고 깔끔한 모습으로 있어야만 고객들이 편안하고 안정된 느낌을 받을 수 있을 것이다.

10 숙소행

1. 객실의 감각 있는 배치

골프클럽 / Golf Club

- 객실을 가지고 있는 골프클럽들은 고객들의 요구에 맞게 골프코스가 보이는 전망 좋은 곳에 객실을 배치하고 있다. 이로 하여금 고객들이 푸른 잔디를 항상 볼 수 있도록 하여 편안하게 휴식을 취할 수 있도록 도와주는 것이다. 호텔도 마찬가지로 고객의 요구에 맞춰서 전망 좋고 동선이 편리한 객실을 제공해야 할 것이다.

11 숙소 환경

1. 쾌적한 분위기

① 디자이너 구성

브로드웨이 / Broadway

- 브로드웨이는 공연뿐만 아니라 잘 정돈된 거리 그 자체만으로도 유명해서 관광객들이 많이 몰린다. 호텔도 이와 같이 쾌적하고 정돈된 분위기의 이미지를 만들어야 고객이 많이 찾을 것이다.

② 소매

크레이트 앤 바렐 / Crate & Barrel

- 크레이트 앤 바렐은 액세서리 및 주택 실내장식으로 유명하다. 이 회사의 우수한 제품을 호텔 내부장식에 사용하면 객실 이미지에 좋은 영향을 끼칠 것이다.

③ 편안한 주위 환경, 풍부한 흥밋거리

리조트 및 헬스클럽 / Resort & Health Club

- 리조트에 온 고객들은 흥미를 갖고 찾아온다. 특별한 것을 기대하고 오기 때문에 이에 맞게 주위환경과 볼거리를 제공해야 한다. 이처럼 호텔도 고객들의 욕구를 충족시킬 만한 장소를 제공해야 할 것이다.

④ 최소공간 활용환경

수도원 건물

- 수도원 건물은 어찌 보면 고풍스런 호텔의 이미지와도 일맥상통한다고 할 수 있겠다. 이처럼 좁은 공간에 고풍스런 건물을 지어서 고객을 끌어오는 역할을 해야 할 것이다. 최소한의 공간에 최고의 건물을 지어야만 효율적인 경영을 한다고 할 수 있다.

⑤ 최고의 안정성

은 행

- 사람들이 은행에 돈을 맡기는 이유는 안전하기 때문이다. 사람들이 호텔

에 머무는 이유 또한 집을 제외한 가장 안전한 숙박시설이기 때문이다. 은행의 안전한 이미지처럼 호텔객실도 안전하다는 이미지를 심어주어야만 고객이 편안히 휴식을 취하다가 갈 수 있을 것이다.

12 요청에 대한 호텔 종업원의 반응

1. 사소한 문제들에 대한 신속한 대처

제록스 / Zerox

- 유명한 복사기 회사 제록스는 사소한 고객의 문의도 24시간 처리해서 불만을 최소한으로 줄이고 있다. 24시간 전화를 받고 바로 그에 응해주기 때문에 불만율이 낮아진 것이다. 호텔도 서비스를 제공하기 때문에 이에 불만족한 고객이 호텔을 떠나기 전에 고객에게 신속하게 대처해야만 살아남을 수 있을 것이다.

2. 중대한 문제들에 대한 신속한 대처

병원 응급실

- 응급실에서 일어나는 사건들은 생명과 직결된 아주 위급한 문제들이다. 그런 만큼 여기서 일하는 의사들은 신속한 대처를 통해서 사람의 목숨을 구 해낸다. 호텔도 사람에게 서비스를 제공하기 때문에 고객의 심기를 건드 리는 치명적인 실수를 할 경우 그 고객뿐만 아니라 그 고객의 구전에 의해 다른 고객들마저도 호텔을 떠나버릴 수 있다. 그러므로 치명적인 문제가 발생하였을 경우에는 모두가 함께 나서서 신속하게 대처해야 할 것이다.

3. 고객 중심의 맞춤 서비스

아마존 / Amazon

- 세계 최대의 인터넷 서적판매회사인 아마존은 고객이 원하는 책을 원하는 시간에 원하는 장소로 배달해 준다. 고객은 컴퓨터 앞에 앉아서 주문

만 하면 되는 것이다. 호텔 룸 서비스도 이와 비슷하게 고객의 요구사항을 정확하게 반영해서 최고의 서비스를 제공해야 할 것이다.

13 전화 서비스

1. 빠르고 친절한 호텔운영 보조원

렌즈 엔드의 800번 전화

• 최근 추세는 회사가 고객을 위해서 고객이 전화를 할때 전화비를 회사 쪽으로 돌리는 서비스를 하고 있다. 이러한 800번 전화 서비스는 고객으로 하여금 자신의 돈이 안 나가기 때문에 편안함과 좋은 이미지를 주어서 호텔 이미지 상승에도 좋은 영향을 끼칠 수 있을 것이다.

2. 원만한 전화서비스 센터 경영

911

• 미국의 응급 소방 전화 911은 고객이 완전히 위기에서 구출될 때까지 전화를 끊지 않고 도움을 준다. 이처럼 호텔에서도 고객이 완전히 서비스를 제공받고 이에 만족할 때까지 전화서비스를 제공함으로써 고객 만족을 한층 더 상승시킬 수 있을 것이다.

14 비즈니스 시설 활용

1. 편안한 사업센터

킨코 / Kinko

• 고객의 비즈니스 업무를 위해서 최상의 시설과 장소, 예를 들어 컴퓨터 또는 비즈니스센터를 제공하는 것이야말로 고객이 편한하게 비즈니스 업무를 처리하고 갈 수 있도록 도와주는 것이고, 그렇게 함으로써 고객 만족도를 높여줄 수 있을 것이다.

15 워크아웃

1. 장비의 위치 및 범위

발리의 휘트니스센터

- 휘트니스센터 또한 고객들이 필요로 하는 장비를 제대로 제공해 주어야 한다. 고객이 원하는 종류의 장비가 좋은 시설로 구비되어 있어야만 고객이 제대로 이용하고 갈 수 있을 것이다.

16 샤워시설

1. 양질의 샤워시설

프로스포츠 팀

- 프로 선수들이 사용하는 사우나, 혹은 샤워시설들은 최상의 서비스를 제공한다. 고된 훈련 혹은 시합 후에 피로를 풀기 위해서 사우나를 찾기 때문이다. 호텔에 묵는 고객도 하루 종일 관광, 혹은 사업차 쌓인 피로를 풀기 위해서 사우나를 찾기 때문에 좋은 시설을 갖추고 이들을 기다려야 할 것이다.

2. 믿을 만한 샤워시설 유지

씨월드 / Sea world

- 고객이 샤워를 하는 데 불안함을 느끼게 된다면 이것은 실패한 서비스라고 할 수 있다. 이처럼 고객이 믿고 쓸 수 있는 좋은 시설을 제공해야만 고객으로 하여금 다시 찾아오고 싶은 마음을 불러일으킬 수 있는 것이다.

17 음식점 정보 획득

1. 레스토랑들을 인지하고 있는 종업원

여행사

- 여행사 직원들은 고객이 어느 장소를 여행하기 원하고 무엇을 원하는지에 대해서 미리 준비하고 기다리고 있다. 이와 마찬가지로 호텔 종업원들도 고객이 언제 물을지 모르는 사항인 레스토랑 업장의 시설과 특성 등에 대해서 잘 인지하고 있어야 나중에 고객에게 최대한의 정보를 제공해 줄 수 있을 것이다.

18 아침식사

1. 룸 서비스

① 즉각적이며 적절한 온도의 음식 제공

도미노 피자

- 호텔 고객은 아침에 일어나서 레스토랑까지 내려가기보다는 편안하게 룸 서비스를 많이 이용한다. 그런데 차가운 아침식사가 배달된다면 어떨까? 도미노 피자는 30분이 넘으면 피자의 가격을 받지 않는다. 왜냐하면 온도가 떨어져서 피자의 맛이 없어지기 때문이다. 이처럼 룸 서비스도 빠른 시간 안에 준비되어서 방으로 배달되어야만 적절한 온도로써 고객들에게 제공될 수 있을 것이다.

② 예의바른 배달원

UPS

- 택배 서비스를 받다 보면 종종 무례한 배달원들을 접하게 된다. 이는 좋은 선물을 받고도 기분을 상하게 하는 결과를 가져오게 된다. UPS는 국제 전문 운송업체로서 고객들에게 친절하게 배달해 줌으로써 받는 사람에게 기쁨을 2배로 가져다준다. 이른 아침 잠에서 덜 깬 객실 고객에게 따뜻한 말을 건네는 예의바른 종업원이야말로 음식의 맛을 2배로 높여줄 것이다.

19 체크아웃

1. 즉각적인 출발

- 종종 전철역에서 마을버스를 타다 보면 승차한 지 10분이 지났는데도 출발하지 않는 경우가 있다. 보다 많은 손님을 받기 위해서이다. 이러한 경우, 고객들로부터 원망을 사게 된다. 고객을 전혀 배려하지 않은 행위이기 때문이다. 호텔은 투숙객 모두가 중요한 손님이므로 그들이 키를 반납하고 체크아웃을 함과 동시에 출발할 수 있도록 차를 대기시켜 놓고 모든 관련 업무를 완벽히 끝내 놓아서 고객이 불편함을 느끼지 않도록 해야 할 것이다.

20 자동차 회수

- 4번에 명시된 주차와 동일하다고 할 수 있겠다. 즉 고객이 주차할 때와 마찬가지로 그와 똑같은 서비스가 체크아웃 이후 차량을 타고 나갈 때도 주어져야만 서비스가 완벽하게 이루어진다고 할 수 있겠다.

21 공항 도착

1. 비행스케줄 확인

웨더채널 / Weather Channel

- 고객이 호텔을 나가기 전에 미리 비행기 스케줄을 확인한 후 고객에게 알려 줌으로 인해서 혹시 모를 결항이나 사고 때문에 고객이 불편을 겪지 않도록 해야 할 것이다.

22 재검토

1. 만족 보증

햄프톤 인 / Hampton Inn

• 햄프톤 인은 중저가 브랜드 호텔로서 가격대비 고객만족도가 매우 높은 기업으로 유명하다. 돈을 지불한 만큼 고객이 만족하고 가야지만 그 고객이 평생 고객이 될 수 있다. 즉, 호텔에 오면 만족하고 갈 수 있다는 그런 이미지가 성공에 아주 중요하다고 할 수 있겠다.

2. 불만족에 대한 효과적 대응

나이키 / Nike

• 나이키는 자회사의 신발이 맘에 안 들거나 에어가 터진 경우 1달 이내에 무료로 새 제품으로 교환해 준다. 고객이 불만족할 경우 만족할 때까지 서비스를 베풀어줌으로 해서 고객의 불만족이 만족으로 바뀔 수 있도록 호텔 서비스를 제공하여야 할 것이다.

3. 선호도 조정 및 직접적인 시장조사

페더럴 익스프레스 / Federal Express

• 고객이 자회사의 상품을 사용 후 어떤 느낌을 가졌는지는 훗날 시장 구매력에 매우 중요하다. 이에 페더럴 익스프레스는 직접적인 시장조사를 통해서 어떠한 부분이 강점이고 약점인지에 대해서 정확히 조사한다. 이와 마찬가지로 호텔도 고객이 하루를 묵고 가면서 예상했던 것과 실제로 느꼈던 점을 실제로 조사함으로써 현재 호텔의 문제점이 무엇이고 앞으로 어떻게 개선해 나가야 할지에 대한 고객의 목소리를 들을 수 있을 것이다.

• 호텔산업은 단순하게 고객에게 숙식만을 제공하는 산업이 아니라 고객과 대화하고 그들의 요구와 상호교감하는 산업이다. 그러한 만큼 각 부문, 각 장소, 각각의 순간순간마다 고객에게 최상의 서비스를 제공하는 호텔만이 살아남을 수 있는 것이다. 단순하게 벤치마킹만을 한다고 해서 환경

이 좋아지고, 서비스의 질이 높아지는 것이 아니라 벤치마킹을 한 문화를 내 자신의 문화로 만들어서 소화시키는 것이 무엇보다 가장 중요하다고 할 수 있겠다. 위에서 열거한 수많은 기업들의 장점들을 호텔의 현 상황에 잘 적용하여 매치될 수 있도록 노력해야만 벤치마킹을 성공적으로 수행할 수 있을 것이다.

Lesson 3
도착 전 단계(Pre-Arrival)

I 객실 예약

대부분의 호텔 고객들이 체류 전에 예약을 하기 때문에 객실부 예약기능은 매우 중요하다. 예약은 또한 고객과 호텔 간의 중요한 첫 번째 대면일 수 있다. 예약 직원은 질문에 정확하고 신속하게 답변해야 한다. 예약을 진행시키는 것은 고객의 요청에 알맞는 객실을 맞추고, 기록하고, 확인하고, 예약을 유지시키는 것을 포함한다.

1 예약/Reservation

이 책의 제2장 서비스의 본질에서 설명하였듯이 오늘 거래하지 못한 객실은 영원히 사라지는 것이다. 그러므로 프런트 오피스 부서에서의 예약은 예약 의뢰를 효율적으로 처리하는 시스템이 필수적이며 고객 서비스 사이클은 예약 부서에서 시작된다. 호텔업계에서 효과적인 예약 시스템은 필수적이다.

예약은 다음과 같은 다양한 채널을 통해 이루어지며, 이는 마케팅 시에 유통망과 관련이 있으므로 매우 중요하다.

① 전화, 팩스, 편지
② 수신자부담 전화
③ 여행사 에이전트
④ 인터넷
⑤ 미팅기획사(Meeting Planners : 컨벤션호텔에서 주된 예약자)

⑥ 관광안내자(Tour operator : 리조트 분야에서 주된 예약자)
⑦ 동종 타 회사(Referral from another company property)
⑧ 공항전화(Airport telephone)
⑨ 직접 방문(Walk-in)

1. CRS(Central Reservation System)

컴퓨터 예약 시스템이란, 여행자가 여행을 할 때, 객실의 예약, 렌터카, 항공권 예매 및 관광시설의 이용에 대한 예약 등을 한곳의 컴퓨터 단말기를 통해 모든 현황에 대한 조사 확인뿐만 아니라 각종 정보를 제공받을 수 있는 부가가치 통신망을 말한다. 이러한 CRS의 예약은 호텔에 직접 하는 것이 아니라 예약 시스템이나 관련 대리점에 의해 이루어진다.

1) 호텔 전문 예약 시스템

국내 호텔업계가 가장 많이 가입되어 있는 시스템들이 이 부분에 속하는데 일부는 UTELL(유텔)처럼 개인 소유인 것이 있고 STEINBEGER(슈타인버거) 등이 있다. 유텔 인터내셔널은 1930년 헨리 유텔에 의해 설립되어 호텔의 판매 및 예약을 대행하고 있으며, 중앙본부는 영국 런던에 있다. 국내 가입 호텔은 롯데, 웨스턴 조선, 신라, 힐튼, 인터콘티넨탈, 뉴월드, 서울로얄 등이다.

2) CRS 다기능 서비스

하나의 통신망을 통해 여러 서비스를 한꺼번에 제공할 수 있도록 통신의 부가가치를 높인 시스템으로 항공업계에서 발전시킨 시스템이다. 컴퓨터 예약 시스템의 도입으로 이 분야는 호텔업계를 포함 관광부문까지 다기능체제로 발전하였다. 대표적인 것으로 아마데우스(AMADEUS), 아폴로(APOLLO), 갈릴레오(GALILEO), 파스(PARS) 등의 항공사와 제휴한 시스템으로 호텔업계에 관심을 갖기 시작한 것은 1970년대 초부터이다. CRS는 다기능의 성격을 갖고, 운영되는데 항공, 호텔 예약 및 관광 정보의 제공, 자동 운임 계산 및 자동 발권, 여행 정보 제공을 할 수 있도록 프로그램된 시스템이다. 기존에 운영되는 예약시스템의 도입과 발달단계에서 모든 하드웨어와 자료들은 첫 메가 시스템을 위해 존재하고 있으며, 이것은 관광, 호텔, 비즈니스 등의 서비스를 연결하는 예약 시스템이다.

3) 국내의 CRS 현황

체인 또는 프랜차이즈 호텔은 자체의 고유한 시스템 즉, 인터컨티넨탈의 글로벌(GLOBAL), 조선의 웨스트론(WESTRON), 힐튼의 힐트론(HILTRON), 소피텔 앰배서더의 레지터(REGITER) 등과 같이 독특한 국제 예약 서비스 제도를 시행하고 있다. 독립 호텔의 경우 외국의 유명호텔 전산망에 가입, 인바운드 고객유치는 물론 해외에서의 판촉 및 홍보활동을 전개하여 그 지명도를 높이고 있다. 이들 예약 시스템들은 초기 단순한 예약수단으로 개발되었으나, 현재에 와서는 기존의 예약기능에 부대시설 안내, 주변 교통 및 관광지 안내, 항공권 예약망과의 연계 등을 부가하여 복잡한 제반 서비스를 제공하는 메가 시스템(mega-system)화되고 있다.

4) 미래의 웹 예약

인터넷과 통신기술의 발달에 따라 효율적인 컴퓨터 예약 시스템은 프런트 시스템의 취약점과 문제점을 해소시킬 수 있을 것이다. 이에 따라 호텔 컴퓨터 패키지의 개발을 지향하고 기존에 사용하고 있는 컴퓨터 시스템을 좀 더 완벽하게 보완하여 호텔업계의 완벽한 컴퓨터 시스템을 구축하는 방향으로 전개될 것이다. 예를 들면, 언어 인식 시스템은 CRS 콜 센터를 통해서 더욱 실용적이고 개인적으로 만들어줄 것이다.

2. 사전 예약(Advance Reservation)

고객은 특정한 기간 동안 사용 가능한 객실을 호텔이 가지고 있는지를 알아보기 위해 호텔에 문의할 경우, 보통 이 방법을 선택한다. 고객은 객실 예약을 결정할 때 호텔과 어떤 약속도 하지 않는다. 호텔은 지정된 시간까지 예약된 객실을 그 고객을 위해 비워놓을 것이며, 이러한 타입의 예약은 고객이 나타나지 않는 것(no-show)에 대한 돈을 지불하겠다는 약속이 없다. 따라서 호텔에서는 도착 마감시간을 지정하여 승인된 예약에 유리하게 이를 운영한다.

1) 확인 예약(Confirmed Reservation)

확인된 예약은 일정한 날짜의 시간이 무효가 되는 예약과는 비교될 수 있다. 이 예약은 호텔이 최종기한 내에 체크인하는 고객의 수를 계획할 수 있게 한다. 또 다른 호텔로부터 온 고객(Turn away)에게 객실을 자유롭게 팔 수 있다. 호텔은 보통 노쇼(no-show)의 수를 놓치지 않도록 하여 확인된 예약 고객의 최종 숫자에 비교하여 객실 판매를 운영한다.

2) 보증예약(Guaranteed Reservation)

이 예약은 호텔 객실의 수급을 더 정확하게 예측하는 것을 가능하게 한다. 고객의 도착시간에 관계없이 하룻밤 객실요금을 지불한 고객에게 그 객실은 할당되어진다. 만약 고객이 사전 취소 없이 나타나지 않으면, 호텔은 객실요금 지불을 위해 신용카드 영수증을 처리한다. 또한 고객이 예약한 날에는 도착시간에 대한 제한 없이 호텔은 고객이 예약한 숙박시설을 사용하도록 해야 한다. 이때, 고객은 유효한 신용카드나 선불지급으로 지불방법을 결정한다.

[표 6-2~3]은 각각 객실 예약 시 알아야 할 객실 유형과 예약장부의 예를 보여준다.

[표 6-2] 객실 유형

The following room type definitions are common throughout the lodging industry.

[투숙객수에 따라]

Single A room assigned to one person. May have one or more beds.

***Double** A room assigned to two people. May have one or more beds.

Triple A room assigned to three people. May have two or more beds.

Quad A room assigned to four people. May have two or more beds.

[침대의 종류와 수에 따라]

Queen A room with a queen-size bed. May be occupied by one or more people.

King A room with a king-size bed. May be occupied by one or more people.

Twin A room with two twin beds. May be occupied by one or more people.

***Double** A room with double bed. May be occupied by one or more persons.

Double-double A room with two double(or perhaps queen) beds. May be occupied by one or more persons.

Studio A room with a studio bed – a couch which can be converted into a bed. May also have an additional bed.

[객실 안 구조와 내용에 따라]

Mini-suite or junior suite A single room with a bed and a sitting area. Sometimes the sleeping area is in a bedroom separate from the parlor or living room.

Suite A parlor or living room connected to one or more bedrooms.

Connecting rooms Rooms with individual entrance doors from the outside and a connecting door between. Guests can move between rooms without going through the hallway.

Adjoining rooms Rooms with a common wall but no connecting door.

Adjacent rooms Rooms close to each other, perhaps across the hall.

*주의 : Double Room과 Double bed room은 차이가 있는 것이다.

[표 6-3] 예약장부(예)

EFG MOTOR LODGE GUEST RESERVATION FORM

Date of Res. ______________

Res. Clerk ______________

Please Print or Type

ARRIVAL DATE	DEPARTURE DATE	NO. NIGHTS	NO PERSONS	RATE CONFIRMED
__________	__________	__________	_____ Adults S	__________
_______ a.m.	_______ a.m.		_____ Children	
_______ p.m.	_______ p.m			

NO. ROOMS ROOM TYPE : QUEEN BED (1 Qn. bed) 2 DOUBLE BEDS (2 Dbl. beds) SUITE (2 bdrms.)

OTHER REQUESTS : Crib Rollaway Connecting Adjacent Balcony Pool overlook Other(specify) __________

NAME RESERVATION WILL BE UNDER First TEL : ( ) __________

Last __________ First ______ Mid. Init. ___(Title, if one is offered) __________

STREET ADDRESS CITY STATE ZIP

____

REPRESENTING(WHERE APPLICABLE) TEL : ( ) __________

____

STREET ADDRESS CITY STATE ZIP

____

IS RESERVATION GUARANTEED? Yes___ No___

RESERVATION GUARANTEED BY

____

Credit Card No. No. Exp. Date Deposit Other(Specify)

RESERVATION MADE BY(if other than above) __________________

REMARKS ____

____

CHANGE OF RESERVATION

Original Reservation No. __ Original Date of Arrival ___ Original Rate ______

Remarks ____

Reservations may or may not be guaranteed.

예약은 주로 개인, 단체, 관광단/회담 참가단 등으로 이루어지는데 개인 자격으로 단체에 소속되지 않은 채 호텔을 방문하는 고객을 일컬어 FIT(Free Independent Traveler)라고 한다. 또한 단체로 방문하는 고객들은 예약이 고객 개인의 이름이 아닌 단체의 이름으로 행해지며 관리하는 방법도 다르다.

호텔업계에서는 다양한 예약 출처가 있다. 가장 일반적인 예약 출처로는 중앙 예약시스템, 중계회사, 직접 예약이 있다.

3. 중앙 예약 시스템(Central Reservation Systems)

호텔의 2/3 이상이 한두 개의 중앙 전산시스템에 속해 있다. 체인호텔들을 연결하는 연계 예약망(Affiliate Reservation Network)과 독립호텔들을 연결하는 비연계 예약망이 있다.

4. 중계회사(Inter Sell Agency)

하나 이상의 생산라인을 처리하는 중앙 예약 시스템으로 주로 항공사, 렌터카 회사, 호텔 등의 예약을 취급한다.

5. 직접 예약(Direct Reservation)

호텔의 입장에서 중앙 예약시스템, 중계회사에 의한 예약뿐만 아니라 호텔이 직접 예약을 처리하는 경우가 40% 이상이다. 직접 예약의 방법은 아래와 같다.

- 전화
- 우편
- 호텔에서 호텔로
- 텔렉스, 팩스

2 예약 가능성

일단 예약문의가 들어오면 이미 진행된 예약을 확인하여 판매 객실 여유분이 있는지 알아보고 예약 가능성을 판단한다. 진행 중인 예약 문의는 다음의 답변 중 하나를 취한다([그림 6-5] 참조).

- 요구에 따라 예약을 접수한다.
- 다른 객실유형/가격을 제시한다.
- 다른 호텔을 추천한다.

[그림 6-5] 예약 진행과정

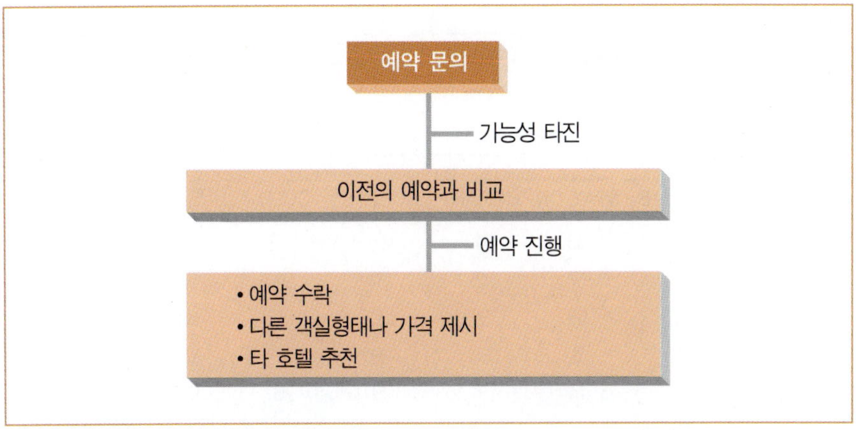

어떠한 예약 체계에서건 초과예약(over booking)을 피하기 위해 각별한 주의를 기울여야 한다. 어느 호텔이나 만실을 지향하지만 그에 앞서 중요한 것은 고객과의 원만한 유대관계 속에서 단골 고객을 확보하는 것이므로 예약을 잘 관리하여야 한다. 예약 관리장치로는 예약관리대장(Control Book), 벽보(Wall Chart), 전산시스템(computerized system)이 있다.

1. 예약관리대장(Reservation Control Book)

매해의 날짜별로 자동화되지 않은 호텔에서 주로 사용한다.

예약관리대장은 객실의 수뿐만 아니라 도착 예정고객의 수까지 추정할 수 있다. 이는 Multiple Occupancy Statistics 제작과 판촉의 기획에 중요한 자료가 된다.

예약관리대장은 예약의 변경이나 최소사항이 즉시 update되어야 한다. 따라서 처음에는 연필로 적고 다음의 변경사항을 다른 색의 펜을 사용하는 것이 보통이다.

2. 벽보(Wall Chart)

호텔 객실을 세로로 날짜를 가로로 나열하여 예약 현황을 적어두는 것으로 자동화되지 않은 호텔에서 사용한다.

3. 전산시스템(Computerized System)

예약 현황을 가장 효과적으로 파악할 수 있는 방법이다. 객실 여유분 파악뿐만 아니라 다양한 예약보고서를 자동적으로 뽑을 수 있다.

[표 6-4] 일일고객도착과 출발보고서(Daily Arrival and Departure Report(예))

ARRIVALS, STAYOVERS, DEPARTURES FOR KELLOGG CENTER
PAGE 001
01/19XX 15 : 03

DATE	ARRIVE	STAY ON	DEPART	GUESTS	SOLD	UNSOLD	REVENUE
01/19	19	83	4	135	102	43	5,185.00
01/20	34	57	45	131	91	54	4,604.00
01/21	37	55	36	130	92	53	4,495.50
01/22	15	6	86	29	21	124	1,116.00
01/23	12	14	7	39	26	127	1,252.00

3 예약 기록

호텔 고객 사이클의 시작으로 예약을 기록할 때 다음 사항을 포함하여야 한다.

- 고객이름(또는 단체이름)
- 집 주소
- 전화번호(지역번호 포함)
- 회사이름, 주소, 전화번호
- 예약자의 이름과 관련정보(예약자와 투숙할 고객이 상이한 경우)
- 고객수/자녀수
- 예약 도착시간
- 예약 형태(guaranteed/non-guaranteed)
- 특별 요청(어린이, 장애자, 금연객실층)
- 추가적 정보(교통수단, 비행기 번호, 객실번호)

보장형 예약(guaranteed reservation)을 접수할 경우 예약원은 아래 사항 중 하나를 득하여야 한다.

−신용카드 정보
−선지불 또는 예치금 정보
−회사 또는 여행사 은행계좌 정보

4 예약 확인

고객의 요구와 개인적 정보를 전화나 우편으로 확인하는 것이다. 서면 확인은 보장형 예약이나 비보장형 예약과 상관없이 해야 한다.

주로 예약 문의가 접수된 날에 아래와 같은 일정양식에 예약확인서를 작성하여 고객에게 보낸다. 이때 예약 확인서는 다음 상황을 포함하여야 한다.

- 도착일/시간
- 객실 형태/객실료
- 체재 기간
- 고객수
- 예약 종류
- 확인 번호

1. 확인/취소 번호

예약이 확인되거나 취소되었을 때 호텔에서는 고객에게 예약 확인/취소 번호를 발부하여 고객이나 호텔 측에서 필요한 경우 증빙자료로 삼을 수 있다. 특히 보장형 예약이 취소된 경우 예약취소번호는 고객으로 하여금 guarantee charge의 부담을 완화시킬 수 있다. 예약취소번호 없이는 고객이 no-show로 인정되어 신용카드 회사로부터의 지불청구를 거절하기가 힘들 것이다([표 6-5]는 예약취소번호 관리대장의 예를 보여준다).

[표 6-5] 예약취소번호 관리대장

Date Cancellation Received	Source of Cancellation	Scheduled Date of Arrival	Guest Name	Cancellation Number Issued

5 예약 관리

예약을 진행할 때 예약기록의 변경이나 취소 등이 다발한다. 따라서 효율적인 기록의 유지 및 관리가 절실히 요구된다.

1. 비보장형 예약 처리방법

① 고객의 이름을 비보장형 예약 장부/스크린에 적는다.

② 고객의 신용카드 종류, 번호, 유효기간, 카드주의 이름과 승인번호를 적는다.

③ 새로운 예약확인번호를 준다.

④ 필요하다면 일정절차에 따라 비보장형 예약에서 보장형 예약으로 변동유도 및 완료한다.

2. 예약 취소

예약의 취소통보는 호텔로 하여금 예약했던 객실을 판매할 수 있고 객실부 자료를 update하는 데 도움이 되므로 고객이 쉽고 간단하게 할 수 있도록 해야 한다. 취소는 다른 객실서비스처럼 공손하고 예의바르고 효율적이어야 한다.

비보장형 예약의 취소는 고객의 이름, 주소, 예약객실번호, 예상도착/출발일을 물어보고 예약상황을 확인한 다음 취소로 처리하되 예약을 변경할 의사는 없는지 확인한다.

신용카드로 보장된 예약의 취소는 다음과 같은 절차를 따른다.

① 일반적 정보(고객이름, 주소, 객실번호, 도착/출발예정일)를 득한 후 취소번호를 발급하고 카드사와 결제문제가 발생할 경우 예약취소 번호가 증거가 될 수 있음을 설명한다.

② 예약기록이 확인되면 예약을 취소하고 예약기록에 취소번호를 기입한다. 고객이 아닌 타인에 의한 예약취소는 전화한 사람의 이름을 예약취소장부에 받아 적어둔다.

③ 예약 취소번호를 관리대장에 기입한다.

④ 취소된 예약서류를 참고자료로 파일한다.

예치금으로 보장된 예약의 취소는 다른 예약 취소보다 주의하여 예약상황을 확인한 후 고객에게 예치금을 반환한다. 그 외 보장된 예약의 취소는 여행사나 다른 단체에 의한 것으로 취소 요청하는 사람의 이름을 반드시 예약취소 장부에 기입하여야 하고 다른 예약 취소처럼 취소번호를 발부하고 관리대장에 기입한다.

6 예약 보고서

효율적인 예약체계는 객실판매 현황을 정확히 파악하여 객실 판매 수입을 예상하고 객실 판매를 극대화하는 것이다. 자동화 정도와는 별도로 아래와 같은 여러 가지 예약보고서가 필요하다.

- Reservation Transaction Report
- Commission Agent Report
- Turnaway Report(Refusal Report)
- Revenue Forecast Report
- Expected Arrival and Departure Lists : 매일 작성되며 계속 투숙할 고객의 수뿐만 아니라 도착/출발 예정고객의 수와 이름까지 나타난다. Control book, wall chart, reservation rack에서 자료를 뽑아 앞으로 일정기간 동안의 예약상황을 예상하기도 한다. 매일 저녁 다음날 도착하는 고객을 예상하고 Front Desk에 자료를 넘긴다.
- Reservation History : 예상정보를 분석함으로써 객실부에서는 호텔의 예약현황을 이해하는 데 도움이 되며 판촉부에서도 중요한 자료가 된다. 이는 예약진행 과정에서 발생하는 모든 정보 고객수, 판매 객실수, 예약 출처, no-shows, walk-ins, overstays(장부상의 출발일 이후에도 투숙하는 고객), understays(장부상의 출발일 이전에 퇴숙하는 고객) 등을 포함한다.

[표 6-6] Format for Recording Daily Occupancy Data(예)

Daily Room Status(당일 객실 상황)

Type of Rooms	총객실수 Total Rooms	고장 O.O.O.	직원사용 H.U	접대 Comp	판매가능한 객실 Rooms Available	판매된 객실 Rooms Occupied	빈 객실 Rooms Vacant
Single(싱글)	7						
Double(더블)	51						
Twin(트윈)	46						
Ondol(온돌)	12						
Junior Suite(양특실)	3						
Korean Suite(한특실)	1						
Total Rooms(총객실수)	120						

[표 6-7] 7 Day's Forecast(7일간 예상투숙률)

날 짜 (Date)	재 실 (In House)	도 착 (Arrival)	출 발 (Departure)	확인된 예약수 (Confirm Holding)	투 숙 률 (Occupancy)	예약초과 (Overbooking) 빈 객실(Vacant Room)

Clerk

F/O Manager

[표 6-8] FRONT DESK 일지

CHIEF	F/O MGR	R/D MGR

FRONT DESK(日誌)

年 月 日 曜日

業務處理引繼事項

點檢事項	結果
Room Balance	
Lost Key	
Delivery 物品	
Group C/IN 確認 準備	
FIT C/IN 確認	
Room Check	
Information 整理	
Lost & Found	
Message Mail & Telex	
備品, Form, 用紙	
Group Meal 確認	
S/O 顧客計算確認	
V.I.P. OR I.P	
U.G. GUEST	
Room Change	

指示事項

其他

勤務者		勤務者	

[표 6-9] RESERVATION REQUEST

MR　　　　　　　　　　APR. DATE : ______ TIME : ________
MRS
FOR MISS　　　　　　　　DEP. DATE : ______ TIME : ________
(NAME)(LAST NAME)(FIRST NAME)(NO. OF PERSONS)( ) NIGHT(S)
TITLE ______________________________

TYPE OF ROOM/RATE :　　　DISCOUNT : %　　　COMMISSION : %
RESERVATION MADE BY :
BILLING TO/PAYMENT BY :　　　　ADVANCE DEPOSIT :
CONFIRMED/REVISED BY : ___G.T.D. : YES. NO. CONFIRMATION BE SENT : YES. NO.
CANCELLED BY : ________________
\ *ANY SPECIAL TREATMENT :

RECEIVED BY (CLERK) (DATE)
CONTROLLED BY

[표 6-10] PRE-RESERVATION CARD

ROOM NO : RATE : IN : OUT :	
NAME : (氏名)	Date of Birth : (生 年 月 日)
HOME ADDRESS : (住所)	
PASSPORT NO. : (旅券番號)	NATIONALITY : (國籍)
OCCUPATION : (職業)	FIRM : (會社名)
Purpose of travel □Tourist □Business (旅行目的) (觀光) (事業)	VIA : (經由地)
DATE OF ENTRY : (入國年月日)	SIGNATURE : (署名)

* PLEASE FILL IN BLANK AND RETURN IT TO THE FRONT DESK
AS SOON AS POSSIBLE. THANK YOU.

Ⅱ 예약 시 실수상황 실례

1 예약장부상의 실수

예를 들어 예약장부상에 도착/출발일 또는 고객이름의 철자가 틀렸거나 성과 이름이 바뀐 경우이다. 이러한 실수를 예방하기 위해서는 예약문의를 받을 때 예약원이 고객에게 확인을 위해 다시 읽어주어야 한다. 이름이 틀리면 예약기록을 찾을 때도 어려움이 있기 때문에 주의하여야 한다.

2 전문용어의 오해

예를 들어 확인예약(Confirmed reservation)과 보증예약(Guaranteed reservation)의 혼돈, double room과 double bed의 혼돈, 이어진 객실번호라서 객실도 이어져 있는 줄 알았지만 사실은 맞은편인 경우 등이다. 이러한 실수를 피하기 위해 예약원은 고객의 요구와 의도를 정확히 파악하고 예약용어의 의미를 정확히 설명드리고 예약을 접수한 후에는 예약된 객실의 특성을 재차 설명함으로써 확인한다.

3 외부 예약 시스템과의 의사소통상의 문제

예를 들어 같은 도시의 여러 호텔의 예약업무를 관장하는 중앙 예약체계에서 도심 쪽을 원하는 고객에게 공항 쪽을 예약해 줄 경우, 또는 이름이 비슷한 도시로 예약이 잘못 들어간 경우(경주와 정주, 대전과 대천)이다. 예약원이 같은 도시 내 호텔의 위치를 숙지하고 도시의 이름을 확인한다면 이러한 상황은 피할 수 있을 것이다.

4 중앙예약 시스템의 실수

호텔이 시스템상에 예약 진행 상황이나 객실판매 현황이나 변동된 가격 등을 즉시 입력하지 않은 경우에 주로 발생한다. 예약원은 호텔과 중앙 전산 시스템 간의 정확하고 시기적절한 의사소통을 유지하여야 한다.

Ⅲ 단체예약 다루는 법

1 Convention Group 예약을 다루는 요령

- 단체의 Profile(예약 취소, No-show, 예약 history)을 알아본다.
- Convention Planner와 경쟁 호텔의 예약 원칙을 알아본다.
- Convention 일정을 확인한다.
- Convention의 일정 조정사항을 장부에 즉시 Update시킨다.
- 일정한 간격으로 Convention 참가자의 명단을 Update시킨다.
- Convention Planner에 의해 발견되는 실수는 즉시 정정한다.
- 가능한 빨리 Convention 주최측과 예약상황을 확인한다.
- 예약이 취소된 경우 Block을 풀고 Convention Planner에게 알린다.
- Convention Planner와 관련 부서에게 최종 보고서를 전한다.

2 Tour Group 예약을 다루는 요령

- 운전수와 안내자의 객실을 포함하여 단체를 위해 잡아둔 객실을 확인한다.
- Cut-off Date를 명시한다.
- Rooming List 건네줄 날짜를 정한다.
- 선수금을 관리한다.
- Group Package에 포함되는 서비스와 소모품을 예약 장부에 적어둔다.
- 단체여행 주관자의 이름과 전화번호를 적어둔다.

Lesson 4

도착단계(Arrival)

I 등록/Registration

객실부의 숙박등록절차는 다음의 5단계로 분류된다.

- 등록 전 업무
- 등록카드 작성
- 객실 배정과 객실요금 설정
- 지불방법 결정
- 객실열쇠 발급

1 등록 전 업무

고객의 예약 기록에 의거하여 미리 등록카드 작성, 객실번호/객실료 설정, 고객 장부 작성 등을 의미하며 이는 고객의 신속한 check-in이 가능케 한다.

2 등록카드 작성/Registration Card

고객이 호텔에 도착하면 front desk agent는 등록카드를 작성하여 고객에 대한 정보를 수집하고 투숙 중인 고객 관리는 물론 Repeat고객을 확보하는 데 중요한 자료가 된다.

[그림 6-6] 등록정보의 용도

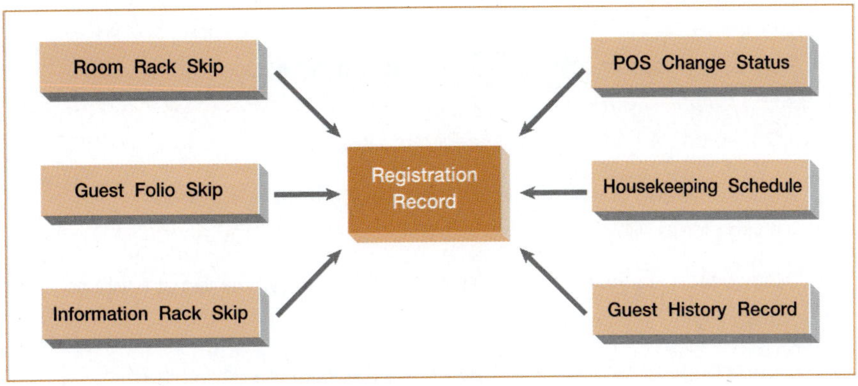

3 객실 배정과 객실요금 설정

객실 배정과 객실요금은 예약 자료에 근거하여 고객이 도착하기 전에 정해질 수 있다. 객실요금은 주로 객실 크기, 객실 위치, 가구의 질, 객실 내 소모품 등에 따라 결정된다.

효율적인 객실과 객실료 결정은 정확한 객실상태 관련 정보(Reservation Status, housekeeping Status, Room Status Discrepancy)에 의존한다.

프런트 직원은 정확한 객실 상황을 파악하고 있어야 하며, 이를 토대로 물 흐르듯 매끄러운 객실 배정과 관리가 이루어지도록 해야 한다.

[표 6-11]은 객실상황을 설명하는 주요 용어들이다.

[표 6-12]는 이러한 용어를 사용하는 객실관리자들이 쓰는 리포트의 한 예이다.

[표 6-13~14]는 고객에 대한 분석과 투숙고객의 요청 변화 등을 매일매일 기록하여 관리하는 리포트의 예를 보여준다.

[표 6-11] 객실상황 용어(Room Status Codes)

Front desk personnel commonly use the following status codes :

- **Occupied** : A guest is currently registered to the room.
- **Complimentary** : The room is occupied, but the guest is assessed no charge for its use.
- **Stay over** : The guest is not checking out today and will remain at least one more night.
- **On-change** : The guest has departed, but the room has not yet been cleaned and readied for re-sale.
- **Sleep-out** : A guest is registered to the room, but the bed has not been used.
- **Skipper** : The guest has not settled his or her account and left the hotel, but the front office staff has failed to properly update the room's status.
- **Lock-out** : The room has been locked so that the guest cannot re-enter until he or she is cleared by a hotel official.
- **DNCO(did not check out)** : The guest made arrangements to settle his or her account(and thus is not a skipper), but has left without informing the front office.
- **Due out** : The room is expected to become vacant after the following day's check-out time.
- **VD(Vacant and Dirty)** : The room is currently unoccupied, but has not yet been cleaned. The room is not available for sale.
- **VC(Vacant and Clean)** : The room is currently unoccupied and has been cleaned. Additional attention or maintenance is required. The room is not yet available for sale.
- **VR(Vacant and Ready)** : The room is currently unoccupied and has been cleaned and inspected. The room is available for sale.
- **OD(Occupied and Dirty)** : The room is currently occupied and has not yet been cleaned. The room is not available for sale.
- **OC(Occupied and Clean)** : The room is currently occupied. Daily cleaning has been complete, but additional attention or maintenance is required. The room is not available for sale.

- **OR(Occupied and Ready)** : The room is currently occupied, and daily cleaning has been completed. The room is not available for sale.
- **CO(Check Out)** : The room is scheduled to be vacated on the current day. The room will become available for sale after the current guest checks out and the room has been cleaned.
- **OO(Out of Order)** : The room is undergoing redecoration. maintenance, or correction of other problems. The room is not available for sale.
- **DND(Do Not Disturb)** : The room is occupied and has not yet been cleaned because the "Do Not Disturb" tag was displayed on the door at the scheduled time of cleaning.
- **V/O or O/V(Status Unclear)** : A personal inspection is required to determine whether the room is occupied or vacant.

Source : Dennis L. Foster, Rooms at the Inn : Front Office Operations and Administration. Columbus. HG : Macmillan/McGraw-Hill, 1992, p. 122.

A well designed loby Lounge!

[표 6-12] Housekeeper's Report(예)

HOUSEKEEPER'S REPORT A.M.
Date ______________ 19 ______________ P.M.

ROOM NUMBER	STATUS	ROOM NUMBER	STATUS	ROOM NUMBER	STATUS	ROOM NUMBER	STATUS
101		126		151		176	
102		127		152		177	
103		128		153		178	
104		129		154		179	
105		130		155		180	
106		131		156		181	
107		132		157		182	
108		133		158		183	
109		134		159		184	
⋮		⋮		⋮		⋮	
121		146		171		196	
122		147		172		197	
123		148		173		198	
124		149		174		199	
125		150		175		200	

Remarks:

____

____

____

____
Housekeeper's Signature

Legend: ✓ – Occupied
ooo – Out-of-Order
– – Vacant
B – Step: Out (Baggage Still in Room)
X – Occupied, No Baggage
C.O. – Slept in but Checked Out Early A.M
E.A – Early Arrival

[표 6-13] Daily Front Office Source of Business by Market Segment

DATE : ________________ RMS ________________

AVAILABLE : ________________

CODE	SOURCE	TODAY				MONTH TO DATE			
		RMS	REVENUE	AVGRATE	%	RMS	REVENUE	AVGRATE	%
A-1	GROUP NON-CORM								
A-2	GROUP LOCAL AGT								
B-1	FIT BUSINESS(FOREIGN)								
B-2	TELEX. CABLE. MAIL								
B-3	U.S. ARMY								
B-4	AIR LINE								
B-5	SALES PROMOTION								
B-6	HONEY MOON								
B-7	FIT INDIVIDUAL								
B-8	OVERSEAS CALL								
C-1	WALK-INS								
C-2	KIM-PO AIRPORT								
C-3	NIGHT CLUB								
C-4	DAY USE								
	TOTAL				100%				100%

[표 6-14] Daily Status Change Pick-ups, Extensions, Early Departures

DATE ________________

Room No.	Name	Rate	In	Out	Status	Remarks	Clerk

1. 객실요금의 종류

호텔이 부과하는 요금에는 다음과 같은 것이 있다.

1) Commercial rate
2) Complimentary rate
3) Group rate
4) Family rate
5) Day rate
6) Package plan rate

[그림 6-7] 객실요금의 예

Kangwon Land
2003 ROOM TARIFF

Main Casino ROOM TARIFF

· Standard	Double	W 200,000
	Twin	W 200,000
	Triple	W 200,000
	Ondol	W 200,000
· Deluxe	Double	W 220,000
	Twin	W 220,000
	Triple	W 220,000
· Luxury	Double	W 300,000
	Twin	W 300,000
	Triple	W 300,000
· Junior Suite	Double	W 400,000
	Ondol	W 400,000
· Luxury Junior Suite	Double	W 500,000
· Executive Ondol Suite		W 800,000
· Executive Suite		W 800,000
· Executive Royal Suite		W 1,500,000
· Presidential Suite		W 4,000,000

Golftel ROOM TARIFF

· Standard	Double	W 130,000
	Twin	W 130,000
	Hollywood	W 130,000
	Ondol	W 130,000
· Junior Suite	Double	W 220,000
	Hollywood	W 220,000
· Royal Suite	Double	W 320,000

10% Service Charge and 10% tax will be added to this amount.

424, Sabuk-Ri, Sabuk-Ep, Jeongsun-Kun, Kangwon-Do 233-902, Korea
Tel. 033)590-7700 Fax. 033)590-6300
www.kangwoncasino.com

Grade	BedType	Code	Quantity	Size(坪)	Floor	Price(Net)	Amount
Standard	Double	STD	21	11.2	7~9	200,000	242,000
	Twin	STT	36	11.2	7~9	200,000	242,000
	Triple	STR	18	11.2	7~9	200,000	242,000
	Ondol	STO	24	11.2	6	200,000	242,000
Deluxe	Double	DXD	71	11.2	10~21	220,000	266,200
	Twin	DXT	129	11.2	10~21	220,000	266,200
	Triple	DXR	63	11.2	10~21	220,000	266,200
Luxury	Double	LXD	10	11.2	22~23	250,000	302,500
	Twin	LXT	22	11.2	22~23	250,000	302,500
	Triple	LXR	10	11.2	22~23	250,000	302,500
Junior Suite	Double	JSD	56	16.8	7~21	400,000	484,000
	Ondol	JSO	2	16.8	6	400,000	484,000
Luxury Junior Suite	Double	LJS	8	16.8	22~23	450,000	544,500
Executive Ondol Suite		EXO	1	33.6	24	800,000	968,000
Executive Suite		EXS	4	33.6	24	800,000	968,000

2. 수익률 관리(Yield Management)

이는 항공사에서 시작된 방법으로 객실 수입의 극대화를 위해 수요량을 예측하는 기술이다. 대부분의 그룹 예약은 몇 달 전에 이루어지는 반면, 개인 고객의 예약은 며칠 전에 이루어진다. 이러한 특징을 통해 일드매니지먼트 프로그램은 예상 수요량과 공급량을 모니터하여, 어떠한 날에 판매할 방의 타입과 숫자뿐 아니라,

그 방들의 가격까지 추천한다.

고객객실 가격을 결정하는데, 고객이 도착하기 전의 시간뿐만 아니라 고객이 머무르는 객실의 타입도 고려해야 할 것이다. 예를 들면, 한 고객이 더블, 퀸 또는 킹 사이즈의 침대가 있는 객실에서 투숙하는 것이 싱글 룸에서 최고가를 지불하는 것보다 더 많은 비용을 지불해야 할 것이고, 유사하게 2명 이상이 한 객실에서 투숙하는 것이 호텔에서 더 많은 이윤을 창출할 수 있는 요소가 될 수도 있다.

1) 수익률 계산법

Rack rate $150의 300개 객실을 가진 호텔에서 평균 $125의 가격으로 평균 200개의 룸이 판매되었다. 이때 호텔의 수익률은 다음과 같다.

① 점유율(Occupancy rate)=200/300(평균 판매 객실수/전체 객실수)=66.6%

② 달성률(The rate achievement factor) = $125/$150(평균 객실요금/잠재 평균 요금)=62.5%

③ 수익률(Yield)=객실 점유율(판매 객실수/전체 객실수)×달성률(실제 평균 객실요금/잠재 평균 객실요금)=0.666×0.625=41%

2) 일드매너지먼트의 단점 :

① 비즈니스 고객이 호텔에 와서 직접 예약하거나 단기간 전에 예약을 할 때, 가격이 높기 때문에 다른 호텔로 가거나 다시는 이 호텔에는 오지 않게 되는 것이다.

② 고객의 소외감도 한 가지의 문제이다. 호텔의 객실관리에 의한 최소 숙박요구를 고객은 원치 않아 예약을 하지 않을 수도 있다. 즉, 고객이 3일간의 숙박을 예약하려 할 때, 호텔이 수익률 관리를 위해 객실의 가격 변경으로 2일간만 숙박 예약을 고객에게 강요하거나 더 나아가 고객이 같은 타입의 객실에 대해 다른 고객보다 요금을 더 많이 지불하였을 때, 가격에 대한 괴리감 등으로 고객이 다음에는 그 호텔 혹은 같은 체인호텔을 선택하지 않게 될 것이다. 따라서 매니저는 종사원들이 현재의 예약 방식을 잘 숙지하게 하여 이들이 고객으로 하여금 이해할 수 있도록 설명하는 것이 중요하다.

③ 이론적으로 수익률을 최대화시키기 위해 만든 방법이 현실에서 적용될 때 실제로 100%의 효과를 거두기는 힘들다. 그러므로 객실 가격의 차별화를 두어 고객도 만족시키고 동시에 호텔의 이윤도 창출해 내는 것은 결국 순

간마다 적절한 결정을 내릴 수 있는 직원의 능력에 달려 있다 하겠다.

체크포인트(Check Point)

■ **주중 주말가격 조정**

일드매니지먼트를 고려하면, 강남에 있는 리츠칼튼과 같은 비즈니스호텔의 경우 주중에는 수요량이 많으므로, 객실요금을 높게 부과하여야 하며 주말에는 수요가 적으므로 상대적으로 객실요금을 낮게 부과해야 할 것이다. 그렇다면, 고객이 수요량이 많은 수요일부터 수요량이 적은 주말까지 5일간 투숙할 경우 객실의 가격은 어떻게 조정해야 하는지에 대해 생각해 보자. 이는 프런트 오피스 직원의 능력에 의해, 고객을 만족시키며 가격 조절을 할 수 있다고 본다. 예를 들면 똑같은 standard객실이 주중에는 100불이고 주말에는 60불이라고 가정해 보자. 이때, 고객이 수요일날 입실하여 5일간 투숙할 의사를 밝히면 500불의 객실 비용이 발생할 것이다. 그러나 이미 고객은 주말에 객실 값이 더 저렴하다는 것을 알고 이의를 제기할 수 있다. 어떤 고객은 심지어 수요일에서 금요일까지만 투숙한다고 하여 금요일에 체크아웃을 한 뒤, 토요일에 저렴한 가격으로 다시 체크인을 한다. 그러나 이러한 경우는 고객을 번거롭게 할 뿐 아니라, 호텔에 대한 이미지도 안 좋아지고 호텔은 80불의 소득을 잃게 된다. 이와 같은 것을 방지하기 위해서 프런트 직원은 융통성 있게 고객에게 미리 90불씩 5일로 객실요금을 제의하거나(고객은 전체적으로 할인받은 듯해 흔쾌히 받아들일 것이다), 주말에는 어차피 비어 있는 standard보다 시설이 좋은 객실을 제공해 준다. 호텔 객실은 그날 판매하지 못하면 없어지는 소멸성이 있기 때문에, 이러한 방법을 통해 호텔 측은 주말에도 주중과 같은 값으로 객실을 판매하여 이익을 창출하고, 동시에 고객을 만족시키고, 뿐만 아니라 호텔 객실을 홍보하여 구전효과도 얻을 수 있게 된다.

체크포인트(Check Point)

■ **시장점유율**

시장점유율이란, 한 호텔의 경쟁시장에 있어서 호텔의 총객실수에 대한 그 호텔의 객실수를 말한다. 예를 들어, A호텔이 200개 객실의 특급호텔로써, 시장환경은 다른 특급호텔인 리츠칼튼, 하얏트, 힐튼 등이라고 하자. 이때, 그 지역에서 A의 경쟁호텔의 총객실수는 1,000개이며, 경쟁하에 있는 이 객실수 1,000을 A호텔의 객실수 200으로 나누면, 시장점유율은 20%이다. 이와 같은 상황에서 중간 가격 이상의 호텔과 특급호텔들이 증가하거나 감소하거나, 혹은 우리 객실의 총 수를 조정함에 따라 이러한 시장점유율은 바뀌며, 시장점유율이 커질수록 그 호텔의 역할은 커진다.

체크포인트(Check Point)

■ Revpar

총객실 수익을 판매 가능한 총객실수로 나눈 것이다. 즉 50,000달러의 수입을 하루 밤에 올렸으면, 이를 전체 객실수, 400개로 나눈 값인 $125가 Revpar이다. 즉 이 수치가 높을수록 한 객실에 대해 호텔이 많은 수입을 올리고 있다는 뜻이다. 이는 다른 경쟁호텔과 비교 시 사용되며, 호텔의 오너는 이 수치를 호텔경영자의 능력을 판단할 때 사용한다.

3. 객실위치

객실부 직원은 각각의 객실의 위치 및 특징을 숙지하고 있어야 고객의 요구에 적합한 객실을 추천함으로써 고객의 만족을 극대화할 수 있을 것이다. 객실의 등급, 객실 크기, 위치, 전망, 가구 배치, 객실 소모품 등에 대한 정보가 여기에 속한다.

4. Future Block

예약상황에 의거하여 객실을 미리 잡아두는 것이다. 예약된 객실은 Calendar, Control Book, Wall Chart, Computer에 block이 표시되지만 어떠한 이유에서건 예약된 객실이 Block되지 않았다면 문제가 발생할 것이다. 따라서 객실부 직원은 Future Blocking에 주의를 기울여야 한다.

체크포인트(Check Point)

■ **호텔들 패키지 상품 어떻게 만들고 기획하나?**
(비수기 타개책과 홍보효과에 적극 이용)

"시대의 흐름에 민감하라! 마켓을 정확하게 파악하고 타깃을 공략하라! 차별화된 것을 노려라!" 가장 기본적으로 패키지 상품기획팀이 가져야 하는 마인드이자 중요한 성공 전략이다. 저렴한 가격에 양질의 서비스를 제공받기 원하는 고객들을 위해 각 호텔은 해마다 많은 관계자들의 피나는 노력으로 각종 패키지 상품들을 만든다.

다양한 아이디어 상품을 기획하는 과정에서 가격이라든가 계절적 요인, 시대적인 상황 등 상품의 판매에 직결되는 요인들을 고려, 고객에게 판매되는 순간까지 긴급한 상황으로 진행되는 패키지 상품, 성공하기 위한 전략에는 어떠한 것들이 있는지 알아본다.

계절과 시대적 상황에 민감하라

일단 상품을 기획할 때 가장 고려하는 요인은 계절적인 영향이다. 호텔은 성수기와 비수기의 격차가 심해 수요와 공급의 조화가 적절히 이루어지지 못하고 있는 실정이다. 서울 시내의 특급호텔들은 대개 비즈니스호텔로 그나마 계절적인 영향을 적게 받지만 특히 휴양지에 위치한 리조트호텔은 호텔의 사활을 거는 패키지 상품의 치열한 전쟁터로, 고객유치를 위한 패키지 상품 전략에 승부를 걸어 패키지의 의존도가 높은 편이다.

패키지 상품은 지역적 편차에 따라 다르다. 크게 섬머패키지, 윈터패키지 그리고 추석패키지, 설패키지 등의 다양한 패키지와 연중 실시하는 특별한 수요층을 공략하기 위한 허니문패키지 등으로 구분할 수 있다.

보통 계절별로 내놓는 패키지 상품 중에는 섬머패키지와 윈터패키지가 기본으로 서울지역의 특급호텔과 휴양지의 리조트 호텔 모두 비중있게 마련되는 상품이다. 이런 계절적 요인은 외부변수가 70%, 내부변수가 30%로 작용하는데 외부변수인 날씨가 가장 영향력을 미친다. 일기를 예측하고 상품을 내놓더라도 통제가 불가능하기 때문에 날씨가 섬머패키지나 윈터패키지의 성패를 좌우하게 된다. 주로 전년도 자료를 바탕으로 패키지 상품을 기획하기 때문에 특별한 일기의 변화가 없는 한 매년 비슷한 매출실적을 올릴 수 있다.

국내경기 상황을 잘 이용한 적절한 가격결정도 계절적인 요인만큼 중요하다.

일단 패키지 상품은 저렴해야 하는 것이 관건이며 거기에 따르는 고객의 만족도는 상대적이다. 특히 호텔 패키지 상품은 경기상황에 대단히 민감해서 국내경기가 좋지 않을 경우에는 소비가 위축되기 때문에 심하게 가격을 다운시키는 경우가 많다. 이러한 경우 상품과 가격의 두 가지 면을 고려해 가격이 저렴하면서 상품의 질도 가격에 맞는 상품기획과 반면에 고가의 패키지 상품에 최고의 혜택을 누릴 수 있는 상품을 기획하는 복수개념의 상품을 만드는 경우도 있다.

구체적인 타깃을 설정, 적절한 공략 필요

계절적 요인 이외에 주변의 특별한 상황을 이용, 시장의 세분화를 통해 구체적인 타깃을 위한 상품을 기획하는 것도 성공전략의 하나이다.

호텔마다 연중 실시하고 있는 허니문 패키지나 같은 개념의 웨딩패키지의 경우도 특별한 수요층을 공략하는 비중있는 패키지 상품이다.

무엇보다 소비자의 취향을 고려한 고객의 요구사항이 무엇인지를 정확히 파악해서 상품을 기획해야 하는 것이 성공을 위한 전략이다.

조선호텔의 경우 겨울 스키시즌을 맞아 레저에 관심이 많은 젊은층을 상대로 "양복 입고 스키를"과 같은 테마 패키지 상품의 반응이 좋았던 것도 계절적인 요인과 더불어 젊은층의 취향을 적절히 이용했기 때문이다.

상품기획자들은 무엇보다도 자신들의 눈과 귀가 항상 고객 쪽으로 향해 있는 것이 중요하다.

호텔의 특징, 입지를 고려한 차별화 전략

세계의 유명 체인호텔들은 로컬호텔보다 여러 가지 면에서 이점이 있는데 일단은 외국인들은 물론 내국인들에게 신뢰감을 줄 수 있다는 것이 가장 큰 장점이다. 전 세계적으로 연결되어 있는 광범위한 공동선전의 효과와 예약망의 효율적인 활용으로 체인호텔의 경우 국내 호텔에서 패키지 상품을 결정하면 호텔 측은 외국 체인호텔의 견적서를 뽑아서 고객에게 제공, 고객은 상품을 선택하기만 하면 세계 어느 곳의 해당호텔이든 이용할 수 있다. 또한 직접 외국의 체인호텔에 가서 해외시장을 많이 보고 오거나 이미 성공을 검증한 사례들의 정보교환을 통해서 외국인들의 요구사항을 쉽게 파악, 성공전략을 위한 발판으로 삼을 수도 있다.

국내로 출장오는 외국인의 경우 해당회사에서 출장비가 지급되기 때문에 실제로 성공적인 비즈니스를 위해 다양한 혜택과 휴양시설까지 마련한 고가의 패키지 상품이 외국인들에게 호응을 얻고 있다.

이러한 점을 감안해서 지방의 한 호텔은 편리한 인터넷망을 이용한 내·외국인을 타깃으로 인터넷 패키지를 연간 선보이고 있다.

고객관리는 철저히

지속적인 패키지 상품 판매를 위해 패키지에 구성된 상품에 있어서 고객이 불편함이 없도록 끝까지 책임지고, 판매한 이후 한번 이용한 고객이 영원한 고객이 될 수 있도록 고객관리를 철저히 하는 것도 중요하다. 패키지 상품의 관리를 소홀히 했을 경우 오히려 호텔의 대외 이미지 하락 및 매출 손실이 있을 수 있다는 것이 호텔 관계자들의 설명이다.

각 호텔은 고객의 불만을 100% 수용하기는 어려워 서비스 실정에 맞는 문제만을 걸러 대안을 마련한다. 그리고 자체적으로 기존의 호텔 회원들을 상대로 호텔이용 혜택을 위한 카드를 발급하고 고객의 정보를 손쉽게 관리하기 위해 데이터베이스로 구축해 놓는다.

또한 호텔이용 실적의 포인트가 어느 정도 누적되면 객실을 무료로 제공하는 등 대부분 호텔마다 고객관리를 하고 있지만 DM발송이나 멤버십카드와 같은 일반적인 고객관리를 하고 있다. 고객을 철저히 관리해서 한 번 찾은 고객이 두 번 찾을 수 있도록 유도하고 이용하지 않은 잠재고객을 실질 고객으로 유도할 수 있도록 홈페이지의 활용률을 높이거나 다양한 방법을 모색해야 한다.

4 지불방법 결정

등록절차는 지불관련 정보를 수집하는 데 매우 중요한 역할을 한다. 대표적인 지불방법은 다음과 같다.

1. 현금

고객이 숙박등록 시점에서 체재 전에 객실료를 지불하는 것이다. 이는 PIA (Paid-In-Advance) list에 올라 있는 신용도가 불확실한 고객에게 주로 적용된다. 이러한 고객에게 후불을 허가하기 위해서는 check-in 시 신용카드를 먼저 imprint해 두어야 한다.

2. 유가증권

은행에서 현금으로 교환할 수 있는 자기앞수표, 여행자수표 등으로 지불하는 경우 고객의 신분증명서상의 서명과 사진을 확인하여야 한다. 의심이 나면 유가증권을 발행한 은행이나 회사로 문의하여야 한다.

3. 신용카드

취급주의사항은 다음과 같다.

- 유효기간을 확인한다.
- On-line 확인체계를 이용해서 승인번호를 득한다.
- On-line 확인체계가 불가능한 경우 취소책자를 이용한다.
- 확인결과 불량카드로 판명된 경우 고객에게 다른 방법의 지불을 요구한다. 다른 방법이 여의치 않은 경우 여신과장이나 지배인에게 상황을 인계한다.
- 승인번호를 득한 경우 신용카드voucher에 카드를 imprint한다.
- 신용카드 회사에서는 호텔에 지불한도액을 허가하여 특별한 허가가 없는 한 한도액을 초과한 부분에 대해 지불을 하지 않는다. 계산서상의 금액이 지불한도액을 초과할 경우 회계원은 신용카드회사로 연락하여 추가의 허락을 받아야 한다. 전산화된 호텔에서는 고객의 발생금액이 지불한도액을 초과하지 않도록 관리할 수 있다. 몇몇 호텔에서 고객을 번거롭게 하거나 다른 지불방법을 요구하지 않아도 되도록 신용카드회사에서 더 높은 한도액을 정해줄 것을 요구하는 경우도 있다.

4. 직접청구

고객 또는 회사와 호텔 간에 맺어진 신용합의 예약에 의거하여 신용의 범위를 넓힌 것으로 check-out 시 고객이 단순히 자신의 folio내용을 읽고 살핀 후 사인만 하면 신용카드회사나 제삼자가 아닌 호텔 자신이 수납의 주체가 되는 것이다.

5. 특별 프로그램

숙박등록 시 고객은 회사, 항공사, 다른 단체에서 받은 것으로 특별한 혜택이 보장되는 쿠폰이나 증서 등을 제시할 수 있다. Front desk 직원은 이러한 프로그램의 내용을 숙지하여 금액, 조건, 기간에 유의하여 적용한다.

6. 신용요청의 거절

고객의 신용상태가 빈약하여 고객의 신용요청을 거부할 때 대단히 주의를 하여야 한다. 한 개인의 신용은 돈 이상의 것을 내포하고 자존심에 영향을 줄 수 있으므로 가능한 외교적 수완을 발휘하여야 한다.

체크포인트(Check Point)

승인번호를 득하지 못한 경우

- 타인이 듣지 못하도록 주의하며 그 문제를 논한다.
- 고객의 카드에 대해 불량 또는 '쓸모없는'이라는 말을 사용하지 않는다. –전화로 신용카드회사 담당자와 그 문제를 해결하도록 건의한다.
- 고객에게 설명할 기회를 주고 다른 지불방법을 제안한다.

개인수표를 받지 못할 상황

- 호텔의 규칙을 설명한다.
- 친절하고 협조적인 태도를 유지한다.
- 고객과 대안을 상의한다.
- 은행이 영업시간일 때 근처의 은행을 안내해 주거나 전화를 이용하도록 한다.

5 객실열쇠 발급

숙박 등록절차는 객실열쇠를 발급하면서 마무리된다. 열쇠 관리원칙을 성문화한 호텔이 있을 만큼 열쇠는 매우 주의하여 관리되어야 한다.

Bell service를 제공하는 호텔에서는 front desk 직원이 벨맨에게 열쇠를 건네주고 벨맨으로 하여금 고객을 객실로 안내하도록 한다.

체크포인트(Check Point)

■ 등록절차를 효율적으로 하는 기법

가장 일반적이고 전형적인 몇 가지 예를 들어 등록절차를 효율적으로 처리하고 고객을 만족시키는 기술을 논하면 다음과 같다.

- Front Desk를 없애는 방법 : 대신 host/hostess가 예상 고객의 명단과 미리 정해진 객실의 열쇠를 가지고 임의의 등록장소에서 대기하여 고객이 오면 확인 후 객실로 안내하는 방법이다.
- 로비에 greeter를 별도로 위치시키고 모든 고객의 rooming을 실시하는 방법 : 기존의 front desk는 오직 자료의 분류 보관, 퇴숙 시에만 사용한다.
- 예약 시 확인한 귀빈은 등록절차 없이 바로 check-in시키는 방법
- 단체고객의 경우 : check-in을 간소화하기 위해 group coordinator로부터 고객들의 이름과 미리 정해놓은 객실의 열쇠를 가지고 front desk에서 떨어진 장소에 별도의 desk를 마련하고 고객을 맞이한다.
- self-registration : 새로운 등록방법으로 완전히 자동화된 호텔의 로비에 self-registration terminal을 위치시키고 고객 스스로 rooming절차를 밟도록 하는 것으로 호텔이 아닌 공항이나 렌터카 회사에도 설치할 수 있다.

체크포인트(Check Point)

■ 객실판매 요령

Front Desk 업무 중의 하나는 호텔의 상품(객실이나 다른 시설물)의 가치에 대해 고객의 동의를 창조하는 일이다. 분명히 잘 교육된 front desk 직원은 연속적인 up selling이 가능하다.

- **객실판매를 위한 조언**

1. 미소를 띤다.
2. 눈을 응시한다.
3. 가능한 항상 고객의 이름을 부른다.
4. 유쾌하고 친절하고 효율적이고 업무적인 이미지를 유지한다.
5. 좋은 객실의 위치를 제안하고 판매하도록 노력한다.
6. 기록은 적용하고 말끔하게 한다.
7. 단정한 외모를 유지한다.
8. 침착성을 잃지 않고 고객 개개인에게 골고루 관심을 표현한다.
9. 모든 약속은 충실히 이행한다.

체크포인트(Check Point)

■ Up-Selling Skils

객실을 up-selling하기 위해서 front desk 직원들은 단순한 ordertaker가 아닌 salesman이 되어야 한다. 마치 식음료 부서에서 고객에게 여타의 음식들을 제안하는 것처럼 객실도 up-selling할 수 있다는 것을 깨달아야 한다. 이를 위해 3가지 효과적인 방법을 소개하면 다음과 같다.

첫째, 고객과의 만남을 효율적으로 이용한다.
둘째, 상식을 탈피한다.
셋째, 판매를 실행한다.

1. **고객과의 만남을 효율적으로 이용하는 방법**

예약직원이나 front desk 직원은 한번의 대화로 끝나는 질문은 회피하여야 한다. 예를 들어 고객의 판단에 의존하고 구체적인 질문("어떤 객실을 원하십니까?"따위)보다는 고객이 중, 고가의 객실을 선택하도록 유도하고 구체적인 질문은 그 다음에 한다.

2. **상식(기존 관념)을 탈피하는 방법**

호텔직원은 투숙객에 비해 훨씬 급여가 적은 것이 사실이다. 따라서 직원입장에서 하룻밤에 백만 원이나 하는 객실을 제안한다는 것이 꺼려질 수 있다. 하지만 up-selling을 위해 이러한 기존 관념에서 탈피하여야 한다.

3. **판매를 실행하는 방법**

상기 두 가지 기술을 터득한 후에는 판매방법을 배워야 한다. 호텔 직원이 권하지 않는데도 고객이 더 나은 객실을 선택하는 경우는 거의 없기 때문이다. 전문적인 salesman으로 교육받은 front desk 직원은 up-selling을 위한 기술을 터득하여야 한다. 이 기술에는 강제적인 것과 비강제적인 것이 있는데 호텔의 up-selling을 고려할 때 비강제적인 기술이 적합하다.

• **Choice-of-doors 기술(전 메뉴를 다 보여주고 중간선택 유도)**

Front desk 직원이 고객에게 가격표를 보여주어 고객이 선택할 수 있도록 하는 방법이다. 이때 직원이 "어떤 객실이 마음에 드십니까?"라고 묻는다면 어떤 부담도 주지 않으면서 고객으로 하여금 중간급 이상의 객실을 골라야겠다고 판단케 한다. 사람은 누구나 극단을 꺼리는 경향이 있기 때문이다. 가장 싼 객실은 자신이 가난해 보일 것이고 가장 비싼 객실은 자신을 오만하게 보일 수 있기 때문에 중간급의 객실을 선택하여 자신을 잘 나타내고자 할 것이다.

• **Door-in-the-face 기술(고가에서 저가로 이동)**

이 기술은 여러 가지 판촉에 많이 적용되는 것으로 처음에는 터무니없는 고가의 객실부터 제안하기 시작하여 거절되면 저가로 내려가는 것이다. 호텔에서는 top-down-suggestive up-selling skill이라고도 한다.

• **Floor-in-the-face 기술(저가에서 고가로 이동)**

이 기술은 가장 적절한 제안에서 한 단계씩 높은 제안을 하는 것으로 예를 들면 "만 원을 추가하시면 킹사이즈 침대가 들어갑니다." 또는 "이만 원을 추가하시면 호수가 보이는 객실에 묵으실 수 있습니다" 또는 "오만 원에 패키지로 두 사람 저녁과 아침식사를 제공받을 수 있습니다." 등이다.

체크포인트(Check Point)

객실 여유가 없는 경우

■ **Walk-in Guests의 경우**

단순한 walk-in Guests의 경우 객실 여유가 없다고 말하고 근처의 타 호텔의 객실현황을 알아봐주는 정도면 무리가 없지만 예약이 됐을 것으로 생각하고 오는 고객이 문제가 된다.

- 고객이 예약 확인서를 제시할 경우 날짜와 호텔명을 확인한다.
- 고객이 아닌 타인이 예약을 했었는지 물어본다. 예약이 타 호텔로 들어갈 수도 있고 예약자의 이름으로 예약이 안될 수도 있기 때문이다.
- 고객이 보는 앞에서 예약 파일을 재차 확인한다. 예약이 다른 날짜로 되어 있을 수 있기 때문이다.
- 성과 이름이 바뀌었는지 확인하고 성의 철자를 확인한다.
- 예약이 여행사나 기타 대행사에서 행해졌을 경우 고객으로 하여금 전화 확인토록 한다.

■ **비보장형 예약을 한 고객의 경우**

고객은 타당한 이유로 예약 취소시간이 지난 후에 도착할 수 있다. 하지만 결과적으로 객실 여유가 없을 경우 front desk 직원은 대단히 신중하게 사실을 알려드린다. 이 경우 기억할 것은 객실의 부족이 고객뿐만 아니라 호텔의 잘못이기도 하다는 것이다.

■ **보장형 예약을 한 고객의 경우**

대단히 주의하여 다음 사항을 기준으로 처리한다.

1. 모든 front desk transaction을 검토한다.
2. 여유 객실수를 정확히 세어보고 모든 자료를 총 동원하여 sleeper의 수를 재차 확인한다.
3. room rack, housekeeper's report, guest folio를 비교한다.
4. 퇴숙이 예정된 고객의 due-outs를 전화로 알아본다. 만약 대답을 하면 퇴실시간을 확인하고 만약 대답이 없으면 직접 그 객실에 들어가 보아야 한다. 왜냐하면 front desk에 들르지 않고 떠났을 수도 있고 또는 선지불되었다고 생각하고 떠났을 수도 있기 때문이다. 그 고객이 skipper로 판명되면 그 객실을 다른 고객이 쓸 수 있도록 한다.
5. 개인적으로 모든 고장난 객실을 점검해 보고, 그 객실들이 필요하다면 판매가 가능한지 또한 고객이 어느 정도의 가격 조정과 함께 투숙할 용의가 있는지 알아본다.

[표 6-15] Group

Date	Name of Group	No. of Rooms	No. of R/Nts	Rate	Comments

Lesson 5

제10주

체재단계(Occupancy)

고객과의 MOT

I MOT의 연속

1 객실부 내의 의견교환/Communications within the Front Office

객실부 직원(front desk clerks, uniformed service staff, operators, reservation agents)은 고객이나 방문객과 접할 기회가 많다. 따라서 타 부서에 정보를 제공하고 고객의 요구에 부합하는 서비스를 창출하고 이익을 발생시킨다. 또한 고객의 POS charge는 대금수납을 위해 반드시 front desk와 연계되어야 하며 효율적인 객실부 의사소통을 위해 정보책자(information book), 업무일지(log book), 전화/우편 연락이 이용된다.

2 타 부서와의 의견교환/Interdepartmental Communications

주로 객실관리부와 시설부가 가장 연계가 많으며 매상과 관계있는 판촉과 홍보부서와도 긴밀한 관계를 유지하여야 한다.

1. 가치창출 현장들(Revenue/Profit Centers)

- coffee shop, snack bar, restaurants
- bar, lounge, nightclub
- room service
- laundry/valet service

[그림 6-8] 가치창조를 위한 고객 서비스(예)

BUSINESS CENTER

SECRETARIAL SERVICE
Experienced bilingual secretaries are available for word processing and general secretarial services during office hours. Arrangements can be made for a full-time secretary to cover conferences.

TRANSLATIONS / INTERPRETATIONS
Professional written and verbal translations in English, Japanese, French, German and other languages can be arranged with sufficient notice.

MEETING ROOM / PRIVATE OFFICE
Two meeting rooms for up to 8 persons and 4 persons each, and one private office are available for meetings, conferences and business transactions. The Business Center offers a range of the latest technical equipment including full audio-visual facilities.

FACSIMILE
We provide 24-hour service to send speedy facsimile to destinations all over the world. For your convenience, you can rent a portable fax machine in the privacy of your room.

OFFICE EQUIPMENT RENTAL
Personal computer, word processor, electric typewriters and other office related equipment can be hired on an hourly or daily basis.

PRINTING
Photocopying, laser printing, the printing of business cards, personalized stationery, and other small printing jobs can be arranged.

WRAPPING / PACKING
Wrapping and packing services are available at the Business Center.

BUSINESS REFERENCE LIBRARY
The Business Center stocks trade journals, reference books, directories and dictionaries.

COURIER SERVICE
Worldwide and local courier services can be arranged.

COMMUNICATION SERVICE

24-hour facsimile and internet service is available. Also, translation and interpretation service can be arranged upon request. The Business Center keeps a variety of trade journals, reference books, business directories, and dictionaries.

FACSIMILE	
Incoming fax	Free of charge up to 20 pages Flat fee of 3,500 Won over 20 pages for in-house guests. Won 300 per page for guests.
Outgoing fax	Refer to price table.
INTERNET ACCESS	Won 5,000 per 10 minutes
	Won 10,000 per 20 minutes
	Won 14,000 per 30 minutes
	Won 25,000 per hour
INTERPRETATION SERVICE (English)	
Regular	Won 200,000 up to 4 hour
	Won 290,000 (4-6 hours)
Meeting	Won 250,000 (1-3 hours)
	Won 350,000 (4-6 hours)
	Won 50,000 (add. hours)
Simultaneous	Won 700,000 (1-3 hours)
	Won 850,000 (4-6 hours)
	Won 150,000 (add. hours)
TRANSLATION SERVICE	Won 50,000-70,000 per page

※ Other languages available upon request.
※ Professional interpreters can be arranged with advance notice.
※ All rates and charges are subject to change without prior notice and subject to 10% VAT

MEETING ROOM AND AUDIO VISUAL EQUIPMENT RENTAL SERVICE

Two meeting rooms for up to 8 persons and 4 persons each are available for meetings, conferences and business transactions. Personal computers, word processors, electric typewriters and other office-related equipment can be rented an hourly or daily basis.

ROOM RENTAL			
Computer Work Station	Won	25,000	per hour
	Won	150,000	per day
Meeting Room 1	Won	40,000	per hour
(Max. 4)	Won	280,000	per day
Meeting Room 2	Won	60,000	per hour
(Max. 8)	Won	350,000	per day
* High Speed Internet access in Meeting Rooms			
	Won	70,500	per day
EQUIPMENT RENTAL			
LCD Projector	Won	400,000	per day
Fax Machine	Won	20,000	per hour
Typewriter	Won	8,500	per hour
Slide / Overhead Projector /	Won	20,000	per hour
Video and Monitor	Won	70,000	per day
Desktop Computer	Won	25,000	per hour
	Won	150,000	per day
Laptop computer	Won	25,000	per hour
	Won	150,000	per day

※ All rates and charges are subject to change without prior notice and subject to 10% VAT

MAIL SERVICE

Worldwide and local courier service, mailing, and packing services can be arranged.

MESSENGER SERVICE	Cost + Won 15,000 Per case
PACKING & WRAPPING SERVICE	Won 4,000 - 12,000 Per case
COURIER SERVICE	
Document	Cost + Won 10,000
Parcel	Cost + Won 13,000

※ All rates and charges are subject to change without prior notice and subject to 10% VAT

- vending machine
- gift shop, barber shop, newsstand
- banquet, meeting, catering service
- telephone service
- health club, golf course, exercise room
- car rental, limousine service, tour
- casino
- in-house movie

2. 고객 서비스(Guest Services)

전형적인 대고객 서비스는 고객에게 정보와 특정 기자재를 제공하는 것이다. 고객의 요청에 응하는 것이 고객만족에 매우 중요하므로 자신의 능력 밖의 요청에 대해서는 해당 부서나 직원에게 인계한다.

Turn down Service

Turn down Service

3. 정보책자(Information Book)

전형적인 고객의 질문은 다음과 같다.

- 근처에 식당을 추천해 주시겠습니까? 택시를 불러주시오.
- 근처의 쇼핑센터, 약국, 주유소는 어디에 있습니까? 근처의 교회, 절은 어디에 있습니까?
- 근처의 은행은 어디에 있습니까?
- 어디에 있습니까? 표는 어떻게 구합니까?
- 퇴숙 시간은 몇 시입니까?
- 대학, 도서관, 박물관은 어떻게 갑니까?
- 금융가, 도시, ~지방 법원, 시청은 어디에 있습니까?
- 공중 화장실은 어디입니까?
- 호텔 안에서/호텔 근처에서 여흥 행사가 있습니까?

4. 기자재(Equipment and Supplies)

공통적으로 고객이 요청하는 기자재는 다음과 같다.

- Roll-away bed
- 추가의 리넨/베개
- 다리미/다리미대
- 추가의 옷걸이
- 시청각교재
- 신체장애자용 기자재

5. 특별요청상황(Special Procedures)

고객은 예약 시, 등록 시, 체재 중, 퇴숙 시 언제든지 특별한 요구를 하는 경우가 있다. 전형적인 요청은 다음과 같다.

- split account folio
- master account folio
- wake-up call
- 교통편 제공
- 연예인 예약
- 신문배달
- 비서업무

[표 6-16] Mail & Package Check Slip

MAIL & PACKAGE CHECK SLIP DATE							
	SUN.	MON.	TUE.	WED.	THU.	FRI.	SAT.
1st WEEK							
2nd WEEK							
3rd WEEK							
4th WEEK							

[표 6-17] Mail Ticket

MEAL TICKET

(BREAKFAST) ☐
(LUNCH) ☐
(DINNER) ☐

Room No.	NAME
(Please Print)	(Please Print)

RESTAURANT ______ PARTY ______ C/O ______

₩ ______

Please Print Your room NUMBER and NAME, and Present this ticket to the waiter before ordering meals.

3 Concierge

- 객실부 회의 참석과 uniformed service 회의를 주재한다.
- 전날의 업무 상황 파악을 위해 log book을 점검하고 업무를 지시한다.
- Morning Report를 검토하여 당일 고객 도착/출발에 대비토록 한다.
- 산하 직원의 용도와 태도를 점검한다.
- 최신 정보를 고객에게 제공한다 : 연예, 사업, 관광, 식당, 스포츠, 영화, 특정 행사, 교통 상황 등

[표 6-18] Airport Pick Up

ARRIVAL

DEPARTURE AIRPORT PICK UP SERVICE

ARRIVAL DATE :

GUEST NAME	MR : MS :
	MR : MS :
	MR : MS :
	MR : MS :
FLT.NO.	
TIME	
REMARKS	
ISSUED DATE	

REV. MGR : CLERK :

AIRPORT. REP :

RM-FR-10(3月)

Information Board

[표 6-19] Memo

I WILL BE AT

□ PRINCE EUGENE	□ CAFE GARDENIA
□ LA COQUILLA	□ ANNABELLE'S
□ POSUK JONG	□ OBSERVATORY
□ MUGUNG HWA	□ SWIMMING POOL
□ TOH LIM	□ SAUNA
□ MOMOYAMA	□ HEALTH CLUB
□ BENKAY	□ MEMBERS CLUB
□ BOBBY LONDON	□ BARBER SHOP
□ LOBBY LOUNGE	□ BEAUTY PARLOR
□ WINDSOR BAR	□ SHOPPING CENTER
□ PENINSULA	□ OUT OF HOTEL

Will be back by :
Please call me at :
Guest NAme :
Room No. :
Date and Time :

Please present message at the Front Desk

MEMO HOTEL LOTTE

[표 6-20] Comp. order

V.I.P.
COMPLIMENTARY ORDER
– FOOD & BEVERAGE ITEM –

Room No : ________ Guest Name : ________

Arrival Date : ________

Status : VVVIP VVIP VIP S/P R/G

Type Quantity Price

Fruit	STD A ______ ______ STD B ______ ______
Cake	______ ______ ______ ______
Chocolate	______ ______ ______ ______
Liquor	______ ______

* NAME CARD by : ________
Requested by : ________
Approved by : ________

Copy : ________ R/S(1) Kitchen(1) F/D(1) F/O(1)

4 고객불평 관리/Guest Relations

1. 불평(Complaints)

고객의 불평은 4가지 유형으로 나누어진다.

- **시설물에 대한 불평** : 온도조절장치, 조명장치, 전열기기, 아이스 머신, 객실 열쇠, 배관, TV set, 승강기
- **종업원 태도에 대한 불평** : 무례함, 불친절
- **서비스에 대한 불평** : 오래 기다림, 짐에 대한 서비스 미흡, 객실의 불결함, 전화 관련 어려움, wake-up call 실수, 식음료 질적 미흡 등
- **특이한 불평** : 수영장 부재, 공공교통수단 미흡, 영업장의 이른 마감시간, 일기

2. 불평 알아내기(Identifying Complaints)

모든 고객들이 그들의 소속과 중요성의 차이와 상관없이 세심한 주의를 받을 가치가 있다. 가장 흔한 고객의 불평을 체계 있게 찾아낸 호텔은 대고객 관계가 좋아질 수 있다.

- 불평의 유형별 분류
- front desk log book 검토
- 고객 제안 카드/설문지 수집

3. 불평 처리 요령(Handling Complaints)

불평 처리 시 일반적 주의사항은 다음과 같다.

- 고객이 무척 화날 수 있다. 직원은 절대로 문제를 조사하기 위해 혼자 객실로 가서는 안된다.
- 직원은 결코 능력 이상의 것에 대해 약속하지 않는다.
- 만약 해결이 불가능한 문제일 경우 직원은 빨리 잘못을 시인한다. 정직은 최상의 정책이다.
- 어떤 고객은 그들의 성격상 결코 화가 풀리지 않는 경우가 있다. 객실부 직원은 이러한 고객 취급법을 터득하여야 한다.

4. 사후 관리 절차(Follow-Up Procedures)

- 기록을 남긴다.

• 전화나 편지를 띄워 유감을 표한다.

체크포인트(Check Point)

■ 불평 처리를 위한 전략

1. 관심과 공감을 표현하며 듣는다.
2. 다른 고객이 듣지 않도록 분리된 장소로 안내한다.
3. 조용함을 유지한다. 반박이나 대꾸하지 않는다. 절대로 고객과 언쟁하지 않는다.
4. 고객의 자존심을 존중한다. 문제에 대한 개인적 관심을 표현한다. 고객의 이름을 자주 사용한다. 문제를 심각하게 받아들인다.
5. 지속적으로 관심을 기울인다. 불평하는 태도보다 불평을 초래한 문제에 집중한다. 고객에게 무례를 범하지 않는다.
6. 메모한다.
7. 고객이 원하는 것을 물어본다. 선택을 제시한다. 자신의 권한 밖의 일은 약속하지 않는다.
8. 어느 정도 조종할 시간을 설정한다. 구체적이어야 하고 문제 해결시간을 초과하지 않도록 한다.
9. 문제 해결 과정을 점검한다.
10. 타인에 의해 불평이 해결됐더라도 고객과 연락하여 문제 해결이 만족스럽게 되었는지 물어본다. 사건의 전체 상황을 보고한다.

5 객실부 보안 및 위기 관리

고객의 신변을 안전하게 하기 위해 호텔에서는 안전요원을 두고, 최첨단 장비를 도입하며, 미리 일어날 만한 사고에 대해 대책을 세우는 등의 노력을 하고 있다. 호텔 보안의 목적은 사람(고객과 종업원 등)과 재산을 보호하는 데 있다.

1. 객실부의 역할

안전 프로그램은 모든 직원이 참여해야만 그 실효를 거둘 수 있다. 객실부 직원은 그러한 중요한 역할을 하는데 계속적으로 들어오고 나가는 사람을 관찰할 수 있기 때문이다. 가장 기본적인 것은 다음과 같다.

- front desk 직원은 정확히 상대의 신분을 확인하기 전에는 객실 열쇠, 메시지 우편물 등을 누구에게도 주어서는 안되고 객실번호를 알려주어서는 안 된다.
- 또한 고객에 대한 사적인 질문을 하는 사람에게는 구내전화를 이용하라고 권할 수 있다.
- 도착하는 고객에게 차내의 귀중품을 안전한 곳에 둘 것을 권한다.
- 고객의 짐을 안전한 장소에 보관하고 등록 영수증을 발급하여 후에 고객이 영수증을 제시하고 짐을 찾아가도록 한다.
- 주차된 고객의 차 열쇠는 안전하게 보관한다.

2. 열쇠관리(Key Control)

객실 열쇠에는 3가지가 있다 : 비상열쇠, 마스터 열쇠, 객실 열쇠

- 비상열쇠(emergency key)는 이중으로 잠긴 객실을 포함하여 모든 객실을 열 수 있다. 따라서 매우 철저하게 기록/관리되어야 한다.
- 마스터 열쇠(master key)는 이중으로 잠긴 객실을 제외한 모든 객실을 열 수 있다.
- 객실 열쇠(guest room key)는 이중으로 잠기지 않은 상태의 특정한 객실 하나를 열 수 있다.

전자 잠금 체계(Electronic Locking System)는 중앙집중식 전자 잠금 체계로서 front desk에서 모든 객실에 연결된 door lock code를 관리하는 것이다.

마이크로 전자 잠금 체계(Micro-fitted Electronic Locking System)는 각각의 객실이 고유의 micro 장치를 가지고 door lock code를 조정하는 것이다. Front desk에 모든 객실의 code가 연속적으로 기록된다.

3. 접근감시(Surveillance and Access Control)

호텔은 고객의 사생활을 보장하여야 한다. 가능한 front desk 직원은 로비에서 로비입구, 승강기, 에스컬레이터, 계단을 주시하여야 한다. 거울을 적절히 설치한다면 도움이 될 것이다. 감시는 근본적으로 사람에 의존하나 다양한 종류의 기자재의 사용은 감시를 강화할 수 있을 것이다. 특히 관제실의 monitor(closed circuit television system)는 비상사태에 효과적으로 대처하는 데 도움이 된다.

4. 비상절차(Emergency Procedures)

화재, 홍수, 지진, 회오리바람, 태풍뿐만 아니라 도난, 강도, 의료소송 등의 비상사태에 적절히 대응하기 위해 비상절차(emergency procedure)가 있다.

- **의료 비상사태(Medical Emergency)** : 고객이나 직원의 질병이나 죽음과 같은 불운의 사고에 대비하여 의료기관과 연계하고 있다.

체크포인트(Check Point)

■ **비상사태**

호텔에서도 사람이 죽지만 호텔에서 사람이 죽었단 말이 나와서는 곤란하다

이는 다양한 형태의 죽음과 같은 사태가 벌어지지만 호텔관계자는 사전교육을 통해 방지하고 만일의 사태에는 철저히 보안을 유지한 채 해결할 수 있는 지침(Manual)을 확보하고 있어야 한다.

만일 어느 호텔 어느 방에서 사람이 죽었었다고 한다면 어느 누가 그 방을 사용할 것인가? 생각하면 그 이유를 알 것이다.

- **절도사태(Robbery)** : 호텔은 현금을 가지고 있기 때문에 무장 강도의 습격을 받을 수 있다. 이러한 경우 Front cashier는 강도의 요구에 응하고 무기사용을 초래할 어떠한 갑작스런 행동도 하지 말아야 한다. 그 외에 말할 것을 요구하지 않을 때는 조용히 있고 손을 보이도록 두고 현금함에 silent alarm을 설치하여 일정 묶음의 현금이 없어지면 자동으로 작동되게 하여 강도가 현금을 달라고 할 때 아무 말 없이 일정 묶음의 현금을 빼내어 alarm을 작동시킨다. 또한 직원은 강도를 주의 깊게 관찰하여야 한다. 신장, 몸무게, 체격, 옷차림새, 머리 색깔과 스타일, 눈 색깔, 수염, 상처, 문신, 안색 등 신체적인 특징뿐만 아니라 목소리 태도, 무기 종류 등에도 주의를 기울여야 한다.

- **화재(Fire)** : 객실부는 주로 화재 경보체계를 관리하는 책임을 갖는다. 예상되는 화재에 대해 다음을 포함하는 계획을 수립하여야 한다.
  - 비상 탈출 경로와 과정
  - 탈출 전 호텔의 특정기계를 작동시키는 과정

- 탈출 후 모든 직원에 대한 회계처리 과정
- 구조 및 비상구급 요령
- 화재나 기타 재난의 보고 요령
- 화재대책 담당자와 책임 부서명

체크포인트(Check Point)

■ **화려한 호텔에서 무슨 일이 생기나**

겉으로는 화려하고 정갈해 보이는 호텔의 내면을 들여다보면 정신없이 바쁠 뿐 아니라 크고 작은 사고는 물론 직업병으로 의심받는 것들이 생겨나기도 한다. 노사 양측 모두가 직원들의 복리후생에 관심을 가지고 있는 요즘, 호텔에서 발생할 수 있는 산재를 미리 알고 예측 · 예방하는 것이 중요하다.

호텔에서 발생하는 재해

호텔에서는 다른 부서보다 주방사고가 많다. 조리사는 고객이 많은 시간대에 음식을 정신없이 준비하다가 물기가 많은 주방바닥을 걷다 보면 넘어지는 일이 종종 발생하는데, 그렇게 넘어져 허리디스크가 생기기도 한다. 칼을 다룰 때도 조심하기는 마찬가지이다. 잠깐만 한눈을 팔아도 손을 베는 경우가 허다하다. 물론 살짝 베는 것은 문제가 없지만 심한 경우 파상풍 등이 발생할 수도 있어 조심해야 한다. 또한 포크와 나이프를 세척하는 약물이 너무 독하기 때문에 피부병에 걸릴 위험도 있다.

룸메이드의 경우 허리디스크를 호소하는 경우가 많다. 일의 성격상 오랫동안 침대보를 갈고 청소하다 보면 허리를 주로 사용하기 때문에 어느 순간 요통으로 이어진다. 스튜어드들 역시 요통은 단골병이다. 무거운 물건을 오르내리다 보면 허리에 무리가 생겨 디스크에 걸리기 일쑤. 또한 호텔은 다른 곳보다 문이 많다. 따라서 문에 부딪혀 타박상이 발생하기도 하고 카트 같은 기물의 손가락 협착사고도 발생한다.

호텔 산재, 이렇게 처리

호텔에서 발생하는 많은 사건, 사고는 일반 제조업체가 아니기 때문에 그 빈도수가 많지 않고 사소한 경우가 많다. 서비스라는 상품을 파는 호텔은 그 특성상 이미지가 좋아야 하기 때문에 "어느 호텔은 사고가 많이 발생한다"라는 이미지가 고객에게 심어지면 직간접적인 영업상 불이익으로 이어지기 때문에 가능하면 호텔은 "안전하고 편안한 곳"이라는 이미지를 부각시켜야 한다. 따라서 다른 곳보다는 산재에 대해 사측이 민감하게 반응하는 것은 당연하다. 하지만 정부에서 산재에 대해 양적 관리를 하기 때문에 사측과 직원은 산재발생 시 공상처리라는 편법을 사용하기도 한다는 것. 즉 후유증이나 장애가 발생하지 않고 치료기간이 장기화되지 않는 사고일 경우, 예를 들면 요통환자나 외상에 흔적이 남는 경우를 제외한 사소한 사고일 경우, 또는 직원들의 부주의로 일어난 사고일 경우 산재처리하지 않고 회사와 직원의 합의하에 일을 처리하기도 한다.

무엇보다 예방이 우선

노사 양측이 잘 합의하여 산재처리를 하는 것도 중요하지만 무엇보다 예방이 최우선이다. 먼저 사측은 직원들에게 최상의 작업환경을 만들어주고 발생할 수 있는 재해에 대해 미리미리 예측하며 안전하게 해주는 것이 선행돼야 한다. 그러기 위해서는 안전예방 교육프로그램을 마련해 직원들에게 정규시간은 물론 수시로 교육을 시켜야 산재를 예방할 수 있다. 예를 들어 룸메이드들에게 요통이 발생하기 전에 요통 발생 예방 차원에서 올바른 자세를 교정해 주는 교육이나 작업에 들어가기 전 몸을 풀어주는 준비운동을 교육시키면 요통의 발생률을 줄일 수 있을 것이다.

또한 직원들은 사측의 교육에 최대한 동참하고 자신이 혹시 안전불감증에 걸리지 않았나 항상 점검해 볼 필요가 있다. 사건의 절반 이상이 본인 부주의로 인해 발생하는 경우가 많은 만큼 항상 조심하는 습관을 가지는 것도 중요하다.

예방 교육프로그램이 선행된 후 사측은 관심을 가지고 직원들의 이야기를 듣고 시설에 대한 예방도 소홀히 해서는 안된다. 예를 들어 주방 바닥의 미끄럼 방지를 위해 바닥에 매트를 깔아주거나, 주방과 같이 전도사고가 잘 일어나는 수영장의 경우도 미끄럼 방지 타일을 깔아주는 방법 등이 있을 수 있다. 이렇게 사측의 아낌없는 투자와 관심이 있다면 산재 0%도 가능할 것이다.

Source : 호텔 & 레스토랑

6 귀중품 보관

호텔은 귀중품 보관함 또는 안전한 금고를 가지고 고객의 귀중품을 맡아주고 분실에 대해 책임을 진다.

1. 열쇠와 열쇠 관리

귀중품 보관함의 열쇠를 발급, 보관, 되돌려받을 때 완벽한 관리가 요구된다. 관리 책임하의, 직원 이외의 어느 누구도 귀중품 보관함 열쇠에 접근할 수 없다. 귀중품 보관함의 열쇠가 하나인 경우 고객의 열쇠를 잃어버리면 고객이나 법적으로 승인된 고객의 대리인과 호텔 직원 중 한 명과 목격자 한 명이 지켜보는 가운데 보관함의 고리를 부수어 연다. 고객이 서명한 귀중품 보관 조약에는 고객이 열쇠를 분실함으로써 발생한 모든 비용에 대해 책임이 있음을 명백히 하고 있다.

2. 접근(Access)

접근 관리는 모든 귀중품 보관 책임의 가장 중요한 부분이다.

고객의 확인은 접근을 승인하기 전에 반드시 실시되어야 하고 고객은 주로 접근 요청 양식에 서명한다. 직원은 고객이 처음 귀중품 보관 발급 신청서에 서명한 것과 필체를 비교 확인한다. 또한 어떤 호텔에서는 고객에게 귀중품 보관 발급 신청서에 적어둔 고객의 개인적인 정보를 질문해 보기도 한다. 따라서 귀중품 보관 발급 신청서상에 서명한 고객 이외에는 누구도 귀중품 보관함에 접근할 수 없다. 고객임이 확인되면 직원은 고객을 모시고 보관함으로 가서 고객이 보는 동안 보관함을 연다. 보관함에 보관되는 품목은 고객에 따라 다양하고 오직 고객만이 그 물건을 만질 수 있다. 용무가 끝나면 고객이 보는 동안 보관함을 잠그고 열쇠를 고객에게 돌려주고 고객과 직원이 같이 관리대장에 서명한다.

1) 특별한 접근(Unusual Access)

만약 고객이 퇴숙하면서 귀중품 보관함을 인수하지 않은 경우 호텔은 고객에게 편지를 띄워 인수할 것을 요청한다. 법정 기한 내에 고객으로부터 응답이 없을 경우 호텔은 물건을 적법한 절차에 따라 처분할 수 있다. 만약 고객이 호텔로 열쇠를 배달해 왔을 경우 호텔은 열쇠를 보관하고 고객께 방출 서명을 부탁한다. 보관함 속의 내용물이 재산에 버금가는 것일 경우 고객에게 인수할 것을 요청하거나 법정 대리인을 보내 대신 인수토록 요청할 수 있다.

7 통신, 의사소통 시스템/Communication CBX or PBX

- 외부로부터 각종 소포(우편물, 꽃, 과일 샘플 등)를 접수 시 대장에 소포내용, 고객 이름과 객실번호, 발신인 이름과 전화번호, 접수시간을 표기하고 객실로 메시지를 띄운다.
- 고객이 출발한 후에 우편물이 도착했을 경우 예약상황을 살펴보고 예약이 있는 경우 보관하고 그렇지 않은 경우 일정기간(보통 15일) 보관한 후 발신인 주소로 반송한다.
- 고객이 보내는 우편물(엽서, 편지, 소포 등)의 경우 고객편의를 위해 우표를 구비하여 판매하고 접수하거나 소포의 경우 우체국으로 직접 가도록 유도한다.

이는 고객과의 의사소통, 음성메일, 팩스, 메시지, 비상전화 등을 포함한다. 보통 고객들은 전화를 통해 호텔과 첫 만남을 가진다. 호텔에 대한 첫인상이 고객들에게 있어서 그 호텔에 대한 이미지로 계속 지속되므로, 이러한 전화 통화 시 직원의 예의바르고 친절한 태도가 매우 중요하다.

이러한 의사소통을 담당하는 부서는 호텔 전체의 원만한 흐름을 이루어내는 주요한 부문일 뿐 아니라 호텔의 이익을 창출해 내고 있다.

[표 6-21] Message

MESSAGE

ROOM No.

TO :

DATE

While you were out, you had a telephone call from;

FROM :

Place : Tel No. :

□ Left no message.
□ will call you again
□ Please call back
□ Please call back immediately.

MESSAGE

Telephone booth - A spot of Environmental Setting!

Oberoi Udaivilas

Bora Bora Lagoon Resort & Spa

Ⅱ 유니폼 서비스/Uniformed Service

1 고객 밀착 서비스

이 부서는 door attendant, bell person, concierge로 구성되어 있으며, 고객에게 호텔의 첫인상이 중요한 만큼 이들에게는 특별한 책임감이 있다.

Door Attendant는 호텔에서 고객들에게 인사하는 사람들이다. 이들은 인상적인 유니폼을 입고, 프런트 도어에서 고객에게 인사하기, 고객 차 문을 열고 닫는 것 도와주기, 트렁크에서 짐 내려주고 실어주기, 택시 불러주기, 호텔과 그 주변에 대한 정보 주기 등의 일을 한다.

Bell Person은 고객을 인도하여 객실까지 짐을 옮겨주는 것이 주된 의무이며, 이들 역시 그 지역과 호텔에서 제공되는 모든 서비스에 대해 잘 알고 있어야 한다.

Concierge는 lobby나 concierge floor에 이들의 desk를 따로 가지고 있으며, 이 부서는 프런트 오피스의 객실부나 경리부와 분리된 부서이다. 이들은 다음과 같은 폭넓은 분야에서 고객들에게 서비스하고 있다.

- 그 지역에서 가장 유명한 공연의 당일 밤 티켓 구매하기
- 예약이 불가능한 식당의 좌석을 미리 확보하기
- 그 지역에 가볼 만한 레스토랑, 공연, 시설 등에 대해 권유
- VIP고객의 메시지 전달이나 쇼핑과 같은 특별한 요구 들어주기

그 외에도 고객이 원한다면 가능한 모든 것을 해결해 주는 직책이 바로 concierge이다.

Guest service!

[그림 6-9] 유니폼 서비스 조직도

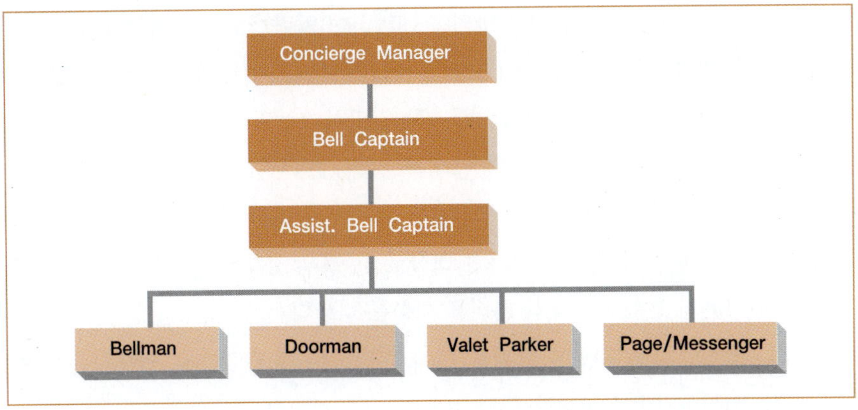

2 Bellman

1. 업무요약

- Check-in/out 시 고객의 짐을 운반 및 보관하고 고객을 객실로 안내하고 객실사용을 설명한다.
- 고객응대의 최적의 장소(고객용 승강기 앞, front desk 앞, bell desk 근처)에 위치하여 고객의 질문과 요구사항을 만족시킨다.
- 로비 제반 시설물의 이상 유무 확인 및 질서와 청결상태 유지를 위해 타 부서와 협조한다 : 재떨이 점검, 현관 유리문 점검, 현관탁자 및 의자정리, 전구 점검, 공중전화 점검, 팸플릿 점검, 출입문 작동점검, 운전 시 취급관리 등
- 고객의 요청이나 VIP report에 근거하여 객실로 신문을 배달한다.
- 국기의 게양 및 하강을 실행한다.
- Function board를 작성한다.
- 무료 포장서비스를 한다.
- door initiate, door lock 풀기, key delivery를 담당한다.

2. 업무절차

1) Check in(FIT/VIP)(Frequent Independent Travelers)

- 고객이 도착하면 현관 옆에 대기하고 있던 bellman이 신속히 현관 밖으로 나가 고객을 맞는다.

• 차에서 고객의 짐을 내려 고객과 함께 짐의 수를 확인하고 차를 떠나보낸다. 이때 택시일 경우 만일을 대비하여 차량번호를 적어둔다.
• 고객의 이름을 사용하여 고객을 front desk로 안내하고 "○○씨 도착했습니다."라고 front desk clerk에게 말한다.
• 고객이 VIP일 경우 객실 안내를 위해 GRO(Guest Relation Officer)나 Duty Manager에게 알린다.
• 고객과 같이 승강기를 타고 객실로 갈 경우 고객을 먼저 태우고 승강기 안에서 호텔 시설이나 가벼운 대화를 나눈다.
• 객실층에 도착하면 고객을 먼저 내리도록 하고 객실로 안내하는 동안 비상구와 비상계단을 설명한다.
• 객실 내 시설물 안내가 끝나면 신속히 bell desk로 돌아와 관리대장에 객실번호, 고객이름, 하물 수량, 시간, bellman이름을 적어둔다.

2) Check In(Group)

• 단체가 도착하면 bell captain은 인솔자를 찾아 front desk로 안내한다. 이때 단체의 수가 많을 때는 로비에 서비스 데스크를 별도로 설치할 수 있다. Front desk clerk과 안내자가 상의한 최종 결정된 단체 인원 명단을 받아 하물에 부착된 명찰에서 성명을 찾아 꼬리표에 객실번호를 기입한다.
• 객실에 하물을 운반할 때 어느 객실에 몇 개의 하물이 들어갔는지 단체 숙박 명부에 기입한다.

A designed elevator

3) Room Change

- 숙박 중의 고객이 객실을 이동할 경우 front desk clerk으로부터 요청이 오면 수레를 가지고 가서 객실의 하물을 새로운 객실로 이동시킨다. 이때 객실의 구석구석을 잘 살피어 빠지는 물건이 없도록 한다. 새로운 객실에 짐을 옮길 때는 먼저 객실에 있었던 상태대로 놓는다. 그리고 가능한 고객의 입회하에 하는 것이 이상적이다.

4) Check out

- baggage down요청이 있을 때에는 신속히 관리대장에 시간과 객실번호 및 담당자 이름을 기입하고 객실로 간다.
- 고객과 함께 화물의 개수와 잊은 물건이 없는지를 확인하고 짐표에 객실번호와 출발시간을 적고 밑 반쪽을 고객에게 건네고 짐을 1층 벨 데스크에 보관하겠다고 말한다.
- 짐이 여러 개일 경우 끈으로 이어두거나 화물 덮개로 덮어둔다.
- 고객이 짐을 찾으러 왔을 경우 지불 여부를 물어보고 짐표의 밑 반쪽에 front desk clerk의 사인이 있는지 확인하고 사인이 없을 때는 고객에게 양해를 얻고 front desk에 확인한다.
- 단체객의 경우 출발일 몇 시까지 하물을 내려달라는 요청이 있으면 각 층을 돌아 복도에 나와 있는 짐을 내려 어느 객실에서 몇 개의 짐을 수거했는지 확인하고 한곳에 집결시켜 망을 씌워둔다.
- 인솔자와 bell captain의 입회하에 짐의 수를 확인한다.
- 출발할 때 계산 지불 여부를 확인하고 짐을 내어준다.
- 고객에게 인사한다.

3 Doorman

1. 업무요약

- 호텔로 들어오거나 나가는 고객에게 차 문을 열어주고 인사한다.
- 차량이 들어오고 나가는 통로를 통제 관리한다.
- 호텔의 차량통로, 인도, 정원의 청결과 정돈을 위해 타 부서와 협조한다.
- 바쁜 도착, 출발 시간에 고객을 위해 택시를 확보한다.

- 차량을 수배(paging)한다.
- 주차요원과 협조한다.

2. 업무절차

- 차량의 문을 열고 check in/out하는 고객에게 인사한다.
- 차에서 고객의 짐을 꺼내어 고객과 수량을 확인한 후에 짐에 꼬리표를 단다.
- 이때 고객의 짐표에 고객이름이 있으면 고객의 이름을 사용하여 인사한다. 도착하는 고객이 '원'화를 가지고 있지 않은 경우 택시비를 대신 지불하고 고객의 구좌에 신청할 수 있다.
- Front desk방향을 고객께 알려드린다.
- 떠나는 고객에게 택시를 불러주고 짐을 실어줄 수 있다. 떠나는 고객에게 다시 방문해 줄 것을 말하고 배웅한다.
- 경우에 따라 고객을 front desk로 안내할 수 있다.

4 주차요원/Valet Parking

1. 업무요약

- 고객의 주차를 대행한다.
- 현관질서유지를 위해 교통 정리한다.
- 차량을 수배(paging)한다.
- 주차장, 현관, 청원의 청결과 정돈을 위해 타 부서와 협조한다.
- Doorman과 협조한다.

2. 업무절차

- 근무 시작 전에 당일 행사, VIP 정보, 기타 사항을 숙지하여 고객의 질문에 답하고 효율적으로 업무를 수행할 수 있도록 한다.

Guest service – valet parking

- bellman 야근조로부터 24 : 00에서 07 : 00까지 고객에게 인도되지 않은 차량 열쇠를 인계받고 차량의 이상 유무를 확인한다.
- 주차대행 접수 시 주차대행 요금을 고객에게 설명한다.
- 꼬리표를 발급하면서 차량 이상 유무를 점검하고 이상이 발견되면 차주가 확인토록 한다.
- 안전한 장소에 차량을 주차시키고 잠금장치를 확인한다.
- 관리대장에 가입하고 발행한 꼬리표와 차량 열쇠를 묶어서 함께 보관한다.
- 차량을 고객에게 인도할 경우 고객으로부터 꼬리표를 건네받아 보관 중인 꼬리표와 동일함을 확인한 후 안전하고 신속하게 차주에게 차량을 인도한다.
- 이때 운전석의 위치를 임의로 변경하여서는 안되고, 변경시켰을 경우 인도 전에 원래 상태로 복귀시켜야 한다.
- 차량 문을 닫아주고 안전하게 떠날 수 있도록 길을 안내한다.
- 입금된 주차 대행료를 입금시킨다.
- 공항 터미널로 출입국하는 고객의 편의를 위해 호텔에서 공항터미널로 셔틀버스를 운전한다. 이때 고객에게 인사하고 고객의 짐을 싣고 내려준다.

체크포인트(Check Point)

■ 짐 관리 절차

- 고객의 짐을 운반할 경우 고객과 함께 짐의 수를 확인하고 꼬리표에 고객의 이름과 객실번호 및 짐의 수를 적어 혼란이 없도록 한다. 고객과 함께 가지 않을 경우 벨 캡틴에게 보고하고 직원용 승강기를 이용하여 짐을 객실로 운반한다.
- 고객의 하물이나 소지품을 잠시 또는 1일 이상의 장기보관을 원할 경우 꼬리표에 날짜, 객실번호, 이름, 품목, 수량을 적어 위쪽은 고객의 서명을 받아 하물에 매어두고 아래쪽은 고객에게 건넨 후 관리대장에 보관위치를 기록한다.
- 고객이 맡긴 짐을 찾으러 왔을 경우 고객이 제시하는 꼬리표에 서명을 받아 하물에 달린 꼬리표의 일련번호와 서명을 대조하여 하물을 돌려주고 관리대장에 기록한다.
- 물건을 맡긴 고객 자신이 아닌 대리인이 물건을 찾으러 왔을 경우 고객의 성명을 물어 확인한 후 수령인의 주소, 전화번호, 서명을 받고 하물을 인도한다.
- 당일 도착 예정 고객에게 도착된 하물의 경우 하물표에 고객의 성명과 하물의 수량을 기입하여 보관해 두었다가 예정 고객의 객실이 지정되면 관리대장에 기입하고 객실에 넣어준다.

유니폼 서비스

유니폼 서비스

Lesson 6

제10주

퇴숙 단계(Departure)

고객과의 MOT

I MOT(Moment Of Truth)의 연속 : 퇴숙과정

1 Check-out과 Settlement의 기능

3가지 주요 기능은 다음과 같다.

- 고객 구좌를 정산한다.
- 객실상황(Room status)을 조정한다.
- 고객파일(Guest history)을 만든다.

2 퇴숙의 절차

고객 사이클 중 이 단계에서 고객의 구좌(account balance)는 "0"이 되어야 한다. 따라서 구좌정산(account settlement)을 account의 "zeroing out"이라 부르기도 한다. 고객의 구좌가 퇴숙단계에서 완전히 'zero'로 되지 않으면 청구 및 수금을 위해 외상매출로 넘어가게 된다. 정산방법은 다음과 같다.

- **현금결제 :** 고객으로부터 대금을 현금으로 직접 받는 것이다.
- **신용카드 결제 :** 고객의 account balance가 G/L(Guest Ledger : 투숙하고 있는 고객에 대한 회계처리)에서 C/L(City Ledger : 호텔에 투숙하고 있지 않은 고객에 대한 회계처리)로 옮겨지게 된다.
- **직접 청구(Direct Billing Transfer) :** 전항과 같이 고객의 account balance

가 G/L에서 C/L로 옮겨지게 되는 점에서 같으나 수납의 주체가 외부 회사가 아닌 호텔 자신이 된다.

- **복합지불방법 :** 현금과 신용카드로 결제하는 경우이다.

1. 신속한 퇴숙(Express Check-out)

객실부 직원이 예정 퇴숙일의 02:00-04:00 AM에 객실문 밑으로 고객에게 청구서와 express check-out form을 넣어준다. 고객은 이 form의 선택 부분을 점검하고 account balance를 신용카드로 청구하도록 승인한다. 고객은 호텔을 출발할 때 express check out form을 front desk에 건네주고 가기만 하면 된다.

2. 자체 퇴숙(Self Check-out)

Self check-out terminal이 로비에 있거나 객실 내 컴퓨터가 객실부 컴퓨터와 연결되어 check-out 시 혼잡을 피하고 시간을 절약할 수 있다.

3. 늦은 퇴숙(Late Check-out)

호텔의 check out 시간 내에 퇴숙치 못한 고객이 있을 수 있다. 호텔에서는 check out 시간을 최소화하기 위해 check out 시간을 객실문이나 front desk에 써서 계속 주지시켜야 하고 이때 express check out에 대한 소개도 곁들인다. 어떤 호텔에서는 late check out하는 고객에게 소정의 금액을 추가로 청구하는 경우가 있는데 이는 고객에게 미리 통보하여야 한다.

Express check out

[표 6-22] Late Chack-out Charge

LATE CHECK OUT CHARGE

DATE : / /

TO : FRONT DESK CASHIER

FROM : FRONT OFFICE

RM NO. : ____________________

Mr.
Mrs.
Miss : ____________________
WILL CHECK OUT AT ____________________
WITH ______ % EXTRA CHARGE.

CHIEF RM CLERK : ____________________
APPROVED BY : ____________________

CC : H/K Mgr. BELL DESK

3 Late Charge/지불청구가 늦은 경우

이는 고객 구좌정산의 주요한 문제이다.

고객의 구좌에 늦게 부과되면 고객이 check out하고 호텔을 떠날 때까지 객실부로 넘어오지 않는다. 식당요금, 전화, 룸서비스(room service charge)가 주된 예가 된다. 이러한 것이 고객 퇴숙 전에 수납되지 않으면 다시 수납하기가 상당히 어렵다. 수납되었다 하더라도 호텔에서는 추가의 비용(부서 인건비, 우편 발송, 봉투, 특정 양식 등)을 부담하여야 한다. 이 추가비용이 late charge의 금액보다 더 많을 수도 있다.

다음은 front desk cashier가 late charge를 줄일 수 있는 몇 가지 요령이다.

- Transactional voucher가 front desk에 도착하는 즉시 바로 posting하여 바쁜 check out 시간 현재 posting 안된 금액이 최소화되도록 한다.

• 고객을 check out시키기 전에 주변을 살펴보고 posting 안된 charge가 있는지 알아본다.
• 떠나는 고객에게 check out 절차 직전에 발생시킨 부과해야 할 거래가 있는지 또는 check out 절차 직전에 전화를 사용하였는지 물어본다.

4 청구 및 수금/Billing & Collection

신용카드나 회사로 바로 청구될 대금은 청구 및 수금을 위해 city ledger로 옮겨진다. 일반적으로 대금의 청구와 수금은 호텔 경리부에서 처리되지만 객실부는 해당되는 정확한 정보를 제공할 의무가 있다.

1. 미수납된 Account Balance

고객이 그의 대금을 결제하지 않고 호텔을 떠나 버린 경우 skipper가 발생했다고 하고 이러한 after-departure-charge는 미수금으로 남게 된다. 이러한 미수금을 줄이기 위해 예치금/선금을 받도록 의무화하는 호텔도 있다. 대부분의 고객은 예치금을 회수하기 위해 떠나기 전에 front desk cashier에게 가게 되는데 이 때 고객의 장부를 점검하여 고객구좌를 '0'으로 할 수 있기 때문이다.

2. 수금

퇴숙 시 현금으로 완전히 결제가 되지 않은 고객 대금은 수금을 위해 general ledger에서 city ledger로 옮겨진다. 전형적인 city ledger account는 다음과 같다.

• credit card billings
• Direct billings
• Travel agency accounts
• Bad check accounts
• Skipper accounts
• Disputed bills
• Guaranteed reservation for on-show guests
• late charges
• House accounts

3. 청구 시 고려할 사항

- 언제 거래가 되었는지.
- 고객과 어떻게 연락할 것인지.
- 청구 날짜간격은 얼마간인지 등이다.

[표 6-23] Billing Schedule Chart

Schedule	Method	Timing
1st billing	___ Statement with back-up invoice	Mailed no later than ___ hours after the guest's account is trans- inferred to the city ledger.
2nd billing	___ Statement ___ Telephone call ___ Letter	___ Days later
3rd billing	___ Statement ___ Telephone call ___ Letter	___ Days later
4th billing	___ Statement ___ Telephone call ___ Letter	___ Days later
5th billing	___ Statement ___ Telephone call ___ Letter	___ Days later
and so on		

4. Account Aging

신용카드 청구는 주로 호텔과 신용카드사 간의 계약에 따라 지불된다. 대부분의 city ledger account가 billing하고 30일 이내에 지불되지만 몇몇 city ledger account는 그 이상이 될 수 있다. 이때 호텔은 account aging이라는 규칙을 만들어야 한다. Account aging분석은 호텔마다 다양하고 다음 표에서 볼 수 있듯이 30일, 60일, 90일 또는 그 이상의 accounts receivable을 나타낼 수 있다([표 6-23] 참조).

Night auditor(야간감시원)의 임무는 이러한 퇴숙과정 전반이 매끄럽게 진행되는 데 결정적 역할을 한다. [표 6-25~26]은 야간감시 때 사용되는 보고서의 일부이다. 어찌 보면 호텔경영의 최대과제인 최대의 가치창조를 위한 최종 결과를 취합, 정리, 분석하는 곳이라 할 수 있겠다. 야간감시원의 보고서는 다음 단계인 경영전략을 짜는 근본자료의 일부가 되는 것이다.

[표 6-24] Aged Accounts Receivable Report

AGED ACCOUNTS RECEIVABLE

Name	Balance	Current	Outstanding			
			30-60	60-90	90-120	120+
Elizabeth Penny	$125					$125
Mimi Hendricks	$235				$235	
M/M Phil Domon	$486	$100	$386			
Harrison Taylor	$999			$999		
TOTAL	$1,845	$100	$386	$1,234	$125	

[표 6-25] Night Clerk's Summary

NIGHT CLERK'S SUMMARY

NEW KOREA HOTEL

STATISTICS(통계)	TODAY(금일)	This Year(금년)	
		Month of date (이 달 집계)	Last Month MTD (지난 달 집계)
No. of Room(객실수)			
Out of Order(고장난 객실)			
House Use(직원 사용)			
Saleable(판매가능한 객실)			
Occupied(판매된 객실)			
Vacant(빈객실)			
% of Occupancy(투숙률)			
Total Revenue(총실료)			
No. of Guests(총투숙인원)			
Complimentary(접대)			
No Show(예약하고 오지 않음)			
Cancel(취소)			
Night Club Pick Up(나이트클럽 사용)			
Total Arrival(당일 도착)			
Total Departure(당일 퇴숙)			

Day Use :

(주간 사용)

[표 6-26] D-night Auditor's Machine Balance

야간회계 감사원 보고서

AUDITOR	INCOME AUDITOR

No.

DATE

EXPLANATION 區 分	NET TOTAL 修正後金額	CORRECTION 修正金額	MACHINE TOTAL 機械上金額	REMARK 備 考
1. ROOM(FOREIGN)				
2. ROOM(KOREAN)				
3. SERVICE CHARGE				
4. TAX				
5. KIESTERN RESTAURANT				
6. COFFEE SHOP & PASTRY				
7. CHINESE RESTAURANT				
8. KOREAN RESTAURANT				
9. ROOM SERVICE				
10. LAUNDRY				
11. TELEPHONE				
12. TRANSFER CHARGE				
13. PAID OUT				
14. TOTAL CHARGE				
15. TRANSFER CREDIT				
16. ADJUST				
17. PAID				
18. TOTAL CREDIT				
19. CORRECTION				
20. TOTAL MACHINE				
21. LESS CR. BALANCE				
22. BALANCE. TODAY				
23. NET. DIFFERENCE				
24. OPENING. DR. BALANCE				
25. NET OUTSTANDING				

MACHINE NUMBER N-AUDITOR

HOTEL NEW KOREA

5. Guest Histories

아래와 같이 고객등록카드와 장부로부터 정보를 수집하여 guest history를 만든다.

많은 호텔이 기간이 지난 고객등록카드를 guest history카드로 사용하고 있다. 몇몇 호텔은 guest history카드를 따로 만들어 사용하기도 하는데 기초정보는 고객등록카드 및 고객장부에서 얻을 수 있다. [표 6-27~28]은 Guest History 카드의 예를 보여준다.

[표 6-27] Guest History Card(앞면)

NAME : ______________________ ROOM NO. ______________

LAST FIRST MIDDLE

HOME ADDRESS : ______________________________________

NATIONALITY : ______________ PASSPORT NO. ______________

DATE OF BIRTH : ______________ SEX : ______________

PROFESSION : ______________________________________

BUSINESS ADDRESS : ______________ TEL : ______________

RESERVATION BY : ______________ HOTEL CARD NO : ______________

COMPANY : ______________ NAME OF CONTACT : ______________

ADDRESS : ______________ TEL : ______________

PAYMENT BY : _____ ☐ CASH _____ ☐ CREDIT CARD _____ ☐ COMPANY _____

SPECIALS : _____ NEWS PAPER : H ☐ T ☐ _____ ROOM TYPE _____ RATE : _____

OTHERS ______________________________________

PURPOSE OF TRIP : ______________ CLERK CHECK ______________

[표 6-28] Guest History Card(뒷면)

ARRIVAL DATE	DEPARTURE DATE	ROOM NO.	TOTAL AMOUNT	REMARKS

Ⅱ 하우스키핑/House Keeping

1 객실관리부 조직

객실관리부는 떠나는 고객과 새롭게 도착하는 고객을 위해 또는 체재하고 있는 고객을 위해 시간에 맞게 깨끗한 객실을 준비할 뿐만 아니라 호텔의 모든 시설물을 깨끗하게 유지하는 중요한 부서이다.

[그림 6-10]은 객실관리부 조직도의 한 예이다. 각 부서원의 업무는 [표 6-29]에 정리되어 있다.

[그림 6-10] 객실관리부 조직도(예)

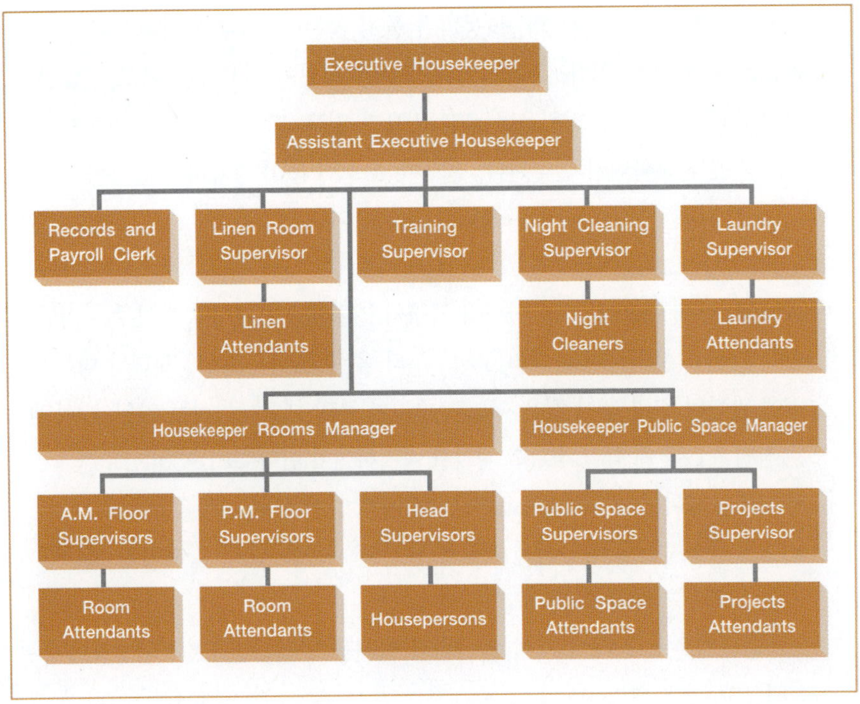

2 객실유지관리/Housekeeping

Executive house-keeper가 책임감을 가지고 있어야 할 주된 지역은 다음과 같다.

- 사람과 설비와 공급자 관리(leadership)
- 객실과 공공지역의 청결유지
- 이 부서를 GM이 지정한 재정적인 원리에 따라서 운영하기
- 기록을 보관하기

1. 세탁부 위탁경영 대 직접 경영

1) 직접 경영 시의 장점

24시간 서비스가 가능, 더 적은 양의 재고를 유지할 수 있다. 세탁된 리넨의 질을 호텔이 직접 다룰 수 있다.

2) 위탁경영 시의 장점

설비 비용이 들지 않는다. 노동비가 들지 않는다, 계약에 의해 계획된 지출 비용을 고정할 수 있다. 추가적인 세탁부의 직원이 필요 없으므로 임금이 더 적게 든다. 교육받은 직원을 선출할 필요가 없고, 따로 교육시킬 필요도 없으므로 직원의 교육비가 절약된다. 전기비, 수도비 등의 경상비가 절약된다.

2. Lost & Found(L&F)

객실관리부의 주요 업무 중 하나가 고객의 분실물을 보관하고 찾아주는 것이다. L&F에 관련된 문의사항은 여러 부서로부터 올 수 있다. 고객이 전화나 방문으로 L&F에 관련된 질의를 할 경우 어느 누구도 선불리 대답하여서는 안된다. 따라서 모든 직원은 L&F에 관한 정확한 절차를 숙지하여야 한다([표 6-30] 참조).

- 물건을 잃어버린 고객을 L&F 담당자에게 인계한다.
- L&F 담당자는 소정양식에 기록을 남긴다 : 품목 설명, 잃어버린 시간과 장소, 고객이름과 주소
- 호텔직원은 누구나 고객이 잃어버린 물건을 발견하면 L&F 담당자에게 즉시 건네준다.
- L&F 담당자는 소정양식에 그 물건의 발견장소, 날짜, 발견자 이름을 적고 법정기한 동안 창고에 보관한다.
- 여하한 경우에도 고객의 허락 없이는 그 물건을 고객 등록카드상의 주소로 발송할 수 없다.
- 대신 고객에게 호텔로 연락해 줄 것을 요청하는 편지를 띄운다.
- 편지를 받은 고객의 잃어버린 물건에 대한 설명이 보관 중인 물건과 일치하는 경우 고객의 허락을 받은 후 물건을 우송하고 L&F 장부에 기록한다.
- 법정기한이 지나도록 고객으로부터 연락이 없을 경우 호텔은 그 물건을 매각/처리할 수 있다.

[표 6-29] 객실관리부서원의 Job Description(예)

ROOM ATTENDANT

Basic Function

Performs routine duties in the cleaning and servicing of guestrooms and baths under close supervision of an inspector.

Duties and Responsibilities

1. Enters and prepares room for cleaning.
2. Makes the bed.
3. Dusts the room and furniture.
4. Replenishes guestroom and bath supplies.
5. Cleans the bathroom.
6. Cleans the closet.
7. Vacuums and rakes the carpet.
8. Checks and secures the room.

Relationships

Reports directly to inspector, assistant housekeeper, and executive housekeeper.

HOUSEPERSON

Basic Function

Performs any combination of the following tasks to maintain guestrooms, working areas, and the hotel premises in general, in a clean and orderly manner.

Duties and Responsibilities

1. Cleans rugs, carpets, and upholstered furniture using vacuum cleaner, broom, and shampoo machine.
2. Cleans rooms, hallways, and restrooms.
3. Washes walls and ceilings, moves and arranges furniture, and turns mattresses.
4. Sweeps, mops, scrubs, waxes, and polishes floors.
5. Dusts and polishes metal work.
6. Collects soiled linen for laundering.
7. Receives linen supplies.
8. Stores linen supplies in floor linen closets.
9. Maintains housekeeping carts.
10. Removes trash collected by room attendants.

Relationships

Reports to head houseperson and assistant housekeeper.

LOBBY ATTENDANT

Basic Function

Keeps all lobbies and public facilities (such as lobby restrooms, telephone areas, the front desk, and offices) in a neat and clean condition.

Duties and Responsibilities

1. Cleans and maintains all lobbies and public restrooms.
2. Sweeps carpets.
3. Empties ashtrays and urns.
4. Polishes furniture and fixtures.
5. Vacuums and polishes elevators.
6. Keeps the front of the hotel free from trash.

Relationships

Reports to housekeeping management and hotel assistant managers.

LINEN AND UNIFORM ATTENDANT

Basic Function

Stores and issues uniforms, bed linen, and table linen; also takes inventory and maintains linen room supplies.

Duties and Responsibilities

1. Sorts, counts, and records number of items soiled.
2. Places linen and uniforms in containers for transport to laundry.
3. Examines laundered items to ensure cleanliness and serviceability.
4. Sends torn articles to seamstress for repair.
5. Stores laundered linen and uniforms on shelves, after verifying numbers and types of articles.
6. Issues linen and uniforms, to be exchanged on a clean-for-soiled basis only.
7. Counts and records linen to fill requisitions.

Relationships

Reports to the linen room supervisor and assistant housekeeper.

[표 6-30] Lost & Found 양식(예)

The BROADMOOR
Colorado Springs, Colorado 80901

LOSS REPORT

DATE OF REPORT: ____________________

DATE OF LOSS: ____________________

NAME: ____________________

ADDRESS: ____________________

CITY: ____________________ STATE: ____________________

ZIP: ____________________ DATE OF DEPARTURE: ____________________

ROOM NUMBER: ____________________ HOME PHONE: ____________________

LOCATION (WHERE LOST): ____________________

DESCRIPTION: ____________________

REMARKS: ____________________

SECURITY OFFICER: ____________________

3 리넨 관리

리넨 취급자는 객실에 필요한 일체의 리넨류와 비품 및 소모품을 수령하여 공급하는 것이 주업무이다. 전날의 객실판매 상황을 보고 그에 따른 소요 수량을 불출한다. 그리고 인원, 소모품, 기구 등을 주별, 월별로 수급량을 결정하기 위해서는 객실부의 예약과 긴밀한 연락이 이루어져야 한다.

[그림 6-11]은 리넨관리조직도의 한 예이다. [표 6-31~33]은 리넨부서에서 사용되는 업무양식을 보여준다.

[그림 6-11] 리넨관리조직도

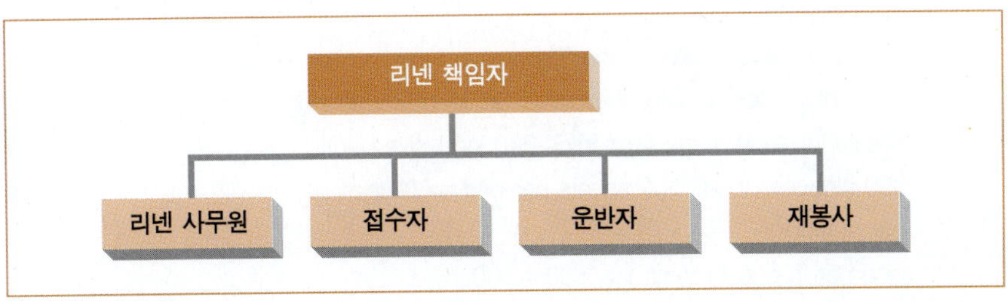

1. 접수자

고객이 요구한 세탁물과 룸 메이드가 객실로부터 거두어 온 세탁물을 접수하고 세탁물 인수 인계서를 작성하여 세탁장으로 보내는 업무와 세탁장으로부터 세탁 완료된 세탁물을 인수하는 것이 주업무이다.

2. 운반자

접수자를 도와 세탁물을 세탁장으로 옮기는 것이 주업무이다.

3. 재봉사

호텔 리넨류의 파손품 수리와 고객용 세탁의 파손부분 보수 및 유니폼 보수가 주요 업무이다.

리넨 관리는 침대의 수, 객실이용률, 리넨류 교환횟수, 세탁 소요시간, 긴급사태를 예측하여 적정 재고(보유)수량의 설정이 중요하다. 일반적으로 침대당 4 내지 5회전의 수량을 이상적인 수준으로 볼 수 있다.

리넨 관리업무

- 소모품 및 비품의 사용통계
- 구매, 출고 의뢰 및 수령
- 비품 및 소모품의 인수와 공급
- 청소용품과 사무용품을 공급
- 객실 리넨류 공급
- 객실비품 관리
- 종업원 유니폼 발주 및 지급

체크포인트(Check Point)

■ **Par Calculation(예)**

This is a sample calculation of how to establish a par stock level for king-size sheets for a hotel that uses an in-house laundry and supplies two sheets for each of the property's 300 king-size beds.

300 king-size beds × 2 sheets per bed = 600 per
par number
One par in guest rooms 1 × 600 = 600
One par in floor linen closets 1 × 600 = 600
One par soiled in the laundry 1 × 600 = 600
One par replacement stock 1 × 600 = 600
One par for emergencies 1 × 600 = 600
Total number 3,000
3,000 sheets ÷ 600 sheets/par = 5 par

리넨의 흐름

- 더러운 리넨의 수거
- 더러운 리넨을 세탁장으로 이동
- 분류 : 오염 정도, 리넨 타입
- 세탁 : 시간, 온도, 강도, 세제 선택
- 탈수
- 다림질
- 접기
- 보관
- 사용장으로 이동

[표 6-31] Linen Count Sheet(예)

Inventory Count Sheet
Guestroom Linens

Name	Date	Floor

Item	Closet	Cart 1	Cart 2	Cart 3
Pillow cases				
King-Size Sheets				
Queen-Size Sheets				
Twin Sheets				
Bath Mats				
Bath Towels				
Hand Towels				
Washcloths				

[표 6-32] Uniform Inventory Control Form(예)

OTY.	SIZE	DESCRIPTION	UNIT COST	OTY.	SIZE	DESCRIPTION	UNIT COST
		UNIFORM SERVICES				FRONT Desk	
		Bell staff. Jacket				F.O. Male Suit	
		Bell staff Pant				F.O. Male Vest	
		Bell staff Tie				F.O. Male Tie	
		Parking Att. Jacket				F.O. Female Suit	
		Parking At Pant				F.O. Female Scarf	
		Parking At Jack-Shirt					
		Parking At Tie					

[표 6-33] Log for Guest Loan Items(예)

Date	Room No.	Loan Item Requested	Call Received		Delivered		Picked Up	
			Time	Who	Time	Who	Time	Who

Housekeeping

4 객실 청소

1. 준비사항

- 기자재수집 : 청소기자재, 리넨, 객실용품
- Cart 채우기 : 깨끗한 시트, 베개커버, 매트리스 패드, 깨끗한 타월, 목욕 가운, 목욕 매트, 티슈, 컵, 비누, 깨끗한 재떨이와 성냥, 다목적 세정제, 유리 세정제, 청소용 브러시, 먼지털이개, 걸레/스펀지, 고무장갑

2. 객실용품 예

전형적인 객실비품

- 목욕비누
- 세안용 비누
- 화장실 seat band
- 두루마리 화장지
- 옷걸이
- 컵
- 플라스틱 쟁반
- 물 주전자
- 얼음통
- 성냥
- 재떨이
- 쓰레기통

선택적 객실비품

- 로션
- 샴푸
- 린스
- bath foam
- shower cap
- shower mat
- 바느질 세트
- 구두 닦는 천
- 일회용 슬리퍼
- laundry bag
- 비닐 bag
- 위생 봉지
- 손톱 줄
- 민트 사탕
- 펜
- 용지
- DND(Do not Disturb) 사인
- 화재 지침서
- Guest Comment 양식
- 기타 인쇄물

[표 6-34~35]는 객실 소모품의 관리를 위한 업무양식이다.

[표 6-34] 객실 소모품 Par Stock과 실제사용 비교(예)

Guest Supplies
Par Stock For One Month

Item	Potential Usage Per Occupied Room	x	Forecasted Number of Occupied Rooms	=	Par Stock Required
Shampoo	1.0	x	450	=	450
Bathfoam	1.0	x	450	=	450
Small Soap	1.0	x	450	=	450

Actual Usage For One Month

Item	Potential Usage Per Room		Occupied Rooms		Potential Consumed	Actual Consumed	Variance1
Shampoo	1.0	x	450	=	450	370	〈80〉
Bathfoam	1.0	x	450	=	450	513	63
Small Soap	1.0	x	450	=	450	752	302

[표 6-35] Control Form for Issuing Guestroom Supplies(예)

Guestroom Supplies Requisition

Item	Par Stock	Reorder Point	Requisition (same as par)	Cost of Item Requisition
Bar soap	1 case	1/2 case		
Tissue	1 case	1/2 case		
Toilet paper	1 case	1/2 case		
Shower caps	100	50		
Matches	6 boxes	3 boxes		
Pens	1 box	1/2 box		
Memo pads	2 pkgs	1 pkg		
Pencils	1 box	1/2 box		
Do Not Disturb signs	30	15		
Glasses	1 case	1/2 case		
Room folders	30	15		
Wastebaskets	6	2		

객실부에서 만든 Room Status Report와 객실관리부 관리자가 직접 객실을 돌아보고, 체크하여 만든 Housekeeping Status Report를 비교하여 그 차이점을 Room Status Discrepancy라고 하고 이는 객실 판매를 극대화하는 데 중요하다. 객실청소는 우선 객실부의 Room Status Report에 근거하여 실행된다([표 6-36] 참조).

[표 6-36] Housekeeping Rooms Status Report(예)

HOUSEKEEPER'S REPORT A.M.
Date ______________19 ______________ P.M.

ROOM NUMBER	STATUS	ROOM NUMBER	STATUS	ROOM NUMBER	STATUS	ROOM NUMBER	STATUS
101		126		151		176	
102		127		152		177	
103		128		153		178	
104		129		154		179	
105		130		155		180	
106		131		156		181	
107		132		157		182	
108		133		158		183	
109		134		159		184	
⋮		⋮		⋮		⋮	
121		146		171		196	
122		147		172		197	
123		148		173		198	
124		149		174		199	
125		150		175		200	

Remarks:

Housekeeper's Signature

Legend: ✓ – Occupied
ooo – Out-of-Order
– – Vacant
B – Step: Out (Baggage Still in Room)
X – Occupied. No Baggage
C.O. – Slept in but Checked Out Early A.M
E.A – Early Arrival

3. 객실청소의 일반적 순서

① cart를 채운다.
② 객실에 들어간다.
③ 객실을 환기시킨다.
④ 침대보를 걷는다.
⑤ 침대를 새로 정리한다.
⑥ 먼지를 턴다.
⑦ 욕실을 청소한다.
⑧ 진공청소기로 바닥을 청소한다.
⑨ 마지막 점검을 한다.

⑩ 문을 잠근 후 확인한다.

⑪ assignment sheet에 객실상태를 적고 다음 객실로 이동한다([표 6-37] 참조).

[표 6-37] Room Assignment Sheet(예)

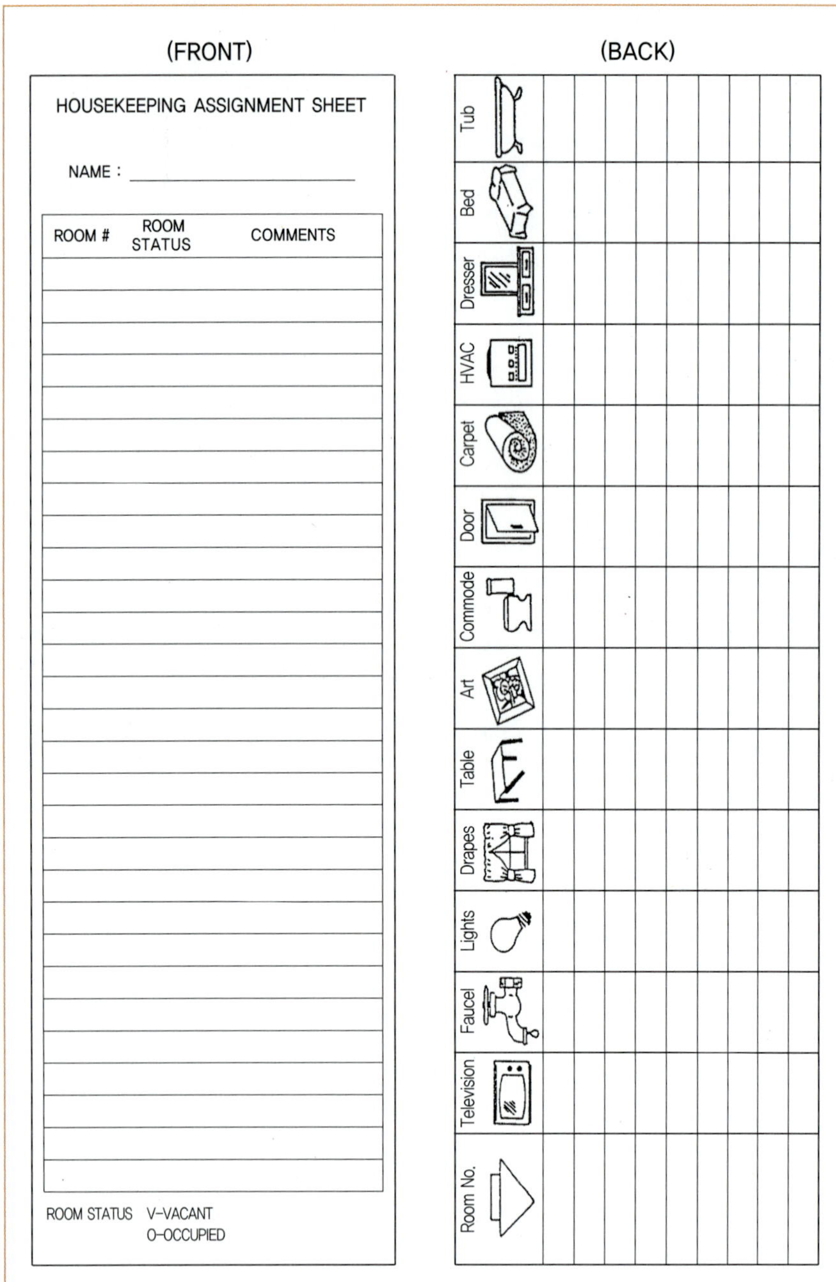

4. 침대정리

대표적인 방법을 소개하면 다음과 같다.

- 1단계 : 시트를 침대 모서리 위로 자연스럽게 늘어놓는다. 침대발치 오른쪽의 한자락을 끼워 넣는다.
- 2단계 : 침대 모서리에서 대략 30cm 떨어진 지점의 시트자락을 잡아 날개 모양으로 똑바로 잡아당긴다.
- 3단계 : 평평하고 주름이 생기지 않도록 날개 모양을 잡아당긴다.
- 4단계 : 날개 모양 맞은편 자락을 끼워 넣는다. 이때 깔끔하게 처리해야 함을 명심해야 한다.
- 5단계 : 날개 모양 자락을 근무자 쪽으로 힘껏 잡아당긴 후 침대 밑으로 내린다.
- 6단계 : 모서리가 모나지 않고 깔끔하도록 끼워 넣는다.

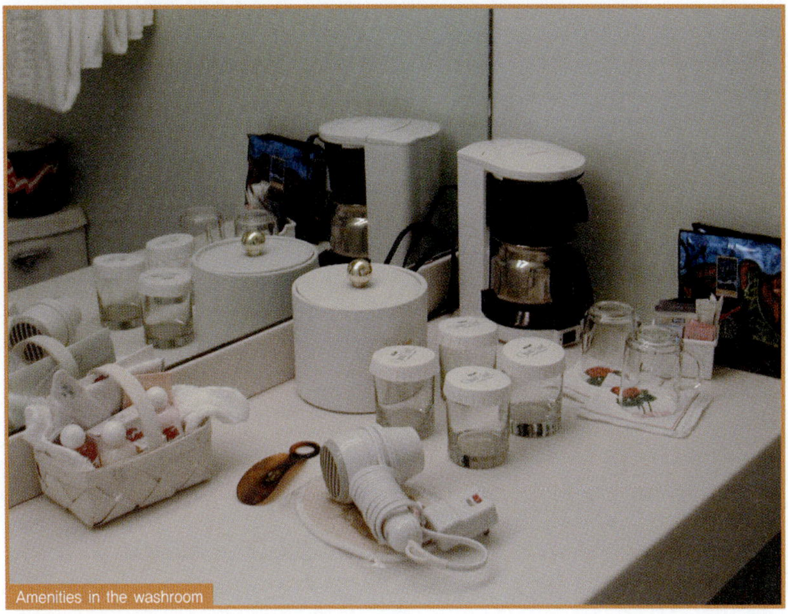

Amenities in the washroom

5. 청소상태 검사(Inspection)

[표 6-38~39]와 같이 청소된 객실은 청소원(Roommade)과 검사원에 의해 검사를 받게 된다. 무작위로 객실을 선정하여 검사하는 호텔도 있고 모든 객실을 검사하는 호텔도 있다. 검사는 감독의 단계별로 근무조나 객실층의 상급자, 객실 관리 과장, 객실 관리 부장 또는 타 부서장 등에 의해 행해질 수 있다.

Amenities in the bathroom

[표 6-38] Daily Attendant's Schedule

Housekeepers Guest Rooms Self-Inspection Rating

Inspection Codes:

P-POLISH	R-REPLACE	E-WORK ORDER	S-SOAPSUM	SM-SMEAR
SA-STAIN	H-HAIR	D-DIRT	DU-DUST	M-MISSING

PART I - GUEST ROOM		S	U		COMMENTS
Entry, door, frame, threshold, latch			1		
Unusual odor OR smoke smell			3		
CLOSET, doors, louvers-containing			1		
Hangers, 8 suits, 4 skirts, 2 bags w / invoices			2		
Two(w) robes, with info card			2		
Extra TP & FACIAL			1		
One(1) luggage rack			1		
Current rate card			1		
VALET	Shoe Horn & Mitt		2		
DRESSER	LAMP/ SHADE/ BULB		2		
	ICE BUCKET, LID TRAY		2		
	WO(W) WINE GLASSES		2		
	Room Service MENU		2		
MINIBAR	TOP, FRONT, 2 Wine glasses / price list		1		
SAFE	KEY IN SAFE, SIGN		5		
	CHECK BEHIND DRESSER		2		
DRAWERS	BIBLE AND BUDDHIST BOOK		1		
	PHONE BOOKS, ATT DIRECTORY		1		
TELEVISION	ON & OFF, CH 19 BEHIND		1		
COFFEE	REMOTE CONTROL/TEST 1		2		
TABLE	T.V.LISTINGS/BOOK MARK		1		
	GLASS TOP/LS JOLLA BOOK		1		
CARPET	VACUUM, SPOTS		2		
SOFA	UNDER CUSHION/BEHIND		2		
3 W LAMP	BULB, SHADE & CORD		1		
WINDOWS	GLASS, DOOR, LATCH - C BAR		2		
CURTAINS	Pull - check seams		1		
PATIO	2 CHAIRS, TABLE & DESK		3		
DESK	2 CHAIRS, TOP, BASE & LAMP/SHADE		5		
	GREEN COMPENDIUM		3		
	Waste paper can		1		
BED	Tight, Pillows, bedspread		5		
	Check Under/SHEETS, PILLOWS		3		
HVAC	Control, setting, vent		1		
SIDE	Lamps & shade		2		
TABLES	Telephone, MESSAGE LIGHT		1		
	Clock Radio CORECT TIME		1		
MIRRORS	LARGE MIRROR OVER DRESSER		1		
PICTURES	ROOM ART WORK		1		
WALLS	Marks, stains, etc.		3		

[표 6-39] Housekeepers Guest Rooms Self-Inspection Rating

Housekeepers Guest Rooms Self-Inspection Rating

Inspection Codes:

P-POLISH	R-REPLACE	E-WORK ORDER	S-SOAPSUM	SM-SMEAR
SA-STAIN	H-HAIR	D-DIRT	DU-DUST	M-MISSING

PART II – BATHROOM		S	U	U	
BATH TUB/SHOWER					
	GROUT/TILE & EDGE		2		
	ANTI SLIP GRIDS		2		
	SIDE WALLS		1		
	SHOWER HEAD		1		
	WALL SOAP DISH		1		
	CONTROL LEVER		1		
	FAUCET		1		
	CLOSE LINE		1		
	SHOWER ROD, HOOKS		1		
	SHOWER CURTAIN/LINER		2		
VANITY	TOP, SIDE & EDGE		1		
	SINK, TWO FAUCETS		3		
	3 GLASSES, COASTERS		2		
	WHITE SOAP DISH		1		
	FACIAL TISSUE & BOX		1		
AMENITY BASKET					
	1 SHAMPOO		1		
	1 CONDITIONER		1		
	1 MOISTURIZER		1		
	2 BOXED SOAP		1		
	1 SHOWER CAP		1		
MIRROR	LARGE & COSMETIC		2		
	WALLS, CEILING, & VENT		2		
TOILET	TOP, SEAT, BASE & LIP		2		
OTHER	TOILET PAPER, fold		1		
	SCALE AND TRASH CAN		2		
	FLOOR, SWEPT AND MOPPED		3		
	TELEPHONE		1		
BATH LINES, racks					
	THREE(3) WASH CLOTHS		1		
	THREE(3) HAND TOWELS		1		
	THREE(3) BATH TOWELS		1		
	ONE(1) BATH MAT		1		
	ONE(1) BATH RUG		1		
	LIGHT SWITCH		1		
DOOR	FULL LENGTH MIRROR		1		
	HANDLE/LOCK		1		
	THRESHOLD		1		
	PAINTED SURFACE		1		

체크포인트(Check Point)

■ Trends in Hotel & Rooms Division Operation

- **인력의 다양성** : 여성이나 소수 인종들이 시간제 직원의 위치뿐만 아니라 고위급 간부의 직위도 차지하고 있다.
- **기술사용의 증가** : 예약이 인터넷을 통해 개인적으로 이루어지고 있으며, 여행사는 더 많은 숙소에 대해 예약을 하는 것이 가능해졌다. 다양한 종류의 property Management System(자산관리시스템)과 이 시스템들의 POS(point-of sale)와의 호환(interface)이 더 간단한 방법으로 이루어지고 있다. 객실에는 초고속 인터넷과 케이블 등의 장비가 갖추어지고 있다.
- **생산성 향상 강조** : 호텔의 주인과 경영회사가 생산성에 대해 강조를 하면서, 호텔 매니저들은 생산성을 증가하게 하고, 각 직원의 판매에 의한 생산성을 측정하기 위한 혁신적인 방법을 찾고 있다.
- **일드매니지먼트(수익률 관리) 사용의 증가** : 객실의 가격을 효과적으로 결정하여, 호텔의 이익을 증가시키기 위한 목적으로써 수익률 관리사용을 하는 호텔이 증가하고 있다.
- **호텔에서의 환경보호** : 재활용을 하고 환경친화적 제품을 호텔에서 사용하도록 노력하고 있다.
- **안전** : 개인적인 안전에 대한 고객들의 관심이 증가하고 있다. 예를 들면 호텔에 여성 전용 층을 만드는 등, 호텔 측은 고객 안전 확보에 계속적인 노력을 기울이고 있다.
- **고객의 다양성** : 여성 여행자들의 수가 증가하고 있다. 이는 여성고객들 중 비즈니스 고객이 많이 증가한 것에서 온 경향이다.
- **장애인들을 위한 시설 제공** : 장애인들이 호텔의 시설을 사용하는 데 불편함이 없도록 이들을 위한 시설을 제공한다. 이러한 공간은 휠체어를 내릴 수 있을 만한 충분한 공간을 제공해 주어야 한다. 또한 객실도 장애인시설을 사용할 수 있도록 만들어져야 하며, 화장실도 장애인이 사용할 수 있는 충분한 공간이 있어야 한다. 미팅 룸에도 청각장애인을 위한 특수시설이 준비되어 있어야만 한다.

King Pacific Lodge

체크포인트(Check Point)

호텔 이용규칙 및 숙박약관(샘플)

■ 이용규칙

당 호텔에서는 손님의 안전과 쾌적한 체재를 위하여 숙박약관 제11조에 의거 아래와 같이 이용 규칙을 정합니다.

이 규칙을 준수하지 않을 경우, 동 약관 제12조에 의하여 숙박 또는 호텔 내 시설물의 이용을 거절하고 손님에게 그 책임에 대한 부담을 요구하는 경우가 있으니 특히 유의하여주시기 바랍니다.

– 아　　래 –

1. 객실 내에서는 난방용, 취사용, 다리미들의 전열기 사용을 금하며 또한 침대 위에서의 흡연을 금하고 있습니다.
2. 객실을 호텔의 허가 없이 전시회 등의 영업행위, 사무실로서의 이용, 집회 또는 파티 등 숙박 이외의 목적으로 사용하는 것을 금하고 있습니다.
3. 호텔의 허가 없이 객실의 상태를 변경하거나 비품 등의 이동을 금하고 있습니다.
4. 호텔 내에서 도박, 풍기문란 행위 또는 다른 손님에게 불쾌감을 주는 행동을 금하고 있습니다.
5. 호텔 내에서는 허가 없이 광고, 선전물의 배포, 물품의 판매 등을 금지하고 있습니다.
6. 호텔 내에서는 아래와 같은 물건의 반입을 금지하고 있습니다.
   ① 개, 고양이, 새 등의 애완용 동물
   ② 총포, 도검류, 발화 또는 인화성의 물질
   ③ 악취가 발생하는 물건
   ④ 외래 음식물
   ⑤ 기타 법령에 의해 휴대가 금지되는 물건
7. 보관품 또는 유실물의 보관기간은 특별한 지정이 없는 한 다음과 같습니다.
   ① 일반 단순 품목 : 1주일~3개월간 보관
   ② 유실물 중 귀중품 : 국내 유실물 처리법에 의거함
8. 계산은 출발하실 때 프런트 회계에 지불하여 주십시오. 또한, 체재 중이라도 호텔의 사정에 따라 지불이 요구될 경우에는 이에 응해 주시기 바랍니다.
9. 체재 중 현금 또는 귀중품은 회계에 있는 금고에 맡겨주시기 바랍니다. 단, 맡겨지지 않은 현금, 또는 귀중품의 분실, 도난 등에 대해서는 호텔이 책임을 지지 않으므로 양지하시기 바랍니다.

■ 숙박약관

제1조 본 약관의 적용

1. 당 호텔이 체결하는 숙박약관 및 여기에 관련하는 계약은 본 약관이 정하는 바에 의하는 것으로 하고, 본 약관이 규정하지 않은 사항에 관하여는 법령 또는 관습에 의하는 것으로 합니다.
2. 당 호텔은 신용카드 예약에 관련된 것은 이 규정에 따르되, 그 세부사항은 신용카드사와 호텔 가맹점 간의 약관에 따릅니다.
3. 당 호텔은 전항의 구애됨이 없이 약관의 취지, 법령 또는 관습에 반하지 않는 범위 내에서 규약에 응할 수 있습니다.

제2조 숙박 거절의 경우

당 호텔은 다음과 같은 경우에 숙박을 거절할 수 있습니다.
① 숙박요청이 이 약관에 의하지 않은 경우
② 만실로 인하여 객실의 여유가 없는 경우
③ 숙박하고자 하는 고객이 숙박에 관한 법령 또는 공공질서나 미풍양속에 위배되는 행위를 할 염려가 있다고 인정되는 경우
④ 숙박하고자 하는 고객이 전염병자라고 명백히 인정되는 경우
⑤ 숙박에 관하여 특별히 부담을 갖게 하는 경우
⑥ 애완용 동물 또는 위험 약물 등을 소지하고 있다고 인정되는 경우
⑦ 천재지변, 시설의 고장, 기타 불가피한 이유로 숙박에 응할 수 없는 경우
⑧ 대한민국 법령이 규정하는 바에 따라 숙박할 수 없다고 인정되는 경우

제3조 성명 등의 명시

당 호텔은 숙박일에 앞서 숙박신청(이하 숙박 예약신청이라 함)을 받았을 경우에는 기한을 정하여 숙박예약 신청자에 대하여 다음 사항 등의 명시를 요구할 수 있습니다.
① 숙박자의 성명, 성별, 국적, 직업, 주소, 여권번호, 주민등록번호
② 기타 당 호텔에서 필요하다고 인정되는 사항

제4조 예약금

1. 당 호텔이 숙박예약 신청을 받을 경우에는 예약금의 지불을 받은 경우에만 예약을 보증합니다. 단, 신용카드를 이용할 경우에는 예약금 지급 여부에 관계없이 예약을 보증합니다.
2. 전항의 예약금은 제5조에서 정한 내용에 해당할 때에는 위약금에서 충당하고 잔액이 있을 때에는 반환해 드립니다. 단, 예약금 없이 신용카드를 이용한 경우에는 신용카드회사에서 제5조에서 정한 내용에 해당하는 위약금을 청구합니다.
3. 당 호텔은 신용카드에 의한 예약 또는 예약 해제 시에는 접수번호, 접수일시, 접수자 성명, 위약금 내용을 예약자에게 알려드립니다.

제5조 예약 해제

1. 당 호텔은 숙박예약 신청자가 숙박예약의 전부 또는 일부를 해제하였을 경우, 다음에 열거하는 바에 의하여 위약금을 받습니다. 단, 단체 숙박의 경우(15인 이상의 경우) 숙박예약 인수의 10% 미만에 해당하는 인원의 예약해제를 숙박예정일로부터 10일 이전에 요청할 경우에는 차한에 부재합니다. 그리고 숙박예약이 숙박예정일로부터 10일 미만의 예약일 경우에는 숙박예약 당일의 해제요청분에 한합니다.

① 일반 숙박 예약자

- 숙박일 2일 전에 해약한 경우 : 위약금 없음
- 숙박일 1일 전에 해약한 경우 : 1일 숙박요금의 20%
- 숙박당일 18 : 00 이전에 해약한 경우 : 최초 1일 숙박요금의 50%
- 숙박당일 18 : 00 이후에 해약 또는 불숙한 경우 : 최초 1일 숙박요금의 80%, 이후 예약 자동 해제

② 단체 숙박예약자(15인 이상)

- 숙박일 5일 전에 해약한 경우 : 위약금 없음
- 숙박일 4일 전부터 2일 전 사이에 해약한 경우 : 숙박자 1인당 최초 1일 요금의 10%

  단, 예약자의 10% 미만 해약 시에는 미부과
- 숙박일 1일 전에 해약한 경우 : 1인당 최초 1일 숙박요금의 20%
- 숙박당일 18 : 00 이전에 해약한 경우 : 1인당 최초 1일 숙박요금의 30%
- 숙박당일 18 : 00 이후에 해약 또는 불숙한 경우 : 1인당 최초 1일 숙박요금의 30% 및 2일 숙박요금의 10%, 이후 예약 자동 해제

제6조 예약의 취소

1. 당 호텔은 따로 정하는 바를 제외하고는 다음의 경우에는 숙박예약을 취소할 수 있습니다.
   ① 제2조 제2항에서 8할까지 해당된다고 인정될 경우
   ② 제3조 사항의 명시를 요구하였으나 기한까지 그 사항이 명시되지 않은 경우
   ③ 제4조 1항의 예치금을 지불 청구하였으나 기한까지 지불하지 않은 경우
2. 당 호텔은 전항의 규정에 의하여 숙박예약을 취소할 경우에 선수되어진 예약금은 반환하여 드립니다.

제7조 숙박 등록

숙박자는 당일 당 호텔 접수계에서 다음 사항을 기록해 주십시오.

① 숙박자의 성명, 성별, 국적, 직업, 현주소, 생년월일 및 연령
② 외국인에 대해서는 여권번호, 입국연월일
③ 내국인에 대해서는 주민등록번호
④ 퇴숙일자 및 시각
⑤ 기타 호텔에서 필요하다고 인정되는 사항

제8조 퇴숙시간

1. 숙박자가 당 호텔의 객실을 비워주는 시간(CHECK-OUT TIME이라 함)은 정오로 합니다.
2. 당 호텔에서는 전항의 규정에도 불구하고 CHECK-OUT TIME을 초과하였을 시에는 다음에 열거하는 바와 같이 추가요금을 받습니다.
   ① 오후 5시까지 : 객실요금의 1/2
   ② 오후 5시를 경과할 시 : 객실요금의 전부

제9조 영업시간

당 호텔 영업장의 영업시간은 호텔 안내 책자에 있습니다.

제10조 요금의 지불

1. 요금의 지불은 현금 및 당 호텔에서 인정하는 여행자수표 또는 은행신용카드에 의해 숙박 손님의 퇴숙 시 또는 당 호텔에서 청구했을 시에 프런트 회계에 지불하여 주시기 바랍니다.
2. 숙박 손님이 객실을 사용하기 시작한 다음 임의로 숙박을 하지 않은 경우에 있어서도 숙박요금을 받습니다.

제11조 이용규칙의 준수

당 호텔 숙박자는 당 호텔에서 정한 이용규칙을 준수하여 주시기 바랍니다.

제12조 숙박계속의 거절

당 호텔은 고객의 숙박기간 중이라도 다음과 같은 경우에는 계속 숙박하는 것을 거절할 수 있습니다.

① 제2조 2항에서 8항까지 해당된다고 간주되는 경우
② 이용규칙에 위배되는 경우

제13조 숙박 책임

1. 당 호텔에서의 숙박에 관한 책임은 숙박자가 당 호텔 접수계에서 숙박등록을 하였을 시나 객실에 안내되었을 시 중 먼저 행위가 이루어졌을 시부터 시작되며 숙박자가 퇴숙하기 위하여 객실을 비웠을 시에 그 책임이 끝납니다.
2. 숙박자가 당 호텔 안에 제시한 이용규칙을 준수하지 않음으로써 야기된 사고에 관해서는 당 호텔이 책임지지 않습니다.
3. 당 호텔은 숙박예약 보증 후 숙박자에게 객실 제공을 못할 경우에는 동급 또는 타 숙박시설을 알선하고 최초 1일 숙박 요금의 200%를 보상한다.

제14조 객실 열쇠인수 및 반납

1. 숙박자는 등록 시 프런트 데스크에서 열쇠를 인수하여 퇴숙 시는 요금지불과 함께 프런트 회계에 열쇠를 반납하여야 합니다. 고객의 부주의로 인한 분실 시 변상하여야

합니다.

2. 숙박자는 유숙 중 열쇠를 분실하였을 경우에는 지체없이 프런트 데스크에 분실신고를 하여야 합니다.
3. 숙박자가 열쇠를 소지하고 퇴숙하였을 경우에는 지체 없이 우편 또는 기타 방법으로 호텔로 반송하여야 합니다.

A Business Hotel

앞을 볼 줄 알아야 한다. 미래를 볼 줄 아는 눈을 가질 때 보다 더 크게 성장할 수 있고 성공할 수 있다. 바로 눈앞의 작은 이익에만 급급하다 보면 결코 큰 것을 잡을 기회를 얻을 수 없다. 멀리 보고 크게 움직여야 큰 것을 성취할 수 있다.

– 엘빈 펠트너 –

Chapter 7

경험 2 : 식음료서비스 상품, 환경, 전달 시스템

Lesson 1. 호텔식음료부서의 이해(A Profit Center)

Lesson 2. 호텔식당 서비스(Hotel Food Service)

Lesson 3. 호텔음료 서비스(Hotel Beverage Service)

이 장은 호텔에서 주요한 거래 내용이 되는 첫 번째 경험 객실에 이어 식음료 서비스 상품, 환경, 전달 시스템에 관한 내용이다. 식음료 부서와, 식당과 음료서비스 내용들을 가급적 간단 명료하게 처리하기 위해 사진과 표, 그리고 파워포인트 형식의 그림을 많이 사용하였다. 이 장에서 개론으로써 필요한 핵심정보를 익히도록 한다.

소고기골발분할 시연

열중하는 것만큼 전염되기 쉬운 것은 없다. 열중은 바위를 움직이고 들짐승마저 황홀하게 한다.

– 에드워드 블루워 리튼 –

Lesson 1

제11~12주

호텔식음료부서의 이해

A Profit Center

I 식음료의 개념 및 중요성

1 식음료

음식(Food)과 음료(Beverage)의 합성어로서 고객에게 식욕을 충족시켜 주는 호텔의 상품으로 식음료 영업장은 크게 식당(Restaurant) 부분, 연회(Banquet) 부분, 주장(Bar) 부분으로 나누어진다.

2 중요성

과거 호텔의 식음료업장은 객실 투숙고객을 위한 부대시설로 간주하였으나 오늘날에는 핵가족화, 외식문화의 발달, 호텔의 대중화 추세에 따라 숙박을 하지 않고 식음료 업장만 따로 찾는 경우가 많아지면서 투숙객들을 위한 식음료 서비스뿐만 아니라 비투숙객들을 위한 식음료업장이 필요하게 되었다.

[표 7-1~2]는 상위 10위권에 있는 패스트푸드 레스토랑의 규모를 보여주고 있다.

[표 7-1] Top Ten Quick Service Restaurant Chains

Chain	Number of Units	Countries	Sales(Billions of Dollars)
McDonald's	30,000	121	39.65
Burger King	14,450	58	11.2
KFC	11,815	102	9.7
Pizza Hut	10,200	86	7.6
Wendy's	6,175	25	8.3
Subway	17,308	74	5.17
Taco Bell	6,444	52	5
Domino's	7,046	53	3.78
Dairy Queen	5,837	56	2.79
Arby's	3,000	N/A	2.62

Source : Corporation Websites, October 30, 2002.

[표 7-2] Chicken Chains Ranked by Growth in Number of Units

Rank	Chain	Units	Sales
1	KFC	11,815	$9.7b
2	Popeye's	1,650	1.3b
3	Chick-fil-A	1,000	1b
4	Churches	1,500	820m
5	Boston Market	650	666m

Source : Corporation Websites, October 30, 2002.

Ⅱ 식음료 업장

1 레스토랑(식당)의 정의

레스토랑(식당)이란 첫째, 영리를 목적으로 하는 기업이어야 한다. 둘째, 인적 서비스와 물적 서비스가 수반되어야 한다. 셋째, 일정한 장소의 시설이 있어야 한다. 따라서 식당의 현대적인 의미는 "영리를 목적으로 일정한 장소에서 일정한 시설을 갖추고 식음료와 서비스를 제공하는 사업체"라고 할 수 있다.

2 레스토랑(식당)의 종류

1. 명칭에 의한 분류

1) 레스토랑/Restaurant

일반적으로 식당의 의미로 쓰이고 있으며, 고급시설과 테이블 및 좌석을 갖추고 고객의 주문에 의하여 웨이터나 웨이트리스가 식음료를 제공하는 고급식당을 말한다.

Coffee shop

2) 다이닝룸/Dining Room

주로 정식요리를 제공하는 식당으로 호텔의 운영방침에 따라 영업시간을 정하여 놓고 아침식사를 제외한 점심과 저녁으로 나누어 정해진 시간에 식사를 제공하는 식당을 말한다.

Dinning room

3) 그릴/Grill

주로 일품요리를 제공하는 식당으로 아침, 점심, 저녁식사를 계속해서 제공하며 수입증진과 고객의 편의를 위하여 그날의 특별요리를 제공하기도 한다.

4) 커피숍/Coffeeshop

고객의 왕래가 많은 곳에 위치하며 객실고객의 아침식사를 제공하고 아침부터 저녁까지 계속적으로 주로 가벼운 식사와 음료를 제공하는 호텔의 필수적인 부대시설이다.

5) 카페테리아/Cafeteria

음식을 제공하는 카운터에서 요금을 지불하고 고객이 직접 음식을 선택하여 가져다 먹는 셀프서비스 형태의 식당을 말한다. 따라서 서비스를 담당하는 웨이터나 웨이트리스가 없다.

6) 런치 카운터/Lunch Counter

카운터를 식탁으로 대신 준비하여 놓고 고객은 카운터에 앉아서 조리사에게 직접 주문하고 만든 음식을 조리사가 직접 제공하는 식당으로 고객은 직접 조리과정을 볼 수 있어 기다리는 시간의 지루함을 덜어줄 수 있다.

Lunch counter

7) 리프레시먼트 스탠드/Refreshment Stand

바쁜 고객들을 위하여 주로 가벼운 음식을 미리 준비하여 진열해 놓고 고객의 요구대로 즉석에서 판매하는 간이식당을 말한다.

8) 스낵바/Snack Bar

가벼운 음식이 제공되며 셀프서비스 형식의 간이식당을 말한다.

9) 뷔페식당/Buffet Restaurant

일정한 요금을 지불하고 음식물이 진열된 테이블에서 취향에 맞는 음식을 맘껏 선택해 먹을 수 있는 셀프서비스 형식의 식당을 말한다.

2. 서비스 형식에 의한 분류

1) 카운터서비스 식당/Counter Service Restaurant

식당의 주방을 개방하고 주방 앞에 카운터를 설치하여 테이블로 사용하도록 해놓고 웨이터나 웨이트리스가 없이 고객이 직접 조리사에게 주문하고 고객이 보는 앞에서 조리한 음식을 조리사가 직접 고객에게 제공하는 형태의 식당을 말한다. 음식은 보다 위생적이고 고객은 조리과정을 직접 볼 수 있으므로 기다리는 동안 지루함을 덜 느끼며 봉사료에 대한 부담도 적다.

2) 테이블서비스 식당/Tableservice Restaurant

식당에 테이블과 의자를 설치하여 놓고 웨이터나 웨이트리스가 고객으로부터 직접 주문을 받아 주문한 식음료를 제공하는 형태의 식당을 말한다. 대체적으로 가격이 비싸고 봉사료에 대한 부담이 크다.

3) 셀프서비스 식당/Selfservice Restaurant

고객이 직접 음식을 선택하고 자신이 직접 가져다 먹는 형태의 식당을 말한다. 뷔페식당이나 카페테리아 등이 셀프서비스 형태의 식당이다.

3. 판매상품에 의한 분류

식당에서 판매하는 상품에 따라 식당을 분류하면 한식당, 일식당, 중식당, 양식당, 캘리포니아식당, 콘티넨털식당, 이태리식당, 불란서식당, 스페인식당, 스위스식당 등이 있다.

Terrace and roomservice

4. 경영형태에 따른 분류

일반적으로 레스토랑 경영형태는 소유주가 단독으로 소유와 경영을 해 나가는 개별경영과 여러 개의 업체가 체인처럼 엮어 운영형태를 취하는 체인경영이 있다. 체인경영형태는 다시 체인본사가 소유직영하는 레귤러 체인과 체인본사가 업체소유주에게 체인본사의 브랜드와 경영기법을 제공하는 프랜차이즈 경영, 그리고 체인본사가 업체를 소유하지는 않지만 운영 및 경영만은 계약에 의해 책임을 지고 일정 수수료를 받는 경영계약(Management Contract)이 있다.

호텔에서도 직접 체인본사를 만들어 운영하는 경우도 있다. 대부분 이러한 식당들을 호텔에 임대계약식으로 유치하는 경우가 많다.

[그림 7-1] 체인경영분류

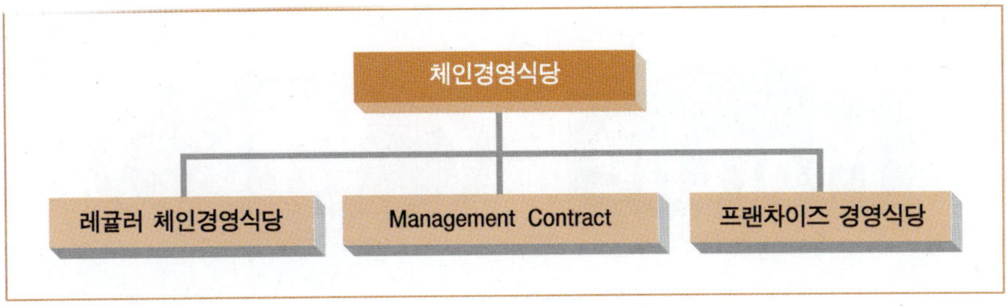

■ 체인경영식당

1) Management Contract

- 회사의 주인은 토지와 건물 시스템을 구축하고 전문경영인과 계약을 체결하여 소유와 경영이 완전 분리 · 운영되는 식당이다.
- 소유자는 고용된 전문 경영회사에게 경영수수료를 제공한다.

2) 프랜차이즈 경영식당

- 프랜차이즈는 가맹권 및 상품의 판매권을 의미하는데, 개별 경영자가 독립적으로 식당을 소유하면서 프랜차이징 회사와 체결한 계약에 의하여 본사로부터 경영기술을 제공받는 대가로 회비를 지불하고 식당운영 전반에 대한 경영기술을 제공받으면서 운영되는 식당을 말한다.
즉, 회원은 본사로부터 상표, 시설, 설비, 장식, 건물구조, 장비, 비품, 메뉴, 서비스, 교육제도, 회계제도 등에 대한 경영기술을 제공받으므로 서로 동일성을 갖고 운영된다.
따라서 레귤러 체인 레스토랑과는 재무구조 면에서만 상이할 뿐이다.

장 점

- 광고선전비를 절감할 수 있다.
- 공동대량구매를 하므로 원가를 절감할 수 있다.
- 이미지를 향상시킬 수 있다.
- 판매활동이 용이하다.

단점

- 경영기술에 대해 독창성을 발휘할 수 없다.
- 로열티에 대한 부담이 크다.
- 계약조건이 불리하다.

[그림 7-2] 프렌차이즈 경영외식업체 로고(Sample)

3 식사의 종류

1. 식사의 제공시간에 의한 분류

1) 조식(Breakfast)

- 아침시간에 제공되는 식사를 말하는데 서양식 조식은 다음과 같이 분류할 수 있다.
- 미국식 조식 : ① 주스류 ② 곡물요리 ③ 달걀요리 ④ 빵 ⑤ 음료

American Breakfast

- 유럽식 조식 : 대륙식 조식이라고도 하는 유럽에서 성행하고 있는 아침식사 형태로 달걀요리가 제공되지 않고 주스, 빵, 커피 정도로 간단히 먹는 아침식사를 말한다.
- 비엔나식 조식 : 달걀요리와 빵 그리고 커피 정도로 간단히 먹는 비엔나식 조식을 말한다.
- 영국식 조식 : 미국식 조식에 생선요리가 포함되는 아침식사를 말한다.

2) 브런치(Brunch)

- 아침과 점심을 겸하는 식사로서 브런치는 브렉퍼스트와 런치의 합성어이며, 주로 점심시간(정오 12시) 전까지 제공하는 아침과 점심을 겸해서 먹는 가벼운 식사를 말한다.

Brunch Ad.

3) 런치와 런천(Lunch & Luncheon)

• 런치와 런천은 점심을 뜻하는데, 영국사회에서는 아침과 저녁 사이에 먹는 식사를 런천이라고 한다.

4) 애프터눈 티(Afternoon Tea)

• 영국의 전통적인 식사습관으로서 밀크티나 멜바토스트를 함께하여 점심과 저녁 사이에 먹는 간식을 말한다.

Afternoon tea

5) 디너(Dinner)

• 저녁식사를 뜻하는데 저녁식사는 세계적인 식생활 습관에 따라 충분한 시간을 가지고 내용적으로 충분한 식사를 즐긴다. 일반적으로 4~6코스의 요리가 제공된다.

6) 서퍼(Supper)

• 저녁 늦게 가볍게 먹는 밤참을 말한다.

2. 식사의 내용에 의한 분류

1) 정식요리

• 요리의 종류와 순서가 미리 짜여 있는 정식요리를 말하는데, 이 메뉴는 대체적으로 가격이 저렴하고 주문이 간편하지만 요리에 대한 선택의 폭이 좁은 단점이 있으며, 전채요리, 수프, 생선요리, 주요리, 샐러드, 치즈, 디저트, 커피 또는 홍차 등의 순으로 제공된다.

A set Menu

2) 일품요리

- 요리의 코스별로 고객의 취향에 따라 선택해 먹을 수 있는 일품요리를 말하는데, 이 메뉴는 대체적으로 가격이 비싸지만 요리에 대한 선택의 폭이 넓다는 장점이 있다.

Cafeteria

3) 뷔페요리

- 일정한 요금을 지불하고 각종 요리가 진열된 테이블에서 자신의 취향에 맞는 요리를 맘껏 선택하여 먹을 수 있는 요리를 말하는데, 뷔페의 종류는 콜드뷔페, 콜드앤핫뷔페, 샐러드뷔페, 디저트뷔페, 브렉퍼스트뷔페 등이 있다.

Buffet Service

4 식당의 경영조직

1. 구성원의 직무

1) 식음료부장/F&B Director

• 식음료부문의 최고책임자로서 식음료 서비스부서와 조리부서를 총괄한다. 즉 영업계획 및 정책수립, 각 영업장의 운영 및 관리, 판매촉진, 소속원의 인사관리, 교육훈련, 직원채용 등 전반적인 부서의 운영관리를 책임진다.

2) 식음료과장/F&B Manager

• 식음료 서비스부서를 총괄하고 식음료부장을 보좌한다. 즉, 부서의 운영 상태 및 문제점을 파악하고 이를 개선하며, 서비스직원의 근태 및 인사관리, 서비스교육, 비품관리, 위생관리, 메뉴관리 등을 책임진다.

3) 영업장 지배인/F&B Section Manager

• 해당 영업장의 영업 및 운영을 책임진다. 즉 영업준비 및 서비스 관리감독, 직원들의 교육훈련, 근무서 계획표 작성 및 근태관리, 고객불평처리, 영업장 문제점 파악 및 개선, 영업장 문제점 파악 및 개선, VIP 고객의 서비스, 고객의 영접 및 안내, 고객관리, 비품 및 소모품관리, 매출관리 등을 책임진다.

4) 캡틴/Captain

• 부하직원들의 교육훈련, 영업준비사항 점검 및 확인, 담당구역의 서비스 지휘 및 감독, VIP 고객의 서비스, 비품 및 소모품 관리, 영업장의 문제점을 파악하여 지배인에게 보고, 직원들의 근태상태 및 위생상태 점검 등의 업무를 담당한다.

5) 그레추레스

• 고객의 영접 및 환송, 좌석배정 및 고객의 안내, 예약의 접수 및 관리 등의 업무를 담당한다.

6) 소믈리에/Sommelier

- 와인의 추천 및 주문, 와인의 준비 및 서비스, 와인의 수령 및 재고파악, 와인셀러 관리 등의 업무를 담당한다.

7) 바텐더/Bartender

- 음료의 주문 및 서비스, 주문받은 음료 및 칵테일의 준비, 바의 영업 준비, 음료의 수령 및 관리, 바의 기물 및 소모품 관리, 음료의 재고파악 등의 업무를 담당한다.

8) 웨이터와 웨이트리스/Waiter & Waitress

- 영업 준비 및 마감, 식음료의 주문 및 서비스, 기물 및 소모품의 수령 및 준비, 재고파악 등의 업무를 담당한다.

9) 오더테이커/Ordertaker

- 룸서비스에 근무하면서 전화로 객실고객의 식음료 주문을 받는 업무를 담당한다.

10) 수납원/Cashier

- 영업장에 근무하면서 계산서 작성, 영수증 발행, 계산 및 수납업무 등을 담당한다.

Lesson 2

제11~12주

호텔식당 서비스

Hotel Food Service

Ⅰ 호텔식당 서비스 경영

1 식당 서비스의 개념

고객에 대한 식음료 판매행위를 위해 그에 따른 물적 · 인적 서비스를 제공하는 행위로서, 단순한 고객 접대가 아니라 식당을 찾는 각계 각층의 고객욕구를 충족시켜 주는 최상의 상품(식음료)을 더욱 확실히 빛내주기 위해 필요한 절차이다. 고객 서비스를 위해 봉사성(service), 청결성(cleaness), 경제성(economy), 정직성(honesty), 환대성(hospitality) 등의 기본자세를 바탕으로 임무를 수행해야 한다.

2 식당 서비스의 역사

1. 테이블 서빙의 역사

기본적인 serving 기술은 wait staff가 이집트의 파라오를 시중든 이후로 변하지 않았고, 이런 기술은 다양한 국제적 문화에 food service로 흡수되었다.

1) 프렌치 서비스의 역사

1533년 이탈리아의 캐서린이 헨리 2세와 결혼하면서 시작된 table service의 전통이 귀족들에게 선보여졌고, 이 같은 서비스를 통해 프랑스는 table service를 식사의 즐거움으로까지 발전시키는 자부심을 갖게 되었다.

2) 아메리칸 서비스의 역사

- 프랑스가 미국의 table service의 발전에 영향을 미쳤으며, 프랑스혁명 이후 미국에 유입된 프랑스 귀족들이 큰 요인이 되었다.
- French service의 영향은 미국의 호텔과 집에서 행해지던 서비스형태를 개선시켰다.

3 식당 서비스의 분류

1. 운영형태에 의한 분류

1) 테이블 서비스(Table Service)

- 가장 전형적이고, 오래전부터 행해졌던 서비스의 형태로 웨이터나 웨이트리스로부터 서비스를 제공받는 것이다.

2) 셀프서비스(Self Service)

- 카페테리아와 뷔페 서비스가 해당된다.

3) 카운터 서비스(Counter Service)

- 커피숍, 드럭 스토어, 디파트먼트 스토어, 슈퍼마켓 등에서 제공된다.
- 팁의 부담 없이 저렴한 가격으로 속히 요리가 제공될 수 있는 서비스이다.

2. 서비스 형식에 의한 분류

1) 플레이트 서비스

- 음식이 주방에서 요리사에 의해 담겨 나오는 것을 말한다.
- 웨이터나 웨이트리스가 음식을 손님에게 serve한다.

장점	단점
• 빠른 service(손님수가 적을 경우) • 음식이 빨리 식지 않는다. • 그다지 커다란 스킬이 필요없다.	• 서브할 손님수가 많을 경우, 많은 인원을 필요로 한다.

2) 뚜껑을 덮은 플레이트 서비스

- 음식이 주방에서 요리사에 의해 담겨 나온다.
- 웨이터나 웨이트리스가 platter(은쟁반)에 얹어 뚜껑을 덮어 게리동으로 가져온다.
- 게리동에서 뚜껑이 덮인 접시를 손님에게 서브하고 뚜껑을 연다.

장점	단점
• 음식을 뜨겁게 할 수 있다. • 아주 고급 레스토랑에서 사용된다.	• 기물을 사기 위한 투자가 많다. • 손님이 많은 식탁에는 어울리지 않는다.

3) 프렌치 스타일

• 쟁반(platter)에 담긴 음식을 손님의 왼쪽에서 웨이터나 웨이트리스가 들고 있으면 손님이 직접 덜어 자기 접시에 담는 형태이다.

장점	단점
• 종업원이 많이 필요치 않다. • 숙련도가 그다지 요구되지 않는다.	• 레스토랑에서 거의 사용되지 않는다. • 부르주아 집이나 방켓에서 사용된다. • 마지막에 서브되는 사람을 위해 platter를 다시 손보아야 한다.

4) 영국식

• 프렌치 스타일과 동일하나 손님이 직접 서브하는 대신 웨이터나 웨이트리스가 서브하는 차이가 있다.

장점	단점
• 빠른 서비스 • 연회에서 잘 이용된다.	• 경험이 있는 종업원을 요한다.

5) 게리동 또는 러시안식

- 손님 식탁 앞에 준비된 게리동에서 음식을 접시에 담는다.
- 카빙(carving)이나 플람베(plambee) 등을 하는 고급 레스토랑에서 이용되는 서비스 형태이다.

장점	단점
• 어떠한 음식에든 적용된다. • 음식을 접시에 담는 데 두 손을 모두 사용함으로써 예쁘게 음식을 담을 수 있다. • 카빙이나 플람베 등과 같이 전시효과를 거둘 수 있다.	• 시간이 많이 걸린다. • 종사원의 숙련도가 높다. • 비품 구입에 투자비용이 많이 든다.

체크포인트(Check Point)

■ **테이블 서비스에서의 표준적 방식**

- 전채요리와 샐러드는 고객의 왼쪽에서 오른손으로 서브한다.
- 음료는 고객의 오른쪽에서 오른손으로 서브한다.
- 한 테이블에서는 여성고객, 어른에서 아이, 아이들 그리고 남자고객 순으로 서브한다.
- 접시가 테이블에 놓여 있을 때, 고객의 눈길을 끌 수 있을 위치에서 세팅을 한다.
- 음식은 고객의 오른쪽 위치에서 오른손으로 분명히 서브한다.
- 고객이 접시 위에 나이프와 포크를 오른쪽에 나란히 두었을 경우, 식사를 마쳤다는 의미이다.

4 식당 서비스의 편성과 서비스맨의 요건

1. 식당 서비스의 편성

1) 셰프 드 랭 시스템(Chef de Rang System)

- 최고급 서비스를 제공하는 고급식당에 적합한 편성이다. 이 서비스 시스템은 프렌치 서비스 브리개이드라고도 하는데, 고급고객을 대상으로 고급서비스를 제공하는 레스토랑에 적합한 서비스 시스템이다. 즉, 식당의 총책임자인 지배인이 있고, 그 밑에 각 조의 서비스를 책임지는 캡틴이 있으며, 각 조의 캡틴은 2~3명의 웨이터와 함께 담당구역의 서비스를 조직적으로 수행하는 서비스 시스템이다. 따라서 이 시스템은 수준 높은 서비스를 제공할 수 있고 근무조건이 좋은 반면에 인건비의 지출이 과대하다.

2) 헤드 웨이터 시스템(Head Waiter System)

- 적은 인원으로 셰프 드 랭 시스템과 같은 효과를 얻고자 하는 구성이다. 일반식당에서 가장 많이 활용하는 서비스 시스템으로서 헤드웨이터 밑에 식사서비스를 담당하는 밀(Meal) 웨이터와 음료(Beverage) 서비스를 담당하는 드링크 웨이터를 두어 담당테이블의 서비스를 수행하는데, 셰프 드 랭 시스템을 축소시킨 시스템이다.

  ① 헤드 웨이터(head waiter)
  ② 밀 웨이터(meals waiter)
  ③ 드링크 웨이터(drinks waiter)

3) 원 웨이 시스템(One Way System)

- 계절적으로 영업을 하는 계절식당에서 많이 사용하는 시스템이다. 식당의 책임자인 헤드 웨이터 밑에 웨이터를 두어 몇 개의 지정된 테이블을 한 명의 웨이터가 몇 개의 테이블을 맡아 주문을 받고 식사와 음료를 제공할 뿐만 아니라 테이블을 치우는 일까지 하는 것이다. 따라서 인건비를 절감할 수 있는 장점이 있지만 서비스의 공백이 발생하므로 서비스의 질이 떨어지는 단점이 있다.

2. 서비스맨의 요건

① 청결성 : 공공, 개인위생에 만전을 기한다.
② 환대정신 : 고객이 만족하는 모습을 보고 스스로 기뻐하며 만족을 느끼는 정신이다.
③ 경제성 : 비품과 소모품 및 기물관리의 철저를 기하고 원가절감에 주의를 기울인다.
④ 효율성 : 능동적으로 업무를 처리한다.
⑤ 정직성과 신뢰성 : 경영자와 종업원 간에 원만한 관계를 형성한다.

3. 서비스맨의 일반수칙

① 플레이트에 담긴 요리는 고객의 오른쪽에서 오른손으로 서브
② 모든 음료도 고객의 오른쪽에서 오른손으로 서브
③ 플래터에 담긴 음식은 고객의 왼쪽에서 오른손으로 서브
④ 고객이 도착 전, 모든 집기류와 테이블 세팅을 준비
⑤ 고객이 손을 사용해야 하는 요리일 경우 핑거볼을 제공
⑥ 주스나 수프 볼 등을 서브 시 언더라이너를 사용
⑦ 집기류는 트레이나 큰 접시에 냅킨을 깔고 운반
⑧ 요리 운반 시, 무게중심을 잡고 걸음
⑨ 여자 우선, 연장자 우선, 주빈 우선으로 서비스
⑩ 서비스 플레이트는 주요리의 서브 직전에 치움
⑪ 디저트 서브 전, 글라스류를 제외한 기물을 치움
⑫ 고객의 요청이 있을 경우 계산서를 갖다드림. 그렇지 않으면 주최자에게 알려줌
⑬ 서비스 정신은 고객의 전송 때까지 일관성을 유지

접시 쥐는 법

■ 한 손으로 두 개의 접시를 쥐는 방법 1

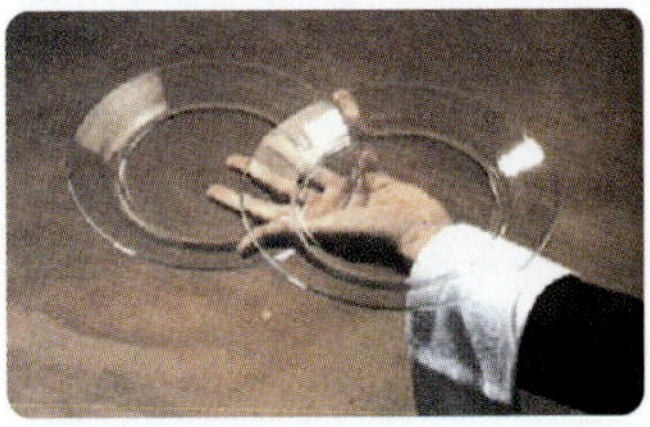

■ 한 손으로 두 개의 접시를 쥐는 방법 2

■ 한 손으로 세 개의 접시를 쥐는 방법

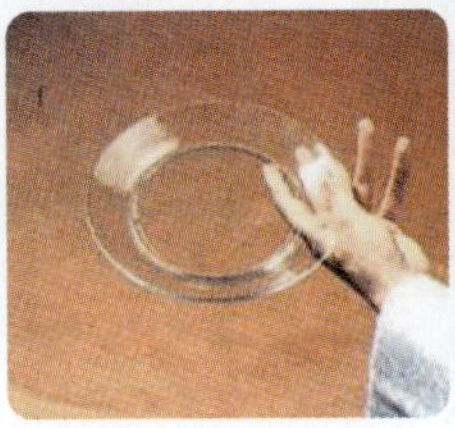
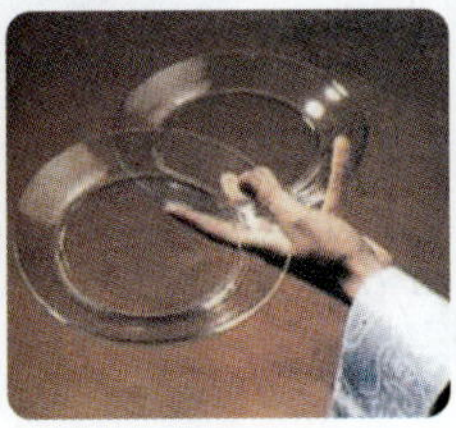

5 식탁차림/Table Setting

1. 테이블 세팅의 종류와 요령

1) 기본차림

고객이 요리를 주문하는 데 최소한의 기준을 두고 기본적으로 갖추어야 할 기물의 차림이다.

2) 정식 식탁차림

메뉴의 작성에 따라 애피타이저 요리의 서비스 순서가 달라진다.

3) 특별식 식탁차림

애피타이저를 제공할 경우에 많이 쓰인다.

2. 정식의 코스별 식탁차림과 서비스

1) 제1코스 : 전채(Appetizer)

새우 · 생굴 등의 음식이며, 와인과 함께 서브한다.

2) 제2코스 : 수프(Soup)

수프 볼에 직접 담겨 제공되거나, 웨이터가 수프 국자를 사용해 고객에게 일일이 서브하기도 한다.

3) 제3코스 : 샐러드(Salad)

셰프 샐러드는 식사대용으로 제공되는 샐러드이며, 그린 샐러드는 웨이터가 미리 샐러드드레싱을 얹어 제공하는 경우와 드레싱을 따로 담아내는 경우가 있다.

4) 제4코스 : 생선(Fish)

화이트 와인을 서브한 후 생선을 서브한다. 생선은 다음에 제공되는 육류의 소화촉진을 돕는다.

5) 제5코스 : 앙트레(Entree : 주요리)

- 식사에서 가장 중요하며, 서비스의 절정을 이루는 코스이다.

6) 제6코스 : 과일과 치즈(Fruits or Cheese)

7) 제7코스 : 디저트(Dessert : 후식)

8) 제8코스 : 커피나 홍차(Coffee or Tea)

[표 7-3] 식사코스별 추천음료

식사코스	추천음료
식전음료	드라이 셰리, 베르무트, 드라이 화이트 와인
찬 전채	화이트 와인
더운 전채	레드 와인
수프	셰리, 드라이 아몬띨라도
생선이나 가벼운 주요리	진한 화이트 와인, 모젤, 샤블리, 화이트 버건디
갑각류	연한 드라이 화이트 와인, 소턴, 샤블리, 화이트 키안티
무거운 주요리	보르도, 포트 와인
디저트	브랜디, 코냑, 샴페인, 토케이나 말라가
커피	리큐르, 브랜디, 코냑

3. 테이블 세팅의 준비

[표 7-4]는 테이블 세팅 시 각 물의 종류와 위치 그리고 그 이유 등을 정리한 표이다. 표에서 정리되었듯이 각각의 기능과 기물 및 위치 등은 각각의 기능과 효과를 위해 사용되어야 하는 것이다.

[표 7-4] 테이블 세팅법

기 물	위 치	이유 및 내용
서비스 플레이트	· 각 커버의 중앙에 놓음 · 테이블 테두리로부터 1cm 정도 떨어지게	· 균형 있는 외관을 위해서 · 고객이 착석할 때 옷깃이 닿지 않도록
디너 나이프 디너 포크 추가적인 기물	· 칼날이 안쪽을 향하게, 서비스 플레이트 오른쪽에 놓음 · 서비스 플레이트 왼쪽에 놓음 · 식사코스의 역순으로 놓아 나감	· 고객이 오른손으로 사용할 수 있도록 · 오른손으로 자른 음식을 왼손으로 먹기 위해서 · 외곽으로부터 사용해 들어올 수 있도록
빵 접시 버터 나이프	· 왼쪽, 테이블 테두리로부터 3cm 왼쪽에 · 빵 접시 위에 오른쪽 4분의 1 정도 부분에 놓음	· 왼손으로 빵을 먹을 수 있게 하기 위해서 · 왼손에 빵을 쥐고 오른쪽으로 버터를 바를 수 있도록
디저트 스푼 디저트 포크	· 모두 서비스 플레이트 상단에 위치하도록 · 디저트 스푼의 손잡이는 오른쪽을 향하게 · 디저트 포크의 손잡이는 왼쪽을 향하게 · 스푼은 포크의 왼쪽에	· 오른손으로 용이하게 손잡이를 잡을 수 있도록 · 왼손으로 용이하게 손잡이를 잡을 수 있도록 · 왼쪽보다는 오른편이 먼저라는 통념에 따라
냅킨	· 중앙부, 오른쪽, 왼쪽 혹은 글라스에 꽂아서	· 냅킨의 형태와 메뉴에 따라 변함
물잔	· 디너 나이프의 칼끝 부분 위에 놓음	· 음료를 마실 때 오른손을 사용 · 글라스 컵 세팅의 기준을 잡음
소금과 후추 병	· 재떨이의 2cm 뒤쪽에 둘을 함께 놓음	· 사방에서 쓸 수 있도록 또한 모양이 단정하도록
재떨이	· 중앙부에 놓음	· 사방에서 접근하기 쉽도록
꽃병(점심) 촛대(저녁)	· 중앙부에 놓음	· 장식을 위해

4. 리넨과 웨어류(Linen & Wares)

리넨

- 리넨의 종류는 식당의 등급, 고객의 유형, 메뉴의 스타일, 가격에 따라 다르다.

① table cloths
② slip cloths : 더러운 테이블보를 덮을 때 사용
③ serviettes
④ buffet cloths
⑤ trolley cloths and sideboard cloths : 못 쓰는 테이블보로 만들어 사용한다.
⑥ waiter's cloths and sideboard cloths

웨어류

① 글라스웨어(glass ware) : 유리제품의 대부분은 바 글라스에 해당하며, 글라스는 디자인과 모양, 용량에 따라 다르고 또한 제조사에 의해서도 달라진다.
② 차이나웨어(china ware)
③ 실버웨어(silver ware) : 은기는 녹슬 염려가 있으므로 뜨거운 물에 깨끗이 닦은 후 반드시 마른 디시 타월로 닦아 건조하게 보관해야 한다.
④ 할로웨어(hollow ware) : 가볍고 파손우려가 적으며, 볼이나 팬 등이 자주 사용된다.

5. 기타 준비사항

① 보조물품
② 양념
③ 꽃꽂이
④ 조명

6 룸서비스/Room Service

1. 룸서비스 업무

- 고객이 객실에서 식음료를 주문하면 주문한 음식을 신속 · 정확하게 객실까지 배달/제공하는 서비스를 말한다.

룸서비스의 유의점

① 정확하고 신속하게 서비스한다.
② 타 부서와의 상호 협조로 원만한 서비스가 이뤄져야 한다.
③ 서브 시에는 주문내용을 재확인하고 룸서비스 카트 또는 트레이를 점검한다.

2. 룸서비스의 준비

룸서비스의 일반수칙

① 트레이(Tray)를 운반할 때는 왼손 손바닥을 펴서 받쳐 들어야 한다.
② 세트하기 전에 트레이 클로스(Tray cloth)를 깐다.
③ 무거운 품목은 트레이의 중앙부에 놓는다.
④ 고객이 두 사람 이상일 때는 트롤리를 사용하도록 한다.
⑤ 뜨거운 요리는 접시에 뚜껑을 씌워 운반한다.
⑥ 트레이를 테이블 위에 놓을 때는 주요리가 의자를 향하도록 놓는다.
⑦ 트레이와 트롤리는 웨이터와 버스 보이(Bus boy)에 의해 수거된다.

주문받는 요령

① 명랑한 목소리로 고객에게 인사한다.
② 고객의 말을 주의 깊게 경청한다.
③ 확실한 객실번호와 정확한 주문을 받는다.
④ 주문전표는 3장으로 복사된 것이어야 한다. 원본은 웨이터에게 주어지며, 주방에 주문할 때 사용된다.

7 연회 서비스/Banquet Service

1. 연회 서비스의 의의 및 특색

- 현금 예치로 유동자본을 확보할 수 있다.
- 자금 통제가 용이하다.
- 인건비 통제가 가능하다.
- 재고비용이 낮아진다.
- 정확한 판매와 이윤을 예측할 수 있다.

2. 연회의 종류

식음료 연회

① 정찬파티 : 풀코스를 제공
② 칵테일파티 : 알코올음료와 애피타이저가 제공되는 입석연회
③ 티파티 : 3～5시 사이에 간단히 열리는 파티
④ 뷔페파티
⑤ 출장파티

Convention Meeting

임대 연회

① 전시회
② 패션쇼
③ 각종 회의 : 국제회의, 세미나, 강연회

Bcmguet Service

3. 연회절차 및 준비

연회 서비스는 고객이 미리 선택한 메뉴로 예약된 수의 고객들에게 서비스하는 것이다.

① 문의 : 전화
② 견적 : 날짜, 예상인원, 서비스 형태, 1인당 비용 등 고객과 담당자의 합의
③ 확장서 : 고객 담당자의 사인, 계약금 예치
④ 계약 : 주로 한 달 전에 이뤄진다. 세부사항 협정
⑤ 평면도
⑥ 서비스 진행순서 결정
⑦ 세부사항 결정(고객+지배인)
⑧ 필요물품 구입
⑨ 작업계획 수립
⑩ 행사 진행
⑪ 최종 계산서 작성 및 청구
⑫ 후속절차 수행
⑬ 행사 후 앞으로 보충해야 할 사항 점검

4. 연회예약과 기록

연회예약

연회와 관련해 필요한 항목들이 책임 있는 지배인이나 부지배인 중 한 명에 의해 확인되어야 한다. 이것은 실제로 고객과 직원 사이를 연결하는 모든 내용을 포함하는 중요 문서이다([표 7-5 참조]).

연회기록

행사에 참가한 단체의 이름, 주최자의 이름, 전화번호를 카드에 적어 놓고 실적부문에는 일자, 형태, 사용장소, 지불가격 등의 연회기록을 적어 놓는다.

[표 7-5] 연회행사예약현황 양식

擔當	宴會支配人	部長

今日宴會行事豫約現況

MONDAY. 18TH MAR. 1985

Daily Event Order

區分 Type	時間 Time	場所 Room	行事名 Name of Function	人員 Attendance	豫想賣出額 Expect of Revenue	其他 Remark
EXH	ALLDAY	RUBY/PEARL	韓國自生蘭	.	₩250,000	
.	09:00-18:00	SAPPHIRE	A.M.C.	20	₩100,000	
MT 0	9:00-17:00	MAYFAIR	POHAN IRON & STEEL	5	₩ 70,000	
CKT/LN	12:00	ATHENEE	SLOOC	15	₩300,000	
LN	12:30	PEACOCK	EAST NORTH ROTARY CLUB	20	₩100,000	
LN	12:30	ASTOR	NAKSAN ROTARY CLUB	17	₩100,000	
BU/DN	17:00-19:00	C.B.R.	SEOUL YEONGDEUNGPO LIONS CLUB	200	₩2,000,000	
CKT/DN	19:00	ATHENEE	MINISTRY OF CULTURE&INFORMATION	8	₩ 200,000	
CKT/DN	19:00	CHARLOTTE	SLOOC	6	₩ 200,000	
						複寫禁止
今日總計 (TOTAL)			NUMBER OF FUNCTION: 9	291	₩3,320,000	

		NATIONALITY	USA	EURP	JPN	ROK	ROC	RKJ	RKA	S.E.ASIA	OTHERS	TOTAL
Today	F.I.T.	Persons										
		%										
		WALK-INS										
	G.R.P.	Persons										
		%										
This Month (M.T.D.)	F.I.T.	Persons										
		%										
		WALK-INS										
	G.R.P.	Persons										
		%										

ANALYSIS	TO DAY	THIS MONTH (M.T.D.)
Previous Day's Occ.		
Rms. RSVD		
No Show G.R.P.:		G.R.P.:
F.I.T.:		F.I.T.:
Cancellation G.R.P.:		G.R.P.:
F.I.T.:		F.I.T.:
Walk-ins G.R.P.:		G.R.P.:
F.I.T.:		F.I.T.:
Stay-Overs		
EXTENSIONS		
DEPARTURES		
EXPECTED ARRIVALS		
EXPECTED DEPARTURES		
EXPECTED STAY OVERS		
FOLLOWING DAY'S		
FORECAST		

GROUP & CONVENTION

AGENT	G-NO	G/NAME	RMS.	PRNS	NAT'TY IN/OUT

5. 연회 직원의 직무

연회 관리자

고객에 의해 요구되는 문의, 예약 그리고 모든 정보를 처리할 책임이 있다.

연회 지배인

모든 연회준비 및 악단, 꽃, 세부사항의 변화를 모든 관련부서에 알리고, 모든 예약사항의 준비를 책임진다.

연회 접객장

행사의 준비와 운영, 서비스를 담당할 적합한 직원을 고용해야 한다.

바 지배인

재료를 주문하고, 정확한 주류 서비스를 다루는 역할을 담당한다.

와인 스튜어드

행사 시 모든 와인의 준비와 서비스에 대한 책임이 있다.

대기직원

대부분의 대기직원은 시간제의 임시직원이다.

운반직원

가구를 옮기고 정리하며 운반되어야 할 필요가 있는 그 밖의 모든 힘든 일을 담당한다.

6. 테이블과 좌석배치

테이블 모형의 종류

① 격식을 차린 배치 : 상석 테이블과 일반 테이블
② 격식을 차리지 않은 배치 : 개개의 테이블
③ 저녁식사와 춤 : 춤 플로어 둘레에 배치한 개개의 테이블

연회장 배치형태

① 라운드 테이블형 : 대규모 참가자의 행사에 어울리는 형태이다.
② 학교 교실형 : 보통 1개의 테이블에 3개의 의자를 배치한다.
③ 좌담형 : 공식적인 회의용 배치형태이며, 넓은 공간이 필요하다.
④ 극장형 : 연회장의 정면을 향해 의자를 일렬로 배치한다.
⑤ U자형 : 한쪽을 터서 가운데 공간을 두고 배치한 형태이다.
⑥ T자형 : 적은 참가자의 행사에 자주 사용되는 배치형태이다.
⑦ 회의형 : 소규모의 인원이 회의참가 시 주로 사용된다.

Table Setting for banquet service

[그림 7-3] 연회장 테이블 배치방법

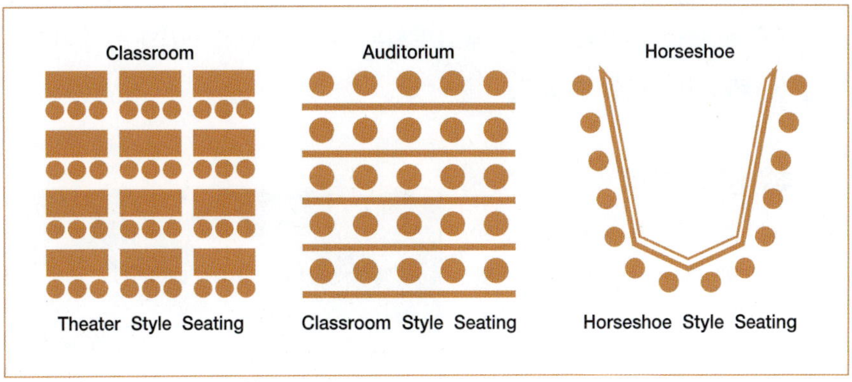

7. 연회 서비스의 순서

- 격식을 차린 행사에서 고객들은 사회자에 의해 안내를 받는다.
- 고객들은 될 수 있는 한 서비스 직원에게 도움을 받고 자리에 앉는다.
- 순서대로 음식을 제공한다.
- 더러운 접시는 식기세척을 위해 수거하고 다음 순서를 준비한다.
- 음식을 공급하고 서비스 접시를 치운다.
- 접시들을 테이블에 놓고 더러워진 접시들은 세척을 위해 치운다.
- 필요한 소스 등과 몇 가지의 부속물을 연회장으로 가져와서 제공한다.
- 이 순서는 커피를 포함해 남아 있는 순서에도 모두 적용시킨다.

다음은 호텔의 식음료 서비스를 가능하게 하는 주방(Kitchen) 관리 부분에 대하여 알아본다. 계속해서 주방과 조리사, 그리고 메뉴관리를 익히도록 한다.

Ⅱ 호텔 주방관리

1 주방관리의 개념 및 특성

1. 주방관리의 개념

주방이라는 일정한 공간을 중심으로 고객에게 제공될 상품을 가장 경제적으로 생산하여 최대의 이윤을 창출하는 데 요구되는 제한적 · 인적 자원과 물적 자원을 관리하는 과정이라고 할 수 있다.

2. 주방관리의 특성

주방은 생산자원과 생산기술이 효율적으로 제 기능을 발휘해야만 하나의 생산관리 시스템으로서의 유효성이 있는 것이다.

A open kitchen

2 조리의 개념과 중요성

1. 조리의 개념

기술을 가진 사람이 식용 가능한 식품군들을 선별, 검수하여 물리적 · 화학적 · 기술적 방법을 통해 새로운 형태의 상품으로 만드는 일련의 과정이다.

2. 조리의 중요성

조리는 식품으로서의 가치와 영양소를 파괴하지 않도록 하며, 위생적으로 안전하게 소화 · 흡수되도록 하는 것이 중요하다.

Chef and Cooking

3 조리사의 정의와 역할

1. 조리사의 정의

국가기술자격을 취득한 자가 식용 가능한 식품군들을 선별 · 검수하여 물리적 · 화학적 · 기술적 방법을 통해 새로운 형태의 상품으로 만드는 일에 종사하는 사람이다.

2. 조리사의 자격기준

관광진흥법 및 시행령, 시행규칙에 의한 관광숙박업의 등록기준에 의하면 관광호텔과 관광업소의 주방에는 조리사 면허를 취득한 자만이 종사할 수 있도록 규정하고 있다.

3. 주방의 직무별 업무 내용

1) Executive Chef(Grand Chef)

총주방장은 직원의 인사관리, 메뉴의 개발, 식자재의 구매 등 전반적인 업무를 담당한다.

2) Sous Chef

총 주방장 부재 시 그 역할을 대행. 요리의 개발 및 정보수집과 직원 조리교육 등 주방운영의 실질적인 책임을 진다.

3) Outlet Chef(Chef de Tournant)

특별행사 시 지원 · 파견되는 주방장으로 조리부의 전 영업장에 대한 일반적인 지식을 갖추고 있어야 한다.

4) Training Chef(Chef de Traiteur)

교육에 관한 자료수집, 기획, 강의를 담당한다.

5) Head Chef(Chef de Partie)

업장의 신 메뉴 개발, 고객 접대, 인력관리, 원가관리, 위생 · 안전 관리 및 조리기술지도 등 단위 영업장의 주방업무를 총괄한다.

6) Assistant Head Chef

Head Chef 부재 시 그 역할을 대신한다.

7) Supervisor

수련과정의 견습주방장이다.

8) Section Chef

주방장의 지시에 따라 실무적 조리업무를 수행한다.

9) Cook

Section Chef를 보좌하여 조리업무를 수행하며, 주방장의 지시에 따라 식재료를 수령한다.

10) Assistant Cook

Cook을 보좌하여 조리업무를 수행한다.

11) Trainee

견습사원으로 주방업무에 관한 기본적인 사항을 신속히 습득하려는 노력이 필요하다.

12) Chief Steward

각종 주방용기 및 식기류의 구매의뢰 및 기물관리와 인력관리 및 교육을 담당한다.

13) Assistant Chef Steward

Chief Steward 부재 시 그 역할을 대신하며, 각종 연회행사 시의 기물공급 및 설치를 담당한다.

14) Steward

일선 영업장의 쓰레기 수거 및 처리와 조리기물의 세척을 담당한다.

15) Stewardess

일선 영업장에 배속되어 각종 식기류의 세척을 담당한다.

조리기구(칼의 종류)

Raclette knife
라클렛 나이프(스위스 요리)

Pizza knife

Parmesan Cheese knife
파르마 치즈 나이프

Frozen knife
냉동식품용 나이프

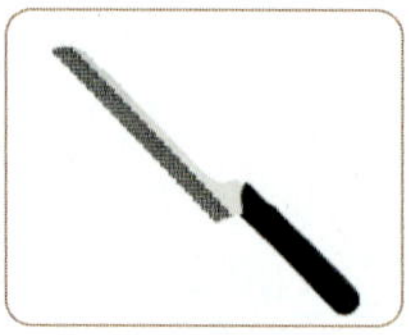
Cheese knife
일반 치즈용 나이프
(달라붙지 않게 텍스 처리됨)

Boning knife
(뼈와 살을 발라낼 때 사용)

Cook's knife
일반조리용

Slicing knife

Carving knife
(고기를 잘라낼 때 사용/케밥용 고기를 자를 때 주로 사용)

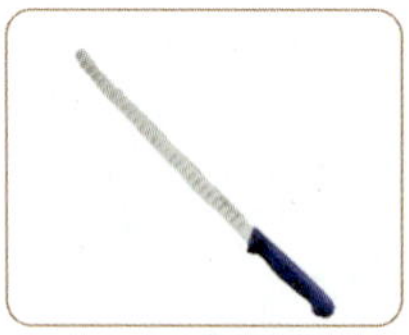
Salmon knife
(연어를 자를 때 사용)

Filleting knife
(껍질을 벗길 때 사용)

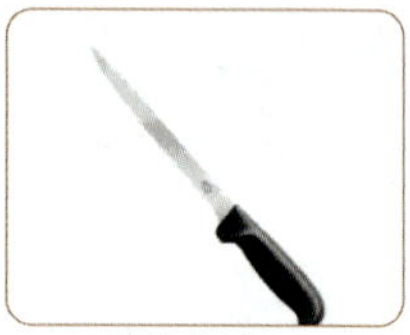
Fish filleting
(껍질을 벗길 때 사용)

Butcher knife
부처 나이프(주로 정육점이나 주방 육부에서 사용)

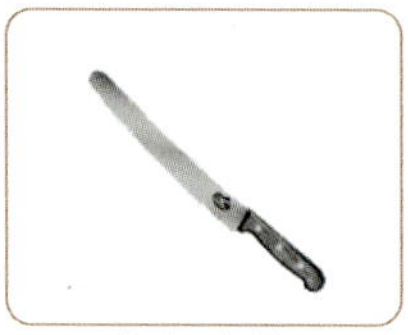
Pastry knife
(빵칼/톱니형과 일반날 두 가지임)

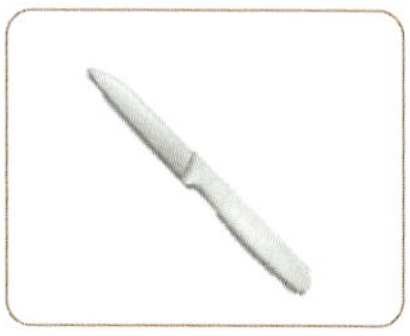
Paring knife
(과일 · 야채 등의 모양을 낼 때 사용)

Shaping knife
(과일 · 야채 등의 모양을 낼 때 사용)

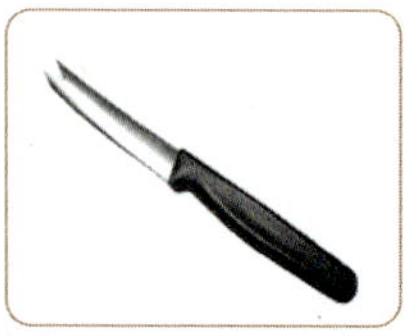
Tomato+sausage knife
(토마토/소시지용(날이 무딤))

Grapefruit knife
(포도용 칼)

Ⅲ 메뉴관리

1 메뉴의 어원 및 정의

1. 메뉴의 어원

메뉴의 어원은 라틴어의 "Minutus(상세히 기록한 것)"에서 유래하였으며, 원래는 주방에서 요리의 재료를 조리하는 방법을 설명한 것이었으나 1541년 프랑스 헨리 8세 때 당시 그랑위그 공작의 만찬에서 요리의 복잡함과 순서가 틀리는 불편을 해소하기 위해 요리명과 순서를 기입한 List를 작성하여 사용하면서 즐겁게 식사를 마칠 수 있었다는 데서 그 유래를 찾을 수 있다.

이후 19세기 파리의 팰리스 로열(Palace Royal)에서 메뉴의 명칭이 일반화되었다고 한다.

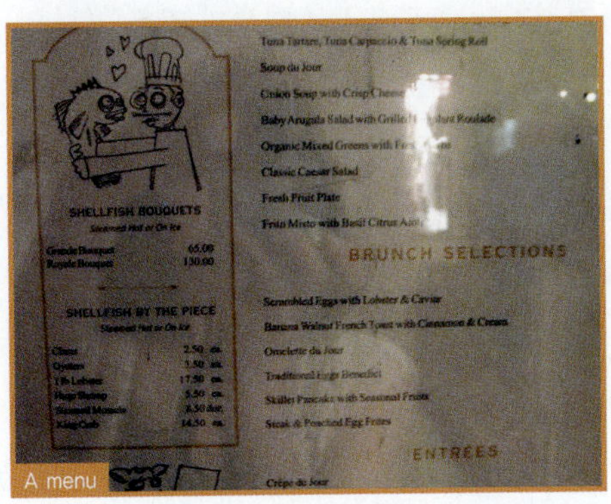

A menu

2. 메뉴의 정의

Menu라는 용어는 현재 세계적으로 통용되고 있으며, 영어의 'Bill of fare', 스페인의 'Minuta', 혹은 'Carte', 일어의 '献立表', 독일의 'Speise Karte', 중국어의 '菜牌子' 등으로 불리고 있다.

오늘날 사용되고 있는 메뉴는 학자에 따라 다양한 정의를 내리고 있지만 종합적으로 정의한다면, "메뉴는 내부적인 통제도구일 뿐만 아니라 판매, 광고, 판매촉진을 포함하는 마케팅도구(Marketing tool)"라고 정의할 수 있다.

메뉴는 우리나라 말로 '차림표'라고 부르며, 고객에 대한 식당의 모든 약속을 집합시켜 놓은 하나의 표이다.

메뉴는 경영자 측면에서는 관리의 도구이며 판매촉진을 포함하는 마케팅 도구이자, 고객의 입장에서는 정보의 제공자로서, 식당에서 제공 가능한 음식의 품목과 가격 · 분량 · 형태 · 주재료 등의 정보를 체계적으로 기록한 식당과 고객 간의 중개자 또는 매개체라고 정의할 수 있다.

A menu

2 메뉴관리의 의의와 기능

외식업소에 있어서는 메뉴가 매출과 직결되는 중심개념으로 메뉴의 계획과 메뉴의 분석, 가격결정 등이 메뉴관리의 주요영역이 된다. 이러한 메뉴는 무엇을 어떻게 만들 것인가를 결정짓는 중심요소로 다음과 같은 기능을 한다.

1. 메뉴는 필요한 시설구조와 공간, 입지를 결정한다.

대상 메뉴로서 갈비를 전문으로 하는 한식집과 치킨을 전문으로 하는 패스트푸드점은 서비스방법과 객석의 구조, 공간구성, 입지조건 등이 달라진다.

2. 메뉴는 필요한 인력과 숙련도를 결정한다.

메뉴의 종류에 따라 주방에서 필요한 인력 및 숙련도, 서빙 등을 담당할 인력의 인원수를 결정한다.

3. 메뉴는 필요한 설비기기를 결정한다.

다양한 주방설비와 편의 기기, 집기 등은 메뉴의 종류에 따라 달라진다. 예를 들어 피자점과 햄버거점의 설비는 각각의 메뉴특성을 반영하고 있다.

4. 메뉴는 구매하여야 할 식자재의 항목을 결정한다.

메뉴의 종류를 가로로 필요한 식자재를 세로로 나열하여 구분해 보면 구매대상의 식자재 종류와 양이 항목별로 결정된다.

5. 메뉴는 서비스 영역의 공간과 실내장식을 결정한다.

셀프서비스를 주로 하는 패스트푸드점은 적은 공간에 비교적 많은 좌석을 필요로 하지만 유람선 선착장의 레스토랑은 비교적 넓은 공간과 우아한 실내장식을 필요로 한다.

6. 메뉴는 원가관리절차를 결정한다.

식자재의 원가 및 노동, 자본 등의 원가는 메뉴에 따라 다르며 메뉴분석으로부터 원가관리는 시작된다.

7. 메뉴는 생산요건을 결정한다.

메뉴는 어떤 날 어떻게 조리할 것인가라는 작업의 흐름과 준비시간 및 제공시간과 수량 등을 결정하는 요소이다.

8. 메뉴는 서빙요건을 결정한다.

메뉴는 어떠한 음식이 어떻게 고객에게 서빙되어야 하는지 그 요건을 결정한다. 패스트푸드 메뉴에 비하여 패밀리레스토랑 메뉴는 조리시간과 서빙시간, 서빙의 방법 및 인원 등에 차이가 있다.

3 메뉴 분류

1. 정식 메뉴(Table d' Hote)

정식 메뉴란 Full Course Menu로서 한 끼분으로 구성되어 있고 대체적으로 값이 비싸지만 질은 우수한 편이다. 한 메뉴만 제공하고 있기 때문에 고객으로 하여금 선택의 기회가 없다는 면이 있으나 고객은 그 차림표와 가격을 용이하게 이해할 수 있는 이점도 있다.

중세시대 식당에는 'Table Master'라고 하는 큰 식탁이 있어 주인이 손님과 함께 식사를 했다고 하는데, 이처럼 주인과 손님이 같은 식탁에서 식사하던 것을 'Table d'Hote'라고 하였다.

정식 메뉴는 아래와 같은 순서로 제공된다.

① 찬 전채(Cold Appetizer-Hors d'Oeuvre Froid)

② 수프(Soup-Potage)

③ 온 전채(Warm Appetizer–Hors d'Oeuvre Chaud)
④ 생선(Fish–Poisson)
⑤ 주요리(Main Dish–Releve)
⑥ 더운 주요리(Warm Main Dish–Entree Chaud)
⑦ 찬 주요리(Cold Main Dish–Entree Froid)
⑧ 가금류 요리(Roast–Rotis)
⑨ 더운 야채요리(Warm Vegetables–Legume)
⑩ 찬 야채(Salad–Salade)
⑪ 더운 후식(Warm Dessert–Entremets de Douceur Chaud)
⑫ 찬 후식(Cold Dessert–Entremets de Douceur Froid)
⑬ 생 및 조림과일(Fresh or Stewed Fruit–Fruit ou Compote)
⑭ 치즈(Cheese–Fromage)
⑮ 식후 음료(Beverage–Boisson)
⑯ 식후 생과자(Pralines–Friandises)

위와 같은 많은 순서가 근래에 와서는 다음과 같은 순서로 사용되고 있다.
5 Course(전채 → 수프 → 주요리 → 후식 → 음료)
7 Course(전채 → 수프 → 생선 → 주요리 → 샐러드 → 후식 → 음료)
9 Course(전채 → 수프 → 생선 → 셔벗 → 주요리 → 샐러드 → 후식 → 음료 → 식후 생과자)

현재 정식 메뉴만으로는 손님에게 만족을 줄 수 없으며, 정식 메뉴만 하는 식당은 거의 없는 실정이다. 정식 메뉴와 비슷한 'Daily Special Menu'가 있는데 이 메뉴는 주방장이 매일 준비하여 내는 메뉴로서 고객의 기호성에 맞추어 양질의 재료, 저렴한 가격, 때와 장소, 계절에 맞게 짜서 고객에게 매일 변화 있는 메뉴를 제공하는 것이다.

체크포인트(Check Point)

■ 정식 메뉴 테이블 세팅과 구성

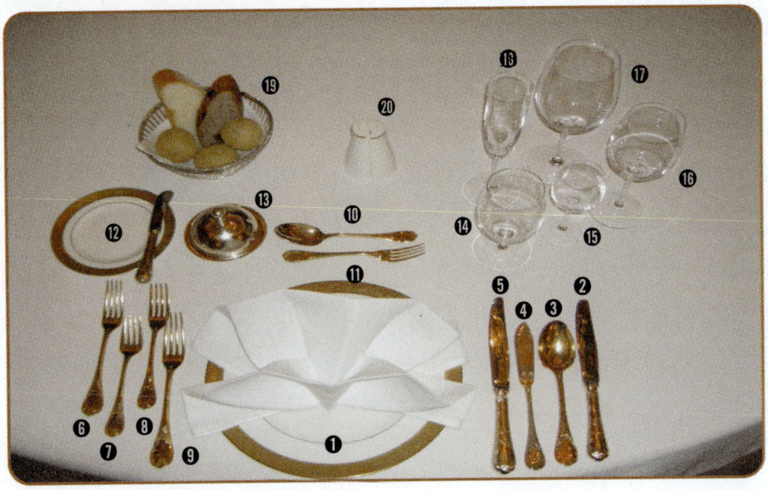

❶ 서비스 접시와 냅킨(Show Plate & Napkin)
❷ 전채요리용 나이프(Appetizer Knife)
❸ 수프 스푼(Soup Spoon)
❹ 생선요리용 나이프(Fish Knife)
❺ 고기요리용 나이프(Meat Knife)
❻ 전채요리용 포크(Appetizer Fork)
❼ 샐러드 포크(Salad Fork)
❽ 생선요리용 포크(Fish Fork)
❾ 고기요리용 포크(Meat Fork)
❿ 후식용 스푼(Dessert Spoon)
⓫ 후식용 포크(Dessert Fork)
⓬ 빵 접시와 버터나이프(Bread Plate & Butter Knife)
⓭ 버터 볼(Butter Bowl)
⓮ 물 컵(Water Glass)
⓯ 셰리 와인글라스(Sherry Wine Glass)
⓰ 화이트 와인글라스(White Wine Glass)
⓱ 레드 와인글라스(Red Wine Glass)
⓲ 샴페인 글라스(Champagne Glass)
⓳ 빵 바구니(Bread Basket)
⓴ 양념 용기(Salt & Pepper=Caster)

4 메뉴계획

메뉴계획이란 제공할 음식의 메뉴를 결정하는 과정으로 외식업소에서는 생산성이나 수익성 등에서 최고의 효율을 나타내기 위해서 전략적 메뉴의 선택이 필요하다. 효과적인 메뉴계획은 마케팅의 표적시장을 정확히 설정하는 것으로부터 시작하여 원가와 품질, 생산능력 등 다음과 같은 여러 요소를 포함한다.

1. 고객의 욕구 파악

판매하고자 하는 상품, 즉 제공하고자 하는 메뉴의 주력 대상층과 그 대상층의 욕구와 경향을 분석한다. 사회경제적 변화, 수요시장과 공급시장의 변화는 고객의 욕구를 항상 변화시키는 요인으로 작용한다. 이에 따라 시장의 흐름과 목표고객의 경향을 파악하는 것은 주력메뉴의 종류를 결정하는 가장 중심적인 요소이다.

2. 원가와 수익성의 함수관계 고려

메뉴의 원가는 식자재비 외에 인건비와 기타 제 비용 등을 포함한다. 종전의 개념이 식자재 구매비에만 초점이 맞추어져 있었으나 현재와 같이 인건비 및 기타 제 비용의 구성비가 커지는 실정에서 수익성과 연결지어 메뉴가격을 결정하도록 한다. 원가가 높은 메뉴란 식자재의 구매비가 비싼 것 외에도 제공되기까지 많은 인력을 필요로 하거나 특수한 설비기기를 필요로 하는 것 등으로 가격의 변동에 따라 매출의 추이가 변하는 점을 고려하여 전반적인 사항을 설정한다.

3. 구입 가능한 식자재의 조사

메뉴의 계획 시 고려하여야 하는 중요사항은 시장에서 안정적으로 공급되고 있는 식자재의 파악과 공급받는 방법 등을 사전에 조사하는 것이다.

4. 조리기기의 사용 용례와 한계 파악

대부분의 주방설비가 조리 시 범용성을 띠고 있으나 품질경쟁력을 갖추기 위해서는 각각의 메뉴특성에 적합한 전문설비의 도입이 필요하다.

5. 다양성 있는 메뉴의 설계

메뉴는 다양성을 지닐 수 있도록 설계한다. 주력메뉴에 조리법이나 식자재를 조금만 변화시켜도 메뉴의 폭과 다양성을 함께 추구할 수 있다.

6. 영양적 요소 고려

오늘날과 같이 영양에 대한 관심이 증가하는 상황에서 메뉴는 음식의 질에 영향을 준다는 사실을 고려하여 영양적 균형을 함께 계획한다.

7. 식음료 생산과정 관리

전략적인 메뉴관리는 식음료 생산 전 과정의 전략적 관리에서 비롯된다.

일반적인 식음료 생산과정은 예측(Forecasting), 구매(Purchasing), 인수(Receiving), 저장(Storing), 출고(Issuing), 생산(Production), 서비스 전달(Service), 판매(Sales)로 이어지고, 이는 다시 원가분석(Food cost analysis)을 통해 메뉴(Menu)를 재평가, 재조정하는 과정을 밟게 된다. 수요와 공급의 예측을 통하여 다시 구매하고 위에 논한 과정을 밟아가는 것이다([그림 7-4 참조]).

이 생산과정 어느 곳이라도 문제가 있다면 메뉴계획은 차질을 빚게 되고 이는 결국 경영 전반에 영향을 미치게 되는 것이다.

[그림 7-4] Food Cost Control Process

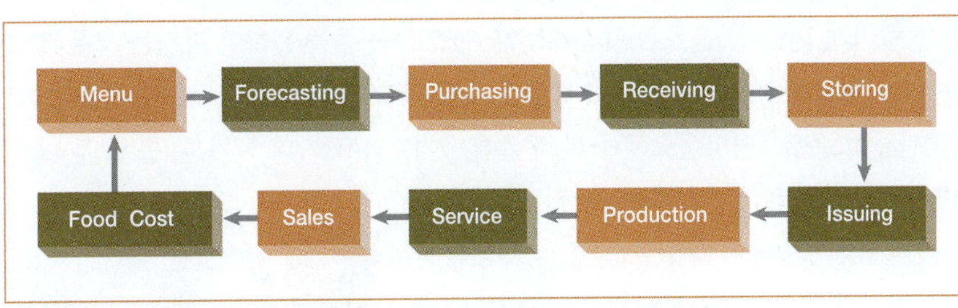

A special Menu Ad.

Lesson 3

제11~12주

호텔음료 서비스

Hotel Beverage Service

I 호텔음료 관리

우리 인간의 신체는 약 70%가 물로 구성되어 있다고 하며, 모든 생명체는 물로부터 발생하였다. 인간의 생명을 유지하는 데 절대적으로 필요한 물은 모든 음료의 기본이 되고 있다. 사람들은 순수한 물만 마시고, 갈증을 해소하는 것을 넘어서 문명의 발전과 함께 순수한 물에 만족하지 않고 각종 음료를 개발하여 기호음료를 즐기게 되었다. 음료는 갈증해소와 기호 충족 등을 위하여 마시는 모든 것을 말하며, 알코올성 음료(양조주, 증류주, 혼성주)와 비알코올성 음료(청량음료-(비)탄산성 음료, 영양음료(주스류/우유류), 기호음료(커피류/차류))를 모두 포함한다.

이는 호텔경영에서 빼놓을 수 없는 중요한 수입원이며, 다양한 종류와 형태의 음료서비스를 제공하고 있다. 이 장에서 주장의 기본 개념과 종류, 그리고 각 음료의 주요 내용을 간결하게 익히기로 한다.

A setting for ale f&b service

1. 주장의 의의

주로 음료를 판매하는 곳으로 음료와 유흥적 요소를 제공함으로써 고객의 기분을 회복시켜 주는 정신적 공간이라 할 수 있다.

2. 호텔 주장의 종류

1) 바(Bar)

카운터형의 판매대가 설치되어 있고 칵테일을 비롯한 각종 음료를 판매하는 업장

A Bar

2) 라운지(Lounge)

소파형의 안락한 좌석과 생음악 등의 유흥적 분위기를 갖추어 음료를 판매하는 업장으로서 로비에 위치하면 로비라운지(Lobby Lounge), 최상층에 위치하면 스카이라운지(Sky Lounge)라고 한다.

A Lounge Bar

3) 펍(Pub)

'Pub'은 'Public House'의 약칭으로서 대중적 사교의 장이란 의미인데 영국식 선술집 형식의 업장이다.

4) 나이트클럽(Night Club)

생음악 밴드(Band)의 음악에 맞춰 춤출 수 있는 공간을 제공하고 음료를 판매하는 업장이다.

5) 디스코텍(Discotheque)

음악에 맞춰 춤출 수 있는 공간을 제공하고 음료를 판매하는 업장이다.

6) 엔터테인먼트 센터(Entertainment Center)

캐주얼한 분위기의 종합 사교 유흥장으로써 각종 바(Bar), 다트게임(Dart Game), 당구대 등의 스포츠시설과 디스코텍 등의 시설을 갖추고 음료를 판매하는 업장이다.

Ⅱ 음료의 종류와 분류

이 장에서는 음료를 알코올성과 비알코올성으로 나누어 정리한다([표 7-8] 참조).

1 알코올성 음료 : 양조주

1. 포도주(Wine)

1) 포도주의 역사

- B.C. 4000년경 포도재배 추정
- B.C. 2000년경 그리스에서 포도주 생산. 그 후 로마, 메소포타미아, 고대 이집트, 바빌로니아 등지로 퍼지게 되었다.
- B.C. 1700년경 바빌론의 함무라비 법전(Code of Hammurabi)에 포도주에 관한 규정이 성문화되어 있다.
- B.C. 1000년경 유럽 전역에 전파되었다.

Wine

2) 포도주(Wine)의 분류

색에 의한 분류

레드 와인(Red Wine)
마고(Margaux)
샤토 탈보(Chateau Talbot)

화이트 와인(White Wine)
푸이 퓌세(Pouilly Fuisse)
샤블리(Chablis J. D.)

로제 와인(Rose Wine)
타블 로제(Tavel Rose)

맛에 의한 분류

스위트 와인(Sweet Wine)
샤토 클리망
(Chateau Climens)

드라이 와인(Dry Wine)
뫼르소(Meusault)
로마네 콩티(Romanee-Conti)

미디엄 드라이 와인(Medium Dry Wine)
독일의 카비네트(Kainett)
또는 슈패트레제(Spätlese)급

탄산가스 유무에 의한 분류

스파클링 와인(Sparkling Wine)
무통 카데 레드
(Mouton Cadet Red)
무통 카데 화이트
(Mouton Cadet White)
셰리 와인
(Sherry Wine)
포트 와인
(Port Wine)

일반 와인(Dry Wine)
모엣 샹동 임페리얼
(Moet & Chandon
Imperial)
헨켈트로켄
(Henkel Trocken)
샤토 라세크 생테밀리옹
(Chateau Lasseque
St.-Emillion)

식사 시 용도에 의한 분류

아페리티프 와인 (Aperitif Wine)

테이블 와인(Table Wine)
샤블리 프리미어 크뤼(Chablis Premier Cru)
샤토 라세크 생테밀리옹 (Chateau Lasseque St.-Emillion)

디저트 와인(Dessert Wine)
포트 와인(Port Wine)
크림 셰리(Cream Sherry)

저장 기간에 의한 분류

영 와인 (Young Wine : 1~2년)
보졸레 빌라주 (Beaujolais Village)
보졸레 누보 (Beaujolais Nouveau)

에이지드 와인 (Aged Wine or Old Wine : 5~15년)
뉘 생 조르쥬 (Nuits St.-Georges)

그레이트 와인 (Great Wine : 15년 이상)
샤토 마고(Chateau Margaux)
포므롤(Pomerol)

3) 포도주 제조과정

- 레드 와인
  수확 → 파쇄 → 발효(껍질, 씨) → 압착 → 숙성 → 저장 → 여과 → 병입
- 화이트 와인
  수확 → 파쇄 → 압착 → 발효 → 숙성 → 저장 → 여과 → 병입
- 로제 와인
  수확 → 파쇄 → 발효(껍질 제거) → 압착 → 숙성 → 저장 → 여과 → 병입
- 스파클링 와인
  수확 → 파쇄 → 압착 → 1차발효 → 숙성 → 병입(당분 첨가) → 2차발효 (리큐르 첨가) → 저장 → 앙금 제거 → 숙성
- 강화 와인
  수확 → 파쇄 → 압착 → 발효 → 숙성 → 알코올 첨가 → 저장 → 여과 → 블렌딩 → 저장 → 병입

포도

포도주 제조과정

4) 포도주용 포도품종

백포도주용

- 리슬링(Riesling) : 독일 최상급 포도품종으로 스위트(sweet)함
- 알리고테(Aligote) : 버건디 지역에서 재배되는 2등급 와인
- 샤르도네(Chardonnay) : 버건디 지역 최고의 백포도품종. 샴페인, 샤블리 등에 사용
- 슈냉 블랑(Chenin Blanc) : 루아르 지역의 주요품종
- 게뷔르츠트라미너(Gewurztraminer) : 알자스, 독일, 오스트리아, 캘리포니아에서 생산되는 스파이시한 품종
- 뮈스카데(Muscadet) : 프랑스 북부지역에서 재배. 라이트하고 드라이한 와인용
- 피노 블랑(Piniot Blanc) : 샴페인, 알자스, 이태리, 독일, 캘리포니아에서 재배
- 소비뇽 블랑(Sauvignon Blanc) : 루아르, 보르도, 캘리포니아에서 재배되는 품종으로 향기가 강함
- 블랑 퓌메(Blanc Fumé) : 소비뇽 블랑의 다른 이름
- 세미용(Semillion) : 부드럽고 드라이한 와인용
- 실바너(Sylvaner) : 독일, 이태리, 알자스, 캘리포니아에서 재배되는 고급 와인용
- 트레비아노(Trebbiano) : 이태리의 주요 품종으로 키안티를 만드는 데 사용
- 베르디코(Verdicchio) : 이태리에서 우수한 드라이 와인용
- 샤슬라(Chasselas) : 스위스 발레 지역 최고의 포도품종

적포도주용

- 바르베라(Barbera) : 산도가 높고 감칠맛나는 품종으로 이태리와 캘리포니아에서 생산
- 카베르네 소비뇽(Cabernet Sauvignon) : 레드 와인을 만드는 데 사용하는 최고의 품종으로 메독, 캘리포니아 등 전 세계에 걸쳐 재배됨
- 가메이(Gamey) : 가볍고 향기로운 와인용으로 보졸레, 루아르, 스위스, 캘리포니아에서 재배됨

- 가메이 보졸레(Gamey Beaujolais) : 캘리포니아 피노 누아의 일종
- 카베르네 프랑(Cabernet Franc) : 메독, 그라프, 생테밀리옹, 포므롤에서 주로 재배하며 덜 숙성되었을 때는 거침
- 그르나슈(Grenache) : 강하고 엷은 색깔의 와인과 로제 와인을 만드는 데 사용하며 프랑스, 스페인, 캘리포니아에서 재배
- 메를로(Merlot) : 위대한 와인을 만드는 데 사용하며 메독, 스위스에서 재배(포므롤, 생테밀리옹)
- 네비올로(Nebbiolo) : 이태리 최상의 포도품종
- 피노 누아(Pinot Noir): 버건디에서 위대한 와인을 만드는 데 사용
- 산지오베제(Sangiovese) : 이태리, 그 외 지역의 주요품종
- 시라(Syrah) : 론 지역 최고의 적포도
- 진판델(Zinfandel) : 캘리포니아 지역에서만 쓰이는 적포도
- 말벡(Malbec) : 보르도에서 재배되는 전통적인 품종

체크포인트(Check Point)

■ 보졸레 누보(Beaujolais Nouveau)

보졸레 지방은 부르고뉴 가장 남쪽에 위치하고 있으며, 남북으로 약 50여km, 동서로 11~14km에 이르는 넓은 지역을 차지하고 있다. 화강암으로 이루어진 토양을 가진 해발 700~1,000m의 산기슭에 조성된 포도밭은 프랑스에서 두 번째로 아름답다고 소문이 나 있다.

Carbonic Maceration

보통의 부르고뉴의 레드 와인은 유명한 '피노 누아(Pinit Noir)' 라는 품종을 사용하지만, 보졸레 지방의 화강암 토질에서는 잘 자라지 못하기 때문에 '가메이(Gamey)' 라는 포도를 재배하여 와인을 만든다. 이 보졸레 누보를 만드는 방법을 보면, 포도를 수확하여 열매를 분리하는 과정을 거치지 않고 바로 송이째 탱크에 집어넣어 탄산가스를 가득 채워 산소를 없앤다. 그러면 밑에 있는 포도는 무게 때문에 으깨지고 중간은 다소 깨지고 위는 그대로 있게 된다. 그러면서 아래쪽에는 주스가 나오면서 산소가 없는 상태에서 적은 양의 당이 알코올로 변하여 1.5~2.5% 정도 농도가 된다. 이때 와인에 거친 맛을 주는 사과산(Malic acid)의 농도가 1/2 정도 줄어든다는 점이다. 결국 와인의 산도가 낮아지는 것이다.

온도에 따라 다르지만 8~10일 정도 이런 발효를 시키다가 압착하여 정상적인 발효 즉 화이트 와인을 만드는 방식으로 2~3일 진행시켜 알코올 발효를 완성시킨다. 이 방법을 사용하면 아로마 즉 포도품종 자체의 향보다는 내부에서 우러나오는 향이 좋아지고, 폴

리페놀의 추출도 덜 되므로 쓰고 떫은맛이 약해진다. 단, 가지에서 우러나오는 냄새 때문에 풋내가 날 수 있으며, 잡균 오염 가능성이 있을 수 있다.

탁월한 홍보전략 덕분에

이렇게 만들어서 숙성기간 없이 정제하여 출하하기 때문에 장기적인 품질이 불안정할 수밖에 없다. 즉 오래 두면 침전이 생긴다든지 맛이 변한다든지 문제가 일어난다.

그래서 오래 두지 말고 빨리 마시자는 이론이 성립되는 것이다. 그래서 보졸레는 레드와인이지만 마실 때는 화이트처럼 취급하여 차게 마시며 진한 육류와도 어울리지 않는다.

보졸레 누보(Beaujolais Nouveau)는 마케팅과 홍보전략에 힘입어 그 이름이 유명해진 것이다. 수확한 지 불과 몇 주 만에 시장에 나오는 이 보졸레 누보는 영(young) 와인 때 마신다는 보졸레의 특성을 충분히 살려 70년대 후반 11월 15일을 '보졸레의 날'이라고 정한 데서 그 붐이 시작되었다. 1985년 이날을 11월 세 번째 목요일로 변경하였지만, 세계 모든 나라 사람들이 그해에 수확한 포도로 만든 와인을 마실 수 있다는 기대 속에서 이 보졸레 누보를 목마르게 기다리게 만든 것이 가장 큰 성공의 요인이 되었다. 보졸레 누보의 판매량은 그해 와인시장의 판매량을 예측할 수 있는 지표가 되기도 한다.

[표 7-6]은 샴페인 라벨(Labels)에 대한 설명을 담고 있다. 샴페인 서빙하는 법과 저장, 다루는 법을 설명한다. [표 7-7]은 음식과 어울리는 와인이 어떤 것인지 기본적인 예를 들어 보여주고 있다.

[표 7-6] Understanding Champagne Labels

Understanding the Label

The taste of the finished champagne depends ultimately on the level of sugar content, as follows:

Name	%/lt.	Taste
Extra Brut	0-1.5%	especially dry
Brut	1.5%	very dry
Extra Dry	1.2-2%	dry, semidry
Sec	2-3%	semidry, semisweet
Demi-Sec	3-5%	sweet
Doux	5+%	very sweet

Handing and Serving Champagne

Champagne should be stored horizontally at a temperature between fifty and fifty-five degrees Fahrenheit.

However, it should be served at a temperature between forty-three and forty-seven degrees Fahrenheit. This is best achieved by placing the bottle in an ice bucket.

When serving champagne, there are some recommended steps to take to achieve the best results, as listed below.

1. If the bottle is presented in a champagne cooler, it should be placed upright in the cooler with fine ice tightly packed around the bottle.
2. The bottle should be wrapped in a cloth napkin. Remove the foil or metal capsule to a point just bellow the wire, which holds the cork securely.
3. Hold the bottle firmly in one hand at a forty-five degree angle. Unwind and remove the wiring. With a clean napkin, wipe the neck of the bottle and around the cork.
4. With the other hand, grasp the cork so that it will not fly out. Twist the bottle and ease the cork out.
5. When the cork is out, retain the bottle at an angle for about five seconds. The gas will rush out and carry with it some of the champagne if the bottle is held upright.
6. Champagne should be served in two motions : pour until the froth almost reaches the brim of the glass. Stop and wait for the foam to subside. Then finish filling the glass to about three-quarters full.

Do's and Don'ts of Champagne

Do's: Dark, cool cellars
Consistent temperature
Clean champagne flutes

Don'ts: Artificial light
Rapid chilling in the freezer
Frosted glasses
Cocktail glasses(this allows the bouquet to evaporate)

[표 7-7] Matching Wine with Food

Red wines		
Cabernet Saunignon	Medium Dry	Lamb, Pasta with red sauce, Red meat, Cheese
Zinfandel	Medium	Lamb, Pasta with red sauce, Red meat, Cheese
Pinot Noir	Medium	Poultry, Pork, Lamb, Red meat, Pasta with red sauce
White wines		
Cardonnay	Medium Dry	Poultry, Pork, Seafood, Pasta with white sauce, Cheese
Sauvignon Blanc	Medium Dry	Poultry, Pork, Seafood, Pasta with white sauce, Cheese
johannisberg Riesling	Medium Sweet	Poultry, Pork, Seafood, Pasta with white sauce, Cheese
Semillon-chardonnay	Medium Dry	Poultry, Pork, Seafood, Pasta with white sauce, Cheese

2. 맥주(Beer)

1) 맥주의 역사 이론

- 인류가 농경을 시작함과 동시에 술을 접한 것으로 추정(고고학자 고증)된다.
- B.C. 4000년경 바빌로니아의 수메르(Sumer)인의 맥주를 만드는 모습이 묘사된 것이 루브르박물관에 보관되어 있다.
- B.C. 3000년경 이집트 왕의 분묘에서 맥주 양조장의 조각이 발견되었다.
- B.C. 300년경 영국에서도 밀을 발효해서 마셨다는 기록이 있다.
- 13세기경 독일에서 호프를 사용한 복비어(Bock Beer)를 생산하게 되었는데 이것이 라거비어(Lager Beer)의 전신이다.
- 19세기 프랑스의 파스퇴르(Pasteur)가 맥주의 양조와 발효현상을 해명함으로써 우량맥주의 대량생산이 가능하게 되었다.
- 1882년 덴마크의 식물생리학자 한센(Hansen)은 양조용 효모를 분리 배양에 처음으로 성공하였다.

A bear

2) 맥주의 정의

- 보리의 싹을 내어(Malted Barley), 호프(Hop) · 효모(yeast)를 첨가, 발효시켜서 만든 탄산가스가 함유된 주정도 4~6%의 알코올성 음료이다.
- 맥주를 영국 · 미국은 Beer, 독일은 Bier, 프랑스는 Biere라 부른다.

3) 맥주의 원료

맥주 원료의 4대 요소

- **보리(Malt)** : 2조 보리
- **호프(Hop)** : 넝쿨식물의 일종으로 양조에는 암꽃을 사용한다.
- **물(Water)** : 맥주의 90% 정도가 물이다.
- **효모(Yeast)** : 발효를 돕고 맥주의 성격을 좌우한다.

• 그 외에 부재료로 전분(밀, 쌀)을 사용한다.

호프의 작용

• 맥주의 탁한 것을 맑게 만들어준다.
• 세균의 번식을 막아준다.
• 독특한 향을 내게 한다.
• 거품을 일게 하며 보호한다.
• 맥주의 변질을 막아준다.

4) 맥주의 제조과정

• **보리** : 양조용 2조 보리
• **침맥** : 보리를 물에 담가 싹을 낸다.
• **건조** : 녹맥아의 성장과 용해를 억제
• **제근** : 단백질과 쓴맛이 많이 함유된 뿌리를 제거 – 맥아
• **분쇄** : 맥아를 잘게 부수는 작업
• **부재료 첨가**
• **당화** : 녹말질을 당분으로 변화시킨다.
• **맥즙여과** : 곡피나 기타 찌꺼기를 제거 – 맥즙
• **호프 첨가**
• **맥즙 끓임** : 호프 성분 추출, 맥즙 농축
• **냉각** – 사입
• **효모첨가** : 발효를 돕기 위함이다.
• **발효** : 당분을 알코올로 전환(주발효) – 발효
• **저장** : 맥주 중의 이물질을 가라앉히고 특유의 맛과 향을 내게 하는 과정 (후발효)
• **여과** : 맥주를 맑고 광택나게 거른다.
• **제품**
• **[살균처리]** 살균처리하지 않은 것은 생맥주이다.

[그림 7-5] 맥주의 제조과정

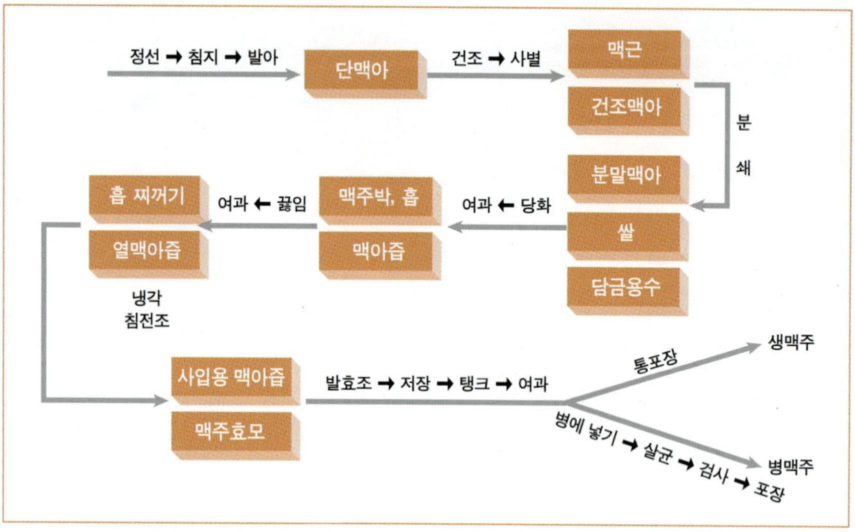

5) 분류 및 종류

- **하면발효맥주** : 밑으로 가라앉게 되는 효모를 사용하여 저온에서 발효시킨 맥주이다.
- **필젠(Pilsen)맥주** : 맥아 향기가 약하고(연수 사용), 쓴맛이 강하다(체코, 프라하). 3~4%
- **뮌헨(Munchen)맥주** : 맥아 향기가 짙고, 감미로운 맛이 나는 흑맥주이다. 4%
- **도르트문트(Dortmund)맥주** : 향미가 산뜻하며 쓴맛이 적다. 3~4%
- **복(Bock Beer)맥주** : 짙은 색의 맥주로 향미가 짙고 단맛을 띤 강한 맥주
- **상면발효맥주** : 표면에 떠오르는 효모를 사용하여 고온에서 발효시킨 맥주이다.
- **에일(Ale)맥주** : 거품이 적고 쓴맛이 약간 강하다. 4~5%
- **포터(Porter)맥주** : 검은색으로 약간 쓴맛이 난다. 5%
- **스타우트(Stout)맥주** : 매우 검은색의 맥주로 향, 맛, 쓴맛이 강하다. 5~6%

색 깔

- 담색 맥주 : 색이 엷다.
- 농색 맥주 : 색이 짙다.

- 흑맥주 : 검은색의 맥주
- Light Beer
- 저알코올 맥주
- 저칼로리 맥주

살균처리

- 병(캔)맥주(Lager Beer)
- 생맥주(Draft Beer)

2 알코올성 음료 : 증류주

1. 위스키(Whisky)

1) 위스키의 어원 및 역사

- 위스키(Whisky)의 어원은 켈트(Celt)어의 Uisgebeatha(생명의 물, Visquebeatha)가 Usquebaugh로 다시 Uisky로 불리다가 오늘의 Whisky로 변화되었다.
- 이 위스키는 동방의 증류기술이 중세 십자군전쟁을 통해 서양에, 후에 아일랜드를 거쳐 스코틀랜드에 전파되었다.
- 중세기 초 많은 연금술사들의 노력은 금을 만들지 못하였으나 생명의 물을 발견하기에 이른다. 그 후 18세기에 이르러 재증류법을 시도하게 되었고, 드디어 1826년에는 영국의 로버트 스타인(Robert Stein)에 의해 연속식 증류기가 발명되었으나 실용화되지 못했다.
- 1831년에는 아일랜드의 아니아스 코페이(Aeneas Coffey) 씨가 보다 진보된 연속식 증류기를 발명하고 특허를 내어 Patent-still로 불리게 되었다.

A Whisky

• 위스키는 보리, 호밀, 밀, 옥수수 등의 싹을 내거나 갈아서 발효, 증류, 숙성시킨 술이다. 대표적인 것은 영국 스코틀랜드의 Scotch Whisky, 미국의 American Whisky, 캐나다의 Canadian Whisky, 아일랜드의 Irish Whisky가 유명하다.

2) 위스키의 종류

스카치 위스키

• 역사

초창기의 스카치 위스키는 증류액에 불과하였다. 1707년 Scotland를 합병시킨 영국 정부는 부족한 재원을 확보하기 위하여 위스키에 고율의 세금을 부과하였다. 그래서 위스키 제조자들은 스코틀랜드 북부지방(Highland)의 산속에 숨어 달빛 아래서 몰래 위스키를 밀조하기 시작하였다(Moon Shiner). 그러나 몰트를 건조시킬 연료가 부족하여 피트(Peat)를 사용했는데 특유의 향이 발생되었고 이것이 피트의 훈연 때문인 것을 알게 되었다. 그 후 밀조된 술이 많이 누적되어 은폐수단으로 스페인에서 수입해 온 Sherry 와인을 마시고 난 빈 통에 담아 두었다. 당시에는 스페인으로부터 포도주를 다량 수입했기 때문에 빈 통은 쉽게 구할 수 있었다. 나중에 술을 팔기 위하여 술통을 열어보니 투명한 호박색의 짙은 향취와 부드러운 맛의 술이 되어 있었다. 1823년 영국 정부는 세계를 고치고, 밀조업자를 설득하여 존 스미스 씨가 위스키 제조면허를 세계 최초로 받았다(지금은 J.E. Seagram의 계열회사가 되었음). 1930년 Coffey 씨에 의해 연속증류가 발명되어 가벼운 타입의 그레인위스키(Grain Whisky : 곡물위스키)가 생산되면서 Malt Whisky(맥아위스키)와 두 가지가 혼합된 Blended Whisky 등 3가지 타입의 스카치가 나오게 되었다.

• 제조과정

– 원료
  - Malt Whisky : 맥아(보리의 싹을 낸 것)
  - Grain Whisky : 옥수수, 보리, 귀리

[그림 7-6] 제조과정 및 종류

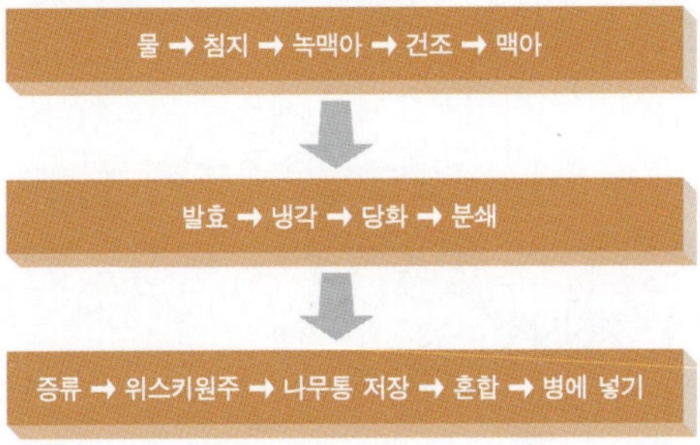

체크포인트(Check Point)

■ **용어해설**

- **피트(Peat)** : 헤더(Header)라는 식물이 탄화된 토탄의 일종으로 이탄이라고도 한다.
- **숙성** : 위스키는 참나무통 속에서 화학적 · 물리적 변화를 거치는 동안 부드럽고 향이 좋아지며 착색이 되는데 이 과정을 숙성이라 하며, 스카치 위스키는 법적으로 3년 이상 숙성하도록 되어 있다.
- **블렌딩(Blending)** : Malt Whisky와 Grain Whisky를 혼합하는 과정을 말한다.
- **희석** : 증류, 숙성된 위스키 원액은 농도, 알코올 도수가 높기 때문에 병입할 때에는 증류수에 가까운 물로 희석(43°)시킨다.

3) 생산지역

- **하일랜드(High Land)** : 스코틀랜드 북부지역으로 물이 좋고 피트가 풍부하여 우수한 몰트위스키 생산지역이다. 글렌리벳(Glenlivet) 지역의 원액이 우수하다.
- **로우랜드(Low Land)** : 스코틀랜드 남부지역으로 글래스고(Glasgow)를 중심으로 그레인위스키의 주산지이며 몰트위스키 생산공장은 거의 없다.
- **아일레이(Islay)** : 서남해안에 있는 섬지방. 피트향이 강한 독특한 몰트위스키를 생산한다.
- **캠블타운(Cambeltown)** : 서남해안의 아일레이섬 아래 있는 반도이며, 피트향이 강하고 아일레이 위스키와 비슷하다.

아이리시 위스키(Irish Whisky)

• 역사

아이리시 위스키는 아일랜드에서 제조된 위스키라는 뜻으로 최초의 위스키이다. 현재 발견된 기록은 "1171년 잉글랜드의 헨리 2세가 군대를 이끌고 이곳에 왔을 때 이곳 사람들이 '아스기보'라는 강한 술을 마시고 있는 것을 보았다"는 것이다.

• 종류

- 대맥 맥아 → 발효 → 증류(단식증류기로 3회) : 숙성하여 강렬한 남성적인 향미를 가지고 있다.
- 옥수수 → 발효 → 증류(연속식) 숙성 → 블렌딩(1번) : 가볍고 경쾌한 맛을 지닌다.

아메리칸 위스키(American Whisky)

• 역사

아메리칸 위스키의 역사는 1600년대 초부터 시작된다. 당시는 과일을 원료로 한 것, 당밀을 원료로 한 것 등이었는데 삼각무역의 배경을 갖고 있는 럼이 주체였다. 노예무역 폐지, 곡물의 과잉생산으로 잉여 곡물처리 등의 사정으로 원료를 곡물로 사용하게 되었으며 펜실베이니아가 중심이 되어 다른 주에도 전파되었다. 독립전쟁 후 정부의 과중한 과세로 폭동이 일어나고 증류업자는 켄터키, 인디애나, 테네시 등 서부로 도망가게 되었다. 특히 켄터키에서는 옥수수를 사용하고 나무통 속에 숙성한 새로운 위스키를 제조하게 되었다(Bourbon의 시초). 1920년 금주법의 시행으로 증류업자는 밀조, 밀매하게 되는데 금주법 폐지와 더불어 단식증류기는 없어지고 연속식 증류기를 사용하여 대량 생산하게 되어 미국의 독자적인 아메리칸 위스키가 세계적으로 알려지게 되었다. 1934년에 만들어져 1948년에 개정한 법률은 29종(현재 31종)의 주류를 규정하였고, 질적 향상을 위하여 Bottled-in-Bond제를 실시하고 있다.

캐나디안 위스키(Canadian Whiskey)

• 역사

미국 독립전쟁이 일어나자 캐나다로 이주하는 이민이 늘어나고 이에 따라 제분업이 번창하고 차츰 증류소가 발전하게 되었다. 1850년대에 씨그램사와 하이럼워커사가 등장하면서 본격적인 위스키의 산업화가 시작되었다. 1920년부터 미국의 금주법 시행으로 더욱 활기를 띠게 되었다.

• 분류

– 원주

· **Rye Whiskey** : Rye를 원료로 사용한 것으로 강한 향미를 지니고 있다(3년 숙성).

· **Corn Whiskey** : Blending의 Base로 사용하며 향미가 약하고 경쾌하다(3년 숙성).

· 원료는 옥수수를 사용하며 3년간 숙성한다.

– 제품

· 2가지의 원주를 블렌딩하여 최종적으로 캐나디안 위스키가 된다.

· Light하고 Mild한 것이 특징이다.

· 원주 라이위스키를 51% 이상 사용하여 혼합한 것을 Rye Whiskey라고 한다.

2. 보드카(Vodka)

1) 보드카의 역사

• 11~12세기경 러시아, 폴란드인이 제조하기 시작하였다.

• 러시아어의 Vodka는 물이라는 뜻으로 '생명의 물'을 의미한다.

• 1810년 활성탄을 이용한 여과법을 개발하여 품질을 향상시켰다.

• 1917년 러시아혁명 이후 러시아인이 타국으로 망명하여 세계에 전파되었다.

A Vodka

- 1933년 미국의 금주법 폐지로 보드카를 제조하게 되었다.
- 1939년경부터 미국에서 칵테일을 만드는 데 기본주로써 급격한 발전을 하였다.

2) 보드카의 제조과정

- 원료 : (감자) 옥수수, 호밀 등의 곡류
- 곡류발효 – 증류 – 활성탄 여과
- Neautral Grain Spirit–활성탄 여과 숙성하지 않는다.

3. 진(Gin)

1) 진의 역사

- 1660년경 네덜란드의 라이덴(Leiden)대학 의학교수인 프란시스쿠스 실비우스(Franciscus Sylvius)에 의해 약용으로 만들어졌다.
- 이뇨제로 약료가 있는 주니퍼베리(Juniper berry)를 Spirit에 넣었다가 재증류하여 쥐니에브르(Genievre)로 부르게 되었다. (처음에는 약용으로 쓰였다.)
- 이것이 널리 퍼지면서(술의 용도) 네덜란드 선원들에 의해 제네바(Geneva, Jenever)로 불리게 되었다.
- 17세기 말 영국에 전파되어 획기적인 발전을 하고 이름도 Gin으로 바뀌게 되었다.
- 그 후 미국에 전파되어 칵테일용으로 가장 많이 쓰이게 되었다.
- "진은 네덜란드 사람이 만들었고 영국인이 꽃을 피웠으며 미국인이 영광을 주었다"라는 말도 있다.

A Gin

2) 진의 제조과정

- 원료 : 대맥, 호밀, 옥수수
- Grain Spirit - Juniper berry - 재증류
- Neutral Spirit + 착향
- 숙성 : 대체적으로 저장, 숙성하지 않지만 일부 숙성하는 제품이 있는데 이것은 순하고 부드럽다.

3) 진의 분류

- Holland Gin(Geneva Gin) : 2번 증류하여 주니퍼 등을 가향하고 재증류한다. 낮은 알코올 도수로 증류하여 맥아향이 짙고 향취가 강하다.
- London Dry Gin : 영국의 증류기술로 매우 깨끗하고 부드러운 진으로 바뀌게 되었는데 네덜란드 진과 구분하기 위하여 Dry Gin으로 불러왔다. 현재 Gin으로는 가장 우수하다.
- American Extra Dry Gin : 영국에서 미국으로 건너온 진은 더욱 순하고 아주 부드럽게 만들어져 칵테일용으로 각광받게 되었다.
- Old Tom Gin : 2% 정도의 설탕이 첨가된 Gin이다.
- Flavored Gin : 다른 향료를 첨가한 Gin으로 Lemon Gin, Orange Gin, Mint Gin 등이 있다.

4. 럼(Rum)

1) 럼의 역사

- 17세기 초 Barbados에 이주한 영국인이 최초로 증류했다.
- Jamaica섬을 중심으로 사탕공업의 발달과 함께 번성하게 되었다.
- 식민지 사상 유명한 삼각무역의 배경이 있다.
- 아프리카 흑인-서인도의 설탕재배인력(당밀을 선적) 뉴잉글랜드 당밀하역(럼 선적) 아프리카 흑인을 럼으로 지불(흑인을 태우고 서인도로 향하였다)
- 어원은 Rumbullion(흥분, 소동)

A rum

Rum으로 변했다.

- 1862년 Spain에서 Cuba로 이주한 Bacardi에 의해 투명한 Light Rum을 생산하게 되었다.
- 1805년 영국 Nelson 제독이 전사하여 Rum을 담은 큰 통 속에 넣어 본국으로 운송하였던 일로 Nelson Blood라는 별명을 얻게 되었다.

2) 럼의 분류 및 제조과정

- 원료는 사탕수수(Sugar cane)를 사용한다.
- Light Rum(white) : 풍미가 가벼우며 칵테일로 많이 쓰인다.
- 사탕수수(당밀) + 배양효모 → 발효 → 연속증류기 → 헌 통에 단기숙성 → 활성탄 여과(통에 숙성 시 착색된 그대로는 Golden럼이다.)
- Heavy Rum : 중후한 풍미를 가지고 있다.
- 이전에 증류하고 남은 발효액을 새로 만든 사탕수수즙에 혼합 → 발효 → 단식증류기 → 태운 통 속에서 착색 → 3년 이상 숙성(Full body Rum이라고도 한다.)
- Medium Rum, Light Rum과 Heavy Rum을 혼합하는 법
- Heavy Rum식으로 발효해서 연속증류기를 사용하는 법
- 상기 외에 Spiced Rum, 151 U.S.Proof Rum이 있다.

3) 럼의 주산지

- Cuba, Puerto Rico, Mexico, Jamaica, Demerara 등이며 세계적으로 사탕수수가 재배되는 곳에서는 럼을 생산하고 있다. 사탕수수의 원산지는 인도이다.

5. 테킬라(Teguila)

1) 테킬라의 역사

원산지는 Mexico로써 이 나라의 특산주이다. 최초에는 토착인에 의해 만들어졌다(Pulque).

16세기경 스페인으로부터 증류기술이 도입되어 Tequila가 생산되었다.

2) 테킬라의 원료 및 제법

- 용설란의 일종으로 멕시코 테킬라 지방에서만 재배되는 Agave = Maquey(술에 사용되는 것은 3가지)로 만든다.
- 8~10년생을 잎은 잘라내고 쪼개어서 삶는다(과당).
- 분쇄-압착-발효-증류(단식 2회로 55° 이내) 단기저장-블렌딩

3) 테킬라의 종류

- Tequila Blanco(테킬라 블랑코): 55° 이내로 증류된(법적) 테킬라를 잠깐 저장한 것으로 무색의 샤프한 맛이 있다.
- 테킬라 레포사도 : 오크통에 2개월 이상 숙성한 것으로 약간 황색을 띠고 있다.
- Tequila Anejo(테킬라 아네호) : 오크통에 1년 이상 숙성하여 강한 향기가 있다.

4) 테킬라의 법적 규제

- 원료는 Agave Americana, Agave Atrovirens, Agave Azul Tequilana 등 3품종으로 한정되어 있다.
- Agave Americana와 Agave Atrovirens를 발효해서 만든 술을 풀케(Pulque)라고 하며 양조주이다.
- 이것을 증류한 것은 메스칼(Mezcal)이라 부른다.
- Agave Azul Tequilana를 사용한 것을 51% 이상 함유해야 테킬라라는 이름을 붙일 수 있다.
- 테킬라 생산지역은 3개 지역으로 한정되어 있고, 그 이외의 지역에서 생산되는 증류주는 Pinos라고 한다.

6. 브랜디(Brandy)

1) 브랜디의 역사 이론

- 12세기경 이탈리아의 연금술사들에 의해 시작
- 13세기경 독일, 프랑스, 스페인 등의 연금술사가 증류해 낸 Aqua Vitae(생명의 물)에 기원한다.
- 프랑스 아르마냑 지방에서 발견된 문헌에 다르면 1411년에 이 지방에서

'생명의 물'을 증류했다는 기록이 있다.

- 16세기에는 프랑스 각 지역(보르도, 파리, 알자스 등)에서 증류를 했다는 기록이 있다.
- 17세기에 이르러 프랑스 코냑지방에서는 "Eau-de-Vie"로 불리어졌고, 종교전쟁으로 인한 포도밭이 황폐화되어 포도품질이 좋지 않았기 때문에 Wine을 증류하기 시작하여 현재와 같이 통에 저장숙성하게 되었다.

Brandy

2) 브랜디의 어원

- Eau-de-Vie(Vin Brûle) : 불어
- Brande-Wijn : Holland어
- Brandy : 영어
- 포도, 또는 기타 과실을 발효하여 증류한 술이다.
- 포도주를 증류한 것은 보통 Brandy라 부르고 기타 원료를 사용한 것은 Brandy 앞에 과실이름을 붙인다.

체크포인트(Check Point)

■ 숙성연도 표시

- Star(별)급 : 3년~
- V.O., V.S. : 5년~
- V.S.O.P. : 10년~
- Napoleon : 15년~
- X.O. : 25년~
- Extra : 50년~
- V.S.O.P는 Very, Superior, Old, Pale의 약자이다.

3 알코올성 음료 : 혼성주(Liqueur)

1. 혼성주의 정의

- 주류(Spirit)에 향, 색, 감미를 첨가한 술이다.
- 프랑스는 알코올 15% 이상, 당분 20% 이상, 향신료가 첨가된 술을 Liqueur라고 한다.
- 미국에서는 Spirit에 당분 2.5% 이상을 함유하며, 천연향(과실, 약초, 즙 등)을 첨가한 술을 Liqueur라고 하며, 자국산 제품을 Cordial이라고 한다.
- 화려한 색과 더불어 특이한 향을 지닌 이 술을 일명 '액체의 보석'이라 일컫고 있다.

2. 혼성주의 역사

- 중세기 연금술사들은 증류주에 약초, 향초를 넣어서 만든 생명회복의 영약을 만들려고 노력하였던 결과 비법의 술을 만들게 되었는데 이 기법이 리큐어의 시초이다.
- 이 술은 식물의 유효성분이 녹아들어 있는데 라틴어의 Liquefacere(리케파세르 : 녹는다, 녹이다)가 변하여 불어의 Liqueur로 부르게 되었다.
- 이 기법은 연금술사에게서 수도원의 승려에 전수돼 특이한 리큐어가 많이 생산되게 되었다.
- 근세에 이르러 대항해 시대를 맞으며, 원료는 다양해져 갔다.
- 18세기에는 과일의 향미를 주체로 한 단맛의 리큐어가 많이 생산되었다(Curacao).
- 19세기 후반 연속식 증류기의 개발로 고농도 알코올성의 더욱 세련된 고품질의 리큐어가 생산되었다.

3. 혼성주의 분류

1) 원료에 의한 분류

- 과실류
- 종자류
- 약초, 향초류

2) 제법에 의한 분류

- 증류법 : 증류주에 담갔다가 우려낸 다음 증류한다.
- 침적법 : 증류주에 담가서 향취, 향미가 술에 배어들면 여과한 것이다. (일부 숙성하는 것도 있다.)
- 향유혼합법 : 일명 에센스법이라고도 하는데 방향유를 알코올에 혼합하는 방법으로 품질은 약간 좋지 못하다.

4 알코올성 음료 : 칵테일(Cocktail)

1. 칵테일의 정의

술은 제품 그대로 마시는 경우를 스트레이트 드링크(Straight Drink)라 하고, 섞어서 마시는 경우 믹스 드링크(Mixed Drink)라고 한다. 칵테일은 바로 이 믹스 드링크라고 보면 된다. 즉, 술에 술을 섞거나 술에 청량음료 또는 과즙 음료, 기타 부재료를 이용하여 혼합된 음료를 말한다.

2. 칵테일의 역사

혼합된 음료의 기원은 아주 오래되었다. 기원전부터 이집트에서는 맥주에 꿀을 섞어 마셨고, 로마에서는 와인을 생수에 섞어 마시기도 했다. 1658년 인도주재 영국인은 펀치(Punch)를 고안해 냈다. 이 펀치는 인도어로 다섯을 의미하며 재료로는 술, 설탕, 라임(과일), 스파이스(주스), 물 등 다섯 가지를 사용한다. 이 혼합된 음료를 칵테일(Cocktail)이라 부른 것은 18세기 중엽쯤으로, 1748년 영국의 책자 'The Squire Recipes'에 칵테일이라는 단어가 나온다. 1870년대에 제빙기가 개발되어 근대적인 칵테일이 등장한다.

20세기에 이르러 미국에서 발달되어 현대적인 칵테일이 출현, 세계적으로 선풍적인 인기를 얻고 있다.

3. 칵테일의 분류

1) 용량에 따른 분류

- **롱 드링크(Long Drink)** : 용량이 많은 8oz 이상인 것
- **숏 드링크(Shot Drink)** : 용량이 적은 6oz 미만의 칵테일

2) 맛에 따른 분류

- Sweet Cocktail : 단맛이 강한 칵테일
- Sour Cocktail : 신맛이 강한 칵테일
- Dry Cocktail : 담백한 맛의 칵테일

3) 용도에 따른 분류

- Aperitif : 식욕증진을 위한 식전 칵테일이다.
- Befon Cer Cocktail : 정찬 전 약간의 시간이 있을 때 마시는 칵테일로 dry하다.
- After Dinner(Dessert) Cocktail : 식후주로 단맛을 지닌 칵테일이다.

4) 형태에 따른 분류

- **하이볼(High Ball)** : 증류주를 Base로 하이볼 글라스에 얼음을 넣고 청량 음료를 넣어 혼합한 것이다. (스카치소다, 버번 콕)
- **피즈(Fizz)** : 피즈라는 이름이 붙게 된 이유는 탄산음료를 개봉할 때와 따를 때 피-하는 소리가 난 데서 비롯된다. 진, 리큐르 등을 베이스로 설탕, 라임(또는 레몬)주스, 소다수를 넣고 과일로 장식한다. (진피즈, 슬로진피즈, 카카오피즈)
- **사워(Sour)** : 증류주에 레몬주스를 많이 넣어 시큼한 맛의 칵테일로 얼음을 제외하고 레몬체리를 장식한다. (위스키사워, 진사워)
- **슬링(Sling)** : 피즈와 비슷하나 약간 용량이 많고 리큐르를 첨가하여 과일을 장식한다. (싱가폴슬링)
- **코블러(Cobbler)** : '구두 수선공'이란 뜻으로 여름철 더위를 식히는 음료이다. 알코올 도수가 낮고 Fruity한 과일주를 베이스로 한다. (와인코블러, 커피코블러)
- **쿨러(Cooler)** : 술, 설탕, 레몬(또는 라임)주스를 넣고 소다수로 채운다.
- **펀치(Punch)** : 펀치볼(큰 그릇)에 과일, 주스, 술, 설탕, 물을 혼합하여 큰 얼음을 띄워 여러 사람이 떠서 먹는 음료이다. 또 술의 특성을 강조한 1인용 펀치도 있으며 이것은 코블러와도 유사하다.
- **프라페(Frappe)** : 프랑스어로 '잘 냉각된다'라는 뜻이다. 가루 얼음을 칵테일 글라스에 가득 채우고 술을 붓고 빨대를 꽂는다.
- **토디(Toddy)** : 뜨거운 물(또는 차가운 물)에 설탕, 술을 넣은 것이다.

- **에그녹(Egg Nog)** : 미국 남부지방의 전설에서 유래된 연말(크리스마스) 칵테일이다. 달걀과 우유를 사용한다.
- **플립(Flip)** : 대개 와인을 사용하며 달걀, 설탕을 넣은 것으로 에그녹과 비슷하다.
- **플로트(Float) 또는 Pousse Cafe** : 술의 중량을 이용하여 섞이지 않게 띄운 것이다.
- **스노 스타일(Snow Style)** : 눈송이 같은 분위기를 연출하며 경우에 따라 설탕 또는 소금을 사용한다. (Sugar · Salt Rimming)
- **미스트(Mist)** : 프라페와 비슷하고 Crushed Ice를 사용하며 용량이 약간 많다.
- **픽스(Fix)** : 약간 달고, 맛이 강한 것으로 코블러와 비슷하다.
- **데이지(Daisy)** : 증류주에 레몬, 라임주스, 그레나딘시럽(또는 리큐르) 등을 혼합한 뒤 소다로 채운다.
- **콜린스(Collins)** : 콜린스 가족에 의해 만들어졌기 때문에 이렇게 이름이 붙여졌다. 술에 레몬이나 라임즙과 설탕을 넣고 소다수로 채운다.
- **크러스터(Crusta)** : 술에 레몬주스, 약간의 리큐르(또는 비터)를 넣은 것으로 레몬껍질이나 오렌지 껍질을 넣은 칵테일이다.
- **줄렙(Julep)** : 민트 줄기를 넣은 칵테일이다.
- **리키(Rickey)** : 라임을 짜서 즙도 넣고 그 자체를 글라스에 넣고 소다수 또는 물로 채운 것으로 달지 않은 칵테일이다.
- **생거리(Sangaree)** : 와인 또는 증류주에 설탕, 레몬주스를 넣고 물로 채운다.
- **스매시(Smash)** : 줄렙과 비슷하나 Shaved Ice를 사용하며 설탕, 물을 넣고 민트 줄기로 장식한다.
- **스위즐(Swizzle)** : 술에 라임주스 등을 혼합하여 Shaved Ice와 함께 글라스에 서리가 맺히도록 젓는다. 스매시와 비슷하지만 알코올 도수가 훨씬 낮은 시원한 칵테일이다. (원래는 Hot Chocolate을 넣는다.)
- **트로피컬 칵테일(Tropical Cocktail)** : 열대성 칵테일을 의미하며 과일주스, 시럽 등을 이용하여 달고 시원하며 과일을 장식한 양이 많은 칵테일이다.
- **스쿼시(Squash)** : 과일즙을 짜낸 다음 설탕, 소다수를 넣은 것
- **에이드(Ade)** : 과일즙에 설탕, 물을 넣은 것
- **스트레이트 업(Straight up)** : 술에 아무것도 넣지 않은 상태로 마시는 것

• 온더락스(On the rocks) : 얼음만 넣고 그 위에 술을 넣은 상태로 마시는 것이다.

5) 기 타

• Hot Drink : 칵테일은 대개 얼음을 이용한 찬 것으로 생각하지만 커피류, 뜨거운 물을 이용한 따뜻한 것도 많이 있다.

5 비알코올/Non alcohol

1. 청량음료

1) 탄산(Carbonated)음료

• **탄산음료의 정의** : 순수한 물 또는 천연과즙에 단맛, 탄산수를 배합하여 만든 음료이다.

• **탄산음료의 발달**
  - 1772년 : 영국의 조셉 프리스틀리가 인공탄산수를 제조하는 데 성공하였다.
  - 1783년 : 스위스 주네브(제네바)에서 상업적인 생산 개시
  - 1794년: 미국에서 약용으로 활용
  - 1803년 : 과즙에 탄산수를 넣어 생산 판매
  - 1843년 : 미국 하이램 콘라드(Hiram Conrad)가 병목 막는 방법을 개발
  - 1892년 : 미국 윌리암 페인터(William Painter)가 오늘날의 병마개를 처음으로 만들었다.

• **탄산음료의 작용**
  - 청량감을 주고 미생물의 발육 억제, 향기의 변화를 예방한다.

• **탄산음료의 종류**
  - 콜라(Cola) : 1886년 미국 존스타인 펨버턴(Johnstein Pemberton : 약사)에 의하여 최초로 만들어졌다.
  - 콜라나무 열매에서 추출한 엑기스에 레몬, 라임, 설탕, 시나몬, 탄산가스 등을 혼합한 것이다.

- 소다수(Soda Water) : 인공적으로 탄산가스를 혼합한 물
- 사이다(Cider) : 원래는 사과를 발효시켜 만든 과실주를 말하지만 우리나라는 구연산, 감미료, 탄산가스를 함유시켜 만든다.
- 진저에일(Ginger ale) : 최초에는 생강으로 만든 술이었으나 현재는 생강의 향, 설탕, 탄산가스를 혼합한 음료이다. 식욕증진, 소화에 효과가 있다.
- 토닉워터(Tonic Water) : 레몬, 라임, 키니네껍질 엑기스, 설탕, 탄산가스 등으로 만든 것으로 원래는 더위, 식욕부진을 방지하기 위해 영국에서 처음 개발한 식민지용 보건음료였다.
- 7up : 과즙에 구연산, 당분, 탄산수를 배합하여 만든다.

청량음료

2) 무탄산음료

- **정의** : 탄산가스가 함유되어 있지 않은 음료를 말한다.
- **종류** : 물, 광천수(Mineral Water), 주스 등
  - 광천수; 천연수로 광물질(무기물)이 많이 함유된 물이다. 프랑스 에비앙(Evian), 프랑스 비시(Vichy), 독일 젤처(Seltzer) 등이 세계적으로 유명하다.

2. 영양음료

1) 주스류

• 정의: 과일즙, 설탕 등을 가공하여 만든 음료

• 종류

- 오렌지주스(Orange Juice)
- 토마토주스(Tomato Juice)
- 파인애플주스(Pineapple Juice)
- 그레이프주스(Grape Juice)
- 그레이프 프루트주스(Grapefruit Juice)
- 사과주스(Apple Juice)
- 야채주스(Vegetable Juice)
- 레몬주스(Lemon Juice)
- 라임주스(Lime Juice)

2) 유성음료(Milk)

• 우유제품 음료를 말한다.

3. 기호음료

• 커피(Coffee)

- 레귤러커피(Regular Coffee)
- 카페인이 없는 커피(Confineless Coffee) : Sanka Coffee

• 다류

- 홍차(Tea)
- 인삼차(Ginseng Tea)
- 녹차 등 기타 차

A coffee

[표 7-8] 음료의 재료와 분류표

구 분		주재료	와인	비고
알코올성 음료 (주류)	양조주	포도	• 자연산 와인 • 발포성 와인 • 강화 와인 • 방향 와인	
		사과	사이다	
		곡류	맥주 에일 스타우트 흑맥주 청주 한국술 중국술	
		용설란	폴카	
	증류주	곡류	스카치 위스키 아이리시 위스키 캐나디안 위스키 아메리칸 위스키	위스키
			보드카	보드카
			영국산 진, 네덜란드산 진	진
		사탕수수 당밀(럼)	쿠바산 럼 푸에르토리코산 럼 성 도밍도산 럼 하이티산 럼	가벼운 맛이 나는 것
		용설란	테킬라	
		티루트	오콜카오	
		포도	코나그 아르마나크, 기타 여러 명산지의 브랜드	브랜디
		사과	칼비도스, 애플잭	
		체리	키라쉬	
		서양자두	슬리보비츠, 미라벨	
		기타	소주, 중국술 등	
	혼성주		리큐어	
			압생트	향기로운 것
			비터즈	과일 맛

구	분	주재료	와인	비고
비알코올성 음료	청량음료		콜라, 사이다, 진저에일, 토닉워터, 소다수	탄산성
			미네랄워터, 비시수, 에비앙수, 젤처수	비탄산성
	영양음료	과실	오렌지주스, 파인애플주스, 레몬주스, 라임주스, 포도주스, 그레이프루트주스	과일주스
		토마토	토마토주스	야채주스
		우유	살균우유, 비살균우유	
		커피	레귤러 커피, 무카페인 커피	
	기호음료	차	홍차, 녹차, 인삼차	

자신의 몸에 맞지 않는 욕망에 사로잡히는 것은, 치수가 맞지 않는 남의 옷을 빌려 입고 싶어 하는 것이나 마찬가지다. 당신에게는 당신의 노래가 있다. 당신의 노래를 발견할 때 당신은 행복하다. 자신의 몸과 마음과는 전혀 다른 어떤 사람이 되고자 하지 마라. 그것은 불행의 시초가 된다.

– 팔트 –

Chapter 8

경험가치와의 거래 : 가격

Lesson 1. 호텔가격(고객 경험과의 거래)

Lesson 2. 호텔식음료 메뉴가격전략(Hotel F&B Menu Pricing)

제6장, 7장에서 호텔의 주요 수익센터인 객실부문과 식음료부문에 대하여 학습하였다. 이 장에서는 이러한 상품과 서비스 거래를 완성하기 위한 핵심기법인 '가격'에 대하여 학습하기로 한다.

만고의 진리

"한 통의 쓸개즙보다 한 방울의 꿀이 더 많은 파리를 잡을 수 있다"는 말은 만고의 진리이다. 인간관계에 있어서도 만일 누군가를 자기편으로 만들고 싶다면 우선 그 사람에게 당신이 그의 진정한 친구임을 확인시켜라.

– 링컨 –

Lesson 1 호텔가격

I 호텔가격책정방법

/ Hotel Pricing Methods : Maintaining a Favorite Occupancy Rate

가격은 물품이나 서비스의 가치를 경제적 · 화폐적으로 표현한 것이다. 가치는 애덤 스미스(Adam Smith : 1723~1790) 이래 수많은 경제학자에 의해서 논의되어 왔다.

호텔에서 객실요금을 책정하는 방법은 기업의 재정적인 목표를 달성하느냐에 상당한 영향을 끼칠 것이다. 객실요금이 가치에 비해 너무 비싸면, 고객은 불만족하게 되고 너무 낮으면 고객은 만족하지만 기업의 운영이 어려워질 것이다. 이에 적절한 가격책정전략이 요구되는 것이다.

호텔 운영자들은 객실요금을 책정하기 위해, 다음과 같은 다양한 가격책정방법을 사용한다.

1 가격책정방법

1. 직감적 방법/Intuitive Method

Intuitive Method는 사업에 대한 고도의 지식(비용, 이윤, 객실요금, 경쟁, 시장)을 요구하지 않는다. 운영자는 단지 책정된 객실요금이 적당한 가격이라고 생각하는 것을 사용하는 것이다. 운영자가 오랜 경험이 있다면 효과를 거둘 수 있으나 다양하고 복잡한 시장환경에서는 보다 과학적인 방법과 조화를 이룰 필요가 있다.

2. 시행착오방법/Trial-and-error Method

Trial-and-error Method 방법은 객실요금이 판매와 이익에 미치는 영향을 보기 위해 가격을 올렸다 내렸다 한다. 이익이 명백하게 극대화되면, 그 수준에 맞춰 객실요금이 책정된다. 그러나 이 방법은 객실요금 외에도 판매와 이익에 영향을 끼치는 다른 많은 요소들(예를 들어 일반적인 경제상황과 경쟁)이 있다는 사실을 무시한다. 따라서 적정하다고 생각되는 가격이 후에 이 요소들로 인해 영향을 받게 된다. 또한, 이 방법을 시험하는 기간에 고객들에게 혼란을 줄 수도 있다.

3. 가격할인방법/Rate-cutting Method

경쟁사들에 비해 가격을 낮추어 가격을 책정하는 것이다. 이 방법을 사용하려면 내린 객실요금을 채울 수 있을 만큼 더 많은 객실을 팔아야 한다. 만약, 이 방법으로 인해 경쟁사들로부터 손님을 끌어들이게 되면 경쟁사들도 요금을 내리게끔 만들어, 객실요금을 둘러싼 경쟁이 생길 것이다.

4. 고가격 방법/High Rate Method

또 하나의 방법은, 경쟁자들에 비해 일부러 높은 가격을 부르고, 광고를 통하여 많은 손님들이 가격에 준하여 호텔의 수준이 우수하다고 강조하는 것이다. 그러나 만약 이 전략을 조심스럽게 사용하지 않으면, 예를 들어 높은 객실요금과 좋은 품질이 상응하지 않는다면, 이를 깨달은 고객들은 다른 호텔로 가게 될 것이다.

5. 경쟁가격 방법/Competitive Pricing Method

Competitive Pricing Method는 요금경쟁을 하는 다른 호텔들의 가격에 맞추고 위치, 분위기, 그리고 요금에 포함되지 않는 다른 요소들을 차별화시키는 것이다. 업계에서 일반적으로 요금을 책정하는 주도권을 잡은 호텔이 하나 있어, 가까운 경쟁사들이 가격의 오르고 내림을 그 호텔에 맞출 경우, 이 방법은 리더추종방법(follow-the-leader)인 것이다. Competitive pricing Method는 한 호텔과 다른 호텔 사이에 존재하는 제품과 비용의 차이와 같은 문제에 대한 지식 없이 사용될 경우 위험할 수 있다.

6. 건물비용대비 가격책정방법/Rule-of-thumb Method

손쉽게 계산가능한 방법 중 하나로는, 소위 $1,000 당 $1 의 접근법이라 불리는 방법이다. 호텔을 짓는 데 있어서 가장 비용이 많이 드는 것은 건물비용이기 때문에, 건물에 든 비용과 청구될 객실요금 사이에 직접적인 관계가 있어야 한다고 논의되어 왔다. 이로부터 건물에 든 비용 $1,000당 객실요금에 $1를 적용하는 rule-of-thumb방법이 만들어졌다. 만약 100개의 객실을 가진 호텔의 건물비용이 $4,000,000라면, 공사에 든 평균비용이 객실당 가격은 $40,000가 되는 것이다.

$$\frac{\$4{,}000{,}000}{1{,}000} = \text{객실당 } \$40{,}000$$

이 방법은 특정한 상황과 가정 아래에서는 가능하다. 예를 들어 상대적으로 큰 규모의 호텔(몇 백 개의 객실을 가진 호텔)에서, 상점과 매점으로부터 호텔의 이자와 부동산세를 낼 수 있는 세가 나오고, 다른 부서(식음료 등)들이 전체적인 호텔 운영에 이익을 창출하고 연중 객실이용이 70%에 이른다는 것들이 있다. 그러나 다음의 작은 두 호텔을 고려해 보자. 호텔 A는 공공시설이 없고, 호텔 B는 넓은 로비와 레스토랑/커피숍 그리고 연회장을 갖고 있다.

	호텔 A	호텔 B
건물 비용	$2,000,000	$2,600,000
객실수	50	50
객실당 비용	$40,000	$52,000
$1,000당 $1의 객실요금	$40	$52

만약, $1,000당 $1의 rule-of-thumb 방법을 적용하면 두 호텔이 같은 경쟁시장에 있다고 가정한다면 호텔 B는 호텔 A에 비해 현저하게 불리할 것이다. 이 방법은 현재의 자금조달비용을 포함한 현재의 비용을 무시하고 객실요금이 과거의 건설비용에만 묶여 있게 한다.

2 종합/Using the Right Method

위에서 간략하게 소개된 방법들은 호텔 운영자들이 쉽게 이해하고 이행될 수 있기 때문에 흔하게 사용된다.

객실요금을 올바르게 책정하는 것은 이익을 높이기 위해 효과적으로 사용되는 마케팅 도구이다. 주로 요금과 수익 사이의 균형을 찾는 문제가 난점이다. 바꿔 말하면, 요금은 수익에 미치는 영향을 고려한 후에만 책정되어야 한다. 예를 들어, 더 많은 손님을 끌어들이기 위해 요금을 내릴 수 있지만, 늘어난 손님을 접대할 비용을 감당하지 못할 정도의 수준까지 요금을 내리면 이익은 증가하기보단 감소할 것이다.

Ⅱ 호텔가격책정 전략

1 전략적 가격책정/Long-run or Strategic Pricing

장기간 동안에는 시장에서의 수요와 공급에 따라 가격이 결정된다. 그 시장에서 경쟁할 수 있도록 요금을 책정하면, 요금은 호텔의 장기간에 걸친 전반적인 재정적 목표를 염두에 두고 책정해야 한다. 전형적인 목표는 다음 중에서 어떤 것도 될 수 있다. 판매 수입의 극대화, 소유주가 투자한 돈의 극대화, 이익의 극대화, 사업 성장의 극대화(새로 지은 호텔에서), 또는 업계에서의 역할을 유지하거나 증가시키기(이미 설립된 호텔에서).

용의주도한 가격책정 전략은 사업의 목표나 목표들에서부터 나오는 것임은 물론, 장기간에 걸쳐 이 목표들이 변할 수 있다는 것을 깨닫게 한다.

2 상황타개형 가격방법/Tactical Pricing

장기간의 가격책정 전략과 동시에, 매일매일 일어나는 상황에 유리하도록 단기간의 또는 수완이 좋은 가격책정 정책들이 필요하다. 이러한 상황은 다음과 같을 수 있다.

- 짧은 기간 동안 경쟁자들에 의하여 만들어진 객실요금 변화에 대응해야 할 때
- 새로운 경쟁자들로 인해 요금을 조정해야 할 때
- 이익을 창출하면서도 단체손님을 수용하기 위해 어느 정도 할인할지 알아야 할 때
- 증가한 비용을 충당하기 위해 요금을 어느 정도 인상해야 할지 알아야 할 때
- 부동산을 새롭게 할 때 드는 비용을 충당하기 위해 객실요금을 어느 정도 인상해야 할지 알아야 할 때
- 새로운 시장의 범위에 이르기 위해 요금을 조정해야 할 때
- 비성수기에 사업을 활성화시키기 위해 요금을 어느 정도 할인할지 알아야 할 때
- 특별 할인요금을 제공해야 할 때

3 가격책정 시 고려사항

전략적인 가격책정을 효과적으로 이용하기 위해서는 네 가지 요소를 기억해 두어야 한다.

이 요소들은, 수요의 가격탄력성, 비탄력성, 대체재의 가능성, 고객의 습관, 원가구조, 경쟁, 상품차별화 등이다.

1. 수요의 가격탄력성(Elasticity of Demand)

Elasticity of Demand는 가격이 변화할 때 그 제품의 수요에 대한 반응과 관계있다. 작은 가격의 변화로 수요에 큰 변화가 일어나면 이것은 elasticity of demand라고 한다.

호텔에서 수요가 신축적인지 아닌지 시험할 수 있는 가장 쉬운 방법은 요금이 변화될 때 전체 판매에 어떤 일이 일어나는지 주목하는 것이다. 수요가 신축적이면, 요금의 하향으로 총판매가 늘어난다. 왜냐하면 각 객실을 낮은 가격으로 팔아도 내린 가격을 보충하고도 남을 만큼의 추가 객실이 팔리고 있기 때문이다.

예를 들어, 호텔의 평균 객실요금이 $50.00이고 한 주에 평균적으로 1,000개의 객실이 팔린다고 가정해 보자. 한 주당 총수입은 $50,000이다. 만약 평균요금이 5% 할인되어 $47.50가 되고 평균 주중 이용률이 10퍼센트 증가하여 1,100개의 객실이 팔리면, 총수입은 전보다 $2,250가 많은 $52,250가 된다. 수요는 탄력성이

있다. 일반적인 이론은 수요가 탄력적이라면, 객실요금의 변화는 총수입을 요금의 변화와 정반대 방향으로 변하게 만든다.

2. 수요의 가격비탄력성(Inelastic Demand)

수요가 탄력적이지 않으면, 객실요금의 하향은 총수입도 하락하게 만든다. 약간 증가된 객실의 판매는 평균요금의 감소를 보충할 만큼 충분하지 못하다. 수요가 탄력적이지 않으면 요금의 변화와 총판매는 똑같은 방향으로 갈 것이라고 다시 한 번 추론하여 말할 수 있다.

바꿔 말하면, 수요가 탄력적이면 요금의 변화는 판매되는 객실의 수에 영향을 조금 끼치거나 아예 영향을 주지 않지만 총수입에는 영향을 끼칠 것이다. 객실요금이 인상되면, 전체 수입이 늘어나고, 요금이 내려가면 전체 수입도 감소할 것이다. 그러므로 수요가 탄력적이지 않으면, 객실요금을 할인하는 것은 가치가 거의 없다. 총수입과 기본적 이익이 줄어들 것이다.

3. 대체재의 가능성(Availability of Substitutes)

수요의 신축성에 영향을 끼치는 하나의 요소는 대체품의 가능성이다. 일반적으로 가장 높은 요금을 청구하는 호텔들은 고객들이 대체할 수 있는 호텔의 수가 적기 때문에 꾸준한 영업이 가능하다. 경쟁이 적은 특급호텔은 더 높은 요금을 청구할 수 있다. 왜냐하면 그 호텔을 이용하는 고객들은 비싼 요금을 지불할 능력이 있고, 그러길 바라며, 요금이 인상될 경우 일반적으로 덜 호화스러우면서 가격이 싼 호텔로 가지 않기 때문이다.

반면에, 저렴한 요금의 객실을 원하는 가족단위의 손님을 상대로 하는 수많은 리조트 중 한 호텔이 경쟁사들과 달리 객실요금을 인상하면 상당한 영업 손실을 입게 될 것이다. 요금에 민감한 손님들은 쉽게 다른 호텔로 갈 것이다. 그것은 고객들에 의해 한 호텔이 쉽게 대체될 수 있다고 말할 수 있다.

그러므로 일반적으로 호텔을 이용하는 고객이 버는 수입이 적을수록 수요가 더 탄력적이며 그 역 또한 성립한다고 말할 수 있다.

4. 고객의 습관(Customer's Habit)

호텔을 이용하는 고객의 습성은 고객의 수입 정도와 긴밀하게 연결되어 있다. 호텔을 습관적으로 이용하는 손님일수록 요금의 인상에 적게 반발할 것이다. 왜냐하면 다른 상품을 구매할 때와 마찬가지로 호텔의 브랜드에 대해서 충성심이 있기 때문이다.

그럼에도 불구하고 호텔이 반복적인 영업에 의존한다면 객실요금의 변화가 그 loyalty에 작용하는 영향을 염두에 두고 있어야 한다. 예를 들어 상품(또는 특정한 호텔)에 대한 충성심과 수요는 고려 중인 시간이 길수록 탄력적인 경향이 있다. 고객들은 습성이 있는 생물이고 충성심이 생기기도 하지만, 시간이 지날수록 그 습성과 충성심은 변할 수 있다.

그러므로 사업을 하고 있는 시장에서의 수요의 탄력성과 고객들의 충성심 정도를 의식하고 있어야 한다. 이 시장 지향성은 특히 단기간 내의 결정, 예를 들어 비성수기 동안에 특별요금의 장려와 같은 결정을 하는 데 중요하다. 수요가 굉장히 탄력적인 곳에서 이러한 할인요금은 특히 적절하다.

5. 원가구조(Cost Structure)

호텔의 구체적인 원가구조는 가격을 책정하는 데 영향을 주는 또 하나의 중요한 요소이다. 이 글에서 말하는 원가구조란 비용을 고정비용과 유동비용으로 나누는 것이다. 고정비용은 보통 단기간 안에 변하지 않는 비용이다. 유동비용(예를 들어 하우스키핑 비용)은 객실 사용에 따라 증가하거나 감소하는 비용이다.

호텔이 유동비용대비 상대적으로 높은 고정비용을 갖고 있다면 객실 사용이 증가되고 늘어남에 따라 안정된 이익이 없을 것이다. 이러한 상황에서는 시장 내에서 적정한 요금을 매기는 것이 상당히 중요해진다. 단기간 동안 유동비용의 증가는 고정비용과 이익에 기여할 것이고 유동비용이 적을수록 가능한 요금의 범위가 넓다.

예를 들어, 보통 객실을 $50에 팔고 한 개의 객실을 팔 때 $10의 유동비용이 들면 $10와 $50 사이의 어떤 가격이든 고정비용과 기본적 이익에 기여할 것이다.

이 유동비용 또는 한계수익점의 비용에 관한 이 개념은 단기간에만 효과적이라는 것에 주목하자. 장기적으로는 기본적 이익을 생산하기 위해 고정비용과 유동비용으로 충당할 수 있도록 객실요금이 책정되어야 한다.

6. 경쟁(The Competition)

호텔이 처해 있는 경쟁적인 상황은 요금책정에 중요한 영향을 끼친다. 해변지역에 접근하고 있는 호텔 등의 경우 이외에는 매우 적은 수의 호텔들이 독점적인 상황에 있다.

독점이나 독점에 가까운 상황이 있을 때는 가격을 결정함에 있어서 보다 많은 유연성이 있다. 그리고 실제로 요금을 결정하는 데에 원래 정당한 가격보다 더 많이 청구할 수 있음이 당연하다. 그래도 이러한 상황에서 고객은 그 호텔을 이용할 것인지 아닌지를 결정할 자유가 있다. 또한 높은 요금이 널리 행해지는 대부분의 독점적인 사기업 상황에서는 새로운 호텔사업가들이 매료되어 경쟁하기도 한다.

그러나 대부분의 호텔은 객실요금에 따라 민감하게 수요가 결정되는 단순한 경쟁적인 상황에 있다. 이러한 상황에서는 요금의 관점에서 보았을 때 한 호텔에서 다른 호텔을 선택할 수 있는 폭은 좁아진다. 그러므로 요금은 매우 경쟁적이 되기 쉽다.

접전을 벌이는 상황에서 경쟁가격은 다른 여러 상황을 고려하지 않고 활개를 칠 것이다. 불행히도 경쟁력 있는 가격을 행하는 운영자는 자신의 호텔이 다른 경쟁자들에 비하여 뛰어난 면이 있어 수요가 감소하지 않으면서도 가격을 높게 받을 수 있는 사실을 인식하지 못할 수 있다.

7. 상품차별화(Product Differentiation)

경쟁이 심한 상황에서 똑똑한 호텔 운영자는 경쟁사의 객실요금을 따라하지 않을 것이며 오히려 그가 처한 상황의 강점과 약점은 물론 경쟁사의 강점과 약점을 살펴본다. 강점과 약점을 분석하면서 경쟁사로부터 상품을 차별화시키도록 노력하고 특별함을 강조해야 한다.

차별화에 성공한 호텔들은 객실요금을 자유롭게 책정할 수 있다. 이 차별화는 환경과 분위기, 인테리어, 위치, 전망, 그리고 그와 유사한 것들일 수 있다. 차별화가 되면 psychological pricing이 실행될 수 있음은 물론이다.

심리학적 가격책정(Psychological pricing)에서는 특징적인 상품을 위해 손님이 지불하기를 바라는 요금에 따라 가격이 책정된다. 차별화가 클수록, 요금을 더 높게 받을 수 있다. 예를 들어, 이러한 상황은 틈새시장을 공략하여 만들어져 독점에 가까운 상황에 있는 최신 호텔들에 널리 보급되어 있다.

4 종합/Pricing Summary

요약하면, 요금을 책정할 때 모든 호텔에 적용될 수 있는 단 하나의 방법은 없다. 각 호텔은 각자의 종합적인 목표와 관련된 다소 다른 장기간의 요금책정 전략을 가질 것이고, 각자의 시장상황에 의존하는 적절한 단기간의 요금책정 전략을 채택할 것이다.

체크포인트(Check Point)

■ A Logical Approach to Pricing

지금까지의 내용에서, 객실요금을 책정할 때 이익의 역할은 일반적으로 무시되었다. 왜냐하면 청구되는 요금과 전체적인 판매 사이에 관계가 있고, 요금은 호텔의 능력에 영향을 미칠 것이다.

그러므로 요금을 책정할 때의 유용한 접근법은, 요구되는 수익으로부터 시작하여, 고정과 유동비용을 계산하고, 기대되는 이익을 달성하기 위해서 요구되는 판매의 정도와 청구되어야 할 객실요금을 결정하는 것이다.

이 방법은 이자도 사업을 하는 데 드는 일종의 비용이라고 가정하는 것이다. 실제로도 그러하다. 만약에 은행이 특정한 이자율로 당신의 호텔에 돈을 빌려준다면, 이자비용은 사업을 위한 일종의 비용으로 간주된다. 은행은 투자자이다. 소유주로서의 당신도 또한 투자자이다. 당신도 당신이 투자한 돈, 또는 투자한 시간에 대한 이자를 기대할 것이다. 다만, 당신의 '이자'는 이익으로 불리어진다. 그러므로 이익은 다른 종류의 비용일 뿐이다. 이 개념은 원하는 이익을 가져오기 위해 객실요금을 책정할 때 유용하게 사용될 수 있다.

객실 50개를 가지고 있는 다음의 Motorway Motel에 대해서 고려해 보자. Motorway 모텔은 다음 해의 평균 객실요금이 얼마여야 할지 결정하고 싶어한다. 기대하는 이익을 포함한 Motorway의 고정비용은 $411,000이고, 유동비용은 판매의 25퍼센트이다. 유동비용이 판매의 25퍼센트라면, 고정비용은 75퍼센트일 것이다(전체 판매량을 100으로 보았기 때문에). 그러므로 기대하던 이익을 가져올 수 있게 다음 해의 전체 판매를 계산하면 다음과 같다.

만약 전체 판매의 75% = $411,000
그러면 100% = $411,000/75% = $548,000

모텔이 지속적으로 70퍼센트의 이용률로 운영된다고 가정한다면, 다음 해에 다음과 같은 객실을 판매할 것이다.

50 × 70% × 365 = 12,775개

그러므로 평균 객실요금은 다음과 같아야 한다.

$$\frac{\text{필요한 이익}}{\text{팔아야 할 객실}} = \frac{\$548,000}{12,775} = \$42.90 \text{ 반올림하여 } \$43.00$$

이 숫자 $43.00는 단지 평균 객실요금이고, 반드시 어떤 특정한 객실의 요금이 아니라는 것에 주의하자. 대부분의 호텔은 다양한 크기와 종류의 객실을 가지고 있으며, 각 종류의 객실은 싱글 occupancy 요금이 있고 더블 occupancy는 더 비싼 요금이다. 다양한 종류의 객실과 여러 가지 요금이 있어, 계산된 평균요금은 특정한 종류의 객실의 실제 요금에 대한 길잡이만 된다. 객실의 크기, 인테리어, 그리고 전망은 요금의 균형이 이루어지기 위해서 고려해야 할 요소들이다.

체크포인트(Check Point)

■ Double Occupancy

2인이 사용하는 객실요금은, 똑같은 방을 1인이 사용할 때보다 높은 요금이 적용되기 때문이다. Double Occupancy의 비율이 높을수록, 결과적으로 얻는 평균적인 요금도 높다.

예를 들어, Motorway Motel이 평균적으로 적어도 $43.00를 달성했다고 보장할 수 있는 안전한 방법은 그 가격을 모든 객실의 최소 싱글요금으로 적용하는 것이다. 더 높은 싱글요금으로 팔린 객실이나, Double Occupancy 요금으로 팔린 객실 평균요금이 $43.00보다 높아질 것이다. 불행히도, 경쟁과 고객의 반대가 이 같은 접근법을 어렵게 만들 것이다.

Calculating Single and Double Rates

표준이 되는 방의 종류가 한 개, 모든 방들이 같은 싱글 또는 더블요금일 때, 이 요금이 얼마여야 할지 계산하는 방법이 있을까? 싱글요금과 더블요금의 차이가 얼마인지, 더블 이용률이 몇 퍼센트가 될지 알 수 있다면, 그에 대한 답은 "있다"이다.

이 방법을 설명하기 위해 객실이 50개인 Motorway Motel의 정보를 이용하겠다. 우리는 $43.00가 모든 비용을 충당하고 원하는 이익을 얻을 수 있는 평균요금임을 알 수 있다. 현재 평균 이용률이 70%이다. 지난 경험으로 더블 occupancy요금이 40%라고 가정하면(즉, 이용되는 객실의 40%는 두 사람이 사용한다) 그리고 우리는 싱글과 더블 요금의 차이를 $10.00로 하고 싶다. 더블 occupancy 요금은 다음과 같이 계산된다.

연간 총 고객수	17,885
사용된 최소한의 객실수	12,775
2인이 사용한 객실수	5,110

$$\text{double occupancy 비율} = \frac{5,110}{12,775} \times 100 = 40\%$$

이 방 50개짜리 모텔에서 70%의 객실점유율과 40%의 double occupancy가 있는 전형적인 저녁에는
70% × 50 = 35개의 객실이 사용될 것이다.
40% × 35 = 14개의 객실을 두 명이 사용한다.
35 − 14 = 21개의 객실은 한 명이 사용한다.
따라서, 이러한 전형적인 저녁에서는 총 수입이

35객실 × 평균 객실요금 $43.00 = $1,505

이제 문제는 21개의 싱글룸과 14개의 더블룸을 얼마에 팔아야 총 수입이 $1.505이 될까?(더블룸은 싱글룸보다 $10.00를 더 받는다. 산수로 표현되면 다음과 같다($x는 미정의 싱글요금)

$$
\begin{aligned}
21\$x + 14(\$x + \$10) &= \$1.505 \\
21\$x + 14\$x + \$140 &= \$1.505 \\
35\$x &= \$1.505 - \$140 \\
35\$x &= \$1.365 \\
\$x &= \$1.365/35 \\
\$x &= \$\ 39.00
\end{aligned}
$$

그러므로 싱글요금은 $39.00이고 더블요금은 $39.00 + $10.00 = $49.00이다. 이 요금이 정확한지 증명해 보자.

21개의 싱글룸 × $39.00 = $819.00
14개의 더블룸 × $49.00 = $686.00
35개의 객실 × $43.00 = $1,505.00

이것은 주어진 상황에서의 객실요금이다. 이것은 다음 해에 대한 예측이 올바르다고 할 때 Motorway Motel이 받아야 할 요금이다. 이 단원에서 앞서 말한 요소들이 Motorway Motel로 하여금 요금을 내리게 할 수 있기 때문에 실제로 청구되는 요금이 아닐 수 있다. 이 같은 경우 기대한 것보다 적은 액수의 이익이 돌아온다.

다른 한편으로는 그 공간에 높은 건설비용과 운영비용으로 만들어진 새로운 공공시설로 고객들이 지불하기를 원한다면, Motorway Motel로 하여금 위에서 계산된 가격보다 높은 요금을 받을 수 있게 한다. 이러한 경우, 필요한 투자비용보다 많은 이익이 돌아온다. 적절한 객실요금을 결정하려고 할 때, 평균요금을 감소시킬 만한 다른 요소들에는 다음 사항도 포함된다.

- 가족요금의 할인
- 상업용 여행자에 대한 할인
- 여행사 수수료(따로 계산되지 않을 때)
- 컨벤션이나 단체요금
- 정부요원의 요금
- 주 단위 또는 월 단위 요금

다른 한편으로는, 한 객실을 3인 이상이 이용하는 고객에게 청구되는 추가요금은 평균요금의 상향에 영향을 줄 것이다.

체크포인트(Check Point)

■ 평균 점유율

	해리의 호텔	힐러리의 호텔
토요일	40%	60%
일요일	40	60
월요일	70	70
화요일	90	70
수요일	90	80
목요일	90	80
금요일	70	70
평균	490%	490%

두 호텔 모두 객실의 평균 점유율은 같지만, 요일에 따른 분석을 보면 차이점이 있다는 것을 볼 수 있다. 해리의 호텔은 주말에는 객실이용률이 매우 저조하지만 주중의 객실 이용률은 높다. 반면에, 힐러리의 호텔은 상대적으로 주말에 영업이 잘 되고, 주중에는 괜찮지만 높은 수준은 아닌 이용률을 보인다. 그녀는 주말 판매의 촉진뿐만 아니라 주중 이용률을 높이는 방면으로 홍보를 해야 할 것이다.

Lesson 2

제13주

호텔식음료 메뉴가격전략

Hotel F&B Menu Pricing

I 메뉴의 가격

1 메뉴의 가격결정 시 고려해야 할 25가지의 성공적인 열쇠

1. 비록 각각의 메뉴의 비용계산은 객관적이고 논리적이어야 하지만 가격의 결정은 주관적일 수 있다.
2. 가격을 매기는 데는 재정적인 면만이 아닌 주변의 다양한 시장상황에 따른 다양한 요인들을 모두 고려해야 한다.
3. 모든 메뉴의 최적가격을 결정하는데 한 가지의 가격결정방법만이 사용될 수 있다.
4. 가격은 절대적으로 비용에 의해서만 결정되는 것이 아니며 모든 메뉴가 같은 이윤을 남길 수 없다.
5. 가격결정에 영향을 미치는 간접요인(부대시설, 장소, 분위기, 고객응대 등)을 고려한다.
6. 가격결정에 영향을 미치는 중요한 심리적인 면을 고려한다.
7. 가격은 시장에서 또는 고객의 수요에 의해서 결정된다.
8. 결국에는 가격이 손님을 결정한다.
9. 손님들이 지불하려는 가격에서 이윤을 만들어낼 수 있어야 한다.
10. 품질은 비용이 들지만 손님들은 기꺼이 지불할 용의가 있다.
11. 재료비가 가격과 이윤을 결정짓는 유일한 요소가 아니다.
12. 메뉴 중에서 특별한 것에는 독점적인 위치를 갖는 것이므로 비싼 값을 매길 수 있다.

13. 가격할인이 경제적으로 유리하게 작용하기 위해서는 가격의 감소를 상쇄할 정도로 고객의 수가 증가해야 한다.
14. 가격할인으로 줄어든 이윤을 회복하기 위해 추가로 필요한 고객의 수를 계산해야 한다.
15. 평균 계산서를 계산하라고 하면 손님들의 수에 의해 음료의 판매를 나눌 것이다.
    - 평균 계산서는 아침, 점심 그리고 저녁식사를 확인하는 일반적인 방법이다.
    - 평균 계산서는 단지 손님들이 지불한 것을 보여주는 것이고, 매일매일 판매목표를 이루게 하는 것이 아님을 알아야만 한다.
16. 모든 식당은 손님에 따라 가격분류를 한다.
17. 유사 또는 경쟁메뉴의 가격 차이를 안다.
18. "가격-가치"와 "가치-가격"은 같은 것이 아니다.
19. 부과할 수 있는 가격과 고객이 지불하려는 가격점에 영향을 미치는 경쟁적인 요인들을 안다.
20. 주요리의 평균가격은 추가되는 항목의 가격에 영향을 미친다.
21. 구매자들의 가치인식은 질과 양 그리고 가격, 3가지 요소의 함수이다.
22. 메뉴의 가격은 수입을 운용하는 방법이다.
23. 마음대로 먹을 수 있는 샐러드와 음식판매대의 비용과 가격을 어떻게 정하는가?
    - 손님당 가격을 결정하는 것은 식사시간 동안에 모두 소비되는 것들을 보충하는 데 사용되는 재고를 포함하는 판매대를 준비하는 데 필요한 모든 음식의 비용을 결정하는 것으로 시작된다.
24. 특정의 평균 계산서를 만들어내는 온스당 가격을 정하는 것이 중요하다.
    - 우선 각자의 가중치를 계산하여 원하는 만큼의 평균계산을 만들어내도록 온스로 나눠야 한다.
25. 메뉴의 가격을 인상하는 전략

① 소수점 오른쪽의 25, 50, 75 그리고 95센트의 자투리 인상을 사용한다.

② 특별히 디자인과 형식을 바꾸어 새로운 메뉴표를 만들 때 가격을 올려서는 안된다.

③ 옛날 가격에 선을 긋거나 덮어씌워서 새로 프린트하는 비용을 줄일 만한 가치는 없다.

④ 가장 쉽게 알아차려지는 가격인상은 $9.95에서 $10.25처럼 $1의 인상

이다.

⑤ 크기나 부수물이 이미 본질적이라면 비용을 줄이기 위해 크기를 줄이거나 부수물 중의 한 가지를 없애는 것을 고려한다.

⑥ 경계를 넘어서 값을 올리지 마라.

⑦ 신선한 생선과 해산물처럼 매주 또는 매월 비용이 변하는 항목은 가격을 정해서는 안된다.

- 메뉴에 "시장에 따라 값이 정해진다"는 문구와 함께 리스트를 만들고 매일 값을 정하는 게 낫다.

⑧ 칼럼이나 페이지의 오른쪽 사이에 한 줄로 가격을 적어 내려가는 일반적인 메뉴디자인을 피한다.

- 메뉴에서 마지막 단어에서 오른쪽 끝까지 점으로 된 선을 메뉴에서 보았을 것이다. 그러한 방식은 가격을 메뉴판에서 돋보이게 한다.
- 손님들은 가격을 알고 항목에 따르기보다는 가격에 따라서 선택하게 된다.
- 가격에 덜 지배적이지 않도록 메뉴설명의 마지막 단어 바로 뒤에 가격을 써넣는다.
- 게다가 고가에서 저가로 또는 반대로 가격에 따라 메뉴를 써넣지 않는다.
- 섞어놓는다. 그리고 물론 메뉴의 순서를 정할 때 새로운 것이나 가장 인기있는 항목을 기억하고 있어야 한다.

2 식음료 메뉴가격 결정법/Food and Beverage Menu Pricing

1. 비용지향적 가격결정

- 가격을 결정하는 방법에는 크게 비용지향적 가격결정과 경쟁지향적 가격결정 방법이 있다. 비용지향적 가격결정은 사전에 결정된 마진을 메뉴원가에 추가하는 방법인 마진확보방법과 일정한 마진확보를 위해 원가를 목표로 하여 적절히 조정하여 가격을 결정하는 방법이 있다.

2. 경쟁지향적 가격결정

- 경쟁지향적 가격결정은 경쟁자의 가격을 고려하여 그와 비슷하게 아니면 그보다 높거나 낮게 가격을 결정하는 방법이다. 즉 원가구조나 메뉴가 유

사한 경우에는 경쟁자와 비슷한 가격을 책정하고, 차별화된 메뉴와 서비스로서 시장 진입이 가능한 경우에는 경쟁자보다 높은 가격을, 경쟁자보다 낮은 가격을 책정하는 경우에는 경쟁자의 시장을 잠식하거나 방어해야 할 때 이러한 가격결정으로 대처한다.

3. 고객 중심의 가격결정법

- 고객의 입장에서 경영자가 가격을 결정하는 방법으로 고객이 지불할 수 있는 수준으로 가격을 결정하는 방법이다.

4. 저가격법

- 신제품의 시장침투를 위하여 채택하는 가격법으로 새로운 메뉴를 전체 체인업소를 통하여 낮은 가격에 판매하여 고객의 주의를 끌며 단기간에 시장 점유율을 높이고자 하는 경우에 사용되는 가격결정법이다.

5. 특별봉사 가격법

- 고객의 주문이 한 메뉴로 한정되지 않는 점을 이용하여 특정메뉴의 가격을 특별봉사가격으로 설정함으로써 고객의 방문을 유도하고 다른 메뉴로부터 그 이윤을 보상하는 방법이다.

  예 패스트푸드점에서의 햄버거 메뉴를 최저가격으로 봉사하여 음료수나 프렌치프라이와 같은 다른 메뉴를 판매함으로써 총 이윤을 증가시키는 방법이다.

6. 이윤가격법

- 이윤가격법은 식품의 원가와 이윤을 함께 고려하여 결정하는 방법으로 실용적이며 합리적인 가격결정법이라 할 수 있다. 이는 연간매출액과 영업비, 매출이익에 따라 가격승수를 결정한 후 표준원가에 배부하는 방법이다.

• 다음의 예를 계산해 보자.

갑 업소(설렁탕 전문)의 1년 예산계획

• 예상 총매출 – 10억 원
• 예상매출이익 – 1억 원
• 식품외 비용 – 5억 원
• 메뉴당 표준원가 – 1,500원

㉠ 총식품원가

= 총매출액 – (식품외 비용 + 매출이익) = 10억 – (5억 + 1억) = 4억 원

㉡ 가격승수의 산출

= 총매출액/총식품원가

= 10억/4억 = 2.5억

㉢ 메뉴별 기본가격

= 표준메뉴원가 × 가격승수

= 1,500원 × 2.5 = 3,750원

작고, 이름 없고, 기억조차 할 수 없는 친절과 사랑의 행위들, 이것이 우리 인생에 있어서 가장 귀한 부분을 이룬다.

- 워즈워스 -

Part 6

호텔경영 성과분석과 새로운 경쟁방법의 도출

Chapter 9. 거래의 확인 및 정산, 그리고 정보의 도출 : 회계 및 재무관리

A dream

Chapter 9

거래의 확인 및 정산, 그리고 정보의 도출 : 회계 및 재무관리

Lesson 1. 호텔회계에 대한 이해(Understanding Hotel Accounting)

Lesson 2. 호텔경영분석(Hotel Business Analysis : Story Reading)

Back office

참고 견디는 동안 한 달 두 달 그 자리에 가까이 가게 되는 것이다. -러셀-

Lesson 1

제14주

호텔회계에 대한 이해

Understanding Hotel Accounting

I 호텔회계의 필요성

호텔기업은 제조기업과는 다른 호텔회계를 필요로 한다. 호텔은 개개의 거래에 있어 종류가 다양하고, 복잡한 요금과 매상은 물론, 더욱이 그 발생장소나 시간이 제각기 다르므로 그 결제가 현금 또는 신용에 있다고 할 때, 아마 발생에서 결제에 이르기까지의 기간에 이처럼 신속을 요하는 업종은 거의 없을 것이다. 따라서 개업하고 난 후 연중무휴와 동시에 24시간 영업이 계속된다.

그 사이 각 영업부문에서 발행한 거래를 상세히 기록하고, 재료에 따른 원가관리의 자료로써 계산을 산출하고 그 외에 숙박객 계정의 집계와 각 부문에서 발생된 숙박객에 대한 매상의 집계와도 꼭 일치해야 할 것이다. 그러므로 24시간 영업 도중 일정시간에 감사를 하는 것이다. 그리고 고객이 어느 때 체크아웃하더라도 그 고객계정이 그 시점까지 발생했던 모든 거래를 집계하여 종결해 놓지 않으면 안된다. 즉 손님이 체크인하고 객실에 들어간다, 짐이 운반된다, 전화를 사용한다, 양복의 세탁을 의뢰한다, 객실에서 음료를 마신다, 식당에서 식사를 한다, 전보를 친다, 담배를 산다, 편지를 보낸다 등등, 이와 같이 일련의 행동은 단기간 내에 발생한다. 그러므로 호텔 측에서는 그 시간 내에 손님의 성명과 주소를 동시에 등록하고 숙박객 계정에 기록하며, 인포메이션과 교환원에게 고객의 객실번호를 전달하고 각 장소에서 발생하는 매상이 즉시 숙박객 계정에 집계되도록 해야 한다. 한편 이들 숙박객 이외의 연회나 식사 등 외래객의 방문으로 현금거래가 발생하면서 수취계정의 내부감사가 절대로 필요하다. 또한 식음료부문의 상품은 생산과정에 있어서 소멸할 가능성이 크기 때문에 그 수량, 분량의 체크가 필요하다.

호텔용품과 함께 영업경비의 지불에 관하여는 타 기업과 큰 차이가 없다. 그러나 도자기, 유리, 은제품 등의 식기류, 리넨류의 회계처리에는 호텔기업 특유의 회계처리가 필요하며 원가관리 분야에 있어서는 전술한 식음료재료의 수량관리 문제 역시 호텔회계의 특수한 분야를 형성하고 있는 것이다.

Ⅱ 호텔회계의 발전과정

1 제정

1925년 숙박회계 작성위원회에서 제정(Uniform System of Account for Lodging Industry, USALI)

- **채택** : 1926년 뉴욕호텔협회
- **목적** : 숙박업 재무정보의 단일화된 식별, 구성, 공시의 기준 제공
- **학문적 출발** : 1928년 호텔회계
- **최근기준의 적용** : 1996년 9차 개정 내용을 미국 호텔모텔협회(AH&MA)에서 승인하여 적용

2 발전과정

USALI(Uniform System of Accounts for Lodging Industry)는 기타 호텔서비스업의 회계 지침서로 활용되고 있음(식당회계처리기준 Uniform System of Accounts for Restaurant, USAR, 클럽회계처리기준; Uniform System of Accounts for Club, USAC)

Ⅲ 호텔회계의 특징

1. 판매시점(Point of Sales) 관리

호텔영업은 판매장소와 거래의 발생시점이 다르고 빈번하게 이루어지기 때문에 판매시점관리가 필요하며 신속 정확하게 이루어져야 한다.

2. 고객별 회계관리

호텔 서비스는 고객 개개인에게 특화하여 제공되므로 고객별 회계관리가 필요하다.

3. 부문별 업적평가회계

호텔영업으로 인한 수익과 비용은 여러 서비스 부문별로 발생하므로 부문별 업적평가회계가 적용되어야 한다.

4. 일일결산

호텔영업은 24시간 이루어지며, 매일의 서비스 제공과 Bill에 의한 청구를 기초로 마감되므로 모든 고객이 지불할 금액을 정확히 등록확인하고 일일 결산에 의하여 수익을 계산하여야 한다.

- **일일결산 과정**

  미처리계정의 마감 ➡ 객실요금의 확인 ➡ 예약부도의 처리 ➡ 영업장의 정산 ➡ 기타 매출의 처리

5. 매출채권의 구분관리

호텔영업으로 인한 외상매출금 중 호텔 투숙객에 대한 외상매출금은 Guest Ledger에 기록되어 Check-out 시점에 정산되며, Guest Ledger에 기록되지 않은 모든 외상매출금은 City Ledger에 기록 · 정산된다.

Ⅳ 호텔회계의 기능

- 동종 업종 간 재무제표의 비교가능성 제고
- 주요 수익창출 부문별 성과의 분석 · 평가 정보 제공
- 책임회계제도의 중요성 인식과 적용
- 통계 및 분석정보의 활용에 기여

Ⅴ 호텔회계의 분류

호텔회계는 회계학의 일반적 분류에 따라 호텔회계원리, 호텔재무회계, 호텔관리회계, 호텔원가회계, 호텔영업회계 등으로 구분할 수 있다. 호텔회계원리는 회계장부산출의 기초적 도구인 복식부기 원리가 주요 내용이다. 이를 바탕으로 기업 외부 이해관계자들에게 기업의 경영성과와 재무상태를 보고하기 위한 재무제표의 작성 및 전달을 주된 목적으로 하는 호텔재무회계 분야와 기업 자체의 부를 증대시키고자 의사결정하는 기업 내부경영자들에게 경영관리를 위해 필요한 회계정보의 산출 및 제공을 주된 목적으로 하는 호텔관리회계가 있다. 한편 재무회계와 관리회계를 연결시켜 주는 분야로 원가회계(cost accounting)가 있다. 원가회계는 원재를 이용하여 재화나 서비스를 생산함에 소요되는 원가의 재산을 주된 목적으로 하는 회계영역이다. 특별히 호텔기업의 경우에는 많은 영업부문과 거래대상인 고객형태의 구별(guest와 client) 등 복잡하고 다양한 거래의 발생이 매일 매시간 지속적으로 이루어지므로 당일결산주의 원칙에 따라 개별 영업부문별 활동을 매일 종합하는 영업회계(income accounting)를 별도의 분야로 구분할 수 있다. 따라서 호텔회계는 호텔기업만의 특성에 따른 거래, 계정, 회계처리방법 등이 있으며 이를 체계화한 것이다.

Ⅵ 호텔회계의 정보 이용자

1 내부정보 이용자

회계정보의 내부정보 이용자는 기업의 경영활동에 대하여 책임을 지는 관리자 또는 경영자이다. 내부정보 이용자는 자신의 부의 증대가 아니라 기업 자체의 부를 증대시키기 위하여 의사결정을 한다. 즉, 기업의 경영자들은 목표를 수립하고, 경영활동을 평가하고, 적절한 통제활동을 수행하기 위하여 회계정보를 이용한다. 내부정보 이용자를 위한 회계영역은 관리회계이다.

2 외부정보 이용자

외부정보 이용자는 기업의 경영결과에 관심을 갖는 외부인으로 주주 · 채권자 · 종업원 · 정부 · 고객 · 지역사회 · 기타 사회단체 등이다. 외부정보 이용자는 기업이 제공하는 회계정보를 이용하여 자기 자신의 부를 보다 증대시키기 위한 의사결정을 한다. 외부정보 이용자는 기업의 책임대상이 되는 모든 이해관계자집단을 포함한다. 외부정보 이용자를 위한 회계영역을 재무회계라고 하며 이들의 필요정보를 간략히 설명하면 다음과 같다.

1. 주주

주주는 보유하고 있는 주식을 팔 것인가의 여부를 결정하기 위하여 그 기업이 만족할 만큼 잘 운영되고 있는가를 판단한다. 또한 그 기업의 주식을 구입하여 소유주가 될 것을 고려하는 투자자(잠재적 주주)들로 회계정보를 이용한다.

2. 채권자

금융기관, 식음재료 및 물품의 납품업자들도 역시 호텔에 대한 신용의 제공 여부 및 신용기간의 연장 등과 관련하여 발생될 위험의 평가에 회계정보를 이용한다.

3. 정부

정부는 세금의 부과, 호텔서비스의 가격통제 및 기타 영업활동 등에 대한 적절한 통제를 위하여 회계정보를 이용한다.

4. 종업원

종업원들은 높은 성과의 달성 및 달성된 성과의 적정한 배분을 위하여 회계정보를 이용한다. 특히 노동조합은 성과의 배분 · 재산형성의 지원 · 고용의 안정 · 근무환경의 개선을, 종업원은 교육훈련 · 복지시설의 확충 등을 위한 단체협약 및 임금협상을 위하여 회계정보를 이용한다.

5. 소비자

근래에 들어 기업의 서비스 및 상품으로 인한 피해의 예방 및 보상을 통하여 소비자의 권리를 찾으려는 각종 소비자단체가 형성되고 있다. 이들은 적절한 가격 및 품질수준의 유지 등을 위하여 회계정보를 이용한다.

6. 지역사회

지역사회단체 및 지역주민들도 위락시설의 조성 · 공해와 환경오염의 방지 · 지역사회 개발 · 인근 주민의 고용 확대 · 자연훼손 등 지역사회의 이익추구를 위한 활동을 위하여 회계정보를 활용한다.

Ⅶ 호텔사업에서의 현금흐름

아래 표에서 보는 바와 같이 전형적인 호텔기업의 현금흐름은 부채나 자기 자본의 형태로 조달된 자금과 경상적 영업활동을 통해 만들어진 자금이 식음료 재료의 매입, 고정자산의 구입, 인건비 및 영업제반비용의 지급 등에 쓰이며 객실, 식음료, 기타 부대시설의 판매에 의해 만들어진 자금은 투자 시 동일한 과정을 통해 보다 크게 형성되고 운영되며 기업이 성장해 나가는 것이다.

[그림 9-1]은 호텔 내의 현금흐름을 보여주며, [그림 9-2]는 호텔경영 전반에 걸친 수입의 흐름을 보여주고 있다.

[그림 9-1] 호텔 내의 현금흐름도

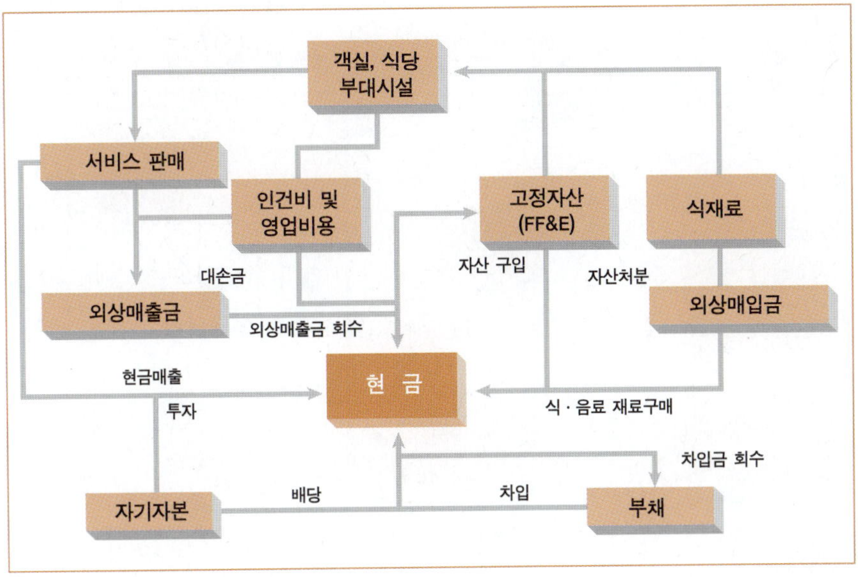

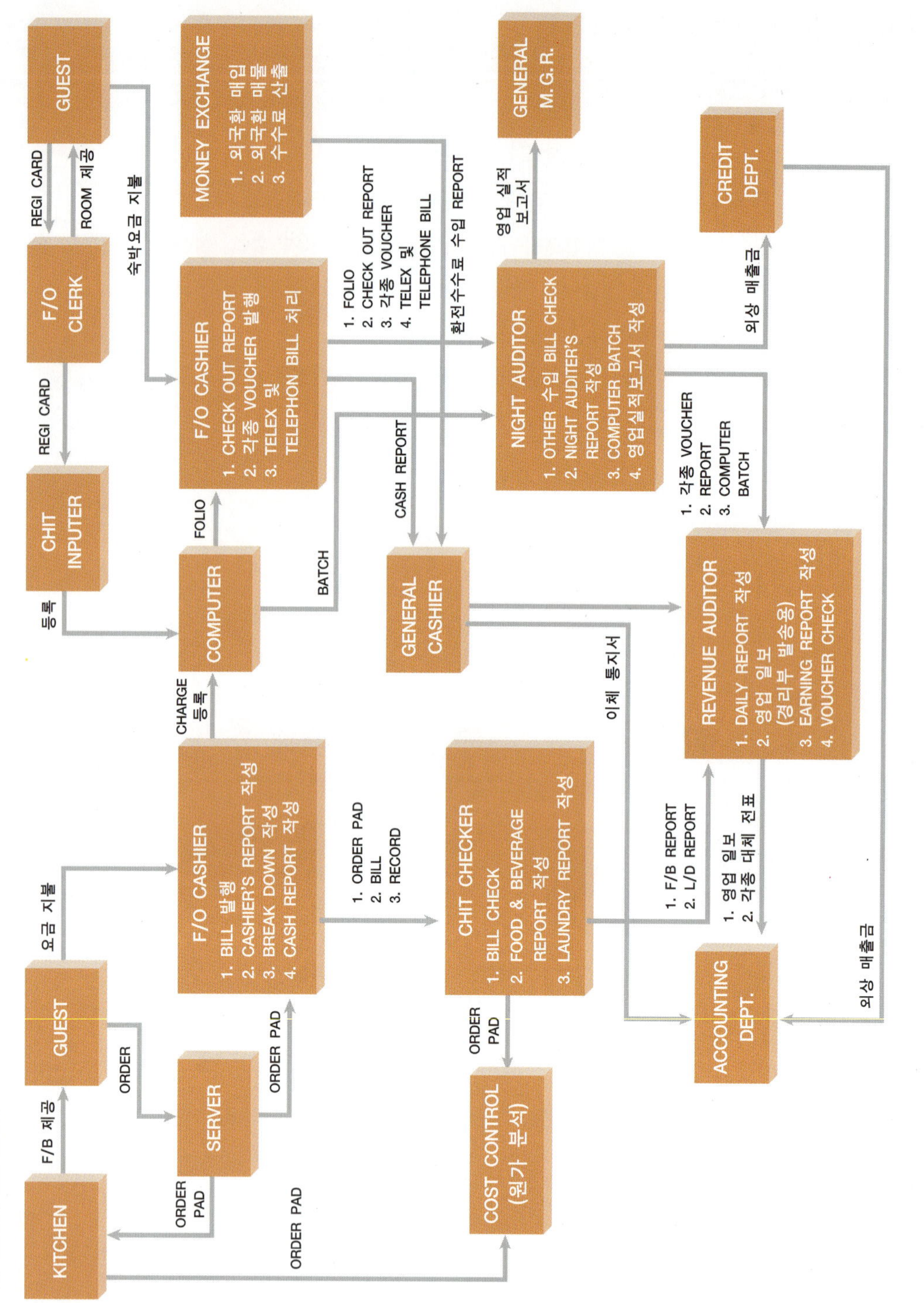
GUEST
REGI CARD
ROOM 제공
F/O CLERK
REGI CARD
CHIT INPUTER
등록
MONEY EXCHANGE
1. 외국환 매입
2. 외국환 매출
3. 수수료 산출
숙박요금 지불
F/O CASHIER
1. CHECK OUT REPORT
2. 각종 VOUCHER 발행
3. TELEX 및 TELEPHON BILL 처리
FOLIO
COMPUTER
BATCH
1. FOLIO
2. CHECK OUT REPORT
3. 각종 VOUCHER
4. TELEX 및 TELEPHONE BILL
환전수수료 수입 REPORT
CASH REPORT
GENERAL CASHIER
GENERAL M.G.R.
영업 실적 보고서
NIGHT AUDITOR
1. OTHER 수입 BILL CHECK
2. NIGHT AUDITER'S REPORT 작성
3. COMPUTER BATCH
4. 영업실적보고서 작성
CREDIT DEPT.
외상 매출금
1. 각종 VOUCHER
2. REPORT
3. COMPUTER BATCH
REVENUE AUDITOR
1. DAILY REPORT 작성
2. 영업 일보 (경리부 발송용)
3. EARNING REPORT 작성
4. VOUCHER CHECK
이체 통지서
CHARGE 등록
GUEST
요금 지불
F/O CASHIER
1. BILL 발행
2. CASHIER'S REPORT 작성
3. BREAK DOWN 작성
4. CASH REPORT 작성
1. ORDER PAD
2. BILL
3. RECORD
CHIT CHECKER
1. BILL CHECK
2. FOOD & BEVERAGE REPORT 작성
3. LAUNDRY REPORT 작성
1. F/B REPORT
2. L/D REPORT
1. 영업 일보
2. 각종 대체 전표
ACCOUNTING DEPT.
외상 매출금
KITCHEN
F/B 제공
ORDER
SERVER
ORDER PAD
ORDER PAD
ORDER PAD
ORDER PAD
COST CONTROL (원가 분석)

[그림 9-2] 수입 흐름도

1 객실 영업회계과정

[그림 9-3] 객실 영업회계과정(각 단계별 고객사이클)

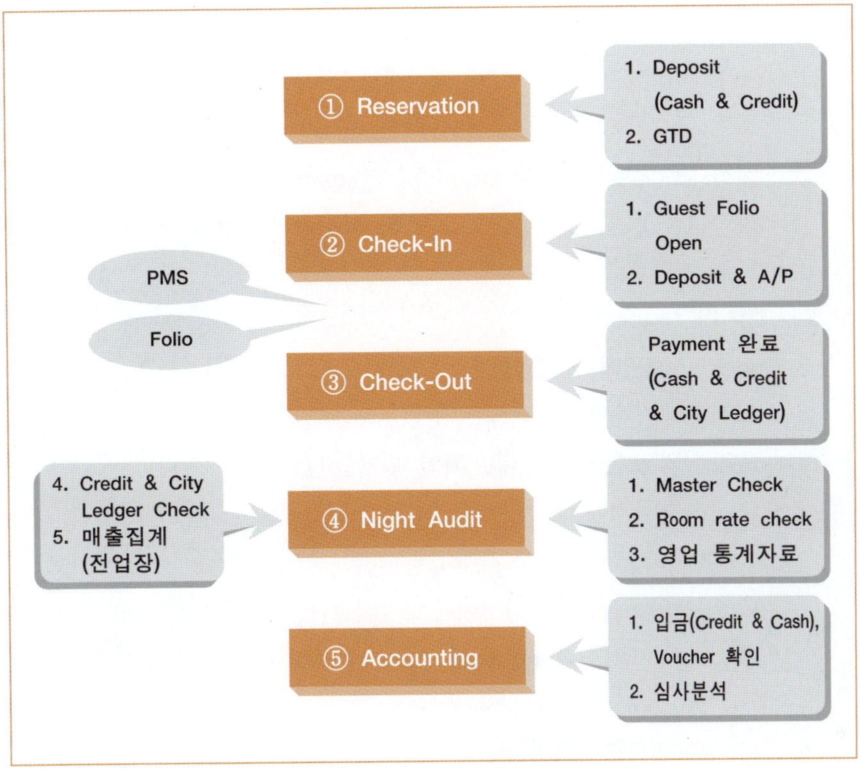

1. 고객사이클 각 단계별 회계과정

1) Reservation

- 판매 전 영업회계(예약 ~ C/IN)

  예약형태에 따라 회계처리 결정

  ① Direct RSVN : Credit GTD or Deposit

  ② Travel Agent : Voucher or Credit OR City Ledger

  ③ Corp. Company : Credit or City Ledger

- 판매 후 거래 여부가 확정되는 Deposit or Credit GTD를 선수금계정으로 입금 처리함

2. Check-in(판매시점 영업회계)

- 등록과 동시에 Guest Folio가 개설됨
  - System C/IN되면, 예약에서 지급된 Deposit은 Guest Folio상에 Credit 계정으로 입력됨
  - 이외에 Walk-in Guest인 경우, A/P or Credit card open으로 Deposit 유도. 객실료의 1.5~2배의 금액을 확보
  - Cash A/P인 경우 Guest Folio(Cashier)에 Credit 입금
- 투숙 중 Guest Folio에 Interface System을 통한 식음료, 부대시설의 매출이 POS를 통해 들어오고, 전화, 영화, 인터넷 등의 매출발생이 자동 Debit계정으로 들어옴

3. Check-out(판매 후 영업회계)

- 고객과의 거래가 마무리되는 과정(Invoice 발행)
  Folio상의 모든 매출에 대한 확인 및 계산 완료
- Cash : 현금거래
- Credit Card : 신용카드 거래
- City Ledger : 후불(외상거래)
- Paid Out : Cr. Refund, Cash Advance, Others

4. Night Audit(영업 회계마감)

- 당일 회계감사 및 매출 마감

5. Accounting

- Deposit : 예수금 계정
- General Cashier
- City Ledger
- Credit card

[표 9-1]은 매일의 객실판매 보고서 양식을 [표 9-2]는 영업속보 양식을 [표 9-3]은 내부회계 거래조사 양식을 보여준다.

[표 9-1] 매일 객실판매 보고서 양식

DAILY ROOM SALES REPORT
HOTEL LOTTE

WEATHER : Sunny

ROOM STATISTICS	TODAY	%	THIS MONTH(M.T.D.)	%	LAST YEAR(M.T.D.)	%
TOTAL ROOMS CAPACITY	937(18		18,740(360)		19,100	
SALES ROOMS CAPACITY	864	100.0	17,304	100.0	18,574	100.0
Out of Order	73+8	0.9	1,436+152	0.9	526+500	2.7
ROOM AVAILABILITY	856	99.1	17,152	99.1	18,074	97.3
Room Complimentary	12	1.4	491	2.8	436	2.3
Room Sold	757	87.6	14,197	82.0	13,614	73.3
Vacancy	87	10.1	2,474	14.3	4,024	21.7
TOTAL OCCUPIED ROOMS	769	89.0	14,678	84.8	14,050	75.6
TOTAL SOLD REVENUE	36,643,485		545,914,935		549,290,179	

	TODAY			THIS MONTH(M.T.D.)		
	F.I.T.	GRP	TOTAL	F.I.T.	GRP..	TOTAL
ROOMS	719	50	769	12,309	2,369	14,678
Persons	847	67	914	16,690	3,240	19,930
Revenue	35,539,380	1,104,105	36,643,485	489,524,124	56,390,811	545,914,935
%	93.5	6.5	100.0	83.9	16.1	100.0
Average(Room)	49,428	22,082	47,650	39,769	23,803	37,192
Average(Person)	41,959	16,479	40,091	29,330	17,404	27,391

** hyodo campaign : 0/0:5/8 ** snow campaign : 7(1)/8: 62/84 ** dr.cvtn.: 34(!)/59:2,782/4,967

ROOM ANALYSIS	AT:129	BD:338	CT:322	DS:60	ED:40	ET/FD25	R/D.T.:16	J/S:10	SUITE(13)	OND(2)	TOTAL955
Today	87	304	253	52	36	16	2	6	12	1	769
This month(M.T.D)	2,146	5,374	5,098	855	555	318	123	86	102	21	14,678
Last year(M.T.D.)	1,836	5,270	4,570	964	579	341	191	140	127	32	14,050

NATIONALITY			USA	EURP	JPN	ROK	ROC	RKJ	RKA	S.E.ASIA	OTHERS	TOTAL
Today	F.I.T.	Persons	208	150	109	155	38	14	30	109	34	847
		%	22.8	16.4	11.9	17.0	4.2	1.5	3.3	11.9	3.7	92.7
		WALK-INS	22	12	4	31	1	3	3	18	2	96
	GRP.	Persons	5	–	11	–	22	–	–	29	–	67
		%	0.5%	–	1.2%	–	2.4%	–	–	3.2%	–	7.3
This	F.I.T.	Persons	2,561	1,505	1,876	7,487	313	405	376	670	1,497	16,690
Month		%	12.9	7.5	9.4	37.5	1.6	2.0	1.9	3.4	7.5	83.7
(M.T.D.)		WALK_INS	97	65	276	1,339	64	51	52	64	58	2,066
	GRP	Persons	5	25	1,819	200	673	–	64	436	18	3,240
		%	0.1	0.1	9.1	1.0	3.4	–	0.3	2.2	0.1	16.3

** KALC : 8(6)/16:120/215 *JVIPS: 2(1)/2:29/33 *US ARMY : 1(0)/1:80/118 *AIRPORT P/U :4(4)/4:340/510

ANALYSIS	TODAY	THIS MONTH (M.T.D)
Previous Day's Occ	864	13,909(591)
Rms. RSVD	379	5,477
No Show GRP:24	63	GRP:247
F.I.T.:39		F.I.T:498
Cancellation GRP:0	1	GRP:346
F.I.T:1		F.I.T:212
Walk-Ins GRP:0	96	GRP:217
F.I.T.:96		F.I.T:1,849
Stay-Overs	358	8,438
EXTENSIONS	26	389
DEPARTURES	506	6,062
EXPECTED ARRIVALS	178(15)	4,933
EXPECTED DEPARTURES	196(30)	5,711
EXPECTED STAY OVERS	573(20)	8,967
FOLLOWING DAY'S	743(35)	86.0%
FORECAST		

GROUP & CONVENTION						
AGENT	G-NO	G/NAME	RMS	PRNS	NAT'TY	IN/OUT
HWASEUNG	9046	TOU TVL.	6	6	SEA	1/15-21
HANNAM	9052	HILL SIDE	1	1	HKG	1/16-21
HANNAM	9060	KIFU BUS	2	2	JPN	1/17-21
LTS	9065	TPO	5	5	JPN	1/18-21
HANNAM	9072	HANNAM PTY	3	3	ROC	1/19-21
SAMICK	9073	BORNEO	4	4	MAL	1/19-26
GTL	9077	ASSOLLANT	5	5	USA	1/20-23
S/BANG	9078	PONY	9	18	MAL	1/20-21
SKC	9079	WINGWAH	7	12	ROC	1/20-22
HTS	9080	MAIZAI S/T	3	3	JPN	1/20-23
W/HILL	9081	YAMAYHYAMA	1	1	JPN	1/20-22
SUHYANG	9082	PYUNG HWA	4	7	ROC	1/20-21

*** WINTER CAMPAIGN :18(7)/23:852/1,117
*** STAFF CAMPAIGN : 26(26)/31:1,758/2,200
*** BLOCKADED FOR RENOVATION : 9,23 Flr.

[표 9-2] 영업속보 양식(예)

營業速報

HOTEL LOTTE

*賣上單位 : 1,000₩		今日 實積		月間(十)計		對比
			今年	前年	備 考	
總收入	客室販賣	36,643	541,281	545,291	98.5	
	食飮料販賣	46,187	1,004,428	940,632	106.8	
	其他收入		88,866	92,827	95.7	
	總收入		1,634,575	1,582,750	103.3	
客室現況	NO OF SOLD	769R	14,678R	14.050R	104.5	
	OCCUPANCY	89.0%	84.8%	75.6%	19.2	
	AVERAGE RATE	₩47,650	₩36.877	₩39.095	94.3	
營業場別食飮料賣上	PENINSULA	7,704	119,148	118,015	101.0	
	CAFE GARDENIA	2,929	63,675	52,241	121.9	
	MUUNGHWA	1,960	31,961	35,652	89.6	
	BENKAY	2,418	56,988	52,220	109.1	
	ROOM SERVICE	2,041	32,355	36,651	88.0	
	LA SEINE	5,944	98,064	104,792	93.6	
	METROPOLITAN		18,078	22,522	80.3	
	YOUNG'S LOUNGE	2,613	31,957	41,575	102.2	
	PRINCE EUGENE	1,372	40,544	40,309	100.6	
	LA COQUILLA	733	17,354	20,598	84.3	
	PO SUK JONG		12,345	9,636	128.1	
	MOMOYAMA	1,897	54,959	59,917	91.7	
	TOH LIM	1,752	33,312	33,292	100.1	
	BOBBY LONDON	2,975	51,783	52,295	99.0	
	MARGARET	405	6,205	6,895	90.0	
	DELICATESSEN	1,384	34,510	28,756	120.0	
	SKY CAFETERIA	666	10,544			
	SAUNA	83	1,079	1,877	57.5	
	WINMSOR BAR	1,352	24,345	24,781	98.2	
	LOBBY LOUNGE	1,906	33,804	35,982	93.9	B'FAST:₩18,454
	MAN NARI	948	10,986	12,050	91.2	
	BISTRO	3,319	53,723	56,118	95.7	
	OASIS	153	2,494	2,312	107.9	NIGHT:₩107,152
	H. C. SALON		787	550	143.1	
	H. C. LOUNGE					
	小 計	44,553	840,900	849,036	99.0	
	BANQUET	1,634	163,528	91,59	178.5	
	總 計	46,187	1,004,428	940,632	106.8	
	(FOOD TOTAL)	53,154	770,712	720,517	107.0	
	(BEV. TOTAL)	11,033	233,716	220,115	106.2	
	(BISTRO) TEA ROOM	203	4,005	3,997	100.2	入場收入:₩637,168
	DISCO	3,116	49,718	52,121	95.4	入場客數: 369名
	(CAFE- PLAZA					
	GARDENIA) BUFFET	2,578	57,303	45,209	126.8	
	BARBEQUE					
其他收入	SUNDRY(B.Q)	2,439	14,287	5,382	265.5	
	SAUNA	821	12,173	21,324	57.1	
	MINI-BAR	1,762	27,651	22,776	121.4	
	E.T.C.	1,929	34,755	43,345	80.2	
	(HEALTH CLUB)	3,640	2,857	127.4		
	TOTAL OTHWE6,951	88,866	92,827	95.7		

備考	豫算 對比(%)			今日主要宴會場行事						
		今日	計	行事名	人數	賣上額				
	客室收入	114.7	84.7	1. Pop's&Jazz Concert	403	2,988,487				
	食飮料收入	83.3	90.6	2. Korea Veterans Ass'n	15	419,200	擔當	係長	課長	副長
	其他收入	114.5	73.2	3. E.M.D.	15	276,860				
	總收入	96.1	87.5	4. Lotte Group	8	22,200				

[표 9-3] Internal Control Inspection Checklist(예)

(A) GUEST ACCOUNTS

1. Accounts Receivable per audit:

a.____ Sleepers	S	________
b.____ After departure changes		________
c.____ Prepaid accts. with changes		________
d.____ Disputed accounts		________
e.____ Delinquent accounts(over 60 days)		________
f.____ Skips		________
g.____ Tour vaouchers		________
h.____ Employee accounts		________
I.____ Intercompany accounts		________
j.________		________
k.________		________
l.________		________
SUBTOTAL	S	________
m. Other direct billing accounts		________
TOTAL DIRECT BILLING	S	________
n. Total guest accounts		________
TOTAL ACCOUNTS RECEIVABLE	S	________
o. Less advance deposits		________
BALANCE ACCOUTS RECEIVABLE	S	________
p. Variance		
____ Direct Billing accounts		
____ Accounts confirmed by letter	S	________
Reset control number per reprot		________
Reset control number per machine		________

	Sat	Unsat.
2. Direct billing accounts signed by guest	____	____
3. Follow-up on accounts receivable in accordance with company policy.	____	____
4. Only authorized individuals permitted to sign direct billing accounts.	____	____
5. Direct billing accounts have copies of all correspondence and supporting charges pertaining thereto.	____	____
6. Direct billing checks deposited promptly.	____	____
7. Monthly listing of accounts receivable prepared property.	____	____
8. Direct billing payments, posting, billing, separated and supervised.	____	____
9. Corporate credit authorization on file for direct billings.	____	____

(B) ADVANCE DEPOSITS

1. Folios are complete(date of arrival shown on folios, etc.)	____	____
2. Advance deposit folios are secured.	____	____
3. Revenues or refunds processed promptly on stale dated credit balance accounts.	____	____
4. Advance deposit checks deposited promptly.	____	____

(C) CREDIT CARD PROCEDURES

1. Credit card imprinters are dated correctly.
2. An examination of all completed credit card vouchers shows:
   a. Approval where required
   b. All cards current(not expired).
   c. all imprints are legible.
   d. Clerk's initials and folio number. Correctly
3. Credit card transmittals completed correctly (totals correct, non-national credit card charges itemized, adding machine tape included.)

(D) CHECKS

1. Clerk's initials, folio number, endorsement and payee portion completed property.
2. Deposit daily.
3. Correct check cashing policies in force.
4. Check register maintained correctly

(E) FRONT OFFICE

1. Reset control number controlled property.
2. Revenues balanced to D card:(check 3 days)
   a. Room
   b. Restaurant
   c. Long Distance
   d. Laundry
   e. Miscellaneous
3. Paid-outs and allowances are completed and approved by management.
4. Corrections controlled and balanced.
5. Copies of all vouchers kept on property.
6. Long-distance calls taxed property.
7. Long-distance service charges only as permitted by law.
8. Room tax charged correctly

(F) GUEST FOLIOS AND REGISTRATION CARDs

1. Registration cards and folios filled out completely
2. Folios and registration cards are time stamped in and out.
3. Continuation folios marked to and from.
4. Alphabetcal and numerical filling current and in good order
5. Numerical sequence of unused folios in order.
6. Void folios handled correctly.

(G) SECURITY AND SAFETY

1. Drop facilities constructed property.
2. Deposit witness log used property.
3. House banks stored property when not in use.
4. Night Auditor's clearance key secured.
5. Sale deposit boxes
   a. log maintained correctly
   b. keys available for unused boxes

6. Vehicle drivers property licensed.
7. Cash drawers locked when not in use.
8. Hotel Safe
   a. Sale combinations last charged:
   b. No terminated employees have safe combinations.
9. Proper security over keys when not in use.
10. Adequated security over storerooms.
11. TV log up to date.
12. Adequate linen inventory control.

(H) FOLIO ACCOUNTABILITY

Unused folios(unopened boxes only):

Total on hand   from number   to number

Where are unused folios stored :

How long will supply last :

Per attached check sheets,. the following folios were not accounted for :

Total folios checked: Period covered from   to

Total number of folios missing :

COMMENTS : ____________________

____

____

I acknowledge receipt of this inspection and concur that the ratings given of my property are factual and accurate(list any exceptions above)

____________ ____________ Same Manager present at last audit?

Manager   Date   Yes________ No______

I hereby certify that on the above cdate I performed an audit of the above property.

Field Auditor, Audit Services Division.

2 Night Audit

1. Audit의 기능

- audit의 주요목적은 guest account와 non-guest account의 정확성을 증명하는 것이다. 특히 audit은 다음과 같은 사항에 관련이 있다.
- post된 항목을 확인한다.
- account balance를 맞춰본다.
- room status discrepancy를 분석한다.
- operational reports를 작성한다.

Night Auditor의 역할

- accounting의 절차나 흐름, guest credit에 주의한다.
- cash transaction에 능숙하여야 한다.

- 객실매상, 투숙률, 기타 객실부 자료를 이용하여 cash, check, credit card의 summary를 만든다.
- 당일의 영업결과를 요약하여 보고자료를 준비한다.

  [표 9-4]는 투숙고객 계정 중 주의를 요하는 고객의 리스트 양식을, [표 9-5~6]은 야간감사원 보고서 양식을 보여준다.

2. Operating Modes

Night audit 업무는 수작업으로, 기계적으로, 전자식으로 수행될 수 있다.

Non-Automated System

Revenue center에서 만든 voucher에 추가로 아래의 4가지 양식에 의존한다.

- Folios
- Cash sheets
- Daily and supplemental transcripts
- Audit recapitulation sheets

Fully Automated System

Point-of-sale기구, call accounting system, 정확하고 자동화된 posting 등의 시스템으로 객실부 업무를 분석하고 transaction에 소요되는 시간이 대폭 줄었다.

3. Audit Process

① Posting되지 않은 것을 완료시킨다.
② Room Status Discrepancies를 검토한다.
③ 모든 부서의 balance를 검토한다.
④ Room Rate를 확인한다.
⑤ No-Show 예약을 확인한다.
⑥ 객실료와 세금을 Posting한다.
⑦ 보고서를 작성한다.
⑧ 현금을 예치한다.
⑨ System을 back-up 받는다.
⑩ 보고서를 배포한다.

[표 9-4] High Balance Report

GUEST LEDGER HIGH BALANCE REPORT

Date September 8, 198X

Auditor Bonnie Clark　　Reviewed by M. Harless

Room No.	Guest Name	Amount	Action Taken
103	Green, Leonard	498.72	contacted - paid $200. Address & credit verified w/confirmed reservation
122	Beck, Patricia	465.32	Owns Beck, Inc. Direct billing OK'd
169	Later, William	452.14	Convention VIP Valid Diners Club card
247	Jones, Ray	559.11	Am Ex - approved
260	Hamilton, Joel	659.23	Left 3 messages, did not contact me: - ACTION NECESSARY
295	West, Deanna	355.03	Wants to pay by check - Left message for guest to see me

[표 9-5] Night Audit Summary

NIGHT CLERK'S SUMMARY

NEW KOREA HOTEL

STATISTICS(통 계)	TODAY (금 일)	This Year(금년)	
		Month of date (이달 집계)	Last Month MTD (지난달 집계)
No. of Room(객실수)			
Out of Order(고장난 객실)			
House Use(직원 사용)			
Saleable(판매가능한 객실)			
Occupied(판매된 객실)			
Vacant(빈 객실)			
% of Occupancy(투숙률)			
Total Revenue(총실료)			
No. of Guests(총투숙인원)			
Complimentary(접대)			
No Show(예약하고 오지 않음)			
Cancel(취소)			
Night Club Pick Up (나이트클럽 사용)			
Total Arrival(당일 도착)			
Total Departure(당일 출숙)			

Day Use :
(주간사용)

[표 9-6] 야간회계 감사원 보고서

D-NIGHT AUDIOTOR'S MACHINE BALANCE

야간회계 감사원 보고서

AUDITOR	INCOME AUDITOR

No.

DATE

EXPLANATION 區 分	NET TOTAL 修正後金額	CORRECTION 修正金額	MACHINE TOTAL 機械上金額	REMARK 備考
1. ROOM(FOREIGN)				
2. ROOM(KOREAN)				
3. SERVICE CHARGE				
4. TAX				
5. KIESTERN RESTAURANT				
6. COFFEE SHOP & PASTRY				
7. CHINESE RESTAURANT				
8. KOREAN RESTAURANT				
9. ROOM SERVICE				
10. LAUNDRY				
11. TELEPHONE				
12. TRANSFER CHARGE				
13. PAID OUT				
14. TOTAL CHARGE				
15. TRANSFER CREDIT				
16. ADJUST				
17. PAID				
18. TOTAL CREDIT				
19. CORRECTION				
20. TOTAL MACHINE				
21. LESS CR. BALANCE				
22. BALANCE. TODAY				
23. NET. DIFFERENCE				
24. OPENING. DR. BALANCE				
25. NET OUTSTANDING				

MACHINE NUMBER

N-AUDITOR

HOTEL NEW KOREA

Lesson 2

제14주

호텔경영분석

Hotel Business Analysis : Story Reading

I 호텔산업의 과학적인 경영분석

1 중요성과 그 의미

빠르고 정확한 전략적 선택(Strategic Choice)을 하기 위해서는 그 호텔이 접하는 외부환경뿐 아니라, 그 회사의 과거의 건강상태, 현 건강상태를 검토하는 것은 필수이다. 예를 들어, 중소규모 제한된 서비스제공 호텔 운영자가 대규모 종합서비스제공 호텔이 붐이라 해서 무턱대고 그 호텔이 가진 내부역량(Internal Capability)을 무시하고 이쪽으로 투자를 할 수는 없기 때문이다. 그러기에, 그 호텔의 경영상태를 진찰하고 파악하기 위해서는 재무분석이라는 도구를 통해 그 호텔이 일정기간 동안에 영업을 얼마나 잘 했는지, 얼마나 많은 자본을 가지고 있는지, 자산이 어떻게 이용되는지 판단하는 것이다. 물론 호텔이라는 산업 자체의 특성 때문에 단순히 숫자로만 나타내어진 재무분석만으로 그 호텔기업을 완전히 파악할 수 있는 것은 아니다. 하지만 또 이 자료들 없이는 그 호텔의 경영상태를 파악할 수 없는 것이 사실이기에 경영분석에 대한 이해가 필요한 것이다.

경영분석에 있어서 이용되는 재무분석표는 내부 경영자들, 즉 경영자나 관리자에게 경영전략을 내리는 데도 필수이지만 외부 이용자들에게도 아주 중요하다. 외부 이용자들은 주주나 채권자들로 그 호텔의 경영성과나 재무상태를 분석한 후, 여러 가지 의사결정을 하게 되는데 주로 더 투자할 것인가, 보유하고 있는 주식을 팔 것인가, 신용기간을 연장할 것인가, 신용을 더 이상 제공하지 않을 것인가 등의 결정을 하게 된다. 다시 말해서, 채권자는 호텔산업의 지급능력을 평가, 미래 신용의 위험성을 판단하기 위해 사용하고 투자자는 그들의 투자선택을 고려할 수 있는 도구가 되어주는 것이다. 채권자는 그 호텔의 채무에 대한 지불능력을 판단하고 미래의 대출에 대한 위험성을 평가하는 데 사용하는데, 이를테면, 채권자는 어떤 특정한 협정을 맺을 때 조건의 한 부분으로 그 호텔기업에 특정한 비율을 요구할 수있는데, 그 예로 대출조건에 있어 채권자는 일정한 유동성 비율을 유지할 것을 요구할 수 있는 것이다. 그리고 현재의 투자자나 미래의 투자자들은 그들의 투자 선택을 고려할 때 이 재무분석표를 사용한다.

2 4대 재무제표를 활용한다

호텔기업에 이용되는 네 가지의 중요한 재무제표를 말하며, 대차대조표, 손익계산서, 이익잉여금 계산서, 현금흐름표를 뜻한다. 첫째가 대차대조표이며, 이것은 특정한 시점에 자산과 부채자본의 총량과 목록을 나타낸다. 대차대조표는 그 호텔이 얼마나 많은 재산을 가지고 있는지 어디에 이용되는지 알 수 있다. 둘째로, 손익계산서이며 이것으로 일정기간 동안 호텔기업의 재산운영성과를 알 수 있다. 특히 주주나 채권자들이 투자가치와 신용가치를 결정하는 데 있어 손익계산서를 반드시 필요로 한다. 다음은 이익잉여금 계산서이며 특정한 시기 동안의 이익잉여금 변화, 당기순이익과 이익배당금을 보여준다. 마지막이 현금흐름표이며 재무상태에서의 변화와 한 시기 동안 발행되는 현금에서의 변화를 보여준다([그림 9-4] 참조).

[그림 9-4] 기업을 보는 정보원

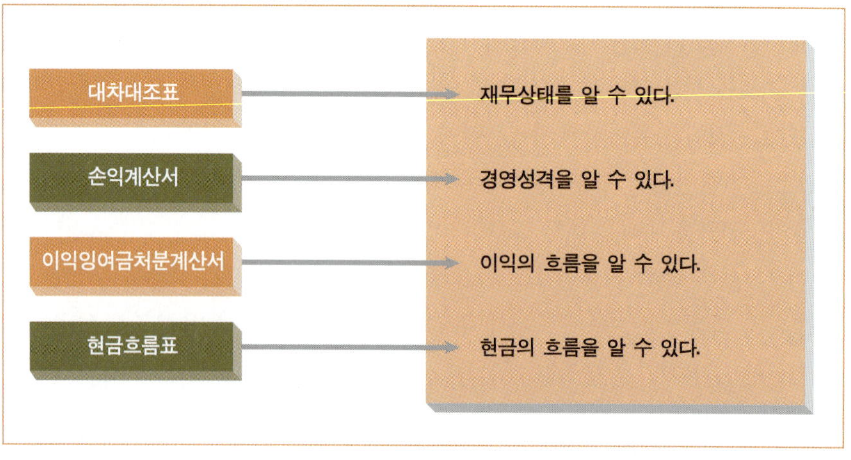

[표 9-7~10]은 4대 재무제표인 대차대조표, 손익계산서, 이익잉여금처분계산서, 현금흐름표의 예를 보여준다.

체크포인트(Check point)

■ 재무제표란

재무제표란 기업이 한 해 동안 물건을 만들어 파는 등 여러 활동을 하면서 생긴 일들을 적어 놓은 장부를 말한다. 회계전문가나 주식투자자들은 재무제표를 잘 이해하면 기업이 어떻게 운영되는지 알 수 있다. 또 재무제표를 보면 앞으로 그 회사가 어떻게 될 것인지 예측할 수도 있다. 제무제표라고 하면 대차대조표, 손익계산서, 현금흐름표를 들 수 있다. 여기에 이익잉여금처분계산서를 더해 4대 재무제표라고 부르기도 한다.

대차대조표

- 회사가 갖고 있는 자산과 부채가 얼마인지를 나타난다. 'T' 자형 장부라는 것을 사용하는데, 이 T자의 왼쪽에는 기업이 갖고 있는 자산을 적어 놓는다. 반대로 오른쪽에는 부채와 자본을 쓰도록 되어 있다. 부채는 회사가 은행 등에서 돈을 빌린 것이고, 자본은 주주들이 회사에 낸 돈을 말한다. 회사는 부채와 자본으로 물건을 만드는 데 필요한 원료를 산다. 회사 입장에서는 돈이 줄어드는 대신 원료나 기계 등 자산이 늘어난 것이다. 그래서 대차대조표에 나타나는 부채와 자본을 합치면 항상 자산과 같게 되는 것이다.
- 은행 등에서 빌린 돈(부채)은 나중에 갚아야 한다. 그런데 자본은 주주들이 낸 돈이라 당장 갚지 않아도 되고 배당만 하면 된다. 회사 입장에서는 자본이 마음놓고 쓸 수 있는 돈이다. 대차대조표에서 자본에 비해 부채가 얼마나 되느냐를 비교한 것이 부채비율이다. 이 비율이 높으면 부채가 많다는 얘기이다. 이런 기업은 재무구조가 나쁘다고 한다. 빚이 많아 남의 돈을 못 갚는 일이 생길 수 있고, 그만큼 쓰러질 위험이 많다는 것을 뜻한다.

손익계산서

- 기업이 일정 기간(통상 1년) 동안 돈을 얼마나 벌었는지 보여주는 표이다. 기업이 한 해 동안 돈을 얼마 벌었는지는 물건을 팔아 번 돈(수익)에서 물건을 만들거나 팔기 위해 쓴 돈(비용)을 빼면 금방 나온다. 이 수익과 비용을 표 하나로 모아놓은 게 손익계산서이다.
- 수익 항목으로 대표적인 것은 물건을 판 돈(매출)이다. 기업들은 빌딩을 남에게 빌려주거나 남는 돈을 굴려서 이자를 받기도 한다.
- 비용항목에는 물건을 만들기 위해 원재료를 구입하는 데 들어간 비용(매출원가)과 물건을 팔기 위해 영업사원을 고용하거나 광고를 내는 데 들어간 비용(판매관리비)이 가장 큰 비중을 차지한다. 빚을 진 은행이 낸 이자나 국가에 내는 세금도 여기에 포함된다. 총수익이 총비용보다 크면 당기순이익이 발생한다. 그 반대면 당기순손실이라고 한다.

현금흐름표

- 현금이 어디서 생겼고, 이를 어디에 사용했는지를 나타낸다. 회사에 현금이 얼마 남았는지, 예전보다 얼마 줄었는지를 알 수 있다. 현금흐름표에는 기업의 영업 · 투자 · 재무활동 등의

항목이 있다. 현금흐름은 과거에는 회계 전문가들도 잘 안 보던 지표였다. 그런데 외환위기 이후에는 중요한 것으로 인식하기 시작했다. 기업의 자금이 얼마나 잘 돌아가는지 도산할 가능성이 있는지를 현금흐름표가 가장 잘 보여준다고 평가했기 때문이다.

이익잉여금처분계산서표

- 회사가 경영을 통해 벌어들인 이익이 어떻게 분배되는지의 흐름을 보여준다. 이익의 일부를 배당으로 주고 잉여금은 재투자하는 것이 대부분이다.

[표 9-7] 대차대조표(Balance Sheets)

Balance Sheets
K Hotel
December 31, 2××1, 2××2, 2××3

ASSET	2××1	2××2	2××3
Current Assets :			
Cash	$ 20,000	$ 21,000	$ 24,000
Marketable Securities	81,000	81,000	81,000
Accounts Receivable(net)	100,000	90,000	140,000
Inventories	14,000	17,000	15,000
Prepaid Express	13,000	12,000	14,000
Total Current Assets	228,000	221,000	274,000
Investments	22,000	35,000	104,000
Property and Equipment :			
Land	68,500	68,500	68,500
Buildings	810,000	850,000	880,000
Furniture and Equipment	170,000	170,000	172,000
	1,048,500	1,088,500	1,120,500
Less : Accumulated Depreciation	260,000	300,000	345,000
China, Glassware, Silver, Linen, and Uniforms	11,500	20,500	22,800
Total Property and Equipment	800,000	809,000	798,000
Total Assets	$ 1,050,000	$ 1,650,000	$ 1,176,300
LIABILITY AND OWNER's EQUITY			
Current Liabilities :			
Accounts Payable	$ 60,000	$ 53,500	$ 71,000
Accrued Income Taxes	30,000	32,000	34,000
Accrued Expenses	70,000	85,200	85,000
Current Portion of Long-Term Debt	25,000	21,500	24,000
Total Current Liabilities	185,000	192,000	214,000
Long-Term Debt :			
Mortgage Payable	375,000	375,000	400,000
Deferred Income Taxes	40,000	42,800	45,000
Total Long-Term Debt	415,000	417,800	445,000
Total Liabilities	600,000	610,000	659,000
Owner's Equity :			
Common stock	55,000	55,000	55,000
Paid-in Capital in Expense of Par	110,000	110,000	110,000
Retained Earnings	285,000	290,000	352,300
Total Owner's Equity	450,000	455,000	517,300
Total Liabilities and Owner's Equity	$ 1,050,000	$ 1,065,000	$ 1,176,300

[표 9-8] 손익계산서(Income Statements)

Income Statements(Internal Use)
K Hotel
For the years ended December 31, 2××2 and 2××3

	2××2	2××3
Total Revenue	$ 1,300,000	$ 1,352,000
Rooms :		
Revenue	$ 780,000	$ 810,000
Payroll and Related Costs	135,000	145,000
Other Direct Expense	62,500	60,000
Departmental Income	582,500	605,000
Food and Beverages :		
Revenue	430,000	445,000
Cost of Sales	142,000	145,000
Payroll and Related Costs	175,000	180,000
Other Direct Expense	43,400	45,000
Departmental Income	69,600	72,000
Telephone :		
Revenue	40,000	42,000
Cost of Sales	30,000	31,000
Payroll and Related Costs	10,000	10,500
Other Direct Expense	5,000	4,500
Departmental Income	(5,000)	(4,000)
Rentals and Other Income	50,000	55,000
Total Operated Departments Income	697,100	728,000
Undistributed Operating Expenses :		
Administrative & General	105,000	108,500
Marketing	51,500	55,000
Property Operation & Maintenance	65,250	67,500
Energy Costs	80,250	81,500
Total Undistributed Operating Expenses	302,000	312,500
Income Before Fixed Charges	395,100	415,500
Rent	20,000	20,000
Property Taxes	20,000	24,000
Insurance	5,500	6,000
Interest	60,000	61,000
Depreciation	159,500	171,000
Income Before Income Taxes	235,600	244,500
Income Taxes	94,300	97,800
Net Income	$ 141,300	$ 146,700

[표 9-9] 현금흐름표(Statements of Cash Flow)

R/E Statements(Internal Use)
K Hotel
For the years ended December 31, 2××2 and 2××3

	2××2	2××3
Retained Earnings Beginning of the year	$285,000	$290,000
Net Income	141,300	146,700
Dividends Declared	136,300	84,400
Retained Earnings–End of the year	$290,000	$352,300

[표 9-10] 이익잉여금처분계산서(Statements of Retained Earning)

Statements of Cash Flow
K Hotel
December 31, 2××2 and 2××3

	2××2	2××3
Net Cash Flow From Operating Activities:		
Net income	$141,300	$126,700
Noncash Expenses Included in Income:		
Depreciation	60,000	61,000
Deferred Income Taxes	2,800	2,200
Changes In Noncash Current Accounts:		
Accounts Receivable	10,000	(50,000)
Inventories	(3,000)	2,000
Prepaid Expenses	1,000	(2,000)
Accounts Payable	(6,500)	17,500
Accrued Income Taxes	2,000	2,000
Accrued Expenses	15,200	(200)
Net Cash Flow From Operating Activities	222,800	179,200
Net Cash Flow From Investing Activities:		
Purchased of Property and Equipment	(69,000)	(50,300)
Purchased of Investments	(13,000)	(69,000)
Net Cash Flow From Investing Activities	(82,000)	(119,300)
Net Cash Flow From Financing Activities:		
Dividends Paid	(136,300)	(84,400)
Proceeds From Long-Term Debt	21,500	49,000
Payment of Long-Term Debt	(25,000)	(21,400)
Net Cash Flow From Financing Activities	(139,800)	(56,900)
Net increase in Cash	$ 1,000	$ 3,000

3 숫자 자체만으로는 어떠한 정보도 제공하지 못한다 / Number Itself Doesn't Say Anything!

호텔산업에서의 재무제표는 많은 정보를 담고 있는데 단순히 이 숫자를 읽는 것보다 좀 더 정확한 이해력을 요구한다. 재무제표를 통해 그 호텔의 재정적 상황을 파악하고 보고된 연관된 숫자들의 논리적인 비교를 통해 비로소 의미가 부여되고, 활용될 수 있는 것이다. 그럼으로써 분석은 각기 다른 재정적 상황을 판단하는 데 있어 중요한 지표(Indicator)를 산출하는 것이다.

그중 많이 쓰이는 것이 비율분석인데 그것은 각각의 다양한 재정적 상태에 대해 우호적인지 비우호적인지를 판단하는 데 사용되며 비율분석은 다음과 같은 목적을 가진다. 첫째로 그 호텔 내의 목적을 달성하는 데 있어서 성공 여부를 판단, 그리고 영업결과를 점검(Monitor)하게 해준다. 둘째로 경영에 있어서 비율분석은 어디에 문제가 있는지 제시해 주는 역할을 한다. 셋째로 경영자들은 비율을 그 기업 내에 추구하고자 하는 목표치를 나타내는 데 사용한다. 마지막으로, 이를 통해 경영자들은 운영의 성과와 효율성에 대해 비교적 정확한 인식을 가질 수 있어 외부에 접해 있는 기회와 위기에 대응하여 경쟁우위(Competitive Advantage)를 획득하는 데 있어 논리적 판단을 하는 데 정보를 제공한다.

4 보이지 않는 것은 보이게, 불확실한 것은 확실하게 / Visualize Invisibles, Ascertain Uncertainty

경영분석은 그 호텔산업의 상태를 보고 앞으로의 도달해야 할 목표를 파악하고 이해하여 그에 맞는 최적의 경영전략을 수립하여 그 기업의 가치창출을 최대화하는 데 의의가 있다.

경영분석 즉, 그 기업의 경영상태를 파악하기 위해서는 재무분석이라는 객관적인 도구를 통해 공식이나 비율 또는 추세를 파악하는 것이 필요하며 이는 그 기업이 가지고 있는 현재의 위치를 알고 재배치(Re-position)하는 데 아주 중요한 역할을 한다. 재정분석이라는 과학적 · 논리적 분석이라는 도구를 통해, 현대 호텔을 이끌어나갈 경영자들은 외부환경과 내부환경에 미리 대처할 수 있는 전략방안, 즉 보이지 않는(Invisibles) 위기와 기회, 그리고 불확실한(Uncertainty) 미래의 경영 상태에 대해 그 호텔이 가진 내부역량(Internal Capabilities)과 강/약점을 정확히 파악하여 예견(Visualize)하고 가능한 한 불확실성을 줄이려는(Ascertain) 노력을 해야 할 것이다.

5 진단에는 청진기가 필요하다

경영분석을 재무분석이나 재무제표분석이라고도 한다. 주로 손익계산서(P/L)나 대차대조표(B/S) 등 결산서를 가지고 기업의 경영성적이나 재정상태를 명백히 하는 것이다. 영업성적은 손익계산서를 보면 알 수 있고 재정상태는 대차대조표에 나타나 있다. 그러나 이것을 검토해 봄으로써 경영상의 장단점을 알 수 있고 개선의 실마리를 찾을 수가 있다.

의사는 환자를 진단할 때 먼저 청진기를 쓴다. 경영분석에서는 공식이나 비율이나 금액으로 기업의 경영상태를 판단한다. 이것은 마치 의사가 청진기로 환자를 진단하는 것과 비슷하다. 자기 회사의 경영분석을 하는 것은 경영관리를 하기 위해서이다. 이때 결산서를 보고 · 검토하고 필요하면 상세한 자료로서 보다 깊이 파고드는 것이다.

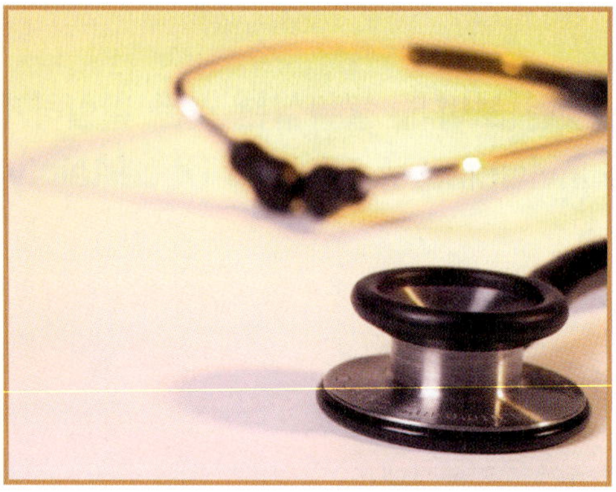

Ⅱ 분석방법

1 비율의 종류

다섯 가지 주요 비율그룹은 안전성(유동성, 지급능력), 수익성, 성장성, 활동성, 생산성이다.

[그림 9-5] 호텔경영 분석

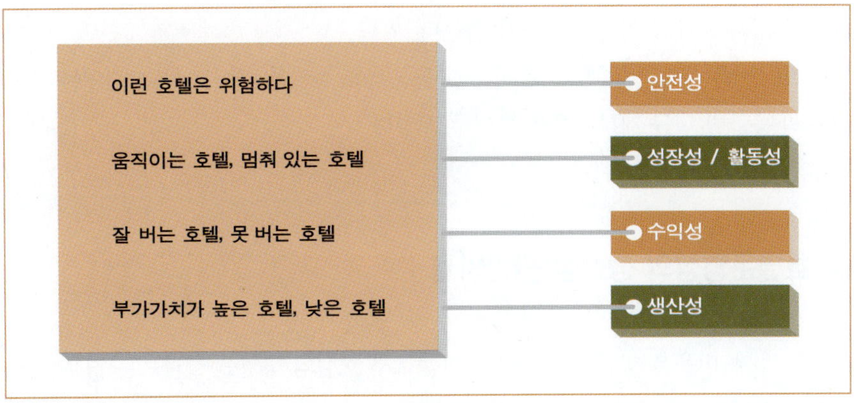

1. 안전성

주로 대차대조표로서 재정상태의 양부나 지불능력의 정도를 나타내는 것이다. 유동성 비율은 단기채권을 갚을 호텔사업의 능력, 즉 만기일에 단기어음을 지불하는 회사의 능력을 보여준다. 지급비율은 기업이 부채에 의해 자금을 융통한 범위와 장기채권을 갚을 수 있는 범위를 측정한다. 이러한 비율은 어떤 경영 손실을 부담할 수 있는 자산의 경기대책능력(cushion)을 보여준다.

2. 수익성

수익성 비율은 판매와 자산에 대한 수익에 의해 측정되는 경영의 전반적인 성과를 보여준다. 얼마나 이익을 냈나, 영업성적은 어떤가를 분석하는 것이다. 손익계산서만이 아니라 대차대조표와도 연관시켜 본다.

3. 성장성

성장성 비율은 기업의 발전성 또는 신장도를 나타내는 것이다. 지표적인 것으로 매출액, 이익, 부가가치 등을 사용한다. 또한 이것을 기간비교, 즉 전년도와 비교해 보는 것이다.

4. 활동성

활동성 비율은 부동산 자산을 사용하는 관리능력을 반영한다.

5. 생산성

생산성 비율은 투입에 대한 산출의 비이다. 생산성이 향상되지 않으면 인건비의 압박으로 이익이 감소하고 자금관리가 악화된다. 호텔운영 비율은 호텔사업의 운영을 분석하는 데 있어서 경영자를 돕는다.

[표 9-11]은 분석 시 주로 사용하는 비율공식을 정리한 것이고 [표 9-12]는 한국호텔의 등급별 평균 재무비율을 보여주고 있다.

2 호텔운영상의 생산성 관련비율

다음의 제 비율은 생산성과 유사한 비율로서 호텔의 경영을 살펴보는 경우 기간비교를 하거나, 타 호텔과 비교하는 경우에 노동효율 · 투자효율에 유사한 수치를 얻을 수 있으므로 경영분석의 방법으로 사용하면 좋을 것이다.

1. 건물 평당 매출액 = $\dfrac{\text{매출액}}{\text{건물총평수평균}}$

2. 객실 평당 매출액 = $\dfrac{\text{매출액}}{\text{객실총평수평균}}$

3. 객실 1실당 매출액 = $\dfrac{\text{매출액}}{\text{객실평균수}}$

4. 숙박객 1인당 매출액 = $\dfrac{\text{매출액}}{\text{숙박객 연인원수}}$

숙박객 1일의 소비액, 각 단가가 산출되므로 특히 이익계획을 세우고자 할 때 좋은 자료가 된다.

5. 숙박객 1인당 숙박료 = $\frac{\text{숙박료 수입}}{\text{숙박객 연인원수}}$

종업원이 1인이 담당하는 숙박객의 수이다. 담당한 숙박객수가 많을수록 생산성은 높은 것으로 되나, 그 반면 서비스가 소홀해질 수 있으므로, 그 호텔의 형편에 적합한 것이라면 반드시 고비율을 추구하지 않아도 될 것이다.

6. 객실 1인당 종업원수 = $\frac{\text{종업원 연인원수}}{\text{객실 연인원수}}$

호텔의 객실수가 많을수록 1실당 종업원수는 감소되는 경향을 볼 수 있다. 50~99실 규모의 호텔에서는 1, 2인 정도가 적정한 것으로 되어 있다.

체크포인트(Check Point)

■ **비율분석**

Horizontal Analysis(수평적 분석)

- 두 가지 재무제표의 비교 : 통화(당좌)대차표와 처리기간(주기)의 대차표
- 순수달러와 (비례)백분율 총액 양쪽에서 초기단계부터 현 단계까지의 변화를 나타낸다.

Vertical Analysis(수직적 분석)

- 재무재표를 백분율로 변형시킨다.
- 총수입을 100%로 하여 각 계정이 갖는 %를 계산하는 것이다.

[표 9-11] 재무비율 산식 정리

(단위 : %)

	주요 재무제표	산 식
안정성	유동비율	(유동자산/유동부채)×100
	부채비율	(부채총계/자기자본)×100
	차입금의존도	(차입금/총자산)×100
	영업이익대비 이자보상배율	영업이익/이자비용
수익성	매출액 영업이익률	(영업이익/매출액)×100
	매출액 순이익률	(당기순이익/매출액)×100
	총자산 순이익률	(당기순이익/총자산)×100
	자기자본 순이익률	(당기순이익/자기자본)×100
	총자산대비 영업현금흐름비율	(영업활동으로 인한 현금흐름/총자산)×100
성장성 (활동성)	매출액 증가율	(당기매출액/전기매출액)×100–100
	영업이익 증가율	(당기순이익/전기영업이익)×100–100
	당기순이익 증가율	(당기순이익/전기순이익)×100–100
	총자산 증가율	(당기말 총자산. 전기말 총자산)×100–100
	자산 회전율	매출액/(기초총자산+기말총자산)/2

[표 9-12] 한국호텔의 등급별 평균 재무비율

(단위 : %)

구분	호텔명 / 연도 / 재무비율	특1급		특2급		비고
		2001	2000	2001	2000	
안정성	유동비율	127.31	101.40	181.17	136.67	
	부채비율	89.91	100.89	96.22	132.84	
	차입금의존도	26.43	28.49	27.96	23.64	
	영업이익대비 이자보상배율	2.61	4.43	2.22	2.26	
수익성	매출액 영업이익률	11.37	11.67	15.89	17.40	
	매출액 순이익률	5.67	5.53	11.21	11.69	
	총자산 순이익률	2.36	3.06	4.12	2.84	
	자기자본 순이익률	4.13	4.94	6.11	8.28	
	총자산대비 영업현금흐름비율	3.96	3.11	5.02	5.32	
성장성	매출액 증가율	11.82	17.38	−0.67	12.66	
	영업이익 증가율	17.01	56.17	−10.23	60.09	
	당기순이익 증가율	36.18	22.14	−6.44	68.31	
	총자산 증가율	−3.35	29.32	3.87	43.00	
	자산 회전율	0.47	0.47	0.38	0.43	

주 : 1. 자산, 부채 및 자본의 금액은 기말잔액이며 자본은 당기순손익이 가감된 것이다.
차입금은 장/단기 차입금, 사채 등을 포함한 이자부 부채이다.
2. 자산 및 자본의 금액은 기초와 기말잔액의 평균치이다.
3. 평균치에 비교하여 편차가 너무 큰 기업 1개 또는 2개를 평균값에서 제외한다.

A neat touch

백년을 살 것처럼 일하고 내일 죽을 것처럼 기도하라. -벤자민 프랭클린-

Part 7

호텔관련 주변사업 그리고 새로운 기회와 도전

현재를 즐겨라

과거를 후회하지 말고 미래에 대해서 걱정하지도 말고 오직 현재를 즐겨라.

-골드 스미스-

Chapter 10

호텔부속상품 서비스

Lesson 1. 호텔사업과 함께하는 주변사업
(Hotel Business Affiliated Business)

발견을 저해하는 최대의 장애는 무지가 아니라 알고 있다고 착각하는 것이다.

-바스틴-

Lesson 1

제14주

호텔사업과 함께하는 주변사업

Hotel Business Affiliated Business

Ⅰ 호텔관련사업

호텔사업과 함께하는 주변사업에는 어떠한 것들이 있을까. 일단 호텔 내부에 있는 여러 사업장들을 생각해 볼 수 있다. 호텔 고객들의 입맛을 사로잡는 각 지역별 레스토랑, 예를 들어, 한식당, 일식당, 중식당, 양식당 등 레스토랑 사업을 들 수 있다. 또한 호텔에서는 매달 여러 차례의 심포지엄이나 설명회 또는 각종 국제회의 등이 열려 컨벤션사업도 함께하고 있으며 호텔 내부를 장식하는 인테리어사업, 객실의 물품들, 가령 침대, 소파, 탁자 등을 항상 공급해 주고 고장 시 바로 교체하여야 하는 가구사업 등 많은 관련사업이 호텔사업과 함께하고 있다. 그 영역을 크게 보면 아래와 같다.

① 건축/조경, 건물 및 관련 시설물 업체
② 운영장비업체(도구, 유니폼, 도자기류, 유리제품 등)
③ 소모품 업체(식/음료, 세제, 문구류, 메뉴 등)
④ 옥내 가구류 업체
⑤ 사무비품업체
⑥ 주방, 세탁시설 업체
⑦ 전화/전기전자 업체
⑧ 컴퓨터(객실관리/회계장비, 프런트, 예약 등)
⑨ 청소 · 엔지니어링 업체

Giftshop

A point of sale

⑩ 오락시설/위락시설

이와 같이 호텔은 다양한 산업의 종합적인 발전을 꾀할 수 있는 종합 시설물이라 할 수 있다. 호텔은 단지 잠을 자고 가기 위한 공간이 아니라 식사도 하고 회의도 하고 문화생활도 즐기고 그 밖의 모든 총체적인 생활을 하기 위한 곳이므로 호텔업뿐만이 아닌 다른 사업과의 긴밀함도 요구되어진다. 예를 들면 호텔 롯데월드는 호텔 바로 옆에 테마파크가 위치함으로써 여가를 즐기고 바로 호텔에 와서 휴식할 수 있도록 하고 있고, 또 롯데호텔은 세계적인 프랜차이즈 회사인 T.G.I Friday를 인수하기도 하였다. 또한 카드사와도 제휴를 맺어 특정 신용카드를 특정 호텔에 내면 수수료 정도를 제외한 금액을 할인해 주는 제도도 있다. 이처럼 호텔은 다른 회사와의 제휴나 인수로 인하여 숙박생활만이 아닌 모든 생활을 영위할 수 있도록 하기 위하여 노력하고 있다.

또한 호텔에서는 주기적으로 리모델링을 해야 한다. 그에 따라 건축업이나 예술업에서도 관심을 많이 가지고 함께 사업을 할 수 있는데 이는 호텔의 지속적인 발전을 위해 불가결한 요소로서 함께 발전하는 산업이다.

그리고 호텔이 백화점 등과도 함께 사업을 하는 경우가 있다. 롯데호텔이나 현대호텔 등이 그 예이다. 신라호텔도 면세점을 같이하고 있으며 호텔에 투숙하는 고객이 편하게 쇼핑할 수 있는 기회를 제공하는 것은 호텔과 백화점의 관계에서 뗄 수 없는 산업이다. 또한 요즘은 인터넷이 활발한 시대이기 때문에 인터넷으로 예약하는 등 인터넷사업과도 함께 발전하는 산업이다. 호텔은 식음료를 같이하는 산업이기 때문에 음식에 대한 신선한 재료를 제공하는 기본적인 1, 2차산업과도 뗄 수 없는 연관관계가 있다.

그리고 호텔에서 일하는 수많은 호텔리어들은 인력산업에 포함된다.

호텔사업과 함께할 수 있는 사업은 계속 늘어날 것이다. 외식업, 항공사, 여행사 외에도 문화 지역, 세계적인 행사 등 함께 연계하면 더 좋은 가치를 창출해 낼 수 있을 것이다.

A curise

외식업이나 항공사, 여행사는 오래전부터 그 중요성을 인식하고 다양한 관계 속에서 발전하고 있다. 서로가 서로에게 많은 도움을 주고받으며 더 나은 결과를 얻고자 노력한다.

호텔사업과 함께하는 주변사업

은 주변사업의 존재로 호텔의 이익창출에 긍정적 영향을 미치는 사업을 뜻한다. 이는 호텔과 직·간접적으로 연결되어 있으며 호텔은 주변사업의 동태에 따라 판매전략과 마케팅전략을 조정해야 한다.

주변 사업 중 하나는 카지노업을 예로 들 수 있는데, 카지노는 세계관광시장에서 가장 수익성이 높은 첨단 관광상품으로 급부상하고 있다. 또한 카지노는 외화를 벌어들이는 하나의 전략산업이다. 약 40조 원에 달하는 세계 카지노시장에서 한국의 점유율은 내국인 전용 카지노를 포함, 2.2%에 불과해 앞으로의 발전가능성은 무궁무진하다.

Casino

또 다른 주변사업인 컨벤션산업은 국제회의를 유치함으로써 개최국의 국가홍보는 물론 관광진흥, 문화선양, 환경개선 등에 지대한 효과를 나타낸다. 국제회의나 전시회 등 컨벤션의 유치 및 개최는 개최지역과 관련기업 등에 경제적, 문화적, 사회적으로 여러 면에서 긍정적 효과를 미친다.

컨벤션 유치, 개최에 따른 파급효과가 크기 때문에 컨벤션 개발에 따른 파급효과는 크게 국가홍보, 사회경제 및 관광측면으로 구분할 수 있다.

호텔 입장에서는 컨벤션 유치를 통해 회의장 대여료, 연회, 문화공간 상품 측면에서뿐만 아니라 호텔의 고유업무 영역까지 영향을 주고 있고, 특히 호텔의 이미지 향상을 위한 홍보기능 면에서 가장 적절한 것임을 인지하고 있기 때문에 컨벤션 시장개척을 위해 컨벤션 전문용역업체, 대규모 회의 전용 컨벤션센터의 확보와 더불어 보다 적극적인 호텔마케팅 활동이 기대되고 있다.

Meeting & Convention

체크포인트(Check Point)

Types of Meetings

Meetings are conferences, workshops, seminars, or other events designed to bring people together for the purpose of exchanging information. Meetings can take any one of the following forms:

***Clinic:** A workshop-type educational experience in which attendees learn by doing. A clinic usually involves small groups interacting with each other on an individual basis.

***Forum:** An assembly for the discussion of common concerns. Usually experts in a given field take opposite sides of an issue in a panel discussion, with liberal opportunity for audience participation.

***Seminar:** A lecture and a dialogue that allow participants to share experiences in a particular field. A seminar is guided by an expert discussion leader, and usually thirty or fewer persons participate.

***Symposium:** An event at which a particular subject is discussed by experts and opinions are gathered.

***Workshop:** A small group led by a facilitator or trainer. It generally includes exercises to enhance skills or develop knowledge in a specific topic.

Chapter 11

전략적 호텔경영인의 시대정신과 가치창조 (Strategic Hoteliers and Value Creation)

Lesson 1. 전략적 호텔경영인(Strategic Hoteliers)

투숙고객을 위한 여가 오락활동(Activities)

인내하라

하는 일의 보수가 많고 적은 것을 너무 가리지 말아라. 비록 현재 보수가 적고 대우는 약하더라도 그 일을 통해 출세의 문이 열리는 경우가 많다. 그러므로 보수의 많고 적음이 곧 출세를 좌우하는 것이 아니다. 수입이 많은 확고한 자리에 오른다는 것도 하나의 성공이긴 하지만, 하루아침에 그런 자리가 오지는 않는다. 처음에 박한 대우를 참고 견디는 동안 한 달 두 달 그 자리에 가까이 가게 되는 것이다.

- 러셀 -

Lesson 1

제15주

전략적 호텔경영인

Strategic Hoteliers

I 전략적 호텔경영인

1 경쟁우위 방법의 개발

세계화의 상황에서 호텔경영자의 중요한 책임은 가치창조이다. 호텔리어는 우선 자신의 기업 내의 경영상황에 대해 정확한 판단을 하여 새로운 경영법을 개발할 수 있도록 도와야 할 것이며, 새로운 경쟁방식에 투자할 수 있어야 한다. 그리고 기업 내의 자산들에 대해서 가치가 하락한 자산은 과감히 처분할 수 있어야 하며 생산적인 자산에 재투자할 수 있는 과감함도 갖추어야 한다. 그리고 시장에서 경쟁력을 갖추기 위해 기업이 변화에 적응할 수 있는 능력을 갖추도록 연구해야 한다.

2 상호연관성의 원리(Co-alignment Principle) 이해와 운용

한 기업이 성공하기 위해서는 기업 내부적인 경영환경도 중요하지만 사회 전반에 걸친 경제환경, 예를 들면 정치적 · 사회적 안정과 소비자들의 합리적인 경제활동으로 귀결되는 국민들의 의식에 이르기까지 복합적인 요인들이 있을 수 있다. 상호연관성의 원리는 만약 한 조직이 성공하기 위해서는 즉, 최대의 가치창조를 하기 위해서는 변화하는 경영환경, 이에 따른 전략적 경영방법의 선택, 그리고 이의 조직문화를 고려한 진행이 있어야 한다는 것으로 이들 모든 요소가 상호협력이 있어야 함을 내포하고 있다. 즉, 이것이 내부적으로 조직된 환경과 방법이라는 점에서 위협과 기회를 활용하기 위해 채택해야 하는 경쟁방법이라고 할 수 있다. 따라서 호텔리어는 자신의 기업을 위해서 기업의 대내외적인 환경을 먼저 철저히 조사하여 그에 따른 위험과 이익 요소를 판단하고 적절히 협력해야 한다.

3 정보원천의 다양화와 운용

자금 계획이나 투자유치 부가사업 기획력을 위해 이제는 전통적인 양적 정보에 의존하는 것이 아니라 질적 정보에 더욱 관심을 기울여야 한다. 따라서 의사를 결정하는 데 경영진과 전 종업원의 행동과 태도의 변화가 필수적인 관심의 대상이 되어야 한다. 급변하는 사회에서 고정적인 통계에만 의존하는 시스템에서 벗어나 과거에 집착하지 않고 미래를 지향하는 시스템을 우선시해야 한다. 이를 위해서 경영자 측에서는 얼마나 정확하고 의미있는 정보를 가지고 있는지가 더욱 중요한 개념이 되었다.

4 계획과 통제

모든 호텔기업 경영자의 역할은 일일단위, 주 단위나 월 단위의 판매와 같은 장래 이벤트를 추측하고 예측하는 것을 포함한다. 예상되는 판매량을 충족시키기 위한 가장 효과적이고 효율적인 방법을 계획하기 위해서는 먼저 예측을 해야 한다. 근본적으로 판매예측의 정확성은 호텔기업 운영의 유효비용의 중요한 결정요소이다. 예를 들면, 만약 400개의 식사가 예상되었는데 500명의 손님이 나타난다면, 식음료 공급량과 손님 접대에 필요한 종업원수가 맞지 않게 된다. 이러한 문제는 낮은 질의 서비스와 초과근무수당의 결과를 초래하게 된다. 반면에 600개의 식사가 예상되었다면 서비스는 아마도 현저하게 나아지겠지만 인건비가 과도하게 되어 효율성이 떨어지게 된다. 즉 간단히 말하면 경영의 최대역할은 계획하는 것이고 계획의 기능 중 하나가 예측하는 것이다. 더불어 호텔과 경쟁관계에 있는 경쟁사를 분석하는 일이 필요하다. 경쟁기업을 분석하는 주된 목적은 경쟁기업의 행동을 예측하는 데 있다. 경쟁기업의 행동을 분석하는 것이 얼마나 중요한 것인가는 개별산업의 특성에 따라 크게 달라진다. 한 기업이 전략을 수립할 때 다른 경쟁기업의 반응을 이해하지 않고서는 올바른 경영전략을 수립할 수가 없다. 따라서 경쟁기업 분석은 경쟁회사의 미래의 전략과 주요한 행동을 예측하게 하고, 자사의 전략에 대한 경쟁자의 대응을 예측하여 자사에게 가장 도움을 줄 수 있는 방향으로 전략을 수립하게 한다. 이처럼 경쟁기업의 행동을 예측하기 위해서는 몇 가지 고려해야 할 사항이 있다.

첫째, 우선 경쟁기업이 어떤 전략을 취하고 있는가를 파악해야 한다. 우리는 경쟁기업의 최근의 동향을 분석함으로써 경쟁기업이 앞으로 어떠한 전략을 취할 것인지를 어느 정도 예측할 수 있다.

둘째, 경쟁기업의 목표를 이해해야 한다. 우리가 가장 중요하게 생각하여야 할 것은 과연 그 경쟁기업이 단기적인 이윤극대화를 추구하는지 또는 장기적인 이윤극대화를 추구하고 있는지의 문제이다.

셋째, 경쟁기업의 전략은 그 기업들이 산업을 어떻게 이해하는가에 따라 달라질 수 있으므로 경쟁기업이 그 산업에 대해 갖고 있는 가정을 이해하는 것이 중요하다.

넷째, 경쟁기업의 능력을 파악하는 것이 필요하다. 경쟁기업이 가지고 있는 경영자원 및 핵심역량, 즉 자금보유, 기술력, 관리기술 및 브랜드 파워 등에 관한 경쟁기업의 능력을 객관적으로 평가하는 것이 중요하다.

이러한 경쟁기업의 분석을 통해 우리 호텔은 경쟁기업의 행동을 예측할 수 있으며 우리 기업의 행동에 어떻게 경쟁기업이 반응할지도 예측할 수가 있다. 이 같은 기업분석을 잘 활용하면 경쟁기업에게 위협적인 요소가 됨으로써 경쟁기업의 행동에 영향을 줄 수도 있다.

Ⅱ 미래 전망

한국의 호텔산업은 21C를 맞아 새로운 천년의 도래와 함께 고객의 욕구변화를 포함해서 경제활동의 변화, 기술의 발전, 인구의 변화를 포함한 많은 환경변화가 예상되는 가운데 호텔업계에 많은 기회와 위협요인을 제시하고 있다. 한국의 호텔업계도 영업성과가 양극화되는 가운데 새로운 변화가 기대되고 있고, 이 사업에 신규로 진입하는 기업의 경우에도 종전과 다른 창조적인 발상과 획기적인 패러다임의 변화가 요망된다. 따라서 국내 · 외 고객으로 구성되는 호텔산업에서는 적절한 변신이 요망되고 있다.

1. 상품의 다양화

소비자들의 교육 정도가 향상되고 경제사정이 원활해짐에 따라 여행객들의 호텔 상품에 대한 패턴의 욕구가 다양해져 호텔기업과 그 경영자들은 이러한 소비자들의 욕망을 충족시켜 줄 수 있는 다양한 상품개발과 경쟁의식에서 호텔산업의 생산에 임하여야 할 것이다.

2. 호텔의 인적 자원

호텔기업의 운영은 종업원의 의존도가 매우 크며, 이에 따른 인건비 지출 또한 크고 호텔업무의 자동화 및 기계화를 통한 인건비 절감에 한계성이 있는 것이 현실이다. 임금수준도 경쟁력 하락과 근로조건 특히, 3교대 근무는 질적으로 우수한 인재를 영입하는 데 걸림돌이 되는 것이 오늘의 문제만은 아닐 것이다.

이와 같은 문제점으로 인하여 오늘의 호텔기업들은 수익 극대화 노력의 일환으로 사무자동화 내지 상품의 단일화로 경영기술의 과학화(컴퓨터)를 촉진한다든가, 일본 등지에서 성행하는 객실판매 위주의 Business Hotel들이 등장하기도 한다.

호텔은 전통적으로 소비자들과 서비스 접촉이 강하기 때문에 특히, 소비자들과 접촉이 별로 없는 부문(back of house areas)에서만이라도 컴퓨터화가 날로 촉진되어야 할 것이고, 미래의 호텔산업과 그 경영자들은 호텔이미지 개선을 위한 노력과 생산성 향상을 위하여 종업원의 끊임없는 교육이 현재보다 더욱 강화될 것이다.

3. 호텔경영 방식의 변화

아직도 우리나라는 호텔경영에 있어 관주도형과 족벌경영의 타성에서 벗어나지 못하고 있다. 특히, 전문경영인의 참여 폭이 좁고 과학기술 도입의 과감성이 어느 나라보다도 빈약한 것이 현실이다. 이러한 현실성에서 우리는 과감한 경영기술을 도입해야 하고 소비자 지향적인 마케팅 시스템에서 그 시설과 경영기법을 개발하는 데 더욱 박차를 가하여야 할 것이다.

4. 그린 에너지와 호텔경영

호텔경영자의 관심과 주의는 에너지 관리에 따른 소비절감에 초점이 집중되고 있으며, 에너지 관리의 필요성이 강조되고 있다. 에너지 절약에 관한 정책을 수립하고 있는 호텔은 에너지 문제에 대하여 많은 관심을 갖게 될 것이며, 에너지 절약을 위한 노력을 집중적으로 시도할 것이며, 이러한 호텔은 에너지 비용의 절감을 실현하게 될 것이다. 그린 에너지의 연구가 활발하게 진행되고 있으므로 수년 이내로 태양에너지를 이용한 호텔건설이 출현될 수 있을 것이다. 따라서 앞으로의 호텔 설계와 건축방식은 에너지 보존을 위한 건축공학이 큰 비중을 차지하게 될 것이다.

5. 호텔 온라인시장 더욱 커지고 경쟁 심화

인터넷의 등장은 고객 간의 쌍방향 대화에 의하여 제공하는 정보의 질과 양을 획기적으로 늘려, 고객 만족도를 높일 뿐만 아니라 마케팅 중개자를 빼고 고객과의 직접 접촉에 의한 유통경로의 단축으로 호텔요금 할인이 가능하게 될 것이다. 온라인 마케팅은 글로벌 프로모션을 강화할 수 있고, 경제 전반적으로 IT산업이 활성화되고 온라인 세대에 맞는 미래에 대한 철저한 세부적인 준비가 이뤄져야 그 효과를 볼 수 있겠다.

6. 중저가 호텔의 기회

중산 소비층을 대상으로 적절한 가격에 좀 더 나은 서비스 품질을 제공하는 중저가 호텔(Budget Hotel)이 향후 한국 관광사업의 최대시장으로 인식되고 있어 투자가 확대되고 있다.

7. 국제 컨벤션 활성화

컨벤션 수요가 증가함에 따라 호텔부문에서 컨벤션 전문요원 확보와 경영 전문화에 많은 투자가 이루어질 전망이다. 이미 연회의 중요성을 인식한 외국호텔들은 다양하고 새로운 서비스와 보상제도 등을 시행하는 등 유치노력을 기울이고 있다.

마치며

호텔 비즈니스는 사람에 의한 사람을 위한 사람의 사업(People Business)이다. 호텔기업의 궁극적 목적인 이윤 극대화와 가치 극대화의 길은 고객에게 고품격의 서비스를 제공하여 그에 대한 높은 평가를 받아 높은 가격을 받을 수 있을 때 가능해진다. 이는 결국 호텔을 이용해 주는 고객에 의해서 완성될 것이다. 다시 말해, 호텔경영이란 다른 기대치와 필요를 가지고 찾아오는 고객들로 하여금 준비된 상품과 서비스를 경험케 하는 것이다. 이 경험과 사용의 대가로 가격을 지불하고 거래를 이어가는 것이다. 만약 그 경험의 품질이 고객의 기대치를 충족시킨다면 고객은 다시 찾게 되고 가격은 오르며 호텔기업이 추구하는 가치의 극대화가 이루어지는 것이다.

최대의 가치창조를 위해서는 변화하는 경영환경, 이에 따른 전략적 경영방법의 선택, 그리고 조직문화를 고려한 과학적 경영이 있어야 한다. 호텔리어는 기업을 위해서 정치 · 사회 · 경제적으로 대내외적인 환경을 먼저 철저히 조사하여 그에 따른 위험과 이익요소를 판단하여 적절하게 대응하고 더 나아가 창의적인 경영을 실행해야 한다.

성공적인 경영을 위해서는 양적인 정보에만 의존하는 게 아니라 질적 정보에도 더욱 관심을 기울여야 한다. 정확한 경영환경분석능력을 바탕으로 전략경영능력을 갖추는 것은 앞으로 호텔업계 리더로서 갖추어야 할 중요한 능력이 될 것이다. 다시 한번 이 책으로 공부한 모든 이들이 학문적 유연성과 자신감을 얻어 보다 경쟁력 있는 호텔리어가 되기를 바란다.

* 보다 깊은 내용을 알고 싶은 분은 저자의 다음 저서를 학습하기 바란다.

1. A White Paper on the Global Hospitality Industry, The International Hotel Association, Paris, France. 전 세계 177개국 호텔 산업/레스토랑산업 백서, 1996, 1999, 2000
2. 아시아시장 신 호텔경영학(중국어), 백산출판사, 2010
3. Fundamentals of Finance for Hospitality Business(영어), 21세기사, 2009
4. Hotelier's 원가관리(식음료중심), 무역경영사, 2007
5. 호텔경영분석과 M&A, 2007
6. Hotelier's 호텔회계학입문, 21세기사, 2006

참고문헌

REFERENCES

국내문헌/전문서적

김병문 · 김현지, 〈국제관광론〉, 백산출판사, 2002.

김사헌, 〈관광경제학신론〉, 일신사, 1997.

김진수, 〈호텔식음료관리론〉, 학문사, 2004.

김희수 · 전홍진, 〈생활속에서 만나는 와인 이야기〉, 시공사, 2003.

류기한, 〈유람선 여행〉, 대왕사, 2003.

박기용, 〈외식산업경영학〉, 대왕사, 2004.

박영균, 〈To Be or Not To Be〉, 연경문화사, 2000.

박영배, 〈호텔외식산업 음료주장관리〉, 백산출판사, 2003.

박영서, 〈호텔여관업회계와 세무〉, 한국법률협회, 2000.

안병직, 〈한국경제성장사〉, 서울대학교출판부, 2001.

오정환 · 이철호, 〈국제호텔경영전략〉, 현학사, 2000.

원용희, 〈호텔계획 · 개발론(이론과 사례연구)〉, 대왕사, 1990.

이걸 · 이상명, 〈음료와 칵테일이야기〉, 형설출판사, 2002.

이상환 · 이재철, 〈서비스마케팅〉, 삼영사, 2004.

이연택 외 8인 역, 〈국제관광산업전략–다국적호텔기업연구〉, 일신사, 1989.

이유재, 〈서비스 마케팅〉, 학현사, 1999.

장세진, 〈글로벌경영시대의 경영전략〉, 2판, 학문사, 2000.

장영광, 〈현대경영분석〉, 무역경영사, 1997.

정경훈 · 유희경, 〈호텔관리회계론〉, 일신사, 2000.

정익준 외 7인 역, 〈관광서비스경영론〉, 형설출판사, 2004.

정익준, 〈호텔외식산업마케팅〉, 형설출판사, 2001.

정종훈 · 한진수, 〈호텔프런트 · 객실관리론〉, 현학사, 2003.

정종훈, 〈호텔레스토랑식음료경영론〉, 백산출판사, 2001.

조동훈, 〈호텔회계원리〉, 한올출판사, 2004.

조소윤, 〈호텔회계학〉, 학문사, 1999.
조임현, 〈인적자원관리〉, 세경사, 1994.
주종대, 〈현관 객실 업무〉, 두산출판사, 2001.
채서일, 〈마케팅〉, 학현사, 1998.
카와무라 세이지 지음, 서정교 역, 〈관광 경제학 입문〉, 한올출판사, 2001.
허정봉, 〈호텔정보시스템〉, 백산출판사, 2002.

국내문헌/연구보고서, 저널 및 매뉴얼

한국문화관광정책연구원, 관광호텔경영분석 및 활성화 방안, 2005.
조소윤 · 김학용, 서울시내 특1급호텔의 현금흐름에 관한 연구, 호텔경영학연구, 2000. 8.
삼성, 21세기 신경영리포트, 1997.
쉐라톤워커힐호텔, 워커힐 30년사, 1993.
신라호텔, 호텔신라20년사, 1994.
파라다이스그룹 기획조정실 홍보팀, 파라다이스그룹 25년사, 1997.
서울육백년사(http://seoul600.visitseoul.net/)
매뉴얼: 롯데호텔, 르네상스호텔, 리츠칼튼호텔, 인터콘티넨탈호텔, 하얏트호텔, 할리데이인호텔, 라마다올림피아호텔
호텔 & 레스토랑.
월간식당.
월간드링크스코리아.
월간 The Bar.
한국관광공사, 한국 숙박업의 정책적 현주소 연구 세미나.
호텔업운영현황, 한국관광호텔업협회.

외국문헌/전문서적 및 논문

Barrows, Clayton W.(1999), Introduction to hospitality education, in Hospitality management education, Clayton W. Barrows & Robert H. Bosselman, eds., New York: The Haworth Hospitality Press, pp. 95-122.
Cichy, Ronald F., Paul E. Wise & Anthony M. Rey(1998), Managing service in food and beverage operations, MI: The Educational Institute of the American Hotel & Motel Association.
Denney G. Ruthherford(1995), Hotel management and operations, New York : Van Nostrand Reinholds.
Dev, C. S. and S. Klein(1993), Strategic alliances in the hotel industry, Cornell

Hotel Restaurant Administration Quarterly, 34(1): 42-45.

Dittmer, Paul R. & Gerald G. Griffin(1993), The dimensions of the hospitality industry: an introduction, New York: Van Nostrand Reinhold.

Gee, Chuck Y.(1994), International hotel: development and management, MI: The Educational Institute of the American Hotel & Motel Association.

Jack D. Ninemeier(1998), Planning and control for food and beverage operations, 4th ed., AHMA.

John R. Walker(2002), Introduction to Hospitality, 3rd ed., Prentice Hall.

Kasavana, Micheal L. & Richard M. Brooks(1995), Managing front office operations, MI: the Educational of the American Hotel & Motel Association.

Kotler, P., Bowen, J., & Makens, J.(1999), Marketing for Hospitality and Tourism, 2nd Edition, Prentice Hall.

Kotschevar, Lendal H. & Mary L. Tanke(1991), Managing bar and beverage operations, MI: the Educational Institute of the American Hotel & Motel Association.

Lattin, Gerald W., James E. Lattin & Thomas W. Lattin(1998), The lodging and food service industry, MI: the Educational of the American Hotel & Motel Association.

Martin, Robert J., Thomas J. A. Jones & Ton Jones(1992), Professional management of housekeeping operations, New York : John Wiley & Sons.

Olsen, M. D., et al.(1995), Into the New Millenium, a white paper on the global hospitality industry, International hotel and restaurant association, Paris, France.

Olsen, M. D. & Choi, Jeong-Gil(1996), "The Scale of the International Hotel Industry - A Statistical Analysis", Into the New Millennium: A White Paper on the Global Hospitality Industry, The International Hotel Association, Paris, France, pp. 15-26.

Olsen, M. D., West & E. C. Tse(1998), Strategic Management in the Hospitality Industry, 2nd ed., N.Y.: John Wiley.

Olsen, M. D. et al.(2000), Leading Hospitality into the Age of Excellence: Expansion, Competition and Vision in the Multinational Hotel Industry, The International Hotel Association, Vol. 2, Paris, France, pp. 11-57.

Powers, Tom(1999), Introduction to management in the hospitality industry, New York: John Wiley & Sons, Inc.

Ramaswamy, Roit(1996), Design and management of service processes: Keeping customers for life, MI: Addison Wesley.

Robert C. Ford, Cherrill P. Heaton(2000), Managing the Guest Experience in Hospitality, Delmar: Thomson Learning.

Stutts, Alan, T.(2001), Hotel and lodging management: an introduction, New York : John Wiley & Sons, Inc.

William P. Andrew & Raymond S. Schmidgall(1993), Financial Management for the Hospitality Industry, American Hotel & Motel Association.

Zeithaml, V. A., A. Parasuraman & L. L. Berry(1988), SERVQUAL: multi-item scale for measuring customer perceptions of service quality, Journal of Retailing, 64(spring): 12-40.

찾아보기

INDEX

● 저자 소개

최 정 길

- Michigan State University(미시간주립대학교 호텔경영학 학사)
- Virginia Polytechnic Institute and State University(버지니아주립대학 호텔관광경영학 석사 · 박사)
- 경희대학교 호텔관광대학 호텔경영학과 교수
- 경희대학교 관광산업연구원 HATIS 기획평가 & 디자인연구소 소장
- 전문분야: 호텔 레스토랑 관광산업-전략경영/ 재무기획/ 경영분석과 M&A/ 예측 및 경향분석/ 개발 및 평가

주요 논문

- 세계경영학술대회 최우수 논문상 수상/Best Paper Award Competition Winner, GBAT, International Conference, Taiwan(2007)
- Developing an Economic Indicator System(A Forecasting Technique) for the Hotel Industry, International Journal of Hospitality Management, 22(2) : 147-159
- Analysis of the Financial Practices of High and Low Performing Firms over Periods of Peaks and Troughs of the Restaurant Industry Cycle, International Journal of Hospitality Management, Vol. 29, No. 1 등 SSCI와 CARBELL 저널에 논문 다수 발표

주요 경력사항

- 대한경영학회 부회장
- 한국호텔외식경영학회 부회장
- 대한관광경영학회/ 한국관광학회 회원 및 편집위원/ 한국관광식음료학회 회장 역임
- (사)양평문화관광교육개발원 원장
- 한국납세자연합회 이사/ 전문경영인학회 이사
- 인천관광공사 자문위원
- 한국관광공사 '관광통역안내원 국가자격시험' 문제출제위원
- 지방자치단체 관광경제정책자문위원
- 한국호텔관광업협회 호텔등급심사위원
- 한국 특1급 호텔노사협의회 단장
- 호텔총지배인(Executive General Manager), The Palace Hotel, Mongolia
- 파나마(Panama) 국제관광개발 전략전문 컨설턴트(Appointed by IDB)
- 호텔개발 및 경영자문 : 몽골, 인도네시아, 터키, 중국, 인도 등 다국적 호텔개발 및 평가
- 대학 국제초빙 강의, 연구, 자문교수, STP, Indonesia/ Fu Jen Catholic University, Taiwan/ Salak Hotel Academy, Bogor, Indonesia, 몽골국립농업대학교 녹색농업기술원
- Sheraton Hotel(식음료조리), Korean Airline Hotel(식음료조리), Kellogg Center Hotel(객실-F/O, 재무 Michigan, USA), Sheraton Hotel(객실관리, Lansing, Michigan, USA), Farm House Restaurant((Managing Director, 개발, 재무, 경영), Christiansburg, Virginia, USA), 한화리조트(경영컨설팅), 태안리조트개발(개발총책임), 카지노개발(베트남), The Palace Hotel(경영, Mongolia) 호텔학교개발(중국) 등 약 20여 년간의 사업현장 경력

호텔경영학

2011년 4월 25일 초판 인쇄
2011년 4월 30일 초판 발행

저 자 최 정 길
발행인 (寅製) 진 욱 상

발행처 백산출판사
서울시 성북구 정릉3동 653-40
등록 : 1974. 1. 9. 제 1-72호
전화 : 914-1621, 917-6240
FAX : 912-4438
http://www.ibaeksan.kr
editbsp@naver.com

값 28,000원
ISBN 978-89-6183-425-4